CHURCH SHIFT

처치 시프트

선교적 교회 사역 패러다임

이상훈 지음

워십리더

Church Shift 처치 시프트
_선교적 교회 사역 패러다임

초 판 1쇄 발행 | 2017년 1월 20일
       5쇄 발행 | 2018년 7월 20일
개정판 1쇄 발행 | 2024년 4월 20일

지은이 | 이상훈

펴낸곳 | 도서출판 워십리더
발행처 | ㈜글로벌워십미니스트리

전 화 | 070)4632-0660
팩 스 | 070)4325-6181
등록일 | 2012년 5월 21일
등 록 | 제387-2012-000036호
이메일 | wlm@worshipleader.kr

판권소유 ⓒ 도서출판 워십리더 2024
값 28,000원

ISBN 979-11-88876-60-0 03230

"도서출판 워십리더는 교회와 예배의 회복과 부흥을 위해 세워졌습니다. 예배전문 출판사로서 세계의 다양한 예배의 컨텐츠를 담아 문서선교의 사명을 감당할 것입니다. 한국교회의 목회자, 워십리더, 예배세션뿐만 아니라 모든 크리스천들이 하나님의 임재를 경험할 수 있도록 열정을 다하고 있습니다."

〈이 책의 모든 내용은 출간 저작권 보호를 받으므로 무단전제와 복제를 할 수 없습니다.〉

(Printed in Korea)

처치 시프트

| 추천사 |

··· **강준민** (LA 새생명비전교회 담임목사)

   이 책은 선교적 교회를 잘 이해하도록 도와주는 책입니다. 저자는 깊은 연구와 깊은 묵상 그리고 깊은 통찰을 통해 선교적 교회를 이 시대의 대안 교회로 제시하고 있습니다. 저자는 선교적 교회가 무엇이며, 왜 존재해야 하며, 어떻게 존재할 수 있는가를 아주 명쾌하게 설명해 줍니다. 이 책은 선교적 교회의 이론과 함께, 어떻게 선교적 교회를 세울 수 있는지에 대한 구체적인 방법론을 제시해 주는 탁월한 책입니다.
   이 책은 성경을 하나님의 선교의 관점에서 읽도록 도와줍니다. 우리를 거듭 성경으로, 본질로 돌아가도록 도와줍니다. 저자는 성경을, 선교를 위한 구원의 파노라마로서 읽도록 권면합니다. 이 책은 복음적 신학의 기초위에 선교적 교회론을 확립한 후, 변화하는 시대에 변하지 않는 복음을 잘 전할 수 있도록 도와줍니다.

이 책은 선교적 교회를 총체적으로 이해할 수 있도록 도와줍니다. 이 책은 선교적 교회와 관련된 다양한 주제를 심도 있게 다루고 있습니다. 이 책은 선교적 교회에 대한 거시적 안목과 미시적 안목을 균형 있게 다루면서 우리를 선교적 삶으로 초청합니다.

이 책은 우리를 하나님께로 이끌어줍니다. 선교는 인간의 노력의 산물이 아니며 하나님이 주도하시는 하나님의 선교라는 사실을 강조합니다. 선교는 오직 성령님의 임재를 통해 오는 광대한 기쁨의 폭발이라고 선언합니다. 선교란 교회가 자기 능력의 과시나 자기 확장을 꾀하기 위한 프로그램이 아니라 하나님이 주도하시는 구원의 역사임을 강조합니다. 즉 선교는 하나님의 나라의 확장이라는 것입니다.

이 책은 죽어가는 교회를 소생시키도록 영감을 불어 넣어줍니다. 경직된 교회를 유연하게 만들도록 도와줍니다. 좋은 전통은 껴안으면서도 새로운 변화를 시도하도록 도와줍니다. 하나님의 나라의 역군들인 평신도들을 일깨워 선교에 동참하도록 도와줍니다. 하나님께서 이 보배로운 책을 통해 조국 교회와 이민 교회에 놀라운 부흥을 일으켜 주시길 빕니다. 이 책이 목회자들뿐만 아니라 각 교회의 평신도 지도자들의 필독서가 되길 바랍니다. 선교적 교회를 세우기를 열망하는 조국 교회와 이민교회의 지도자들과 성도님들의 필독서가 되길 바랍니다.

··· **최형근**(서울신학대학교 선교학 교수)

서구교회의 위기에 대한 긴박한 응답으로 시작된 "선교적 교회"에 관한 신학적 탐구의 중간 기착지가 한국교회임은 분명하다. 2000년대에 들어 한국교회에 소개된 선교적 교회에 관한 담론들이 지난 15년에 걸쳐 다양한 방향으로 확산되는 가운데, 선교적 교회에 관한 다양한 대화들이 내포하고 있는 논쟁점들을 수렴하고자 하는 시도들이 신학자들과 실천가들에 의해 제기되고 있다. 주지하는 바와 같이, 한국교회가 처한 위기상황이 서구교회의 모습과 유사한 점들도 있지만, 한국교회가 안고 있는 독특한 갈등의 양상들 또한 목도하는 바이다. 그것은 한국의 사회문화적 상황 가운데 복음의 본질에 대한 왜곡 양상들이 첨예하게 대두되고 있다는 불안감과 연관된다. 현재 한국교회 내에서 선교적 교회 담론은 그 정의에 관한 논의에서 멈추어 서 있다는 느낌을 받는다. 선교적 교회를 성장정체를 타개할 대안으로 삼으려는 시도는 교회의 본질로부터 점점 더 멀어지게 만든다. 선교적 교회론의 핵심에는 하나님의 선교, 즉 예수 그리스도의 십자가를 중심으로 전개되는 하나님 나라 운동이 자리 잡고 있다. 교회론과 신학의 중심은 삼위일체 하나님의 선교이다.

이런 점에서, 이상훈 박사는 북미 교회들 뿐 아니라 한인 디아스포라 교회들이 안고 있는 교회론적 고민들을 풀어내고 그에 비추어 선교적 교회론에 근거하여 한국교회가 처한 위기상황에 대한 교회론적 대안을 적실성 있게 제시하고 있다. 이러한 시도는 북미교회 뿐 아니라 한국교회가 배출한 디아스포라 교회와 한국교회 자신에게도 소중한 통찰들을 제공한다. 이 책이 목회자들과 신학자들 뿐 아니라 목회를 준비하는 신학생들 그리고 일반 성도들에게 큰 도전을 제기하여 한국교회와 한국교회의 선교를 새롭게 갱신하고 개혁하는데 기여할 것을 확신한다.

··· **권준**(시애틀 형제교회 담임 목사)

21세기에 종교 혁명이 일어난다면 그 모토는 만인 제사장에서 "만인 선교사"로 바뀌어야 된다고 생각한다. 그만큼 교회는 그 소명인 선교를 잊고 다른 곳에 집중하고 있는 것이 지금의 현실이 아닌가 한다. 교회는 그 존재 자체가 선교이다. 선교가 하나의 프로그램이 아니라 교회가 존재하는 목적 그 자체이어야 한다. 그 본질을 상실하여 나타난 결과가 바로 유럽의 교회들이며 그 현상들이 미국과 한국의 교회들에게서 나타나고 있음을 목회자라면 피부로 느낄 수 있다. 선교를 교회의 본질로 되돌려 놓고자 하는 노력으로 집필된 이상훈 박사의 "Church Shift"는 현대를 사는 크리스천들에게 우리가 이 땅에 보냄을 받고 사명을 부여받은 자임을 다시 확인하는 계기가 되게 할 것이며, 선교적 교회를 꿈꾸는 모든 사역자들에게는 실제적 안내서가 될 것이다. 이 땅에 사는 날 동안 선교사로서 영광스럽게 살 것을 다짐하는 모든 크리스천들에게 이 책을 적극 추천한다.

··· **김동화**(GMF 대표)

  이상훈 교수님은 암울해 보이기만 하는 오늘날의 교회의 모습에도 불구하고 그래도 소망은 교회에 있다는 신념을 갖고 선교적 교회가 실현되는 것이 그 소망이 이루어지는 길임을 열과 성을 다해 보여주려 애써왔다. 선교적 교회의 실제적인 예가 어디 있느냐고 하는 우리들에게 앞서 발간된 '리폼 처치'를 통해 그 실증적인 예들을 보여줌으로써 그 가능성을 확인해 주었고, 이번에는 본 저서를 통해 선교적 교회에 대한 기본 이론과 실제 선교적 교회를 이루어 가기 위해 요구되는 사역 원리의 메커니즘을 잘 보여 주고 있다.
  나는 선교지에서 사역의 결과로 이루어지는 교회 개척이 한국 교회의 모습을 그대로 이식하는 형태로 이루어져 오는 것을 보고 안타까운 마음을 금할 수 없었다. 이 책은 나와 같이 어떻게 하면 선교지의 교회가 선교적 교회가 될 수 있도록 할 수 있을까를 생각하는 사역자들 모두에게 큰 도움이 되리라 확신한다. 이 책을 통해 선교를 교회 성장의 도구로 생각하고 교파주의적 경쟁에 몰입하던 해외선교가 선교의 주체이신 하나님께서 이 시대에 선교적 교회를 통해 어떻게 역사하시는지를 이해하고 실제적인 사역의 원리를 찾게 되리라 믿는다. 정보통신의 급속한 발달로 인한 탈육화(脫肉化) 현상으로 선교 현장에서 사람들의 삶에 참여(engage)하는 성육신적인 사역이 위협받고 사람들의 삶이 빠르게 비참여적(disengage)으로 고립되어 감으로 공동체를 이루기가 매우 어려워져 가는 이때에 이 책이 교회와 선교의 본질을 이해하는데 큰 도움이 되기를 바란다.

··· **한승진**(마임 사목)

저자는 본서를 통해 교회란 무엇이고, 성도의 삶이란 무엇인가에 대한 고민과 갈등의 내용을 선교적 교회를 통해 풀어나간다. 저자의 이러한 탁월한 통찰력은 더 나아가 선교적 교회의 본질과 의미를 통해 자신의 소명을 돌아보게 함으로써, 독자들로 하여금 선교적 삶을 살아가도록 강력하게 도전한다. 본서는 지난 시간 한결같은 마음으로 한국교회의 회복과 부흥을 위해 기도해 온 저자의 교회를 향한 간절한 마음과 사랑의 결정체이다. 풀러에서 유학하던 시절, 저자와 제자로, 친구로, 동역자로 교제를 나누면서 한국교회를 향한 사랑의 마음으로 어떻게 하면 한국교회가 다시 부흥하며 쓰임받을 수 있을지 고민하고 기도하는 저자를 통해 많은 도전을 받았다. 본서는 저자의 이러한 고민과 기도의 산물이다. 본서는 선교적 교회에 대한 이론적 토대를 바탕으로, 선교적 교회들을 방문하여 목회자의 입장에서 때로는 평신도의 입장에서 그 현장에 함께 하면서 발견하고 깨달은 결과물이다. 그러므로 선교적 교회를 꿈꾸는 사역자들과 더불어 그리스도인으로써의 자신의 정체성에 대해서 고민하고 갈등하며 이 세상 가운데 하나님의 사람으로 살아가기를 소망하는 모든 그리스도인에게 필독을 권하고 싶다.

| 감사의 글 |

〈Church Shift〉는 나의 '선교적 교회' 여정이 담겨 있는 책이다. 처음 북미지역의 대표적 잡지 중 하나인 〈Worship Leader〉가 한국어판으로 출간되었을 때, 시작부터 함께한 인연으로 나에게는 매달 원고를 써야 하는 의무와 권리가 함께 부여됐다.

그때부터 30회 가까이 나는 선교적 교회에 대한 내용을 다양한 각도로 다루었다. 처음에는 북미에서 일고 있는 선교적 교회의 담론에 대한 내용을 정리해 소개하자는 차원에서 시작되었지만, 글을 쓰는 횟수가 거듭되면서 내용은 점차 한국교회의 갱신과 변화에 초점이 맞춰지게 되었다.

감사한 것은 개인적으로 2010년부터 북미지역에서 일고 있는 '선교적 교회' 현장 연구를 위해 미 전역을 다니게 됐는데, 그곳에서 받은 충격과 배움이 본 저서를 쓰고 완성하는 데 큰 도움이 됐다. 그런 차원에에서 〈Church Shift〉는 저자 개인의 성장기이며, 현장의 이야기를 담아 앞서 출간된 〈Re_Form Church: 혁신을 이끄는 미국의 선교적 교회들〉의 이론서이기도 하다.

먼저, 저자가 선교적 교회에 눈을 뜨고 학자와 교수로서 연구와 가르침을 병행할 수 있도록 이끌어 주신 학문과 삶의 멘토 윌버트 쉥크(Wilbert R. Shenk) 교수님께 감사를 드리고, 또 글을 쓰고 책으로 엮어 세상에 나올 수 있도록 지원을 아끼지 않은 〈글로벌워십미니스트리〉와 가진수 교수님께 고마운 마음을 전한다.

아울러, 본 저서가 이론에 머물지 않고 현장에 적용하며 새로운 길을 만들어가는 동료들이 있기에 이 책은 의미가 있다. 특히 북미 Missional Church Alliance(MiCA)와 한국 Fresh Movement에 속한 교회와 동역자들, 필자가 총장으로 섬기고 있는 America Evangelical University의 스텝들과 전 세계에서 수학하는 학생들에게 감사의 마음을 드린다.

마지막으로 점점 더 바빠지는 남편을 내조하며 든든한 버팀목이 되어준 사랑하는 아내 유수정 사모와 나의 자랑인 두 아들, 민혁(Justin), 민성(Caleb)에게 깊은 사랑을 전한다.

| 들어가는 말 |

교회에 미래는 있는가?

20세기 서구의 사회학자들은 근대주의(modernism)와 세속화(secularization)의 거센 물결 속에서 종교의 종말을 고했다.[1] 인간의 합리적 이성과 과학이 발전할수록 종교의 영향력은 감소하고, 결국 '신'(gods)이 필요 없는 시대가 올 것이란 예상이 주를 이루었다. 그러나 역사의 굴곡 속에서 인간 스스로 상상했던 낙관적 미래는 신기루처럼 사라졌고, 인류 앞에 펼쳐진 미래는 한 치 앞도 내다볼 수 없을 만큼 불완전하게 전개되었다. 이러한 이유로 비이성적이며 비합리적 영역으로 여겨졌던 신앙에 대한 인간의 열의는 시간이 지나도 전혀 위축되지 않았다. 결국, 자율적 인간(autonomous-self)의 방해물로 여겨졌던 종교는 다시 우리의 일상으로 복귀했고, 더 복잡하고 다양한 모습으로 삶 속 깊이 침투해 갔다.

20세기 후반, 종교가 새롭게 부흥하자 세속화 이론의 강력한 수장이었던 피터 버거(Peter L. Berger)[2]와 하비 콕스(Harvey Cox)는 자신의 이론이 잘못되었음을 시인하게 되었다. 실제로 하버드 대학의 하비 콕스는 1965년 "Secular City(세속도시)"라는 책에서 종교와 기독교의 미래를 비관적으로 예상했었다. 그러나 1985년, "Religion in the Secular City(세속도시에서 종교)"라는 책을 통해 그는 자신의 과거 주장을 번복했고, "The Future of Faith(신앙의 미래, 2009)"를 펴내며 '종교가 재부흥하고 있음'을 천명했다. 종교의 소멸을 예측했던 세속화 이론은 그렇게 실패를 인정한 것이다.

　그러나 아쉽게도 그 자체가 기독교의 미래를 밝혀 주지는 못했다. 종교의 재부흥이 교회의 부흥과는 관련이 없다고 밝혀졌기 때문이다. 더 엄밀하게 말하면, 21세기 종교의 부흥은 전통적이고 제도적인 기독교와는 무관한 현상이었다. 흔히 알려져 있듯이 서구 유럽의 교회들은 복음전파가 필요한 선교지로 전락한 지 오래되었고, 전망 또한 비관적이다. 북미의 상황은 그나마 유럽에 비해 나아 보이지만, 그 실상은 매우 충격적이다. 미국 기독교 전통을 형성하는 데 많은 기여를 했던 메인라인 교회들의 쇠락은 유례가 없을 정도로 가파르게 진행되고 있기 때문이다.[3] 지난 40년간 출석률은 반으로 감소했고, 성도들의 평균 연령은 60대를 상회하며, 젊은이들의 탈교회 현상은 지속되고 있다.

　그렇다면 이러한 현상에서 우리가 얻어야 할 교훈은 무엇인가? 한 가지 분명한 점은 과거에 귀착되어 급변하는 시대의 변화와 흐름을 읽지 못하는 교회, 현대인들의 영적 갈망을 채워 주지 못하는 교회는 외면받을 수밖에 없다는 사실이다. 오늘날 교회 밖에서 성장하고 있는 종교들의 특징을 보면, 개인의 영적 신비와 체험을 강조하면서 제도적 틀에 얽매이지 않고 삶 속 깊이 침투한다는 공통점을 지닌다. 이러한 현상에 주목하면서 하비 콕스는 21세기 종교의 특징을 근본주의적 종교의 몰락과 더불어 종교의 구성요소에 대한 본질적 변화가 발생하고 있음을 강조했다.[4]

물론 이러한 현상의 근간에는 포스트모던의 영향이 크다. 근대시대의 질문은 "신은 존재하는가?"에 있었다. 그러나 현대에 이르러 그 질문은 "어떤 신이 진짜인가?"로 바뀌게 되었다.[5] 우리는 집단보다는 개인의 판단과 가치가 강조되는 세상으로 진입하고 있다. 더불어 기존의 형이상학적인 논의 대신, 경험할 수 있고 입증 가능한 신앙적 체험을 원하는 이들이 늘고 있다. 그러한 구도자들을 이해할 수 없다면 교회의 선교는 불가능할 것이다.

그러므로 이 시대의 교회가 직면한 도전은 매우 명확하다. 철저하게 세속화되고 다원화된 세상 속에서 교회와 성도들은 신앙 공동체의 정체성을 유지하면서 동시에 복음을 증거 할 능력을 지니고 있는가? 거대담론이 거부되고 모든 것이 상대화된 상황 속에서 복음을 유일하고 참된 진리로 전파할 수 있을 것인가? 교회 공동체는 교리로써가 아닌 경험할 수 있고 확인 가능한 살아있는 능력의 복음을 전파하여 구도자들이 신앙적 체험을 하도록 인도할 수 있는가? 그렇게 되기 위해 우리는 어떻게 거듭나야 하는가?

이러한 질문 앞에서 우리는 21세기 교회가 직면한 고민과 사명, 그리고 희망을 발견한다. 역사의 하나님께서는 언제나 새로운 변화를 일으키시고 새로운 교회 공동체를 세우시며, 그분의 선교를 이루어 가셨기 때문이다. 그리고 그러한 역사는 지금도 계속되고 있다. 이 시대를 보라. 메인 라인의 전통적인 교회들이 몰락해 가고 있는 지금, 놀랍게 세워지고 있는 교회가 있다. 그들은 매우 다양한 모습으로, 그러나 교회 됨의 본질을 회복하기 위해 몸부림치며 교회와 선교의 미래를 열어 가고 있다. 그리고 그 운동은 이제 북미를 넘어 서구 유럽과 전 세계에 영향을 미치고 있다. 그것이 무엇인가? 바로 교회 됨의 본질적 혁신을 통해 교회와 성도의 정체성을 새롭게 형성해 가고 있는 '선교적 교회 운동(Missional Church Movement)'이다.

운동(Movement)의 관점에서 본 선교적 교회의 출현

우리가 '선교적 교회'에 주목하는 이유는 임시방편이 아닌, 더 본질적인 차원에서 문제의 원인을 고찰하고 성경적 가치와 뿌리로 돌아가기 위한 회복운동이기 때문이다. 사실 북미 교회는 1950년대 이후 성장이 정체되고, 성도 수의 감소가 감지되는 순간부터 새로운 프로그램과 다양한 사역적 접근을 통해 시대에 맞는 교회가 되기 위해 노력해왔다.[6] 교회의 효율성을 증진하고, 양적 성장을 촉진하거나, 교회를 떠난 사람들이 다시 돌아오도록 환경과 문화를 조성하기도 했다. 그러한 노력이 있었기 때문에 오늘날 미국 교회가 그 명맥을 유지하고 있는지도 모른다.

그렇다면 앞선 운동들에 비해 선교적 교회가 구별되고 주목받는 이유는 무엇 때문인가? 이전의 운동들은 문화적 문제에 초점을 두고 새로운 형식과 형태를 만드는 일에 집중했다면 선교적 교회는 교회론 자체를 고민하기 때문이다. 현시대에서 예수님의 제자로 살아가는 신앙 공동체의 존재됨을 인식하고 선교적 실천을 시도하는 것이다. 이를 좀 더 구체적으로 살펴보면, 선교적 교회는 다음과 같은 두 가지 흐름이 만나면서 오늘날과 같은 운동으로 발전할 수 있었다.

첫째, 교회의 존재론적 성찰과 자기 인식에 대한 변화이다. 무기력해지는 교회를 향해 사람들은 교회됨에 대한 원초적 질문을 던지기 시작했다. "교회란 무엇인가?", "교회는 무엇을 위해 존재하는가?", "세상에서 교회가 지닌 본질적 사명은 무엇인가?" 이러한 질문들은 주로 학자들에 의해 제기 되었고 많은 탐구를 통해 역사적 관성에 의해 형성된 수동적 교회를 벗어 던지는 계기가 되었다. 나아가 선교의 하나님에 대한 인식과 교회에 주어진 특별한 선교적 사명을 원점에서부터 재고하기 시작했다. 그를 통해 교회는 선교적 공동체이며, 동시에 모든 성도는 자신이 서 있는 곳에서부터 선교적 삶을 살아가야 하는 위탁된 사명을 발견하게 된 것이다.

둘째, 선교적 교회는 포스트모던 시대를 살아가는 교회 공동체의 존재 양식과 삶의 실천에 대한 고민에서 시작된 모험적 대응을 통해 형성되었다. 현실적으로도 교회는 젊은이들이 썰물처럼 빠져나가고 외면하는 상황에서 지금까지 습관적으로 행해왔던 사역 형태를 재고할 수밖에 없었다. 과거에 대한 답습은 더 이상의 해답이 되지 못했다. 젊은 사역자들은 문제의식을 느끼고 새롭고 실험적인 사역을 시도하기 시작했다. 그들은 초대교회의 가치를 붙잡되 21세기의 상황에 맞는 영성을 형성하기 위해 노력했다. 그러한 노력의 결과로 이전과 전혀 다른 새로운 형태의 신앙 공동체가 등장했다. 이 운동을 이끌던 사역자들의 특징은 사실상 전통과 제도에 묶여 더 이상의 변화를 거부하는 교회의 경직성에 실망한 사람들이었다. 그들은 기존의 전통적 태도, 즉 문화를 죄악시하며 세상과 단절된 형태를 고집하는 방식을 통해서는 결코 새로운 세대(Emerging Generation)에 다가갈 수 없으며, 그들의 영적 갈증을 풀어 줄 수 없다고 판단했다. 결국, 그들은 기존 교회의 울타리 밖으로 나와 새로운 시도를 하는 선택을 감행한다. 당연히 이들은 이전에 시행된 '구도자 예배(Seekers Service)'나 '목적이 이끄는 교회(Purpose-Driven Church)', 'X세대를 위한 사역(X-Gen Ministries)' 등과는 다른 그룹으로 인식되었다. 이들의 최우선적 과제는 교회의 양적 성장을 위한 전략이나 프로그램이 아닌, 실천적인 측면에서 예수님의 말씀과 삶을 따르는 진정한 신앙 공동체(Authentic Faith Community)를 형성하는 것에 있었기 때문이다.

비록 이러한 흐름은 각기 다른 고민과 상황 속에서 발생한 개별적 특성을 보였지만, 절묘하게 두 흐름이 만나는 지점에서 선교적 교회는 이론적 성찰을 넘어 운동(Movement)으로 발전하여 강력한 추진력을 지니게 되었다. 또한, 그러한 운동은 거대한 물결이 되어 기존의 제도적 교회에 도전을 심어 주고 성경적이고 선교적인 교회로 이끌고 있다.

이런 관점에서 우리는 선교적 교회를 통해 일하고 계시는 하나님의 손길을 본다. 최근 들어 국내에서도 선교적 교회에 대한 지대한 관심이 일고 있고, 다양한 시도가 발생하고 있는 것은 매우 반가운 일이다. 그렇지만 많은 사람이 우려하듯, 혹 이 운동이 그동안 도입됐던 다른 프로그램처럼 하나의 유행으로 스쳐 지나가지 않을까 하는 두려움이 드는 것도 사실이다. 선교적 교회가 일시적인 자극제로 끝나지 않기 위해서는 무엇보다도 운동의 본질을 이해하고, 그 기본 정신을 공유하는 것이 중요할 것이다. 나아가 교회 공동체가 이 시대에 새롭게 역사하시는 성령의 이끄심에 민감하게 반응하며, 더욱 창조적으로 대응할 수 있어야 할 것이다.

목적과 구성

이와 같은 측면에서 본 저서가 첫째, 선교적 교회의 기본 틀을 이해하는 입문서가 되기를 기대한다. 이 책을 읽음으로써 선교의 주체이신 하나님께서 이 시대에 어떻게 선교적 교회를 통해 일하고 계신지를 발견하기 원한다.

둘째, 동일 선상에서 본 저서는 북미지역에서 일고 있는 선교적 교회 운동의 흐름과 특징을 이해하는 것에 초점을 두었다. 선교적 교회 운동의 발생지라 할 수 있는 북미지역의 상황을 더욱 깊이 있게 이해할 수 있다면, 한국 교회가 이를 적용할 때 서구 교회가 경험했던 실수와 문제를 피하면서 상황화 된 전략과 방식을 발전시킬 수 있을 것이다.

셋째, 선교적 교회의 사역 메커니즘과 패러다임을 제시해 보고자 했다. 1997년 데럴 구더(Darrel L. Guder)와 동료들이 함께 저술한 "선교적 교회"가 출간되었을 당시 북미 교회가 받은 충격은 매우 컸다. 그 책은 북미 교회에 놓인 위기적 상황에 대한 급박한 인식을 갖게 했을 뿐 아니라, 교회의 본질 회복에 대한 갈망을 불러일으키는 데 성공했다. 그러나 "선교적 교회"는 그 내용이 이론적이고 추상적이어서 현장에 적용하기 어렵다는 약점이 있었다. 개념적으로는 충분히 동의할 수 있었지만, 어떻게 선교적 교회가 현실에서 구현될 수 있을지에 대해서는 모호한 구석이 많았다. 다행히 교회의 선교적 사명에 대한 새로운 인식이 심어지면서 그것이 다양한 실험으로 이어지고, 그 내용이 보고되기 시작하자 선교적 교회에 대한 논의는 이론을 넘어 실제적 사건으로 자리 잡게 되었다. 이러한 내용을 기반으로 선교적 교회의 사역 메커니즘과 패러다임을 정리해 보았다.

넷째, 본 저서는 교회가 선교적 상상력을 가지고 과거의 틀에서 벗어나 자유롭고 역동적인 교회가 될 수 있도록 하는 데 목적이 있다. 이런 이유로 가급적 포스트모던 세대를 살아가고 있는 젊은 세대를 마음에 품고, 복음과 문화를 연결할 수 있는 사역 구조와 원리를 제시하고자 했다. 특히 예배 갱신이나 문화에 대한 이해, 리더십에 대한 관점은 포스트모던 세대를 향해 성공적으로 사역을 이끌고 있는 교회들에 대한 리서치를 기반으로 썼음을 밝힌다. 이는 현재 북미 지역에서 발생하고 있는 선교적 교회운동의 방향이기도 하며, 한국 교회의 절실한 필요이기도 하기 때문이다. 그런 측면에서 약간의 편향성이 느껴질 수도 있을 것이다.

다섯째, 이와 같은 토대에서 제시된 원리와 도식은 교회가 지닌 유기체적 특성에 기초해 만들어졌음을 밝힌다. 즉, 선교적 교회는 어느 한 사람의 특출한 리더십이나 설교, 특화된 사역으로 인해 실현되는 것을 목적으로 하지 않는다. 오히려 성도들의 잠재적 사역역량과 선교적 DNA를 개발하고 활용할 수 있는 환경조성과 사역 여정이 중요하다. 이런 측면에서 교회의 모든 사역은 유기체적인 관계 속에서 연결된다. 본 저서에 제시된 선교적 교회의 사역 메커니즘은 어떻게 회중 가운데 선교적 DNA를 형성하며, 그들을 세상으로 보내 선교적 증인으로 살 수 있게 할 것인가를 고민하는 가운데 만들어진 도식이다.

본 책의 구성은 총 2부 9장으로 나뉘어 있다. 1부에서는 선교적 교회를 이해하기 위한 성경신학적 기초로서 삼위일체 하나님과 선교, 선교적 교회의 출현 배경과 사역 원리의 특징, 그리고 선교적 교회의 구성원이면서 동시에 실제 에이전트인 성도들의 선교적 사명에 대해 살펴보았다. 2부에서는 선교적 교회 구현을 위한 핵심요소와 관계, 그리고 이러한 사역을 이루기 위해 요구되는 사역 패러다임을 제시했다.

즉 영성과 예배, 제자도와 공동체, 리더십과 문화에 대한 이해와 적용을 북미 지역에서는 어떻게 실현해 나가고 있는지를 살펴보면서 한국 교회에 필요한 새로운 패러다임을 제시해 보았다.

본 저서는 북미의 선교적 교회 현장에서 기록된 내용을 주된 자료로 참고했기 때문에 한국적 적용과 신학화는 미진한 점이 있다. 처음 이 글을 "워십리더" 매거진에 연재하기 시작했을 당시 의도는 북미 지역에서 일어나고 있는 선교적 교회의 흐름과 담론을 우선으로 요약해서 소개하려는 것이었다. 그러나 수년간 글을 쓰면서 필자의 생각과 관점도 발전한 것이 사실이다. 그렇지만 앞서 기술했던 내용을 모두 다듬는 것은 현실적으로 어려웠기에 그러한 한계가 고스란히 글 속에 배여 있음을 조심스레 고백한다. 그런데도 글을 엮어 본 저서를 내놓은 이유는 이후 한국적 상황에 뿌리내린 더 깊은 연구를 통해 남겨진 숙제를 함께해 나갈 동료들과 그 짐을 나누고 싶기 때문이다.

분명 선교적 교회는 하나의 이론이나 모델로 형성될 수 없다. 신앙 공동체의 부르심과 특성에 따라 선교적 교회의 사역은 다양한 모습으로 이루어져야 한다. 각기 다른 퍼즐이 모여 하나의 완전하고 아름다운 그림이 완성되는 모자이크처럼, 이 땅의 모든 교회는 서로 다른 모습으로 각자의 역할을 하고 있지만 하나의 사명을 위해 달려가는 하나님의 퍼즐 조각임을 인식하기를 바란다. 필자의 글은 그 다양한 퍼즐 조각 중 하나일 뿐이다. 본 저서를 통해 건강한 비판과 토론이 형성되고, 한국 교회가 하나님의 선교에 부응할 수 있는 새로운 대안을 형성할 수 있는 밑거름이 되기를 간절히 소망한다.

추천사 · 4
감사의 글 · 10
들어가는 말 · 12

· 제1부 ·
선교적 교회의 기초

제1장   선교적 교회와 삼위일체 하나님의 선교 · 26
제2장   선교적 교회와 지역 교회의 사역 원리 · 50
제3장   선교적 교회와 하나님 백성의 선교적 삶 · 74

· 제2부 ·
선교적 생태계 형성과 사역 메커니즘

제4장   선교적 교회와 영성 · 101
제5장   선교적 교회와 예배 · 126
제6장   선교적 교회와 제자도 · 178
제7장   선교적 교회와 공동체 · 204
제8장   선교적 교회와 리더십 · 241
제9장   선교적 교회와 문화 · 289

에필로그 · 327
미주 · 332
참고문헌 · 351

제1부

선교적 교회의 기초

본 저서의 1부는 선교적 교회를 이해하기 위한 기본 내용으로서, 총 3장으로 구성되어 있다. 먼저 제1장에서는 성경적·신학적 기초로서 삼위일체 하나님의 관점에서 조명해 본 선교와 선교적 교회의 의미를 고찰해 보았다. 제2장에서는 "선교적 교회와 지역 교회의 사역 원리"라는 주제로 선교적 교회가 출현하게 된 배경과 특징을 살피고, 한국적 상황을 고려한 목회적 적용 방안을 간략히 제시했다. 제3장에서는 "선교적 교회와 하나님 백성의 선교적 삶"으로서 선교적 사명을 가진 성도의 정체성과 사역이 어떻게 세상 속에서 이루어지게 되는지를 성경신학적 기반 위에서 다루었다. 이를 통해 독자들은 선교가 하나님의 것이고, 선교는 성도됨의 특권이며, 동시에 사명임을 알게 될 것이다. 나아가 세속화와 다원화, 세계화의 급변하는 상황 속에 직면하게 된 한국 교회가 선교 공동체로서 이러한 위기를 선교적 기회로 삼아야 할 당위성과 방향성을 찾게 될 것이다.

선교적 교회는 삼위일체 하나님께서 이끄시는 교회다. 그분의 선교가 성도의 삶과 교회 공동체의 사역을 형성한다. 하나님의 통치 아래 예수님의 제자들은 세상과 구별되는 거룩한 삶을 살게 되고, 대조사회(Contrast Society)와 대안공동체(Alternative Community)로서 세상의 소망이 될 수 있다. 나아가 사도적 공동체로서 선포와 섬김을 통해 예수님의 증인됨을 실천하게 된다. 선행과 행함을 통해 사회 변혁을 위해 노력하고, 공의와 정의가 넘쳐흐를 수 있도록 하는 헌신적 공동체가 선교적 교회의 모습이다. 이를 위해 요구되는 것이 바로 상황화에 기초한 유연성과 성육신적 자세이다.

결국, 선교적 교회는 시대와 문화변동에 대한 분명한 인식에 기초해 교회와 성도의 본질과 정체성을 발견하는 것으로부터 시작된다. 참된 교회와 성도가 되기 위한 끊임없는 회심과 헌신을 통해서만 하나님 나라의 귀한 도구로 쓰임 받을 수 있음을 기억하자.

• 제1장 •

선교적 교회와
삼위일체 하나님의 선교

◆ ◆ ◆

하나님은 교회를 위해 선교를 두신 것이 아니라
선교를 위해 교회를 두신 것이다.
– Christopher Wright

선교의 능동적 행위자는 교회를 다스리고 인도하고
교회보다 앞서가시는 하나님의 능력이다.
– Lesslie Newbigin

◆ ◆ ◆

들어가는 말

근대선교의 아버지로 불리는 윌리엄 캐리(William Carey)는 영국의 평신도 설교자이자 구두 수선공이었다. 비록 사람들의 눈에 비친 그의 모습은 평범한 존재에 지나지 않았지만, 그의 가슴은 언제나 세계를 향해 있었다. 특히 영국의 해양탐험가였던 쿡 선장이 남태평양의 새로운 섬을 발견했다는 소식이 들려올 때면 그의 가슴은 더욱 뜨거워졌다. 이제까지 한 번도 복음을 들어보지 못한 사람들에게 구원의 메시지를 전파하겠다는 열정에 사로잡힌 것이다.

그러한 마음을 담아 캐리는 "이교도 개종을 위한 방법을 사용해야 하는 기독교인의 의무에 관한 연구(An Enquiry into the Obligation of Christians to Use Means for the Conversion of the Heathens, 1792)"라는 소책자를 출간했다. 책은 나오자마자 논쟁거리가 되었는데, 특히나 '개종을 위한 방법'에 대해 의견이 갈렸다. 당시 캐리가 몸담고 있었던 침례교 분파는 엄격한 칼빈주의 예정론에 치우쳐 있었다. 그들의 관점에서 볼 때, 구원의 문제는 인간적인 노력이나 방법과는 전혀 무관한 일이었다. 당연히 이교도 구원을 위해 선교단체를 조직하고 전도를 위해 노력해야 한다는 캐리의 논리는 받아들여지지 않았다. 그러한 견해를 대변해 한 노신사는 다음과 같이 말했다.

"젊은이, 앉게! 이교도를 개종시키기로 작정하신다면, 하나님은 자네나 나 같은 사람의 도움 없이 그분 스스로 하실 것이네."

그러나 그가 싸워야 할 대상은 이들뿐이 아니었다. 한쪽에서는 이와 같은 편협한 극단적 예정론자들이 있었고 다른 한쪽에서는 선교무용론을 주장하는 신학자들이 있었기 때문이다. 그들의 논리를 단순화시키면 다음과 같았다.

"사도들은 복음을 전 세계에 전하였지만, 세계의 다른 지역들은 복음을 거절하였다. 그러므로 교회는 그들에 대한 선교적 의무감을 가질 필요가 없다."

선교 역사학자인 피어슨(Paul E. Pierson)은 이러한 논리가 당시 선교에 대한 교회의 보편적 입장이었다고 평가했다.[7]

선교에 대한 정의와 이해는 시대마다 다르게 전개되었다. 어느 때엔 하나님의 주권을 지나치게 강조하여 인간의 선교적 노력과 행위를 무력화시키기도 했고, 또 다른 시기엔 선교를 교회의 여러 활동 중 하나로 예속시켜 일종의 프로그램이나 특별 행사로 여기기도 했다. 이러한 흐름이 오늘날에도 여전히 유효하게 작용하고 있다. 그로 인해 나타나는 문제점은 무엇인가? 교회가 하나님의 선교를 자의적으로 해석하고, 선교를 교회의 본질로 인식하지 못하게 된다는 점이다. 선교에 대한 자의적 해석과 태도가 방만해지면서 교회 공동체에 부여된 가장 중요한 선교적 사명을 잃어버리는 일이 발생하게 되었다.

그러므로 우리는 교회의 선교적 본질을 명확하게 이해하기 위해 선교의 근원이신 삼위일체 하나님의 선교와 교회의 관계를 먼저 조명해볼 필요가 있다. 선교는 하나님 자신으로부터 시작되어 그의 백성과 교회 공동체에게 위임되었기 때문에 그 역학관계를 이해하는 것은 교회의 선교적 사명을 이해하는 데 결정적인 역할을 할 것이다.

1. 선교적 해석학과 선교의 우선성

하나님의 선교적 본성과 교회의 선교적 정체성을 이해하는 데 가장 기본적인 시작은 성경을 선교적으로 읽는 것이다. 리처드 보캄(Richard Bauckham)은 이를 선교적 해석학이라고 불렀는데,[8] 이는 매우 최근에 제시된 성경 해석 방법론이다.

사실 기독교 문화가 사회, 경제, 정치, 군사 등 모든 영역을 지배하고 있던 상황 속에서도 성경을 바라보는 관점은 그저 그리스도인의 삶을 안내하고 인도하는 일종의 지침서 정도의 역할에 머물렀을 뿐이었다.[9]

선교와 관련해 성경을 보는 전통적인 방식은 성경을 일종의 증거 본문으로 보거나 혹은 성경 가운데 나타난 선교의 주제들을 찾는 것이 일반적이었다.[10] 일례로 위대한 선교의 시대라고 불리며 선교운동이 불처럼 타올랐던 18세기 이후의 흐름을 보면, 소위 대위임령이라고 불리는 마태복음 28장 18-20절의 말씀과 같은 특정 본문에 의거해 그 긴급성과 당위성을 확보하려는 시도가 대부분이었다.[11] 성경을 통해 선교적 행위를 정당화하거나 선교적 기초를 제시하려는 노력이 주를 이루었던 것이다.

그러나 칼 하르텐슈타인(Karl Hartenstein)이 '하나님의 선교'라는 개념을 도입하고 그 의미가 복음주의로까지 확대되고 수용되면서 선교는 성경을 이해하는 핵심적 열쇠가 되었다. 특히 20세기를 거치며 서구 교회가 놓인 현실, 즉 세속적인 영향 아래 과거의 기독교 국가의 영광을 잃어버리고, 오히려 선교지가 되어버린 상황적 변화는 서구 교회가 선교를 더욱 적극적으로 이해하고 받아들이는 계기가 되었다.

선교적 해석학은 성경에 나타난 하나님의 창조행위와 인간의 타락, 그리스도 구속, 재림의 모든 과정을 선교적 틀 안에서 조명한다. 그런 관점에서 볼 때, 성경은 하나님의 선교적 산물로 이해된다. 성경은 창조주 하나님의 자기 계시이며, 자신의 피조물인 세상과 인간의 회복을 위한 하나님의 열심이 드러나는 증거이다. 성경이 기록된 상황도 마찬가지이다. 특히 신약 성경이 기록되던 1세기에 일어났던 일들은 선교의 목적을 빼놓고 해석하면 이해가 불가능하다. 사도 바울을 비롯한 예수님의 제자들은 하나님의 선교가 역사 가운데 어떻게 드러나고 완성되었으며 그의 백성들에게 어떻게 위임되었는지를 보여 주는 실례가 된다. 그런 관점에서 데이비드 보쉬(David Bosch)는 "초기 기독교의 역사와 신학은 우선적으로 선교 역사이며 선교 신학이다"[12]라고 밝혔다. 구약도 마찬가지이다. 월터 카이저(Walter C. Kaiser, Jr.)는 "성경에 나타난 선교적 주제는 창세기로부터 시작된다. 선교적 열정은 구약 전체를 가로질러 신약까지 이른다"[13]고 말하면서 구약이 철저히 선교적 의미를 담고 있는 문서임을 밝혔다. 그런 측면에서 아서 글라서(Arthur F. Glasser)는 신약과 구약 사이에 있는 불연속성에 대한 기존의 견해를 비판하면서 오히려 성경을 둘로 나누는 '신', '구'라는 단어가 부적절하다고 이의를 제기한다. "구약과 신약은 본질적으로 동일하다. 그들은 함께 하나님의 말씀을 구성한다"고 말하면서 구약과 신약의 상호의존성을 강조했다.[14] 성경 전체는 선교적인 책이기 때문이다. 이러한 관점은 "선교는 신학의 어머니"라는 마틴 켈러(Martin Kähler)의 선구자적 주장이나 "선교 없이 신학은 존재할 수 없다"[15]는 앤드류 커크(Andrew Kirk)의 확신을 지지한다.

이를 통해 우리는 선교가 교회를 위해 주어진 것이 아니라 "교회가 선교, 곧 하나님의 선교를 위해 만들어 졌다"[16]는 명제를 분명히 인식하게 된다. 그렇다면 하나님의 선교는 무엇을 의미하는가?

2. 하나님의 선교(Missio Dei)와 성부의 주도성

위에서 살펴본 것과 같이 '성경은 곧 창조주 하나님께서 세상을 회복하고자 하시는 그분의 선교'라는 관점으로 바라볼 수 있게 된 배경에는 '하나님의 선교'와 관련된 인식이 높아졌기 때문이다. 하나님의 선교에 대한 신학적 기원은 칼 바르트(Karl Barth)로부터 시작된다. 그는 그리스도인 공동체의 소명에 대한 글을 쓰면서 세상 역사 속에 살고 있는 하나님의 백성에 대한 본질적 고민을 하게 되었다. 바르트는 "선교와 교회는 신학으로부터 시작되는 것이 아니라, 하나님 스스로 자기 자신을 삼위일체 구조 안에서 증거 하는 것에서 시작된다"고 주장했다.[17] 그의 영향을 받은 하르텐슈타인도 역시 선교가 삼위일체 하나님의 상호관계적 운동에 근거하고 있다는 사실에 근거해 신학을 전개했다. 그의 신학은 '하나님의 선교는 하나님 스스로 그분의 왕국이 이 땅에 오는 것을 실현시킨다'는 개념으로 발전되었다. 이후 에큐메니컬 진영에서는 윌링겐(Willingen, 1952)과 멜버른(Melbourne, 1980) 회의를 통해서, 복음주의 진영에서는 로잔(Lausanne, 1974)과 파타야(Pattaya, 1980) 회의 등을 통해 하나님의 선교가 선교신학의 보편적 기반으로 확립되기에 이른다. 이러한 노력은 교회와 선교가 밀접한 연관성이 있음을 재차 확인하는 계기가 되었다.[18] 이로 인해 선교는 하나님의 본성에서 유래된다는 사실과 그것은 삼위일체 하나님의 관계 속에서 더욱 명확해진다는 사실도 받아들이게 되었다.

그렇다면 하나님은 어떻게 스스로 상호 관계 속에서 선교를 실천하시는가? 보쉬의 표현처럼, 성부 하나님이 성자 예수님을 보내시고, 성부와 성자가 성령님을 보내시면서, 결국 성부, 성자, 성령이 교회를 세상에 보내시는 것이야말로 하나님의 선교 운동을 이해하는 결정적 기초가 된다.[19] 이를 근거로 최형근은 "선교의 주제는 하나님이시고 그 목표는 하나님 나라의 확장이며, 교회의 본질은 전 세계의 구원을 위한 하나님의 계획에 참여하는 것이다"[20]라고 주장했다.

티모디 테넌트(Timothy C. Tennent)도 하나님의 선교를 삼위일체 하나님의 역학 관계 속에서 설명하면서, 성부 하나님은 선교의 원천이며, 주창자이고, 목적이시며, 성자 하나님은 하나님 선교의 실현자이시고, 성령 하나님은 하나님 선교를 현존할 수 있게 하는 능력이라고 해석했다. 특히 테넌트는 성부 하나님의 궁극적 파송은 예수그리스도를 통해 이루어졌지만, 그분의 선교적 의지와 집념은 구약의 아브라함과 맺은 언약 속에 이미 반영되었고 그 언약이 역사 가운데 지속해서 유지돼 왔음을 강조했다. 그의 말대로 하나님의 사역은 한 번도 중단된 적이 없었다. 인간이 죄의 유혹을 이기지 못하고 타락한 이후에도 하나님은 먼저 죄인을 찾아오셨을 뿐 아니라 계속해서 선지자와 예언자를 보내심으로 회개를 촉구하시고 장차 이루실 하나님의 위대한 구원계획을 드러내셨다. 그런 관점에서 구약은 오실 메시아에 대한 예시로 가득 차 있고, 신약에 이르러서 성자 예수님을 통해 하나님의 계획이 실현되었다. 따라서 성육신은 단순히 복된 소식을 전하기 위해 오신 것이 아니라 참된 구원을 완성하고자 하시는 성부 하나님의 계획과 주도 아래 이루어졌다. 예수님의 사역과 죽음, 부활과 승천 모든 것이 구원의 파노라마를 이루어 가시는 성부 하나님의 선교적 의도와 열심에서 비롯되었다.

선교적 사명이 하나님의 백성에게 위임된 것 또한 같은 맥락에서 이해되어야 한다. 열방을 향한 선교적 사명을 이뤄가는 일은 교회 자체적으로 감당할 수 있는 일이 아니었다. 오직 성령님의 현존과 능력이 하나님의 백성과 그 공동체에 임할 때만 가능한 일이다. 따라서 하나님은 성자 예수님과 함께 성령님을 세상과 교회에 보내셨다. 성령님을 통해 성부 하나님은 교회 공동체에 능력을 부여하시고 세상을 섬기고 죽은 자를 살릴 수 있도록 이끄셨다. 성령님께서 함께하시기 때문에 교회 공동체는 고난과 핍박을 극복할 수 있으며, 역동적인 선교 사역에 헌신할 수 있는 것이다.

성령님의 사역과 관련해 레슬리 뉴비긴은 신약 시대에 선교를 감당하는 백성들의 태도를 주목하라고 제안한다. 놀랍게도 그들이 선교하게 되는 동기는 오늘날 보편적으로 제시되고 있는 선교 명령과 의무, 혹은 책임감 등에 의해 시행되지 않았다. 그것은 명령과 의무에 의한 순종이 아니라 오직 성령의 임재 하심으로 오는 광대한 "기쁨의 폭발"에 기인했다.[21] 즉 성령 충만과 현존의 능력이 그의 백성들로 하여금 자발적으로 사역에 참여할 수 있도록 이끄셨던 것이다.[22] 비록 헌신의 대가가 때로는 끔찍한 고난과 핍박이었고, 어떤 이에게는 목숨을 바쳐야 하는 순교의 길이었음에도, 성령님은 그들이 기꺼이 그 길을 가도록 도왔다.

선교는 이렇듯 철저한 하나님의 주권적 사역이다. 삼위일체 하나님께서 스스로 선교의 주체가 되시고, 선교의 동력이 되시며, 선교의 목적이 되신다. 데럴 구더(Darell L. Guder)의 표현처럼, 하나님은 선교의 하나님(Missio Dei)이시다. 그분은 스스로 보내시는 하나님(Sending God)이시고, 모든 선교의 시작이 되신다(God's Initiative).[23] 그리고 이 모든 것은 바로 선교의 근원이며 주체가 되시는 성부 하나님의 주도성 아래서 이뤄지는 것을 발견하게 된다.

그러므로 선교는 인간의 노력이나 의무로 이루어질 수 없다. 오직 하나님께서 시작하시고, 하나님의 뜻 안에서 하나님의 방식으로 진행되어야 한다. 선교는 교회의 것이 아니라 하나님의 것이기 때문이다. 하나님 백성들의 모임인 교회는 그 놀랍고 거대한 구속의 이야기에 초대를 받았다. 그런 차원에서 선교는 의무가 아니라 특권이다. 오직 하나님의 선교 사역에 동참하는 백성들에게만 "아버지의 나라를 선포하고, 아들의 삶에 동참하며, 성령의 증언적 책무"[24]에 동참하는 은혜가 주어지는 것이다.

3. 선교의 중심으로서 성자 예수님

삼위일체 하나님의 관계 속에서 성부 하나님이 선교의 근원이며 주도자라고 한다면 성자 예수님은 선교의 중심으로 이해될 수 있다. 이제 선교사로서의 예수님의 정체성과 하나님 나라에 근거한 사역을 살펴보자.

1) 예수님의 정체성: 선교사 예수님

서구에서는 근대시대를 통과하면서 종교의 영역이 지극히 사적이고 주관적 영역으로 이해 및 축소되는 현상이 발생했다. 이로 인해 예수에 대한 이해 또한 영향을 받게 되는데, 신학계에서는 다음의 두 가지 극단적 관점이 대립각을 세우며 양립해 왔다.

첫째, 지극히 과학적이고 합리적인 틀로 예수님을 이해하려 했던 부류이다. 이들은 성경을 합리성과 이성적 관점을 통해 설명하고자 했다. 많은 근대 학자들은 역사적 실존 인물로서 예수님을 복원하기 위해 검증과 실험이라는 비평적 안경을 쓰고 예수님을 탐구(Quest)하기 시작했다. 성경에 나타난 신화적인 요소를 제거하고, 순수한 예수님의 어록을 구별 및 분별함으로써 참 예수님이 누구인지 발견하기를 원했다. 그러나 그렇게 이성적으로 조명된 예수님은 결국 해방자, 혁명가, 정치가 혹은 사회운동가, 교사가 되고 말았다. 당연히 선교적 사역은 불합리한 세상에 자유와 해방, 평화를 추구하며 참된 인간화를 이루는 것에 초점이 맞춰졌으며, 안타깝게도 영적이고 미래적인 구원에 대한 소망은 사라지게 되었다.

둘째, 신앙을 주관적이며 개인적인 영역으로 간주하면서 개인의 회심과 결단을 절대화하는 입장이다. 이들에게 있어 세상은 너무나도 악한 곳이다. 온 세상이 죄의 권세로 가득 차 있기에 구원이란 사후천국, 즉 죽음 이후에 가는 곳으로 이해되었다. 그러므로 참된 구원은 세상과의 결별을 의미한다. 세상을 부정하고 세상과 관련 없이 살아가는 삶이야말로 거룩한 성도의 특징으로 인식되었다. 당연히 선교의 초점은 세상의 문제, 정의와 사회변혁의 문제보다는 개인의 회심과 결단에 집중되었다. 현세의 삶이 무시된 미래의 사건만을 강조하는 관점이 형성된 것이다.

이러한 견해는 각자의 신념을 강화하면서 오랫동안 교회와 선교의 방향을 이끌어왔다. 그 결과, 한 편에서는 초월적이며 신비적인 종교의 영역을 제거하였고, 다른 한쪽에서는 예수님의 삶과 사역을 추상화시켜 현세와 무관한 기독교를 만들기도 했다. 사실 복음주의적 관점에서 보면, 예수님의 이해는 후자에 가까웠다. 개인의 회심과 영혼 구원에 초점이 맞춰진 복음주의의 선교는 교회의 사회적 책임과 전인적 사역에 대한 취약점을 드러냈다. 거기에 물질 축복을 강조하는 '번영신학(Prosperity Gospel)'과 '소비주의적 복음(Consumerist Gospel/Christianity)'이라는 괴물이 더해지면서, 교회의 선교는 예수님의 삶과 가르침에서 벗어난 기형적 모습을 갖게 되었다.

사실 바른 선교와 균형 잡힌 선교를 위해 필요한 것은 예수님이 선포한 하나님 나라에 대한 온전한 이해를 하는 것에서 시작된다. 또한, 하나님 나라를 이해하기 위해서는 예수님이 누구인가에 대한 성경적 이해에 기반을 둬야 함은 자명한 일이다. 그렇다. 예수님에 대한 이해는 선교의 핵심을 형성한다. 그분을 어떻게 바라보느냐에 따라 교회 공동체의 정체성과 사역이 달라지기 때문이다. 그렇다면 과연 예수님은 누구인가?

예수님에 대한 새로운 발견은 예수그리스도의 사역을 보냄 받은 자로서의 모습으로 조명해보는 것에서 시작된다. 그분은 자기 자신을 이렇게 증거 하셨다.

"아버지께서 나를 세상에 보내신 것 같이…"(요 17:18)

예수님은 자신을 가리켜 '보냄 받은 자'라고 밝히셨다. 열방을 향한 하나님의 구원계획은 그분의 아들인 예수님을 세상에 보내심으로써 구체화되었다. 앞서 살펴보았듯이 하나님은 선교의 하나님이시며, 보내시는 하나님이시다. 성부 하나님은 성자 예수님을 이 땅에 보내셨고, 성부와 성자 하나님은 성령 하나님을 보내셨으며, 성부, 성자, 성령 하나님은 다시 교회 공동체를 세상으로 보내셨다. 이 모든 사역의 중심에는 예수그리스도가 존재한다. 로버트 콜먼(Robert E. Coleman)의 표현처럼 하나님은 인류를 향한 위대한 구원 계획을 세우셨다.[25] 그리고 그 계획은 그리스도께서 세상에 오심으로, 십자가 위에서 죽으심으로, 그리고 마침내 죽음의 권세를 이기고 부활하심으로 세상을 향한 자신의 사랑을 입증하셨을 뿐만 아니라, 악에 대해 궁극적인 승리를 선포하시는 위대한 대서사시가 완성될 수 있었다.

"곧 하나님께서 그리스도 안에 계시사 세상을 자기와 화목하게 하시며…"(고후 5:19)

하나님의 구원계획은 예수님을 통해 시작되며 예수님을 통해 완성되었다. 그분은 이 땅의 구속을 위해 보냄 받은 최초의 선교사였고, 동시에 하나님의 백성들이 따라야 할 선교의 전형이었다. 그가 이 땅에서 선포하신 하나님 나라의 복음과 가르침, 그의 삶을 통해 보여 주셨던 모든 사역의 형태들은 선교의 내용을 규명하고 선교의 범위를 설정하는 기초가 되었다. 하나님의 위대한 사명을 이루기 위해 세상에 보냄을 받았던 그리스도 예수님은 다시 그의 제자들을 향해 다음과 같이 사명을 위임하였다.

"내가 진실로 진실로 너희에게 이르노니 나를 믿는 자는 내가 하는 일을 그도 할 것이요 또한 그보다 큰 일도 하리니 이는 내가 아버지께로 감이라."(요 14:12)

이처럼 최초의 선교사였던 예수님의 삶과 사역은 추상적이며 기념비적인 상징으로 머무는 것이 아니라, 그의 제자들에게 위탁되고 허락된 사역임을 기억해야 한다. 우리가 예수그리스도에 의해 부름을 받았다면, 예수에 의해 보냄을 받았다는 사실 또한 인식해야 한다. 그러므로 이 시대의 시급한 과제는 예수님의 삶과 사역을 통해 선교의 원형을 발견하고, 선교의 내용과 방향을 재설정하는 일이다.

마이클 프로스트(Michael Frost)와 알렌 허쉬(Alan Hirsch)는 그들의 저서 "ReJesus"에서 예수님을 따르는 것은 단순히 그를 개인의 구주로 영접하는 것 이상이 되어야 함을 주장했다. 예수님을 따르기 위해 그의 백성들은 예수님을 모방하고 예수님처럼 되기를 꿈꿔야 한다. 즉, '작은 예수'가 되는 삶을 추구해야 한다.[26] 만일 그분의 백성들이 예수님으로 인해 형성된 삶을 살게 된다면 어떠한 변화가 발생할까? 분명히 거기에는 관점의 변화가 수반될 것이다. 하나님을 보는 방식, 교회를 보는 방식, 세상을 보는 방식이 달라질 것이다.[27] 보냄을 받은 자로서의 자기 인식을 통해 그리스도의 삶과 사역을 본받고, 세상을 사랑하고 변화시키기 위해 노력하며, 영원한 생명을 전하기 위한 복음 전도의 노력을 게을리하지 않을 것이다.

오늘날 우리가 직시할 수밖에 없는 심각한 문제가 바로 여기에 있다. 성경에 기록된 예수님의 삶과 가르침이 퇴색되어 가는 현실 속에서, 우리는 성경에 묘사된 메시아요, 선교사였던 예수님의 모습과 제도적 종교로 굳어진 기독교 사이에 형성된 긴장을 발견한다.[28] 제도로서의 종교가 아닌, 세상을 변화시키고 진정한 구원을 베푸셨던 예수그리스도의 삶과 사역이 신앙 공동체의 선교와 사역을 형성하는 기초가 되어야 함은 자명한 일이다. 그리하여 교회와 선교는 다시 그리스도(ReJesus)께로 돌아가야 한다.

2) 선교의 중심 : 하나님 나라(Kingdom of God)

예수님의 삶과 가르침의 중심은 '하나님 나라'를 선포하고 그것을 가져오기 위한 사역으로 요약될 수 있다.[29] 예수님은 자신의 사역을 시작하면서 "회개하라 천국이 가까이 왔느니라"(마 4:17)고 말씀하시며 하나님 나라(천국)의 도래를 선포하였다. 이후 하나님 나라에 대한 그의 선포는 귀신을 내어 쫓고 병자를 고치는 사역을 통해 입증되었다.

> "그러나 내가 하나님의 성령을 힘입어 귀신을 쫓아내는 것이면 하나님의 나라가 이미 너희에게 임하였느니라"(마 12:28).

예수님은 삼 년의 공생애 기간 동안 끊임없이 하나님 나라를 가르치셨고, 입증하셨으며, 경험하게 하셨다. 따라서 하나님 나라에 관한 이해는 선교의 핵심이 된다. 그의 백성들은 하나님 나라를 위해 살고, 그 나라를 기다리며, 그 나라가 열방 가운데 선포되도록 부름을 받았다. 그렇다면 우리가 선포해야 할 하나님 나라는 무엇일까? 그것은 죽은 후 믿는 자들의 영혼이 주와 함께 안식을 누리는 피안적 세계일까? 아니면 현 세상에서 인간이 도달할 수 있는 이상적 사회 그 자체일까?

이에 대해 신약학자 조지 래드(George E. Ladd)는 하나님 나라에 대한 성경적 연구를 기초로 다음과 같이 말하였다.

> 하나님 나라는 현재적 실체이면서(마 12:28) 또한 미래적 축복입니다(고전 15:50). 하나님 나라는 다시 태어난 자들만이 경험할 수 있는(요 3:3) 영적인 내적 축복이면서(롬 14:17) 또한 이 세상 나라의 통치와도 관련이 있습니다(계 11:15). 하나님 나라는 사람들이 실제로 들어갈 수 있는 현재적 영역이면서 또한 나중에 들어갈 수 있는 미래적 영역이기도 합니다(마 8:11). 하나님 나라는 믿는 자들에게 상속되는 미래적 축복의 나라이면서(눅 12:32) 또한 현재에 믿는 자들이 누릴 수 있는 나라이기도 합니다(막 10:15).[30]

예수님이 선포한 하나님의 나라는 현재 상태에서 경험되는 나라이며 동시에 마지막 날에 완성될 미래적 사건이다. 예수님을 통해 하나님의 통치, 즉 새 시대, 새 삶의 질서가 이미 역사 가운데 시작되었다. 미래가 현재에 침입한 것이다. 그렇기에 하나님의 백성들은 미래와 현재 사이에 해소되지 않은 긴장 가운데 살아가는 것이다.[31] 그렇다면 그리스도인들은 어떻게 살아야 할까? 톰 라이트(N. T. Wright)는 구원을 "먼 미래까지 기다려야만 하는 일"로만 치부해서는 안 된다고 주장하며, "앞으로 올 것을 현재에 충실하게 예견하며 지금 이곳에서 그 구원을 누릴 수 있어야 한다"고 말한다.[32]

하나님 나라는 현재성과 미래성을 동시에 지니고 있다. 이런 관점에서 백성들에게 주어진 선교적 사명은 새 하늘과 새 땅에 대한 하나님의 약속을 붙잡고 그의 나라가 하늘에서 이루어진 것처럼, 지금 이 곳에서도(Now and Here) 이루어질 수 있도록 기도하고 노력하는 모든 일을 포함한다. 하나님의 나라는 현실 도피로 얻어지는 것이 아니라, '이미'와 '아직'의 긴장 속에서 세상에 있는 모든 악을 거부하고, 하나님의 질서가 가시화될 수 있도록 그의 선교에 동참하는 것으로부터 이루어지기 때문이다. 데이비드 보쉬는 이러한 사실을 바탕으로 "예수님의 사역 속에는 죄에서의 구원과 육체의 질병에서의 구원, 영적인 구원과 사회적인 구원이라는 둘 사이에 결코 긴장이 존재하지 않는다"[33]고 말했다.

그렇다면 예수님이 선포한 하나님의 나라란 무엇일까? 그곳은 하나님의 주권적 통치가 임하는 곳이다. 하나님의 통치(Reign)와 다스리심(Rule), 그의 주권(Sovereignty)이 임하며 하나님의 공의와 사랑이 다스리는 나라, 그곳이 바로 하나님의 나라이다.

> "그런즉 누구든지 그리스도 안에 있으면 새로운 피조물이라 이전 것은 지나갔으니 보라 새 것이 되었도다"(고후 5:17).

이처럼 개인은 하나님을 만남으로써 새로운 존재로 거듭난다. 즉, 세상의 질서에 지배받던 존재에서 하나님의 주권과 권세로 다스려지는 존재가 된다. 악과 더러움이 떠나고 하나님의 의와 질서가 다스리는 존재, 새로운 피조물로 온전하게 됨으로써 하나님의 나라가 임하게 된다. 여기서 중요한 사실은 이러한 변화는 결코 개인적 영역에만 머물지 않는다는 점이다.

열방의 빛이 되기 위해 부르심을 입은 이스라엘처럼, 하나님의 통치를 경험한 그의 백성들에게는 이 세상 속에서 새로운 창조의 모형이 되고 청지기가 되어 하나님의 나라를 드러내고 실현해야 할 임무가 다음과 같이 주어진다.

> 천국의 통치, 하나님의 통치는 이 세상에서 실현되어야 하며, 그 결과 현재와 미래 모두에서 구원이 일어나야 한다. 그 구원은 인간을 위한 구원이면서 동시에 구원받은 인간을 통한 더 큰 세상의 구원이다. 이것이 바로 교회가 받은 사명의 굳건한 기초다.[34]

이처럼 예수그리스도가 하나님 나라의 모형을 그분의 메시지와 사역을 통해 보여 주셨다고 한다면, 이 땅에서 그로 인해 구속된 백성들은 하나님을 찬양할 뿐만 아니라, 하나님의 통치와 다스리심을 보여주고 증거 하는 자로서의 선교적 사명을 부여받은 청지기들이라는 사실을 기억해야 한다. 하나님의 뜻이 하늘에서 이루어진 것과 같이 땅에서도 이루어지는 상태를 보여 주는 삶, 그 통치를 드러내는 일이야말로 하나님 나라를 위한 진정한 선교적 삶이다.

3) 선교의 근거와 정체성: 십자가와 부활

'하나님의 나라'가 예수님의 삶과 메시지를 통해 추구했던 사역의 핵심이었다면, 십자가와 부활은 선교의 근거와 정체성을 제공한다. 하나님은 죄로 인해 부패하고 타락한 세상을 온전히 회복시키고자 하셨다. 영원히 멸망할 수밖에 없는 죄인 된 인간의 회복과 더불어, 깨어지고 부서진 창조세계의 모든 피조물을 구속하시고 갱신하시려는 것이 그분의 뜻이었다. 크리스토퍼 라이트가 이야기한 것처럼, 십자가는 그런 측면에서 다음의 목적들을 이루기 위한 '하나님 선교의 불가피한 대가'였다.

> 인간 죄의 죄책을 제거하고(사 53:6; 벧전 2:24),
> 악의 권세를 격파하고(골 2:15),
> 사망을 파괴하고(히 2:14),
> 유대인과 이방인 간의 증오와 소외의 장벽을 제거하고(엡 2:14-16),
> 하나님의 모든 피조물을 치유하고 화해시키는(골 1:15-16, 20) 과업.[35]

이렇듯 이 모든 것은 십자가상에서 이루어졌다. 십자가는 죄인들이 용서받고, 악과 사망이 파괴되며, 피조물 전체가 창조주 하나님과 화해하는 장소이다. 십자가 위에서 개인과 공동체, 우주가 회복되는 다면적 사역이 본격화된 것이다.

그러나 완전한 복음은 십자가상에서 죽으심과 더불어 발생한 부활의 사건이 있었기에 가능했다. 십자가가 죄의 문제를 해결하는 단번의 제사가 되었다면, 부활은 다가올 하나님 나라의 성취와 승리를 실체화하는 사건이다. 마이클 고힌(Michael W. Goheen)은 "죽음은 옛 시대의 마지막"이 되고, "부활은 새 시대의 시작"이 된다고 말했다. 그리스도의 십자가를 통해 죄의 권세는 종말을 고하고, 그의 부활로 인해 하나님의 백성들은 "새 창조의 일부"가 된다는 것이다(고후 5:17; 갈 6:15).[36] 여기서 예수그리스도는 십자가에서 죽으심과 부활을 통해 진정한 순종과 참된 승리의 의미를 나타내었다. 부활은 "패배의 역전이 아니라 승리"의 증거이며, 장차 도래할 그 나라에 대한 약속을 확증하는 "첫 열매"이기도 하다(고전 15:23). 하나님의 나라가 가까이 왔다는 그리스도의 선포가 부활을 통해 확증된 것이다.[37]

그렇다면 예수님의 십자가와 부활이 가지는 선교적 의미는 무엇일까? 그것은 이 땅에 보냄을 받으신 선교사 예수님의 사역이 완수되었고, 이를 통해 그의 백성들은 하나님의 선교에 참여하도록 부르심을 입었다는 사실이다. 온 세상을 향한 하나님의 위대한 구원 계획은 예수그리스도의 죽으심과 부활을 통해 성령을 받은 제자 공동체에게 위탁되었다. 하나님의 백성 된 제자들을 세상으로 보내시는 하나님의 위대한 파송이 그들의 정체성을 선교적 존재로 확고히 형성시킨 것이다.[38]

4. 선교의 동력으로서 성령 하나님

하나님의 백성으로서 선교 사역을 계승해야 하는 이유는 부르심과 보내심의 관점에서 선명하게 드러나 있다. 그러나 여기서 몇 가지 의문이 생긴다. 과연 이 시대의 백성들이 선택받은 자의 특권과 권리만을 주장하며, 선교적 사명 수행에 실패했던 이스라엘의 전철을 밟지 않으리라는 확신은 어디에서 찾을 수 있을까? 오늘날 교회의 일그러진 모습과 타락은 우리 또한 실패한 백성으로 전락했다는 것을 말해 주고 있는 것은 아닐까? 그런 관점에서 보면, 하나님의 계획은 또다시 수포가 되고 또 다른 계획을 세워야 하는 것은 아닐까?

우리는 다시 하나님의 백성에게 위임된 선교의 가장 중요한 핵심으로 돌아가야 한다. 그것은 "선교가 하나님의 것"이라는 사실이다. 선교는 교회의 것이 아니며, 몇몇 탁월한 개인의 것도 아니다. 선교는 하나님의 것이자 하나님의 사역이다. 뉴비긴이 이야기했듯이 "선교는 단지 교회가 자신의 능력을 발휘하여 자기 확장을 꾀하는 일"이 아니다. "선교의 능동적 행위자는 교회를 다스리고 인도하고 교회보다 앞서가는 능력의 하나님"임을 기억해야 한다.[39] 이런 관점에서 볼 때, 선교는 오직 하나님 그분께서 계획하시고 그분께서 이끄신다. 그의 백성들은 하나님의 부르심에 순종하고, 그의 보내심에 헌신하는 역할이 주어졌을 뿐이다. 그 모든 것의 중심에 성령이 있다. 즉, 하나님의 선교는 예수님의 부활 승천과 함께 성령의 임재를 통해 백성들에게 위임되었다. 백성의 선교는 성령의 임재로 인해 이루어지며, 성령이 없는 선교는 불가능하다. 오직 성령의 능력, 성령의 인도함, 성령의 함께하심을 통해서만 가능하다. 그것이 부활 승천하신 예수님의 약속이었으며, 곧 성경의 증언이었다.

> "내가 아버지께 구하겠으니 그가 또 다른 보혜사를 너희에게 주사 영원토록 너희와 함께 있게 하리니 그는 진리의 영이라 세상은 능히 그를 받지 못하나니 이는 그를 보지도 못하고 알지도 못함이라 그러나 너희는 그를 아나니 그는 너희와 함께 거하심이요 또 너희 속에 계시겠음이라"(요 14:16-17)

예수님의 사역조차도 성령에 의해 이루어졌음을 성경은 증언한다. 예수님은 성령으로 잉태되셨고, 성령에 의해 사역이 진행되었다. 그가 세례를 받을 때 비둘기 같은 성령이 임함으로 그가 하나님의 아들임을 증거 하였고, 성령의 이끄심에 의해 광야에 가셨고 사탄의 시험을 이기셨다. 이후 발생한 예수님의 모든 사역 역시 마찬가지였다. 그는 성령의 능력을 통해 귀신을 쫓아냈고, 병자를 치유하셨으며, 사람들을 가르치셨고, 하나님 나라의 표적을 보여 주셨다.[40] 예수께서는 자신의 제자들을 세상으로 보내시면서 하늘과 땅의 모든 권세를 부여할 것을 말씀하시고, 위로부터 오는 능력을 약속하셨다. 여기서 다시 뉴비긴의 진술에 주목해보자. 그는 성령을 설명하면서 다음과 같이 기록했다.

> '영(spirit)'은 '바람 혹은 '숨'이란 뜻을 가진 히브리어 단어 루아흐(ruach)를 번역한 것이다. 한 사람의 숨은 생명의 비밀이고, 주님의 영(ruach Yahweh)은 인간에게 생명과 능력, 지혜와 말, 지식과 이해력을 주기 위해 표출되는 주님의 생명 그 자체다. 그것은 살아 있고 강력하며 자기 소통을 하는 하나님의 임재다.[41]

이처럼 자신의 생명을 주시기 위해, 자신의 지혜와 말, 지식과 이해력을 주시기 위해 예수님은 제자들을 향해 숨을 내쉬고 성령을 받으라고 말씀하셨다. 그리고 다시 한 번 이 모든 사역은 오직 성령이 너희에게 임할 때에만 가능하다는 사실을 강조하시고 이렇게 말씀하셨다. "너희는 위로부터 능력으로 입혀질 때까지 이 성에 머물라"(눅 24:49).

이는 선교를 수행하기 전에 성령을 받는 것이 우선적이어야 한다는 것이다. 예수께서는 성령을 받지 않고 선교를 감당하는 것은 무모한 일임을 알려 주셨다. 성령을 받고 성령의 능력을 통해 나아가게 될 때, 선교는 비로소 하나님의 것이 된다. 오늘날 교회의 선교가 왜 큰 벽에 부딪히게 되었는가? 그것은 성령님의 힘을 입지 않았기 때문이다. 성령 없이 나아가고, 성령 없이 증언하고, 성령 없이 사역하기 때문이다.

초대교회 공동체가 지극히 적은 소수에 지나지 않았을 때, 그들이 보여 주었던 모습을 생각해보자. 그 작은 무리가 세상을 뒤흔들고 복음으로 변화시킬 수 있었던 이유는 무엇일까? 그 시대가 지금보다 훨씬 더 복음에 대해 수용적이며 온화한 분위기였기 때문에 가능했던 것일까? 절대 그렇지 않다. 그 시대는 복음을 표면적으로 표출할 수도, 제시할 수도 없었다. 그리스도인이라는 사실 자체가 가져다주는 사회적 고립과 불이익은 이루 말할 수 없을 정도였으며, 드러낼 수도, 증언할 수도 없는 암울한 시대였다. 그럼에도 그들은 세상을 변화시켰다. 어떻게 그럴 수 있었을까? 바로 그들은 성령의 능력을 철저하게 힘입었기 때문이다. 자신의 힘과 지혜가 아니라, 성령을 덧입고 나아갔기 때문에 세상을 향해 두려워하지 않고 죽음도 불사하며 담대히 증인 됨의 삶을 살 수 있었던 것이다.

이것이 바로 초대교회가 우리에게 던져주는 강력한 메시지이다. 성령의 임재를 경험했던 그리스도의 제자 공동체는 무서울 정도로 놀라운 내적 변화와 함께 외적 사역을 진행해 나갔다. 특히 티모디 테넌트는 사도행전에 나타난 성령의 임재가 교회의 선교적 사역과 어떤 연관성이 있는지를 다루면서, 다음의 세 가지 의미를 도출하였다.

첫째, 성령은 교회가 세계선교를 감당할 수 있는 능력을 부여한다. 사도행전 1장 5절에서 주님은 성령 세례를 받으라고 말씀하셨다. 과거의 모든 문제와 죄를 소멸시키는 불과 같은 성령은 모든 것을 새롭게 변화시키는 새 창조의 능력으로 교회와 함께할 것이다. 그 능력이 그들에게 세계 선교를 향해 나아갈 수 있는 강력한 힘을 부여한다(행 1:8).

둘째, 성령은 하나님의 권위로 교회와 함께한다. 성령은 하나님의 뜻을 알려 주시고 나아갈 바를 지시하시고 인도하신다. 그럼으로써 교회가 하나님의 권세 아래 존재하며 행할 수 있도록 돕는다.

셋째, 성령은 성도의 거룩한 삶과 표적과 기사를 통해 새로운 창조의 발생을 확장시킨다. 교회의 능력 있는 사역은 하나님의 현존에 대한 증거가 되므로 선포된 말씀이 하나님의 살아 있는 증언임을 확증시킨다.[42]

이처럼 교회의 선교는 철저히 성령의 능력을 의지할 때만 가능하다. 허버트 케인(J. Herbert Kane)이 말했듯이, 성령의 능력만이 세상 사람들이 자신의 죄를 깨닫게 하고 이교도의 길을 버리며, 복음의 진리를 확장할 수 있는 방법이 된다.[43] 성령이야말로 선교의 주창자(Initiator)이며, 동기를 부여하는 분(Motivator)이시고, 감독자(Superintendent)이시며, 전략가(Strategist)이다.[44] 오직 성령만이 인간의 삶과 사건 속에서 복음을 폭발적으로 만들 수 있으며,[45] 교회의 선교적 여정을 이끄는 능력이 되신다. 그러므로 "교회의 증언은 그에 따른 부차적인 것일 따름이다. 교회는 성령이 인도하는 대로 따라가는 한에서 증인이 될 수 있다"[46]는 사실을 자각하고, 더욱 겸손하며, 모든 것을 믿고 신뢰함으로 그분의 선교에 참여하는 공동체가 되어야 한다.

나가는 말

미국 대공황 시기였던 1933년, 신학자인 그레샴 메이첸(J. Gresham Machen)은 "이 새로운 시대에 교회의 책임은 무엇인가?"라는 도전적 질문에 다음과 같이 대답했다.

새로운 시대에 교회의 책임은 다른 모든 시대에 주어졌던 책임과 동일합니다. 그것은 이 세상이 죄 안에서 실패하고 인간의 생명이 영원한 깊이에 비해 지극히 미미한 존재와 같다는 것을 증언하는 것입니다. 거기에 모든 것을 초월해 무한하신 하나님, 모든 것의 대변자, 창조자, 신비하고 거룩하며 살아계신 하나님께서 그분의 말씀 안에서 우리를 향해 자기 자신을 계시하시고, 주 되신 예수 그리스도를 통하여 그 스스로 우리와 연합을 제공하신다는 사실, 개인이나 국가를 막론하고 다른 구원자가 없음을 증언하는 것이 우리의 책임입니다. …… 우리가 전해야 하는 것은 사람들에게 인기 없고 비실용적인 메시지입니다. 그러나 그것이 크리스천 교회의 메시지입니다. 그것을 무시하십시오. 그러면 당신은 파멸을 경험할 것입니다. 유념하십시오. 그러면 생명을 소유할 것입니다.[47]

교회의 선교적 책임은 시대와 상황이 변한다고 해서 그 무게가 달라지는 것이 아니다. 교회의 선교적 책임은 그분의 메시지를 전하며, 그분의 주 되심을 증거 하고, 이 땅에 하나님 나라의 회복과 통치가 이루어지게 하는 일이다. 메이첸의 증언과 같이 그 자체는 세상 사람들이 환영하고 반길만한 사항이 아닐 것이다. 비웃음과 조롱이 신실한 그리스도인들을 향해 기다릴 수도 있다. 그러나 하나님의 선교는 그렇게 진행되어 왔다. 조롱과 비난, 핍박과 죽음의 위협 속에서 흔들릴 수 없는 진리를 증거 하고 선포하면서 하나님의 나라는 확장되어 왔다. 그 속에 참된 구원과 참된 자유, 참된 기쁨이 함께하고 있기에, 살아 계신 하나님께서 그 아들과 성령의 능력으로 함께하고 계시기에, 그것이 바로 하나님의 선교이기에, 그의 백성들은 엄청난 대가를 치르면서도 그것을 포기하지 않았다.

  오늘 우리의 사명은 어디에 근거하고 있을까? 우리는 지금 하나님의 선교를 품고 그리스도의 십자가를 부여잡고, 성령의 능력에 의지하여 나아가며, 그렇게 주어진 사명을 실천하고 있을까? 이를 실천하기 위해서는 먼저 그분께 온전히 돌아가는 회복이 이루어져야 한다. 삼위일체 하나님의 선교에 대한 분명한 인식과 그분의 이끄심에 대한 확신이 필요하다. 참된 선교는 우리의 것이 아니라 하나님의 것임을 기억하자.

  선교가 교회의 것이 아니라 하나님의 것임을 인식하게 되면서 선교는 교회 공동체에 더욱 중요한 본질이 되었다. 선교적 교회는 이러한 신학적 토대 위에서 형성된 것이다. 이제 선교적 교회와 지역교회의 사역 원리에 대해 고찰해 보자

• 제2장 •

선교적 교회와
지역교회의 사역 원리

◆ ◆ ◆

오늘날 미국 교회의 현실은
생명유지 장치에 의존하여 살아가는 식물인간과 같다.
- Reggie McNeal

선교적 교회는 상하고 죄로 가득 찬 세상을 바로 세우며,
구원과 회복을 이루기 원하시는
하나님의 선교에 동참함에 의해서 형성된 교회이다.
- Lois Y. Barrett

◆ ◆ ◆

들어가는 말

지난 2천년 동안 교회는 끊임없이 발생한 새로운 선교운동을 통해 발전되어 왔다. 역사가 주는 교훈은 대부분의 부흥과 갱신은 주류 교회의 변두리에서, 아무도 주목하지 않던 소수에 의해 시작되었다는 점이다. 그들은 때로 기존의 교회로부터 멸시를 받았고, 거부당하기도 했다. 그러나 그들은 시대를 통한 하나님의 부르심을 인식하고, 그 부르심에 응답하는 선교적 삶을 통해 역사를 변화시켰으며, 교회 갱신과

부흥에 새로운 지평을 여는 거룩한 소수로서 쓰임을 받았다.[48]

현재 우리는 역사상 그 어느 때보다 이러한 변화와 갱신에 목마르다. 한국 개신교회는 지난 120여 년의 짧은 역사를 통해 세계를 놀라게 하는 급속한 성장과 발전을 경험했다. 한국 교회는 이에 대한 응답으로 세계 복음화를 향한 거침없는 행보를 내딛는 듯했다. 그러나 오늘날 교회의 모습은 급속한 성장을 통해 얻게 된 화려한 찬사만큼이나 어두운 그림자가 깊게 드리워진 형국이다. 그동안 교회를 향해 가지게 되었던 막연한 염려와 불안감들이 하나씩 구체화되면서, 이제는 교회의 시작, 성장, 확장, 위축으로 이어지는 선교운동사의 마지막 관문인 위축의 단계로 접어들고 있는 것은 아닌지 염려스럽다. 진정 한국 교회는 '예수 없는 예수 교회'가 되어가고 있는 것일까? 사실 오늘날 교회가 직면한 문제는 단순히 숫자의 감소가 아니다. 이는 교회가 세상을 향한 빛과 소금의 역할을 하지 못하고, 나아가 세상의 비난을 받는 대상이 되어 가고 있는 심각한 문제이다.[49]

그중 무엇보다도 안타까운 점은 교회에 대한 날카로운 비평에 반해, 상황에 대한 분명한 인식에 기초한 대안적 논의가 활발하게 이루어지지 못하고 있다는 점이다.

이에 대한 새로운 대안을 도모하는 차원에서 교회들이 직면하고 있는 새로운 환경을 이해하고, 시대에 적합한 사역 방안을 선교적 교회(Missional Church)라는 큰 틀에서 살펴보며 갱신된 지역교회의 사역원리을 제시하고자 한다. 이를 위해 상황적 탐구와 선교적 교회의 특징과 원리, 그리고 한국 교회를 향한 적용 방안을 살펴보도록 한다.

1. 서구 교회의 위기

지난 100년간 세계 기독교는 이전과는 전혀 다른 구도로 재편되었다. 20세기 초 세계 기독교 인구의 80퍼센트는 백인들이었으며, 그중 70퍼센트는 유럽에 거주하고 있었다. 그러나 오늘날 신앙생활을 영유하는 실제 기독교인들의 수는 유럽보다 아프리카에, 미국보다 중국에 더 많이 존재한다. 물론 이러한 변화는 열방을 향한 예언적 선포와 선교적 노력의 결과이다. 이는 복음의 능력이 폭발적으로 제 3세계를 깨웠기 때문에 가능했으나, 서구 교회의 관점에서 볼 때 이러한 현상은 마냥 기뻐할 만한 상황이 못 된다. 미국의 복음주의 역사학자인 마크 놀(Mark A. Noll)의 말을 들어보자.

> 요약하면, 교회는 지난 50년 동안 초기 기독교 역사를 제외한 그 어떤 역사적 시기보다 더 큰 지역적 재분포를 경험해 왔다. 이러한 변화는 일정 부분 세계 인구의 전반적 성장에 따른 결과로서 이해될 수 있다. 그렇지만 더욱 분명한 사실은 아시아, 아프리카, 라틴 아메리카와 남태평양 섬들의 괄목할 만한 복음화로 인해 발생한 사건이다. 그러나 이것은 또한 유럽 기독교의 전례 없는 상대적 쇠락으로부터 기인한 결과이다.[50]

서구 기독교의 시대는 우리 세대에 저물고, 남반부 기독교 시대가 동터 온다[51]는 젠킨스(Philip Jenkins)의 지적은 시간이 지날수록 더욱 현실화되고 있다. 서구 교회의 위기와 그에 대한 인식은 어느 정도일까? 데이비드 올슨(David T. Olson)은 "The American Church in

Crisis"(2008)에서 현재의 추세가 지속된다면, 2050년에 교회에 출석하는 성도 수는 1990년의 절반으로 줄어들 것으로 예상했다.[52] 레기 맥닐(Reggie McNeal)은 미국 교회의 현실을 생명유지 장치에 의존하여 살아가는 식물인간으로 묘사했다.[53] 그는 그나마 교회가 현재와 같이 유지될 수 있는 것은 과거 세대가 이루어 놓은 축적물 때문이며, 현재의 교회는 이에 의존한 채 생명을 유지하고 있는 형국과 같다고 날카롭게 지적한다.

이처럼 위기에 처해 있는 서구 교회들은 그 돌파구를 어디에서 찾고 있을까? 그들은 변화된 상황을 이해하고, 세상 속에서 교회 됨의 의미를 재탐구하는 것을 우선으로 한다. 그와 더불어 현실 상황에 대응할 수 있는 교회의 모습으로 탈바꿈하려는 노력을 시도해 왔으며, 이는 선교적 교회의 근거가 되었다.

1) 메가트렌드 : 전통 교회를 향한 도전

먼저 상황적 이해를 위해 에디 깁스(Eddi Gibbs)의 분석을 살펴보자. 그는 서구 사회가 경험하는 변화를 다음 다섯 가지의 메가트렌드[54]로 구분하여 설명한다.

첫 번째는 근대(Modernity)에서 포스트모던 시대(Postmodernity)로의 변화이다.[55] 이성과 과학, 혁신과 진보, 합리성과 보편성, 확실성과 절대성을 표방하며 인간의 자율성과 가능성에 기초한 낙천주의적 미래관이 극대화되던 시대는 이제 끝났다. 그 대신 미래에 대한 불확실과 해체적 사고, 모든 것을 상대화하는 인식론적 전환이 이루어진 가운데 사람들은 더욱 불안해하고, 미래에 대한 두려움을 갖는 시대가 되었다.

두 번째는 산업시대에서 정보시대로의 전환이다. 산업시대를 배경으로 형성된 중앙 집권적 힘과 조직적 체계는 거대 비즈니스 모델을 창출했으며, 이는 교회의 구조와 시스템, 기능적 역할을 설정하는 기초가 되었다. 그러나 인터넷의 급속한 발전과 함께 시작된 정보화 혁명은 부를 창출하는 근본적 기반을 변화시켰으며, 기존의 수직적이며 계급적인 체제의 붕괴를 야기했다.[56]

세 번째는 기독교국가 시대(Christendom era)[57]에서 후기 기독교국가 상황(Post-Christendom)으로의 변화다. 서구 교회는 4세기 이후 발전된 교회와 국가의 연합을 통해 우월적 위치를 누려왔다. 문화적으로는 1,500년 동안 기독교 문화를 가진 기독교 국가로 스스로 자처해 왔다.[58] 그러나 월터 홉하우스(Walter Hobhouse)가 지적했듯이 과거 초기 교회가 가졌던 '연합되고, 힘이 있으며, 응집력을 가졌던' 기독교 국가의 오래된 질서는 무너지고 말았다. 이제는 교회가 더 이상 영향을 미치지 못하는 '종교의 혼돈(Religious Chaos)'의 상황으로 접어들게 된 것이다.[59]

네 번째는 생산 중심에서 소비 중심으로의 전환이다. 세속화의 발전은 소비 중심 시대의 새 장을 열었다. 교회 역시 학교나 병원, 백화점 등과 같은 소비자들의 입맛에 맞는 상품과 서비스를 제공하는 기관으로 전락할 가능성을 갖게 되었다. 성도들은 개인의 필요 때문에 교회를 선택하고, 개인의 의지에 의해 떠난다. 결국 개인의 다양한 필요를 충족시켜 줄 수 있는 대형 교회들로 사람들이 몰리게 되는 메가처치(Megachurch) 현상이 일어나게 되었다.[60]

다섯 번째는 제도화된 종교에 대한 헌신이 약화되는 대신, 개인 차원의 영적 탐구가 활발해지는 시대로의 전환이다. 현대의 많은 기독교인은 교단에 대한 충성과 소속을 중요하게 여기지 않는다. 특정 교회나 교단에 대한 충성 대신 그들은 자기를 영적 존재로 간주하면서, 개인의 필요나 사회적 돌봄, 공동체적 소속을 제공하고 영성을 고취할 수 있는 교회나 공동체를 대안으로 선택한다. 개인의 기호가 핵심 요소로 자리 잡게 된 것이다.[61]

이와 같은 새로운 변화는 전통적 사상과 형식에 안주해 있던 교회들에게 예고 없이 찾아왔으며, 그에 대한 대응의 실패는 순식간에 나타났다. 오늘날 서구 교회는 급속한 변화를 경험하고 있는 사회문화적 환경 속에서 어떻게 살아남을 것인가에 대해 심각한 고민을 하고 있다.[62] 이러한 맥락에서 에디 깁스(Eddie Gibbs)와 라이언 볼저(Ryan K. Bolger)는 "교회들은 문화를 읽지 못하고 있으며, 그로 인해 교회의 총체적 선교를 손상시키고 있다"[63]고 지적하면서, 선교적 측면에서 문화에 관한 연구와 이에 맞는 새로운 교회 모델이 필요함을 주장했다. 물론 그에 대한 대안은 하나의 정형화된 양태로 국한할 수 없으며, 오히려 깊은 연구와 다양한 시도를 통하여 시대에 적합한 모습으로 거듭날 수 있어야 할 것이다. 즉, 결코 놓칠 수 없는 신앙적 진리를 고수하지만, 진리를 진리답게 전달할 수 있는 유연한 노력과 실험이 지금 이 시대에 필요한 것이다.

선교적 교회는 바로 이러한 인식에서 출발한 운동이다. 위기에 대한 인식, 그에 대한 분석과 고찰, 그리고 탈 기독교화되어 가는 시대를 향한 선교적 사명을 새롭게 인식하는 차원에서 선교적 교회는 시대적 대안으로서 진지한 연구대상이 되고 있다.

2) 선교적 교회의 출발점

선교적 교회에 대한 본격적 논의는 20세기 영국의 대표적인 선교학자인 레슬리 뉴비긴과 함께 시작되었다. 인도에서 35년간 선교사로 사역한 후, 65세의 나이에 고국으로 돌아온 그는 급속한 변화를 겪고 있는 영국의 상황에 깜짝 놀랐다. 다음과 같은 그의 고백을 통해 서방 세계가 경험하고 있는 세속화의 도전이 얼마나 거대하고 충격적이었는지를 알 수 있다.

> (영국에서의 목회는) 인도에서 경험했던 그 어떤 것보다 어렵다. 반대를 넘어 복음에 대한 차가운 멸시가 있다. …… 영국은 (이제) 이교도 사회이며, 이교도의 거친 형태와 직면해야 하는 진정한 선교 사역의 발전이야말로 교회가 직면해야 하는 가장 지적이며 실천적인 과제가 되었다.[64]

뉴비긴이 바라본 영국 사회는 후기 기독교(Post-Christian)를 넘어 반기독교(Anti-Christian)에 가까운 모습이었다. 그의 말대로 당시 영국은 선교지로 변해 있었다. 뉴비긴의 이러한 고찰과 고민은 서구 사회의 정체성에 대한 선교학적 논의를 불러오게 되었고, 선교에 대한 새로운 이해를 가속화 하는 전환점이 되었다.

사실 서구 교회는 1,500여 년간의 기독교국가 체제를 유지하면서, 선교가 필요 없는 환경이 되었다. 교회와 국가가 연합된 체제에서 사람들은 자연스레 태어나면서부터 기독교인이 되었으며, 선교는 지리적 경계를 넘어 유럽 이외의 지역에 복음을 증거 하는 개념으로 이해되기 시작했다. 점차 서구 교회의 선교적 사명은 예수그리스도의 교회를 세우는 것뿐만 아니라, 서구 유럽 문화 안에서 태동한 기독교 문화와 공동체를 타 지역에 이식하는 것으로 확대되었다.[65] 그러나 피선교지에 대한 상대적 우월감과 문화적 제국주의, 여기에 선민의식 사상이 결부되면서 선교는 부정적 측면이 강화되기 시작했다. 자신들은 하나님께서 선택한 민족이며, 세상을 향한 명백한 숙명(Manifest Destiny)[66]을 지닌 민족으로서 힘을 동원해서라도 미개한 국가를 문명화하고 복음화하는 것을 선교로 이해하게 된 것이다.[67]

이와 더불어 사람들은 선교를 기능적인 측면에서 바라보기 시작했다. 복수화된 선교(Missions)의 의미를 갖게 되면서 구조적이고 활동적 측면이 강조되었다. 이로 인해 기능적 측면에서 교회는 선교의 주체로 인식되었고, 표현 또한 '교회의 선교(Mission of the Church, or the Church's Mission)'로 언급되곤 했다. 결국, 선교는 교회가 감당하는 많은 기능 중에서 선교라는 일부분의 기능만 드러내는 한계를 가지게 된 것이다.

이에 대한 새로운 전환은 20세기 중반 이후 선교가 교회의 본질 자체로 이해되면서 시작되었다. 삼위일체 하나님에 대한 인식, 그분이 바로 선교의 하나님이라는 사실이 재발견되면서 새로운 전환점이 제공된 것이다. 선교의 주체가 되시는 하나님께서 그리스도의 지체들과 그들의 공동체인 교회를 부르시고, 그들을 다시 세상으로 파송하신다. 따라서 교회에게 주어진 가장 큰 사명은 선교적 사명을 감당하는 데 있다. 세상을 향해 증거 하지만 세상 밖에서의 외침이 아닌 세상 속으로 들어가 세상과 소통하며, 세상에 의미를 부여하고 목적을 제시할 수 있는 공동체로서 교회는 부름을 받은 것이다. 그러므로 교회는 그리스도를 통해 초대받은 모든 사람을 향해 그분의 상징이 되고, 증인이 되며, 전조가 되어야 한다.[68]

3) 선교적 교회의 정의

선교적 교회는 기능적 측면에서의 선교(Missionary)를 넘어, 존재론적이며 역동적인 교회의 선교를 지향한다.[69] 즉, 교회 중심적인 선교에서 벗어나 하나님이 이끄시는 그분의 선교(하나님의 선교, Missio Dei)에 신앙 공동체가 동참하는 것을 선교적 교회라 할 수 있다. 그런 차원에서 로이스 바렛(Lois Y. Barrett)은 "선교적 교회는 상하고 죄로 가득 찬 세상을 바로 세우며, 구원과 회복을 이루기 원하시는 하나님의 선교에 동참함으로써 형성된 교회이다"[70]라고 정의했다. 티나 아호넨(Tiina Ahonen)은 구체적으로 선교적 교회가 되는데 필요한 두 가지 측면을 제시했다. 첫째, 교회는 그 본질에서부터 증거 하는 공동체가 되어야 하고, 둘째, 오이쿠메네 공동체, 즉 화평, 정의, 건강 그리고 풍성한 삶에 충실한 공동체가 되어야 한다는 것이다.[71] 뉴비긴의 표현에 의하면, 교회는 세상을 위한 하나님의 꿈에 대한 상징과 중인이다. 모든 지역 교회는 각자의 상황에서 이를 실천하는 신앙 공동체가 되어야 한다. 교회는 예수그리스도 안에서 모든 피조물을 초청하신 하나님의 공적인 상징으로, 중인으로, 그리고 전조로서 살아간다. 따라서 교회의 존재됨은 기존의 사회구조와는 구별되는 대조 사회를 이루고, 예수그리스도로 인해 형성된 새롭고 가치 있는 삶으로 세상 사람들을 초청하는 역할을 감당한다.[72] 이러한 특성을 기반으로 필자는 선교적 교회의 정의를 다음과 같이 내려 보았다.

> 선교적 교회는 세상으로부터 부름 받은 하나님의 백성들이 선교사적 정체성을 가지고 (거시적 측면에서) 하나님의 나라 회복을 위해 세상을 섬기며, (미시적 측면에서) 잃어버린 영혼들의 전인적 구

원을 위해 세상으로 보냄 받은 선교적 공동체를 의미한다.

즉, 교회는 선교적 사명을 위해 세상으로부터 부름을 받고, 동시에 세상을 향해 보냄 받은 공동체이다. 따라서 선교의 범위와 대상은 급진적일 수밖에 없다. 모든 그리스도인은 선교사로서 우리 자신의 사회와 문화 안에서 선교의 사명을 감당하며, 동시에 유대와 사마리아와 땅끝에 이르는 사역적 확장을 이루게 된다. 교회의 사역이 지역적이면서 동시에 세계적으로 이루어지는 이유가 바로 여기에 있다. 세상을 회복하고자 하시는 하나님의 선교에 동참하는 사명이 교회의 존재와 정체성, 나아가 그 공동체의 목적과 활동을 구성하고 숙고하는 데 핵심 요소가 된다.[73]

그러므로 선교적 교회의 사역은 존재론적이며 동시에 실존적이다. 세상을 향한 하나님의 마음을 품고 그분의 선교 사역에 동참하여, 그분의 뜻을 이루는 대리자로서의 삶을 사는 공동체가 바로 선교적 교회의 모습이기 때문이다. 이는 단순히 하나의 집단으로 머무는 것이 아니라, 다른 사람들과 함께 살아가고 다른 사람을 위한 삶을 사는 공동체가 된다. 이러한 교회는 그리스도의 구별된 공동체로서의 자기 정체성을 유지함으로써 선교의 변증법적 긴장 관계를 유발하게 된다.[74] 즉, 더 넓은 차원의 인간 공동체를 회복하고 연합하는 사역을 실행하면서, 동시에 세상을 향한 대안 공동체로서 존재하게 되는 존재론적 사역을 함께 감당하는 것이 바로 선교적 교회의 특징이 된다. 그런 실천을 위해서 요구되는 것이 바로 교회 공동체의 존재됨(Being)과 행함(Doing)의 균형이다.[75]

4) 선교적 교회의 특징

그렇다면 선교적 교회는 어떤 모습과 특징을 지니고 있을까? 학자들의 연구를 토대로 나타난 선교적 교회의 지표들을 살피고, 이를 통한 특징을 분석해보자. 먼저 '복음과 우리 문화 네트워크(The Gospel and Our Culture Network)'에서는 이를 다음 열두 가지 지표로 정리하였다.

1. 선교적 교회는 복음을 선포한다.
2. 선교적 교회는 교회의 모든 구성원이 그리스도의 제자가 되기 위해 배움에 동참하는 공동체이다.
3. 성경은 교회 생활의 규범이 된다.
4. 교회는 우리 주님의 삶과 죽음, 부활에 동참하기 때문에 세상과 다르다는 이해를 분명히 한다.
5. 교회는 전체 공동체와 모든 구성원들을 위해 부여하신 하나님의 특별한 선교적 사명이 무엇인지를 식별하려 노력한다.
6. 선교적 공동체는 어떻게 그리스도인들이 서로를 향해 행동하는가에 의해 결정된다.
7. 선교적 교회는 화해를 실천하는 공동체이다.
8. 공동체에 속한 사람들은 서로를 향해 사랑 안에서 신뢰할 수 있는 관계로 존재한다.
9. 교회는 환대(Hospitality)를 실천한다.
10. 예배는 공동체가 하나님의 현존과 하나님의 약속한 미래에 대한 기쁨과 감사를 축제로 나타내는 가장 중요한 행위이다.
11. 이 공동체는 생동감 있는 대중 전도를 한다.
12. 교회 그 자체에는 하나님의 통치를 완전히 표현하지 못하는 한

계가 있음을 스스로 인식한다.[76]

또한 윌버트 쉥크(Wilbert R. Shenk)는 선교적 교회의 특성들을 다음의 다섯 가지로 정리하였다.[77]

1. 선교적 교회는 사람들이 우상들의 압제적인 힘으로부터 자유롭게 되기 위해 그 자신의 우선순위가 하나님 나라를 증거 하는 것에 있음을 강렬히 인식한다.
2. 교회는 세상에 대해 깊이 헌신하지만, 세상에 의해 조종되지 않는다.
3. 선교는 메시아이신 예수그리스도의 모범을 따라 이루어진다. 그분의 선교 핵심은 십자가이다.
4. 선교적 교회는 종말에 대한 깊은 인식을 가진다. 그리스도 안에서 하나님의 나라는 그 막이 열렸지만, 하나님의 사람들은 왕국의 완성에 대한 열렬한 기다림을 가진다.
5. 교회의 구조는 세상을 향한 선교를 지지하고 돕는다. 인간의 역사는 어쩔 수 없이 지속적인 변화를 경험한다. 교회는 변화하는 문화적 상황에 뒤떨어지지 말아야 한다. 이것은 선교적 증인 사역을 방해하는 고전적 형태의 제거와 선교를 지지하는 새로운 구조에 대한 고안을 요구할 것이다.[78]

초기 선교적 교회에 대한 이해는 실천적 측면보다는 이론적이고 원리적 차원에 더 집중했던 것이 특징이다. 그러나 원리적 접근이 중요한 이유는, 오늘날 많은 교회가 선교에 대한 본질적 고민 없이 스스로를 선교적이라고 생각하고 있기 때문이다. 앨런 락스버그(Alan Roxburgh)와 스코트 보렌(M. Scott Boren)은 이러한 현실을 향해 "선교적 교회라는 용어가 교회가 행하고 있는 모든 실천들을 묘사하기 위해 사용되고 있는 라벨이 되었다"라고 비평했다. 선교적 교회는 그들의 지적처럼 타문화권 선교가 아니며, 아웃리치 프로그램, 교회성장과 효율을 위한 사역, 효과적인 전도, 비전선언문, 비효율적이며 구식화된 교회의 탈피, 고전적 형태로의 회귀, 전통교회에 관심이 없는 사람들을 위한 새로운 형식의 교회 등을 지칭하는 대체품 또한 아니다.[79] 선교적 교회는 하나님의 부르심에 대한 진지한 성찰이며, 다시 세상을 향해 보냄을 받은 신앙 공동체의 고백이자 삶의 내용이다. 그러므로 존재론적이며 실존적인 이해가 없는 상태에서 선교적 교회를 단순화 시켜서는 안 된다.

GOCN은 그들이 제시한 열두 가지 지표가 이론적이고 원리적이라는 한계를 인식하고 이것이 실제 사역에 적용될 때 어떠한 특징을 갖게 되는지를 알기 위해 다양한 사례 연구를 했다. 그 결과 다음과 같은 8가지 패턴을 제시했다.

선교적 소명을 발견한다.
선교에 대한 성서적 기초와 제자도가 세워져 있다.
대조사회로서의 위험을 감수한다.
세상을 위한 하나님의 의도를 실현하는 구체적 실천이 있다.
공적 증거로서 살아있는 예배를 드린다.
성령에 대한 의존적 사역을 한다.
하나님의 통치를 향한 지향점이 있다.

선교적 권위와 리더십이 세워져 있다.[80]

위의 내용에 따르면 선교적 소명이 교회의 모든 사역을 규정하는 시작점이 됨을 알 수 있다. 이를 도식화해 보면 다음과 같은 그림으로 표현될 수 있다.

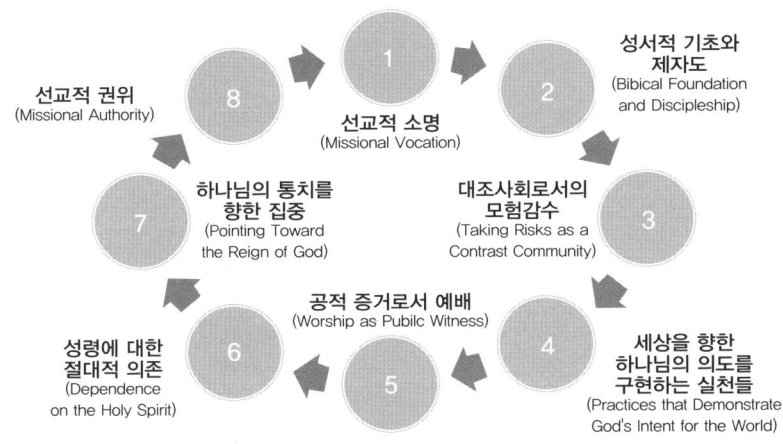

[그림 2-1] 선교적 교회의 8가지 특징

교회가 선교적 소명을 갖기 위해서는 이에 대한 성서적 기초가 공유되어야 하고, 참된 제자도가 형성되어야 한다. 참된 제자들이 모인 공동체는 세상과 구별되는 대조사회의 역할을 하게 될 뿐만 세상 속에서 하나님의 뜻을 구현하는 단계로 발전하게 된다. 이러한 교회는 예배가 살아있고, 성령에 의존하며, 하나님의 통치를 향한다. 그리고 이 모든 것이 선교적 권위를 가진 리더십에 의해 이뤄짐 또한 드러나는 특징이라 할 수 있다. 여전히 이론적이지만,[81] 그러나 선교적 교회가 존재론적이며 실천적인 사역을 하기 위해 품어야 할 특징임에 틀림없다.

이상과 같은 내용에 기초해 선교적 교회가 되기 위한 다섯 가지 기본 관점을 제시해 보면 다음과 같다.

첫째, 선교적 교회는 교회의 선교적 본질에 대한 분명한 인식에서 시작된다. 찰스 벤 엔겐(Charles Van Engen)은 "교회는 본질적으로 선교적이며 모든 만물을 충만하게 하시는 교회의 머리 되신 그리스도에 의해 모든 민족 가운데 보내졌다"[82]고 주장한다. 그렇다. 교회의 부르심은 교회 자체를 위함이 아니다. 세상을 구원코자 하시는 삼위일체 하나님의 선교(Missio Dei)에 동참하기 위함이다. 교회는 세상에서 행하신 하나님 선교의 결과물이며, 동시에 매개체로서 하나님의 통치의 가장 중요한 대리인이 된다. 그러므로 교회의 최우선적 사역은 하나님의 통치 실현과 하나님 나라의 확장이 되어야 한다. 이러한 측면에서 교회는 끊임없는 자기갱신과 변화를 추구해야 한다. 또한, 그 사명을 모든 교회 구성원들과 함께 공유함으로써 하나님 나라 회복과 실현을 위한 꿈과 비전과 사역을 실천하는 공동체가 된다.

둘째, 신앙 공동체의 존재에 대한 새로운 인식이 필요하다. 교회는 그리스도를 따르는 제자들의 공동체이며, 예수님의 삶과 성품을 배우며 그것을 실천하는 개인들의 모임이다. 예배와 성도 간의 교제를 통해 내적 결속력을 다지고, 이를 바탕으로 세상을 향해 나아가는 추진력을 얻는다. 세상 안에 있지만, 세상과 구별되는 존재로서 그 정체성을 확립하고, 성경의 가치를 따라 사는 구별됨이 있어야 한다. 신뢰와 화해와 정의가 실현되고 십자가와 섬김의 삶이 공동체 안에서부터 실현 및 유지될 수 있을 때, 교회는 세상 안에 있지만 세상에 속하지 않는 구별된 공동체로, 대안공동체로, 그리고 세상을 향한 안식의 공동체로 존재할 수 있다.

셋째, 상황에 대한 바른 인식과 전환이 요구된다. 서구 교회는 이미 서구 사회 자체를 최우선적인 선교지로 인식하기 시작했다. 이제 선교는 더 이상 지리적인 차원에서 이해하지 않는다. 선교는 더 이상 보내는 선교 그 자체를 의미하지 않는다. 내가 있는 곳이 곧 선교지라 여기는 것이다. 보내는 자는 하나님이시오, 보냄 받은 자들은 신앙 공동체를 구성하는 개인이기 때문에 우리는 모두 하나님으로부터 보냄 받은 선교사들이며, 그 선교적 사역의 대리자로서 살아간다.

넷째, 지역사회와 문화에 대한 적극적 이해가 필요하다. 본회퍼(Dietrich Bonhoeffer)는 "교회는 다른 사람들을 위해 존재할 때만 교회라고 할 수 있다"[83]라고 주장했다. 보쉬는 다른 사람들을 위한(for others) 교회에서 다른 사람과 함께하는(with others) 공동체로 그 정체성이 확립되어야 한다고 말하며, 그 의미를 더욱 확장했다. 세상을 위해 보냄을 받은 선교 공동체인 교회는 다른 사람과 함께하며 다른 사람을 위해 존재해야 한다. 또한, 그러한 시작은 교회가 놓여 있는 삶의 자리, 자신의 지역 공동체를 섬기는 일에서부터 선교가 시작됨을 깨달아야 한다. 세상의 빛과 소금이 되기 위해 교회는 지역 공동체와 소통하고, 그들의 필요를 이해하며, 세상의 문화를 배우고, 세상 문화를 과감하게 소통의 수단으로 삼는다. 즉, 예수님의 성육신을 통해 세상을 향한 그분의 사랑과 섬김을 배우는 것이다. 하나님이 세상을 사랑하신 것처럼 우리도 세상을 사랑해야 하고, 그 사랑으로 지역 공동체와 문화를 변화시키기 위한 노력을 멈추지 않아야 한다.

다섯째, 진정한 선교는 하나님 나라에 대한 종말론적 관점으로부터 시작된다. 부름을 받은 교회들은 우주적 차원에서 하나의 공동체가 된다. 교회는 경쟁을 위해 부름을 받지 않았다. 교회는 서로 하나가 되고 화합하며 한 가족으로서 하모니를 이루어야 한다. 서로가 주님의 몸 된 교회로서 지체인 것을 인정하고, 사랑으로 하나 되어 협력과 헌신을 통해 공동의 선을 이루어야 한다. 결국, 이러한 협력은 종말론적 기대와 믿음 위에서만 가능함을 기억해야 한다.

5) 제도적 교회의 한계와 대안

전통적 교회의 가장 큰 문제점은 교회가 제도화되면서 선교적 역동성을 상실했다는 데 있다. 프로스트와 허쉬는 제도화된 교회를 '끌어당기고(Attractional)', '이원론적(Dualistic)'이며, '계급적(Hierarchical)' 구조로 특징지었다. 즉, 전통적 교회는 매력적인 건물과 환경, 프로그램 등을 만들어 사람들이 찾아오게 하는 구조를 가진다는 것이다. 이것은 기독교 국가(Christendom) 체제가 낳은 전통적 선교방법이라 할 수 있다. 그러나 강력한 선교적 동기를 가진 새로운 교회는 이러한 수동적 구조를 탈피한다. 오히려 이들은 건물 밖 지역 공동체를 향해 적극적으로 나아가고, '와서 보라(Come-To-Us)'의 개념을 떠나 '찾아 가라(Go-To-Them)'는 형식을 취한다.

제도화된 교회의 또 하나의 특징은 이원론적 신앙관을 강조한다는 점이다. 즉 교회와 세상을 구분하고, 성과 속을 구분하며, 나와 너를 구분한다. 만일 공적인 예배가 이루어지는 장소만이 거룩하며, 그곳에서 이루어지는 만남과 교제에 더 큰 의미와 가치를 둔다면 예수님의 성육신과 이에 기초한 사역들은 그 토대를 잃고 말 것이다. 그들이 있는 지역 공동체를 선교지로 인식하고, 그리스도의 사랑과 진실로 나아가게 될 때 비로소 선교가 시작된다.

마지막으로, 제도화된 교회의 리더십은 상하 계급적인 구조를 가진다. 계급적 리더십은 평신도들을 수동적 존재로 만든다. 만인 제사장으로서 성도들의 역할을 이해하고, 각자의 은사에 따라 사역을 감당하며, 수평적인 리더십을 형성함으로써 얻게 되는 유기체적 사역을 상실하는 결과로 이어진다.

그렇다면 여기서 필요한 새로운 대안은 무엇일까? 끌어모으기식 태도 대신 세상으로 스며드는 성육신(Incarnational)적 교회론, 이원론이 아닌 문화와 세상에 참여하는 메시아적(Messianic) 영성, 그리고 계급적 모델 대신 초대교회의 모델을 따라 사도, 예언자, 전도자, 목사, 교사 등과 같이 은사에 따른 리더십과 팀사역을 추구하는 사도적(Apostolic) 리더십 형성이 중요하다.[84] 이러한 관점에서 현재 북미 지역(특히 미국)의 교회들은 다양한 형태로 세상에 관여하며, 공동체성을 강화하고, 수평적 리더십을 확장함으로써 교회가 당면한 위기를 새로운 선교 갱신의 기회로 삼으려는 시도 가운데 있다. 맥닐의 표현대로 선교적 르네상스를 꿈꾸며 말이다.[85]

2. 한국 교회의 선교적 위기와 기회

그렇다면 한국의 상황은 어떠한가? 마크 놀이 이야기한 것처럼 미국과 한국의 기독교는 다양한 측면에서 그 유사점을 가지지만, 적어도 기독교가 미국의 문명화에 핵심적 지위를 차지하고 있었던 반면에 한국은 그렇지 않았다는 점을 기억해야 한다.[86] 한국은 역사적, 문화적, 사회적 측면 중 어느 면에서도 기독교가 주류가 아니었다. 특히 한국의 문화는 비기독교적 색채가 훨씬 더 강할 뿐 아니라 전통과 근대, 포스트모던적 요소들이 혼재하면서 다양한 종교들이 경쟁하는 복잡한 상황이다. 한국은 여전히 복음이 필요한 선교지인 것을 잊어서는 안 되며, 우리는 교회에 닥친 위기를 직시해야 한다. 안타깝게도 한국 교회는 사회문화적 변화에 대해 능동적인 대응을 하지 못했으며, 도덕적 불신까지 얻게 되는 지경에 이르렀다. 한 운동이 소멸하게 되는 마지막 단계가 도덕적 의심과 불신의 과정에서 시작됨을 인지한다면,[87] 오늘날 한국 교회에 주어진 시급한 과제는 하나님과 세상을 향한 진정성 있는 회개와 변화된 삶을 통해 드러나는 참된 교회의 모습을 회복하는 것이다.

그러나 현재 상황을 절망적으로만 보아서는 안 된다. 한국은 현재 급격한 경제성장과 함께 찾아온 세계화의 영향으로 새로운 선교 기회를 맞이하고 있다. 창의적 접근 지역을 향한 선교의 문은 더욱 좁아지고 있지만, 국내에 유입되는 많은 외국인은 세계선교를 향한 새로운 전략적 대상이 될 수 있다. 이렇듯 한국의 상황은 교회의 위기와 선교의 기회를 동시에 함축하고 있다. 문제는 지역교회와 성도들이 선교적 부르심에 대한 사명을 회복하고, 그 사역에 온전히 동참할 수 있는가 하는 부분이다.

3. 선교적 교회를 위한 사역 원리

그렇다면, 한국 교회는 어떻게 선교적 교회로 전환될 수 있을까? 이에 대한 가장 본질적이고 핵심적인 사항은 교회의 존재 목적과 비전을 재설정하는 것이다. 이는 선교의, 선교에 의한, 선교를 위한 교회로 존재함을 천명한다. 교회의 모든 구성과 조직, 예배와 훈련 등이 하나님의 선교에 동참하기 위한 시스템으로 재조정되어야 한다. 또한 선교는 더 이상 교회가 시행하는 여러 사역 중 하나가 아님을 모든 성도가 인식할 수 있도록 신앙 공동체를 설립해야 한다. 그렇다면 이러한 교회가 되기 위해 사역적 초점을 어디에 맞추어야 할까?

첫째, 세상의 변화에 민감하고 적극적으로 대응할 수 있는 능력이 요구된다. 오늘날 우리는 디지털, 페이스북과 트위터로 대변되는 SNS(소셜 네트워크), 포스트모던과 같은 새로운 단어들이 대표하는 변화의 시대에 살고 있다. 새로운 세대는 변화에 민감하며, 그것을 당연시한다. 그들은 변화를 입고, 먹고, 마시고 살아간다. 문제는 교회가 세상의 변화에 가장 저항적인 조직 중 하나라는 사실이다.[88] 변화의 본질을 알고, 소통의 형식을 이해하며, 어떻게 그들에게 다가갈 수 있을지, 어떻게 복음을 전달할 수 있을지에 대한 고민과 실천이 요청된다. 그러나 어떻게 변해야 할까? 락스버그가 지적한 것처럼, 오늘날 많은 목회자는 변화에 대한 필요성을 절감하면서도 어떻게 변해야 하는지에 대한 방향을 설정하지 못한 채 고민에 빠져 있다.[89] 그러므로 우리는 기독교적 가치관을 가르치며 동시에 새로운 문화를 배우는 학생이 되어야 하며, 더 많이 새로운 세대와 소통하고, 듣고 보면서 변화에 대응할 수 있는 능력을 배양해야 한다.

둘째, 문화를 선교적 도구로 사용할 수 있어야 한다. 필자가 북미 현장조사를 통해 발견한 사실 중 하나는 전통적 형태의 교회가 급격한 쇠락의 길로 가는 동안 다른 한편에서는 젊은 세대에게 새로운 대안을 제시하며 성장하고 있는 많은 교회가 일어나고 있다는 점이다. 이들의 공통점은 신학과 전통을 유지하면서도 문화적으로는 매우 포용적인 교회들이었다. 그들은 어떻게 현 문화 속에서 깊은 영성을 경험할 수 있을 것인가에 대한 깊은 고민과 시도들을 하고 있었다. 하비 콕스가 지적하듯이, 오늘의 시대는 의무적인 믿음 구조를 가진 근본주의(Fundamentalisms)가 몰락하는 대신 새로운 종교들, 즉 실용주의적이고 경험주의적 요소를 가지면서 세속주의 안에서 영성을 제공하는 종교들이 부흥하고 있음을 우리는 주목해야 한다.[90] 따라서 선교적 교회의 사역은 문화를 적대시하지 않으며, 문화에 기독교적 영성을 입혀 새로운 세대들과 소통하고, 그곳에서 하나님의 영성을 경험하게 하며, 그 가치를 소유하게 하는 노력을 기울일 수 있어야 한다.[91]

셋째, 선교적 교회의 사역은 내부적 사역과 외부적 사역의 균형을 통해 이루어짐을 인식해야 한다.[92] 전통적으로 제도화된 교회의 약점은 교회 내부적 요소에 지나치게 많은 사역적 초점을 맞춘다는 점이다. 내부에 초점을 맞춘 교회는 그 조직의 목표를 성취하는 것에 우선적 목표를 둔다. 지도자들은 출석, 예산, 새로운 프로그램, 장비 등 그들이 설정해 놓은 목표를 이루기 위해 모든 노력을 집중한다. 불행하게도 많은 지도자는 교회의 산업적 기준에 근거해 거대한 조직을 이루는 데 자신의 모든 리더십을 소비한다.[93] 그러나 아무리 많은 사람이 모이고, 다양한 프로그램과 과정이 있고, 목표한 일들이 무리 없이 진행된다 할지라도 그 자체가 건강한 교회를 결정짓는 척도가 될 수는 없다. 오히려 이러한 '예배, 교육, 개인적 헌신은 외적인 집중을 유지하는 데 절대적으로 필요한 내적 요소'[94]라는 것을 우리는 기억해야 한다.

넷째, 선교적 교회의 실현은 교회가 지역 공동체를 섬기고 성도들이 주체적으로 참여하게 될 때 현실화되는 과정임을 기억해야 한다. 하나님께서 세상을 사랑하셔서 독생자를 이 세상에 보내 주신 것처럼, 세상을 향한 거룩한 섬김을 위해 더 많은 시간과 재정과 조직적 에너지를 교회 밖의 사람들을 위해 사용할 수 있어야 한다. 또한, 성도들은 지역사회의 선교사로서 정체성을 가지고 사역에 임할 수 있도록 훈련되어야 한다. 지역사회의 필요가 무엇인지를 점검하여 그 필요를 채워줄 수 있는 세밀하고 구체적인 방법을 찾고, 세상을 위한 선교사로서 지역공동체를 섬기는 사역이 활발해질 수 있어야 한다.

다섯째, 프로그램 중심에서 선교적 제자를 만드는 사역으로 초점을 옮겨야 한다.[95] 오늘날 성도들은 다양한 프로그램과 훈련코스 등을 통해 오히려 더 보호되고 안락한 반경 안에 머물면서 그리스도의 제자가 될 것을 요청받는다. 그러나 선교적 그리스도인은 교회의 내부적 사역에 적극적으로 동참하지만, 동시에 교회 밖의 비신자를 향해 세상으로 나가는 것을 망설이지 않는다. 따라서 교회의 모든 프로그램은 선교적 마인드를 소유한 그리스도의 제자를 만들기 위해 그 초점을 상향 조정해야 한다. 선교적 도전과 이미지를 강화하고 선교적 야성을 고취할 뿐만 아니라, 세상에서 선교사로서의 정체성을 가지고 섬김을 실천할 수 있도록 훈련되고 무장되어야 한다. 단지 신앙 공동체의 한 일원으로 머물 것이 아니라, 받은 사명을 실천하는 한 사람의 선교사를 만드는 것이 교회의 사역이 되어야 한다.

여섯째, 하나님 나라의 관점(Kingdom Perspective)을 통해 사역과 선교를 진행해야 한다. 하나님의 교회는 "하나님 나라의 분점, 중요한 도구, 예견하는 표증이며 하나님 나라가 도래하는 일차적인 장소"[96]로서 선교하는 백성들의 공동체이다. 교회는 분리된 객체가 아니라 한 형제요, 한 자매요, 한 가족이다. 이는 주님의 지상 명령을 함께 수행하는 지체들로서 우주적 공동체의 한 몸을 이룬다. 따라서 하나님 나라의 관점을 통해 교회들은 그 선교적 차원에서 전략적으로 협력하는 유기체적 사역을 발전시킬 수 있어야 한다.

마지막으로, 한국 교회의 선교적 르네상스를 위해서는 성경에 기초한 원리 형성과 함께 다양한 사역 모델이 절실함을 기억해야 한다. 선교적 교회는 하나의 형상으로 정형화될 수 없다. 지역을 섬기고 새로운 세대를 섬기는 사역은 문화적으로, 사회적으로 더욱 역동적인 유연성을 요구하기 때문이다. 이를 위해 선교적 교회의 원리에 따라 사역을 실행하는 다양한 지역교회의 모델이 요청된다. 따라서 한국 교회는 서구 교회가 지향하는 지역 중심적 선교 모델과 함께 열방과 세계를 품고 열정과 헌신을 다하는 사역으로 발전해야 한다. 결국, 온전한 선교의 종착점은 세상 끝까지 주님의 복음을 전하고, 주님의 사명에 동참하는 그 과정을 통해 이루어질 것이기 때문이다.

나가는 말

본 장에서는 후기 기독교 국가 시대를 맞이하여 새롭게 사역적 갱신을 추구하고 있는 북미 교회를 중심으로 선교적 교회의 흐름과 특징을 살펴보았다. 이를 통해 참된 교회됨에 대한 본질적 고민과 성찰로부터 새로운 사역이 시작된다는 원리를 재발견하게 되었다. 또한, 그러한 사역이 실제적으로 효용성을 가지기 위해서는 하나님의 선교를 제도와 체계에 묶여 있는 형식적 틀에서 해방하여, 시대에 적합하고 유연한 사역방안이 요청된다는 것도 발견할 수 있었다.

이러한 측면에서 선교적 교회운동은 교회의 사명과 사역적 내용에 있어 새로운 도전과 혁신을 추구한다. 만일 교회의 지도자들이 선교적 교회에 대한 보다 진지한 성찰과 도전을 할 수 있다면, 제도화되고 군어져 무기력해진 교회가 다시금 선교적 르네상스를 맞이할 수 있을 것이다. 이제 우리는 창조적 사역을 통해 새로운 돌파(Breakthrough)를 마련하시고 선교의 주체가 되시는 하나님의 손길에 민감하게 반응하고 순종할 수 있어야 한다.

그렇다면 이를 위해 우리가 해야 하는 일은 무엇일까? 바로 세상으로부터 부름 받은 하나님의 백성들이 세상 속에서 선교적 존재로서 살아가는 것이다. 이와 관련되어 다음 제3장에서는 선교적 교회를 형성하는 데 가장 중요한 하나님 백성의 선교적 정체성과 선교적 삶에 대해 살펴보도록 한다.

• 제3장 •

선교적 교회와
하나님 백성의 선교적 삶

❖ ❖ ❖

참된 복음 전도는 백성들의 입을 통해 선포되는 것 이상이 되어야 한다.
한 개인의 회개와 회심, 그 이상이 되어야 한다.
개인적 구원을 통해 발생하는 감격과 기쁨, 평화, 행복 그 이상이 되어야 한다.
신앙적 헌신을 향한 부르심 이상이 되어야 한다
— David J. Bosch

하나님 백성의 선교는 구심적일 뿐 아니라 원심적이다.
— Michael W. Goheen

❖ ❖ ❖

들어가는 말

북미를 중심으로 일었던 선교적 교회의 열풍이 이제는 한국에서도 교회론적 성찰을 넘어 하나의 운동으로 자리를 잡아 가고 있는 듯하다. 크고 작은 선교적 교회 컨퍼런스와 네트워크가 조성되고, 선교적 교회와 관련된 다양한 신간들이 출판되면서 영향력이 확장되어 가는 것은 매우 긍정적이며 희망적인 전조임이 틀림없다. 그럼에도 불구하고 기억해야 할 사실은 선교적 교회는 교회성장을 대체하는 새로운 트렌드가 아니며, 같은 맥락에서 교회의 정체와 쇠퇴를 해결하기 위한 또 다른 형태의 프로그램이 아니라는 점이다.

선교적 교회는 선교를 교회의 본질로 자각하는 데서부터 시작된다. 그렇기에 선교적 교회는 그리스도의 몸을 구성하고 있는 성도들이 선교에 대한 부르심을 자신의 소명으로 받아들이고, 그 정체성을 기반으로 하나님의 선교에 능동적으로 참여하게 될 때만 가시화될 수 있다. 선교적 정체성을 이해하는 만큼, 소유하는 만큼, 표현하는 만큼 우리는 하나님의 백성으로서 자신의 소명에 충실할 수 있다.[97]

윌버트 쉥크는 하나님 백성이 회복해야 할 선교적 정체성을 내적 선교의식과 외적 선교의식이라는 두 가지 측면에서 이해했다. 물론 이 둘은 서로 배타적이지 않다. 오히려 매우 상호보완적이며 인과적인 특성을 보인다. 먼저 내적 선교의식은 하나님의 백성이 하나님과 깊은 관계를 맺을 때 형성된다. 그 관계가 깊으면 깊을수록 그들은 하나님 안에 불타오르고 있는 선교적 열정을 깊이 발견하게 된다. "불이 타오름에 의해 존재하는 것처럼, 교회는 선교로 인해 존재한다"[98]는 명제처럼 교회는 하나님의 선교에 대한 갈망과 사명감으로 충만하게 된다. 이렇게 교회 공동체가 하나님의 통치를 갈망하고 내적 선교의식이 강화될 때, 교회는 자연스럽게 세상을 향한 자신의 선교적 고백과 행위를 표출하게 된다.[99] 이는 내적 선교의식이 외적 선교를 촉진하는 원동력이 된다는 것이다.

그런 측면에서 한국 교회의 위기는 선교 의식의 부재 혹은 선교적 정체성의 상실로부터 기인한다고 볼 수 있다.[100] 그 원인은 수많은 교회가 본질은 뒤로한 채, 사람들의 입맛에 들어맞는 종교 상품을 제공하기에 급급해하고 있기 때문이다. 마치 저마다 쇼핑 카트를 굴리며 자신이 사고 싶은 것을 고르는 슈퍼마켓처럼 교회는 변질되어 가고 있다.[101] 회중의 선교 의식은 약화되고 자신의 필요를 채우는 데 우선을 두는 종교적 소비자들만 가득하다면, 그것은 결국 한국 교회를 썩게 하고 선교적 교회를 실패하게 만드는 원인이 될 것이 분명하다.

그러므로 오늘날 위기에 처한 한국 교회가 새롭게 갱신되는 데 필요한 것은 바로 교회됨의 본질을 이해하고, 그 위에 선교적 정체성을 확립하는 것이다. 이를 위해 본 장에서는 구속된 하나님 백성의 존재됨과 사명은 무엇이며, 이를 기초로 한국 교회의 선교적 교회의 사역은 어떻게 적용되어야 하는지 살펴보도록 한다.

1. 선교적 사명과 위임명령

하나님 백성의 선교적 삶을 이해하기 위해서는 하나님의 선택과 언약을 통해 나타난 선교적 사명과 방식을 이해해야 한다. 선교적 해석학의 입장에서 구약의 이스라엘 민족과 신약에 등장하는 하나님의 교회는 사명의 연속성을 공유한다. '세상을 자기와 화목'하게 하시기 위해 선택하신 사명이 이스라엘로부터 신약의 백성들에게 계승되었기 때문이다. 그렇다면 구약의 백성들과 신약의 백성들 사이에 공통으로 요구된 기대와 결과는 무엇이었을까? 지금부터 이를 선교적 해석학의 관점에서 해석해보자.

1) 선택과 언약의 관점에서 본 선교적 사명

크리스토퍼 라이트는 성경을 선교적 관점에서 해석할 때 가장 중요한 본문이 창세기 12장 1-3절임을 분명히 했다. 창세기 11장까지의 내용을 통해 우리는 인류가 직면한 두 가지 문제를 발견하게 된다. 먼저 죄로 가득 찬 인간의 타락한 본성과 열방이 분열되어 세상은 혼란에 빠지게 되었다. 이때 하나님은 아브라함을 부르시면서 이 문제들을 해결할 '역사적 동력'을 작동시키신다.[102] 한 사람을 선택하셔서 새 창조의 문을 여시는 장면이 바로 본문의 의미이다.[103] 그런 차원에서 아브라함의 이야기는 한 사람을 향한 개인적 드라마가 아니다. 크리스토퍼 라이트의 관점에 따르면, 그러한 해석은 지난 200년간 서구 사회를 지배해 온 근대주의적 영향에 의해 형성된 개인주의적 해석의 단면일 뿐이다.

하나님의 구원은 오히려 전 우주를 향한 거대한 희망을 담고 있다.[104] 이에 대해 마이클 고힌은 성경을 '우주-공동체-개인'의 순서로 해석할 것을 권한다. 이렇게 보면, 하나님의 목적은 그분이 창조한 세상의 새로운 창조와 갱신이기 때문에 아브라함에 대한 선택은 개인적 의미를 넘어 거대한 우주 구원의 드라마의 새로운 시작을 알리는 사건이 된다.[105] 하나님은 우주적 구속의 대 드라마를 시작하시기 위해 늙고 힘없는 한 사람, 아브라함을 선택하셨다. 아브라함을 '선교 전체의 원천, 발사대'[106]로 삼으신 것이다.

이러한 하나님의 선택은 아브라함과 맺은 언약과 함께 확고해진다. 창세기 12장 1-3절의 말씀은 '가라'와 '복이 되라'는 두 가지 내용으로 구성되어 있다. 그 복은 큰 민족을 이루고, 복을 받고, 이름이 창대하게 된다는 엄청난 약속이었다. 월터 카이저는 한 사람에게 이렇게 엄청난 복을 주시는 이유가 무엇인지를 되묻는다. 이는 다음에 이어지는 "네가 복의 근원이 될 것이다"라는 목적 때문이었다.[107] 하나님의 복은 아브라함 개인에게서 시작되지만, 그를 축복하는 사람들과 그 땅의 모든 집단에까지 확장된다.

사실 이전까지의 내용은 하나님의 우주 창조와 인류의 반역, 그리고 인류에 대한 심판이 기록되어 있다. 그런데 갑자기 12장에서는 그 초점이 한 사람과의 특별한 관계로 좁혀진다. 고힌은 이 사건을 다루면서 "하나님께서 보편적인 목적을 이루시기 위해 특별한 수단을 선택하신 것"이라고 해석했다. 창세기 3-11장까지 기록된 하나님과 인류 사이에 발생한 분리의 문제가 아브라함을 선택하심으로써 다시 복과 화해의 길로 전환되었다. 한 사람을 통해 전 인류를 구원하시려는 하나님의 뜻이 예시된 것이다(롬 5:12).[108] 그러므로 선택과 언약은 본질적으로 선교적인 안목에서 읽어야 한다. 아브라함을 선택하셨던 하나님은 이후 이삭과 야곱을 통해 이스라엘로까지 확장된다. 그러나 그 선택은 한 민족에 대한 하나님의 편애를 드러내는 사건이 아니라, 한 민족을 통해 모든 인류가 복을 받게 되는 사건을 의도하신 것임을 같은 맥락에서 이해할 수 있다.

한편, 이스라엘을 통한 선교적 계승은 출애굽기에 구체적으로 드러난다. 하나님은 애굽의 압제하에 고통받고 있던 이스라엘 백성을 해방하시고, 광야로 이끄신 후 그곳에서 언약을 체결하셨다. 그분의 약속은 출애굽기 19장 5-6절에서 절정에 달한다.

"세계가 다 내게 속하였나니 너희가 내 말을 잘 듣고 내 언약을 지키면 너희는 모든 민족 중에서 내 소유가 되겠고 너희가 내게 대하여 제사장 나라가 되며 거룩한 백성이 되리라"(출 19:5-6)

그리하여 이스라엘은 하나님의 '특별한 소유', '제사장 나라', 그리고 '거룩한 백성'이 되었다. 이를 해석해보면, 이스라엘 민족에게 열방을 향한 특별한 임무가 부여된 것이다. 제사장이 백성을 위해 존재하듯이 그들은 세상을 위해 존재해야 했고, 거룩한 백성으로서 하나님의 임재와 통치하심을 가시적으로 드러낼 수 있어야 했다.[109] 하나님 백성으로서의 대조적인 삶을 통해 하나님 나라의 성례와 상징과 구원의 도구가 되기 위해 선택을 받은 것이다. 이처럼 이스라엘의 역할은 하나님의 선교라는 맥락 안에서 선교사의 기능을 하는 것이었다.[110]

아브라함을 향한 선택과 축복의 언약에서 볼 수 있듯이, 이는 이스라엘 안에서도 같은 방식으로 나타난다. 그들은 모든 민족을 위한 축복의 통로로 부름 받고, 열방의 빛이 되고(사 42:6), 하나님의 통치가 가시화되는 비전을 받았다. 그런 맥락에서 "선택은 특권이 아니라 책임을 위한 것"[111]이라는 뉴비긴의 해석은 오늘을 살아가는 그리스도인들에게도 동일하게 적용된다.

2) 위임령에 나타난 선교적 사명

아브라함과 이스라엘을 통한 하나님의 구원 계획은 백성들의 탐욕과 죄로 인해 결국 실패로 돌아갔다. 그들은 자기 민족을 향한 특별한 선택과 전 세계를 향한 사명 가운데 존재하는 긴장을 망각하고, 오직 특권만을 누리기 원했다. 이스라엘 민족과 체결하신 언약은 열방의 구원을 위한 하나님의 특별한 선택이었기에, 언약 안에 담긴 선교적 목적을 잊어버린 것은 곧 언약이 체결된 목적을 상실한 것과 같았다. 자신에게 주어진 선교적 역할과 정체성을 잃어버린 것이다.[112]

결국, 하나님의 계획은 하나님의 아들 예수그리스도를 통해 이루어졌다.[113] 이후 그 선교적 사명은 그리스도의 십자가와 부활을 믿는 자들에게 확장되고 위임되었다. 먼저 예수님을 따랐던 제자들과 이들로부터 복음의 메시지를 전해 듣고 받아들인 확대된 신앙 공동체에 제시되었다. 보쉬는 이러한 의미에서 예수님의 제자들은 처음부터 "선교사가 되도록 부름을 받았다"[114]고 해석했다. 그 소명은 제자도이며, 동시에 선교로 이어지는 동일한 개념이라는 것이다. 예수께서 제자들을 모으시고 부탁하셨던 것은 매우 분명했다. 마가복음 3장 14-15절을 보면, "이에 열둘을 세우셨으니 이는 자기와 함께 있게 하시고 또 보내사 전도도 하며 귀신을 내쫓는 권능도 가지게 하려 하심이러라"하고 명확한 이유를 밝히셨다. 그들은 일차적으로 예수님과 함께 있기 위해, 그리고 나가서 전도하고 귀신을 내어 쫓기 위해 부름을 받았다. 그들은 예수님과 함께 있음으로써 배우고 훈련되며, 보냄을 받음으로써 세상 가운데서 그리스도의 권능을 드러내고, 그의 증인됨의 사역을 감당해야 했다. 그 사명은 예수님의 십자가와 부활을 믿는 모든 백성에게도 동일하게 적용된다. 여기서 중요한 점은 이 사명은 과거 이스라엘 백성에게 주어졌던 것과 같은 미완성적 과제가 아니었다는 점이다. 구속의 모든 조건은 이미 예수그리스도를 통해 완성되었다. 아울러 그 모든 사역은 아버지와 아들과 성령께서 주관하고 이루어 가실 것이기 때문에, 이 사역에 동참하도록 부름 받은 그의 백성들은 확신과 기쁨 가운데서 그 사명을 감당할 수 있게 되었다.[115]

그렇다면 예수께서 주신 위임령의 내용과 의미는 무엇인가? 성경에는 다양한 위임령이 기록되어 있다. 사실 모든 복음서의 끝에는 제자 공동체를 세상으로 파송하는 이야기가 기록되어 있는데, 고힌은 "복음서를 끝맺는 이러한 파송들은 사실상 새로운 언약 공동체의 정체성과 역할을 확립한다"고 해석했다. 이와 더불어, 필자는 다양한 위임령을 통해 이 시대의 교회 공동체가 하나님의 선교를 실천하기 위한 분명하고 입체적인 뜻을 발견할 수 있을 것이라 본다.

본문	성경 속의 위임명령
마태복음 28:18-20	예수께서 나아와 말씀하여 이르시되 하늘과 땅의 모든 권세를 내게 주셨으니 그러므로 너희는 가서 모든 민족을 제자로 삼아 아버지와 아들과 성령의 이름으로 세례를 베풀고 내가 너희에게 분부한 모든 것을 가르쳐 지키게 하라 볼지어다 내가 세상 끝날까지 너희와 항상 함께 있으리라 하시니라
마가복음 16:15-16	또 이르시되 너희는 온 천하에 다니며 만민에게 복음을 전파하라 믿고 세례를 받는 사람은 구원을 얻을 것이요 믿지 않는 사람은 정죄를 받으리라
누가복음 24:45-50	이에 그들의 마음을 열어 성경을 깨닫게 하시고 또 이르시되 이같이 그리스도가 고난을 받고 제삼일에 죽은 자 가운데서 살아날 것과 또 그의 이름으로 죄 사함을 받게 하는 회개가 예루살렘에서 시작하여 모든 족속에게 전파될 것이 기록되었으니 너희는 이 모든 일의 증인이라 볼지어다 내가 내 아버지께서 약속하신 것을 너희에게 보내리니 너희는 위로부터 능력으로 입혀질 때까지 이 성에 머물라 하시니라 예수께서 그들을 데리고 베다니 앞까지 나가사 손을 들어 그들에게 축복하시더니
사도행전 1:8	오직 성령이 너희에게 임하시면 너희가 권능을 받고 예루살렘과 온 유대와 사마리아와 땅 끝까지 이르러 내 증인이 되리라 하시니라
요한복음 20:21-23	예수께서 또 이르시되 너희에게 평강이 있을지어다 아버지께서 나를 보내신 것 같이 나도 너희를 보내노라 이 말씀을 하시고 그들을 향하사 숨을 내쉬며 이르시되 성령을 받으라 너희가 누구의 죄든지 사하면 사하여질 것이요 누구의 죄든지 그대로 두면 그대로 있으리라 하시니라

[표 3-1] 확장된 위임명령

한편, 스캇 선키스트(Scott W. Sunquist)는 복음서에 기록된 주님의 마지막 지상명령이 지닌 공통점을 다음과 같이 제시했다. 첫째, 이 모든 명령은 예수께서 그의 제자들을 파송하시는 내용을 담고 있다. 둘째, 예수님의 제자들은 모든 나라와 모든 열방을 향해 보냄을 받는다. 셋째, 예수님의 제자들은 주님의 주된 사역이었던 복음을 가르치고 전파하는 사역을 포함한다. 넷째, 예수께서 가르치신 복음의 핵심은 용서와 회개의 메시지에 초점이 맞추어져 있다. 다섯째, 열방을 품고 나아가는 제자들을 향해 진정한 선교는 오직 성령의 능력을 의지할 때만 이루어질 수 있음을 상기시켰다.[116]

이에 대해 쉥크는 본 위임령을 '확대된 위임명령'이라고 칭하면서, 다음과 같은 네 가지 관점을 제시했다.

첫째, 확대된 위임명령은 새로운 창조와 질서에 대한 하나님의 청사진과 계획을 보여 준다. 그의 제자된 백성들은 세상 끝날까지 부활의 능력을 힘입어 온 세계를 품고 나아가야 하며, 순례자로서 열방을 향해 나아가는 사람들임을 기억해야 한다.

둘째, 선교적 위임명령은 예수그리스도의 사역과 증인됨을 확장한다. 예수님의 사역은 이 땅에 하나님의 나라와 통치를 실현하는 것에 있지만, 그 사역은 힘과 무력에 의해서가 아닌 하나님의 사랑으로 악을 대면하고 물리치시는 것으로 입증된다. 부르심을 입은 하나님의 백성들은 골고다 십자가를 통해 사랑의 법을 완성하신 그리스도를 따라 고난과 고통을 체휼하는 사랑으로 예수님의 사역을 계승해야 한다.

셋째, 증인됨의 사역이 완성되는 시점은 오직 하나님만이 아신다. 우리의 사명은 하나님의 선교에 적극적으로 동참하는 것이며, 그것이 하나님의 백성인 공동체에게 주신 영원한 특권임을 인식해야 한다.

넷째, 사도행전 1장 8절 이후 성경 어디에도 직접적인 선교 명령이 더는 기록되어 있지 않다. 그런데도 1세기의 그리스도인들은 복음 전도에 온전히 참여하고 있었다. 그것은 바로 성령의 현존에 대한 민감함이 있었기에 가능한 일이었다. 성령에 근거한 사역만이 온전한 선교를 감당할 수 있음을 기억해야 한다.[117]

결국, 부활하신 예수님은 소수의 제자 공동체를 향해 성령의 현존과 함께 위대한 선교 사명을 위임하셨다. 이후의 역사는 제자 공동체가 그리스도의 선교 명령에 대해 어떻게 반응했고 순종했는지에 대한 기록이다. 소수의 제자에게 위임된 명령은 이후 확장된 새로운 이스라엘에게 위임되었고, 그 사명은 21세기를 살아가고 있는 그의 백성들에게 동일하게 적용된다. 하나님의 선교는 특정한 민족과 지역에 국한되지 않는다. 그의 뜻은 하나님의 백성들이 온 열방을 품고 나아가 복음을 통해 온전한 회복을 이루는 것이다. 그것이 바로 하나님의 백성에게 주신 특권이자, 선교적 사명임을 기억해야 한다. 그렇다면 그 선교적 사명은 어떻게 이루어져야 할까? 이를 위해 하나님의 백성의 선교적 삶의 방식에 대해 살펴보자.

2. 선교적 존재로서 백성의 삶

예수그리스도의 죽으심과 부활을 통해 형성된 하나님의 새로운 백성들은 "진정으로 새롭게 정의되고 갱신된 하나님의 이스라엘"[118]로서, 그 특권과 함께 선교적 사명을 이어받게 되었다. 그렇다면 하나님의 백성들은 어떠한 모습으로 하나님의 선교 사역에 동참하고 그 사명을 감당해야 하는 것일까? 이를 선교적 교회의 가장 핵심적인 사역양식인 존재(Being)로서의 선교와 행함(Doing)으로서의 선교라는 두 틀을 기반으로 살펴보도록 하겠다.

1) 존재로서의 선교

(1) 거류민으로서의 선교

하나님의 백성들은 예수님의 죽음과 부활을 믿고 참여함으로써 새로운 피조물이 된다(고후 5:17). 그러나 그 이후의 여정은 매우 치열하고 거친 도전 가운데 놓이게 된다. 이는 하나님의 백성은 여전히 악의 세력이 지배하고 있는 세상 한가운데서 하나님의 나라를 기다리며, 그분의 나라를 선포하고, 그 나라의 회복을 위해 살아가는 존재이기 때문이다. 조지 래드는 하나님의 백성들을 '이미(Already)'와 '아직(Not yet)'의 사이에서 살아가는 존재라고 표현했다.[119] 다른 측면에서 그들은 부분적으로만 현시대를 살아가고 있는 사람들로, 이미 '다가올 세대'와 '새 세상', '새로운 체제'에 속해 있는 존재들이기도 하다.[120]

스탠리 하우어워스(Stanley Hauerwas)와 윌리엄 윌리몬(William H. Willimon)은 이 땅에서 살아가는 그리스도인의 삶을 나그네가 된 '거류민(Resident Aliens)'[121]이라고 표현했다. 그들은 모펫의 말을 빌려 이러한 공동체를 '하늘의 식민지(Colony of Heaven)'라고 표현하기도 했다. 그러나 그 식민지는 세속 문화 가운데 세워진 고립된 섬을 의미하는 것이 아니다. 오히려 그들은 하나님 나라를 위한 교두보가 되며, 전초 기지로서 작용한다.[122] 물론 거류민으로서 자기 정체성을 유지하고 살아가기 위해서는 자기만의 울타리를 치고, 자기 영역을 확고히 하는 일이 필요하다. 때로는 세속적 영향력에 대항하기 위해 공격적인 태도를 보일 필요도 있을 것이다. 그러나 하나님의 식민지가 가지는 핵심 메시지는 자신을 유지하고 보호하는 데 있지 않다. 그것은 온 세상을 위한 것이어야 한다.

세상의 구원을 위해 십자가를 지신 예수그리스도처럼, 거류민으로서 그의 백성들은 하나님 나라를 위한 위험과 고난, 외로움과 비난, 고통과 아픔을 감수하고 세상의 구원을 위해 자기 자신을 기꺼이 바친다. 하우어워스와 윌리몬이 말했듯이, 하나님 나라의 식민지는 "전체 세상을 구원하기 위한 하나님의 도구가 될 때"에만 의미가 있다.[123] 그러므로 교회 공동체의 유일한 관심은 저 세상이 아니라 이 세상에 있어야 한다. "이 세상에 어떻게, 무슨 형태로, 어떤 목적을 위해 존재"[124] 해야 하는지를 찾고, 고민하고 살아가는 것이 선교적 존재로서의 거류민의 여정이다.

(2) 거룩한 빛으로서의 선교

하나님 백성은 세상 속에서 열방의 빛이 되어야 한다. 세상은 죄의 사슬에 매여 고통 가운데 신음하고 있다. '억압, 학대, 폭력, 왜곡된 성, 우상숭배, 교만, 탐욕스러운 소비 등이 만연하고 궁핍한 자들에 대한 자비와 돌봄은 전혀 일어나지 않는 장소'가 바로 죄로 물든 인간 사회의 전형이다.[125] 하나님은 어둠 속에 있는 세상을 밝히기 위해 그의 백성을 빛으로 삼으셨다. 그렇다면 하나님의 백성들은 어떻게 해야 세상을 밝히는 빛이 될 수 있을까?

첫째, 하나님의 백성은 윤리적 탁월성을 통해 세상과 구별됨을 추구한다. 예수께서 제자들을 향해 "너희는 세상의 빛"이라는 말씀을 하셨을 때, 그 속에는 세상 사람들과 구별되는 삶을 통해 하나님의 영광을 드러내라는 의미가 내포되어 있었다. 예수님은 산상수훈을 통해서 하나님 백성의 새로운 사회질서를 선포하였다. 자기중심적이며 자기만족적인 삶을 살아가는 세상에서, 하나님의 백성들은 오직 하나님 나라의 윤리와 가치에 의해 살아가는 존재가 되어야 한다. 그러할 때 그들은 세상과 구별된 존재로서 사람들에게 희망과 소망을 제시하는 공동체가 될 수 있다. 크리스토퍼 라이트는 이러한 관점에서 "성경적 윤리 없이 성경적 선교는 없다"[126]고 말하며 윤리의 중요성을 부각시켰다.

둘째, 하나님 백성은 거룩한 삶을 통해 세상의 빛이 된다. "너희는 나에게 거룩할지어다. 이는 나 여호와가 거룩하고 내가 또 너희를 나의 소유로 삼으려고 너희를 만민 중에서 구별하였음이니라"(레 20:26) 초대교회 성도들은 당시 사당이나 성전, 신상과 제사 등으로 정의되었던 종교적 거룩과는 다른 차원의 거룩을 추구했다.[127] 그들은 눈에 보이는 모든 우상과 형식을 거부하고 함께 모여 예배와 찬양을 드리고, 가르치고, 기도하고, 먹고, 마시고, 서로 돌보는 거룩한 공동체를 형성했다. 형식화된 종교의식이 제공하는 제도적 거룩이 아니라 성령께서 주장하시는 자유롭고 카리스마적인 예배와 모임을 통해 거룩의 능력을 나타냈다. 거룩함 없는 윤리적 삶은 존재할 수 없다. 그러므로 선교적 존재로서 세상의 빛이 되고자 한다면, 그 백성들에겐 반드시 거룩한 삶의 회복이 선행되어야 한다.[128]

셋째, 하나님 백성의 구별된 삶은 윤리적이며, 종교적인 영역뿐 아니라 경제적이고 사회적인 측면도 함께 포함한다. 사도행전 1-6장에는 성령의 역사를 경험한 초대교회 공동체가 어떻게 살았는지가 잘 묘사되어 있다. 예루살렘의 작은 공동체로서 사회적인 약자였던 그들은 세상의 기준이 아닌 하나님 나라의 기준에 따라 살았다. 재정적으로 자신의 소유를 나누며 가난하고 약한 자들을 돌보았을 뿐 아니라, 사회적으로도 금기시되었던 사회계층의 벽을 허물어 신분과 계급의 차이를 무너뜨리는 혁명적인 공동체를 이루었다.[129] 당시 사회구조 속에서는 상상도 할 수 없었던 수용적 공동체(Inclusive Community)를 형성했던 것이다. 이렇게 하나님의 말씀에 충실한 순종과 헌신을 드렸던 백성들의 삶은 로마 제국 전역에 영향을 미치고, 마침내 사회를 변혁시키는 원동력이 되었다.[130] 탁월한 윤리와 거룩한 삶, 차별적인 기준에 의해 살아가는 백성은 세상의 가시적 표지로서 존재할 수 있다.

(3) 대조사회와 대안 공동체로서의 선교

하나님 나라의 탁월한 윤리와 가치를 추구하며 살아가는 백성들은 그 존재 자체만으로도 세상에 영향을 주며, 변혁을 촉진하는 공동체가 된다. 마태복음 5장에 나오는 성도 공동체는 세상의 빛과 소금으로 넓은 빛을 비추는 산 위의 도시로 묘사된다. 로핑크(Gerhard Lohfink)는 이 지점에서 "바로 그렇기 때문에 교회는 그 자신이 세상이 되어서는 안 되고, 세상 안에서 번영해서는 안 되며, 교회 본연의 모습을 간직해야 한다"[131]고 주장했다. 최형근도 하나님 나라를 향한 교회의 모습은 "결국 교회의 '대조사회적이며 대항문화적인 특성'을 얼마나 유지하고 있느냐에 달려 있다"고 주장했다.[132] 교회는 대조성을 통해 소금으로 짠맛을 내고, 어둠 속에서 빛을 발휘하고, 산 위에 빛나는 도시가 된다.

이는 초대교회 공동체가 바로 그러한 예를 잘 보여 준다. 그들은 지극히 작은 소수 집단에 지나지 않았다. 그러나 그 작은 무리가 보여 주었던 깊은 신앙과 생활양식은 기존 사회의 방식과는 너무나 대조적이어서, 주류 사람들에겐 참으로 못마땅한 존재로 인식되었다.[133] 세상과 전혀 다른 가치관을 가지고 살아가던 제자 공동체는 기존의 권력층과 정치, 종교 지도자들을 분노하게 하여, 그들과의 갈등을 불러일으켰다. 이에 대해 보쉬는 새로운 삶의 방식을 받아들이고, 이에 충실했던 하나님의 백성으로 사는 삶이 기존 사회에서는 견딜 수 없는 것이 되었다고 말했다.

하나님의 선교는 대조적인 성도의 삶을 통해 세상 사람들이 미처 보지 못했던 자신의 어두운 본질을 대면하게 하고, 그로 인해 고민과 갈등을 조장하며, 마침내 진실되고 영원한 것을 갈망하게 함으로써 시작된다. 그들이 어디에 있든지 자신의 소명과 본질에 신실할 수 있다면, 그것은 자연스럽게 기존의 세상 질서와 권위에 도전하는 것이 된다. 그럼으로써 그들의 존재는 현상유지를 목표로 하는 세상의 구조에 위협적 요소가 된다.[134] 죄와 어둠이 만연한 세상에 문제의식을 던져주고, 갈등하게 하며, 탁월한 삶을 통해 대안을 제시하는 모델이 되기에 그들은 결국 세상의 희망이 되고, 소망이 된다. 그런 차원에서 하나님의 참된 백성은 세상의 대안 공동체 역할을 하는 것이다.

(4) 선교적 공동체의 구심적 선교

성경적 측면에서 하나님의 선교는 백성들의 존재를 통해 나타나는 구심적 선교(Attractive or Centripetal Mission)를 지지한다. 구심적 선교 없이 원심적 선교는 결코 이루어질 수 없다. 크리스토퍼 라이트는 다른 사람을 하나님께로 끌어들이는 백성이 되기 위해 "의와 공의를 행하면서 주님의 길을 걸으며, 억압받는 자들을 위한 총제적 구속의 축복을 위해 일하고, 세상의 한복판에서 거룩한 삶을 실천적으로 살아 내면서 하나님을 대표하고 다른 사람들을 축복하는 일에 헌신된 존재[135]가 되어야 한다"고 말했다. 이러한 삶이 세상 사람들에게 하나님을 갈망하게 하고 끌어들이는 요소가 될 수 있다는 것이다. 사실 '감탄을 이끌어내는 삶'은 교회 자체를 위한 것이 아니다. 그것은 하나님을 위한 것이다. 하나님의 말씀에 신실한 백성이 사람들에게 감탄을 자아낼 만한 매력을 제시할 수 있을 때(렘 13:1-11), 열방이 하나님을 예배하는 자리로 나아오게 되고, 결국 참된 화해와 샬롬이 실현되는 역사가 일어나게 된다(사 60장).[136]

그런 의미에서 또한 백성의 존재론적 삶은 선교의 기초가 된다.[137] 그것은 어떤 프로그램이나 전략보다 더 본질적이고 우선적이다. 하나님의 살아계심과 그분의 성품, 그분의 거룩이 백성의 삶을 통해 드러나지 않을 때 하나님의 존재는 이 세상에 드러날 수 없다. 세상을 운행하시고 역사에 개입하시는 하나님의 모습에 대한 가시적 증표와 상징이 되기 위해 그리스도의 제자들은 하나님의 백성다운 진실된 삶을 살아야 하고, 십자가의 헌신과 포기가 있어야 하며, 부활의 기쁨이 넘쳐야 한다. 그것이 바로 선교의 기본이자 출발점이다.

2) 행함으로서의 선교

(1) 사도적 공동체로서의 선교

예수께서는 "아버지께서 나를 보내신 것 같이 나도 너희를 보내노라"(요 20:21)고 말씀하시며, 그의 제자들을 자신의 대리자로 삼으셨다. 하나님의 백성은 보냄을 받은 존재다. 그러나 그 보냄은 무기력하고 약한 보냄이 아니다. 예수그리스도는 하늘과 땅의 모든 권세를 그들에게 부여하셨고, 모든 족속으로 제자를 삼기 위해(마 28:19-20) 땅끝까지 나아가 자신의 증인이 될 것을 명하셨다(행 1:8). 그들은 자신이 직접 보고, 느끼고, 경험한 것을 나눈다. 어떠한 환난과 고난이 와도 예수님을 통해 드러난 하나님 나라의 복음을 포기할 수 없다. 마치 부활하신 예수님을 만난 이후 자신의 소명과 비전이 명확해진 제자들처럼, 하나님의 백성들은 결코 흔들릴 수 없는 확신을 품고 세상으로 나아가며, 복음을 증거 하는 사도적 사명을 계승한다.

이러한 맥락에서 벤 엔겐은 세상으로 보냄을 받은 하나님 백성의 역할을 "그분의 발자취를 따르는 교회의 사도성"[138]과 직결된다고 묘사했다. 그의 보냄은 예루살렘으로부터 시작하여 땅끝까지 포함하며, 지리적 영역을 넘어 문화사회적 영역을 총망라하여 진행된다. 하나님의 백성들은 그리스도의 증인으로서 예수님의 십자가와 부활을 선포하며, 장차 임할 하나님 나라와 구원을 증거 한다. 당연히 모든 선교의 내용은 예수님의 사역을 계승함으로 이루어진다. 이는 선지자, 제사장, 왕의 역할뿐 아니라 세상을 위한 참된 치유와 자유롭게 하는 자로서, 모든 민족과 세상의 참된 회복을 위해 보냄을 받는다.[139]

(2) 선포와 섬김의 선교

세상으로 보냄을 받은 하나님 백성은 선포를 통한 복음전파와 세상을 섬기는 사역을 통해 선교를 실행한다. 그 사역의 모델은 예수그리스도이시다. 예수에게 말씀 자체는 곧 행위를 의미하는 것이었는데, 그분의 말씀은 언제나 성령의 능력을 통해 이 땅에서 이루어졌다. 예수님의 선교는 또한 통전적이며 전인적이었다. 예수님은 사람들의 몸과 마음과 영혼을 치유하셨을 뿐 아니라, 이 땅에 정의와 평화가 넘치는 하나님 나라를 이루셨다. 예수님은 말과 행동을 통해 종말론적 왕국의 현존을 이 땅에 가져 왔다. 하나님의 백성들은 입술을 통한 선포와 더불어, 실제적인 행동을 통해 하나님 나라가 이 땅에서도 이루어

질 수 있도록 하는 사역을 위해 부름 받았다.[140]

그러므로 참된 복음 전도는 백성들의 입을 통해 선포되는 것 이상이 되어야 하며, 한 개인의 회개와 회심, 그 이상이 되어야 한다. 또한, 개인적 구원을 통해 발생하는 감격과 기쁨, 평화, 행복 그 이상이 되어야 하며, 신앙적 헌신을 향한 부르심 이상이 되어야 한다.[141] 진정한 선교는 "예수님이 주님이시다"라는 백성의 선포와 함께, 세상 사람들과 모든 피조물이 다시 그의 통치 가운데로 들어올 수 있도록 하는 사명을 수행하는 가운데 이루어진다. 예수님의 주 되심을 선포하는 케리그마적 신앙고백은 반드시 교회가 세상의 변화를 위해 밖으로 나가는 행동과 연결되어야 한다. 그리고 그것은 예수께서 제자들의 발을 씻기신 것처럼, 종으로서 자신을 낮추고 세상을 섬기며 사랑하는 모습으로 표출되어야 한다.[142] 하나님의 백성은 왜곡되고 삐뚤어진 세상 가운데서 그의 정의와 평화, 의로움을 실현하고, 하나님의 통치하심이 임할 수 있도록 적극적으로 그의 사역에 참여하고 봉사해야 한다. "선교하는 교회에 이런 섬김이 없다면 그 교회는 교회가 가져야 할 선교적 본질을 상실한 교회가 된다"는 경고처럼, 섬김 없는 선포는 반쪽짜리 복음에 머물 수 있음을 기억해야 한다.[143] 반드시 하나님 백성의 선교는 "은총에 의한 칭의를 사회적으로 구현한 형태"[144]가 되어야 함을 기억하고 실천해야 한다.

(3) 상황화와 성육신을 통한 선교

세상으로 보냄을 받은 하나님 백성의 사역방식은 철저하게 성육신적이어야 한다. 그들은 세상의 구원과 변화를 이루기 위해 변하지 않는 하나님의 말씀을 듣고 세상 속으로 들어간다. 그러나 성도의 성육신적 사역은 세상과 같아지고 세상에 복종하는 것을 의미하지 않는다.[145] 하나님의 백성들은 세상과 소통하고 세상이 이해할 수 있는 방식으로 복음을 전하기 위해 상황화된 방식을 사용하며, 성육신적 방식을 통해 메시지를 증거 한다.[146] 이러한 이유로, 오늘날과 같이 급속한 변화 속에 사역을 감당해야 하는 교회 공동체는 시대와 문화적 도전을 직시하되, 복음을 증거 하기 위해 유연한 태도와 자세를 지닐 수 있어야 한다.[147] 예수는 자신의 삶과 사역을 통해 완전한 성육신 모델을 보여 주셨다. 그분은 완전한 인간의 몸을 입고 이 땅에 오셨다. 자기 자신을 인간과 동일시하시고, 그들의 삶의 방식과 언어를 통해 하나님 나라의 복음을 전파하셨다. 그러므로 선교적인 삶은 성도들의 공동체에 머무르는 것만으로는 충분치 않다. 그 공동체가 아름답고 충만할수록 하나님의 백성은 비신자들을 향해 나아가고 그들과 관계를 맺으며, 참된 생명과 거룩을 증거 하고 나누어 줄 수 있는 삶을 살아야 한다. 마치 바울이 아덴에서 복음을 증거 하기 위해 문화와 함께 시작하고 복음으로 끝을 맺었던 것처럼(행 17장),[148] 그리스도의 백성들은 복음의 본질을 부여안고 세상으로 들어가는 모험을 기꺼이 감수해야 한다.

여기에서 선교적 교회의 원리 중 하나인 '세상을 향해 나아가는'(Go-To-Them) 사역 방식이 요구된다. 근사하고, 편리하며, 필요에 민감한 종교적 조직을 세워 사람들이 원하는 종교적 상품을 구입하고 소비하게 하는 '우리에게 오라'(Come-To-Us)는 형식은 전형적인 크리스텐돔(제국적 기독교) 유형이다.[149] 예수님의 방식은 철저한 성육신을 통해 세상을 향해 찾아가는 모습이었다. 겸손과 사랑으로 하나님의 은혜를 나눌 수 있다면, 성도의 삶은 마치 작은 예수의 모습과 같이 시대적 구원을 위해 쓰임 받는 통로가 될 것이다. 또한 마이클 프로스트는 성육신적 선교는 우리가 보내졌다고 믿는 그들의 삶 안으로 움직여 들어가는 것이라고 정의했다. 그는 만일 예수님의 제자들이 여기서 살기 원하지 않는다면, 예수 또한 그럴 것이라고 말한다. 진정한 성육신적 선교는 마치 특공대를 보내 전술을 펼친 후 다시 기지로 돌아오는 방식이 아니라, 복음을 증거 하고자 하는 지역으로 들어가 그들과 함께 지내며 대화하는 것에서 시작된다. 그 속에서 하나님의 백성은 그리스도를 따르는 자로서 그리스도의 현존과 열정에 참여하며, 하나님의 성육신적 선교에 파트너로서 헌신하는 순종의 삶을 살아야 한다.[150]

뉴비긴은 이 시대의 복음의 유일한 해석자는 복음을 믿는 회중의 삶이라고 말했다. 그러면서 그들에게 맡겨진 왕 같은 제사장직은 "세상의 일터에서 영위하는 일상적 삶과 일"을 통하여 이루어짐을 상기시켰다.[151] 그는 지도자들에게 그들의 사명은 "교인 전체를 이끌고 사회 속으로 들어가서, 시민 개개인의 생활뿐 아니라 공적인 삶 전체가 하나님께 속해 있다고 선포하고, 거기서 그분의 통치가 이루어지도록 하는 일"[152]이라고 하였다. 이를 정리해 보면, 예수그리스도의 성육신적 사역에 동참하는 길은 삶의 전 영역을 포괄하는 급진적 헌신의 여정이다. 그러므로 하나님 백성의 헌신은 결단코 "값싼 복음"[153]에서 발생하지 않는다. 오직 자신의 전 존재를 주님께 헌신하고 겸손하게 복음이 필요한 곳에 나아가, 그들과 같이 호흡하고 함께 삶을 나누는 가운데 하나님의 선교는 이루어진다. 바로 지금, 이곳에서 성육신적 선교는 시작되어야 한다.

(4) 선교적 공동체의 원심적 선교

구약에서는 하나님의 백성들을 중심으로 열방이 하나님께 돌아오는 선교, 즉 구심적 선교에 대한 중요성이 강조되어 있다면,[154] 신약은 하나님께서 그의 백성들을 세상으로 보내시는 원심적 선교(Centrifugal Mission)가 강조되어 있다.[155] 마이클 고힌은 이를 다음과 같이 설명했다.

> 따라서 하나님 백성의 선교는 구심적일 뿐 아니라 원심적이다. 선교는 우선 구심적이다. 하나님의 백성은 그들 가운데 거하시는 하나님의 임재를 공동체적인 삶과 타인과의 관계를 통해 나타내야 한다. 구심적 선교는 교회가 기독교 신앙의 빛나는 표지이자 매력적인 삶의 방식을 보여줌으로써 이방인들을 그들의 공동체 안으로 이끌어 올 때만 가능하다. …… 그러나 그런 공동체는 세상 모든 문화 가운데서 이러한 삶을 구현하도록 보냄을 받는다. 이것이 바로 교회의 종말론적 선교의 새로운 원심적 차원이다.[156]

이처럼 구심적 선교와 원심적 선교는 상호 보완적이다. 구심적 선교 없는 원심적 선교는 불가능하고, 원심적 선교 없는 구심적 선교 역시 무의미하다. 하나님은 백성의 공동체가 세상의 빛과 소금으로, 산 위의 도시처럼 아름답게 빛나기를 원하신다. 따라서 우리는 자신만의 세계에 갇혀 세상을 외면하거나 배제해서도 안 된다. 하나님은 세상을 사랑하시고, 그 세상을 회복하기 원하신다. 그리하여 오늘도 하나님은 자신의 백성들을 모아 다시 세상으로 보내신다. 예수님의 사랑과 구원을 노래하며, 왜곡되고 깨어진 세상을 온전하게 하기 위한 사역을 위해 하나님의 백성들은 오늘도 보냄을 받는다.

나가는 말

본 장에서는 선교적 교회의 기반이 되는 하나님 백성의 선교적 삶에 대해 살펴보았다. 그 출발점은 선교의 원천이 되시는 하나님의 선교 위에 기초를 세우는 것이며, 동시에 삼위일체 하나님의 선교적 역학에 의해 보냄 받은 교회 공동체의 정체성을 발견하는 것에 있다. 이러한 선교가 의무가 되고 부담이 될 때, 교회의 선교는 지극히 수동적이거나 인위적인 것이 될 확률이 높다. 그러나 선교가 피조물의 회복과 인류의 구속을 위한 하나님 자신의 이야기이며, 그 위대한 사역에 교회가 초청을 받은 것이라면 이는 놀라운 특권이며 영광이 된다. 교회의 선교는 이와 같은 부르심의 특권과 보냄 받은 자의 사명의 관점으로 이해할 때 더욱 명료해진다.

하나님의 부르심은 그의 백성들이 축복의 통로가 되며, 세상의 빛이 되게 하기 위함이었다. 그러므로 그의 백성들은 세상 속에서 하나님의 영광을 드러내야 하며, 거류민으로서, 빛과 소금으로서, 대조사회로서, 대안 공동체로서 그리스도의 향기와 통치를 드러내야 한다. 어둠 속에서 고통받고 있는 많은 사람이 하나님을 갈망할 수 있도록, 하나님 나라의 징표이자 가시적 표지로서 존재할 수 있어야 한다. 동시에 하나님의 백성은 보냄 받은 자로서 그 사명을 감당해야 한다. 세상을 향해 보냄 받은 사도적 공동체로서, 선포와 섬김을 통해 예수님의 증인됨을 실천하고, 사회의 변혁을 위해 노력하며, 그분의 사랑과 은혜가 이 땅에 충만해질 수 있도록 헌신하는 백성의 공동체가 되어야 한다. 그들의 사랑과 섬김, 봉사와 헌신을 통해 세상은 비로소 하나님께 돌아오고자 하는 갈망을 갖게 되며 주 앞에 굴복하게 된다.

결국, 선교적 교회는 구성원 모두가 부름 받은 백성으로서 자기 존재됨을 발견하고, 보냄 받은 백성으로서 선교적 정체성을 실현하게 될 때 역동성을 가지게 된다. 세상을 위해 존재하고 섬기는 사역을 감당하게 될 때만 교회는 갱신되고 새로워질 수 있음을 기억하고, 한국 교회가 끊임없는 회심과 헌신을 통해 하나님 나라의 귀한 도구로 지속해서 쓰임 받을 수 있기를 기대해 본다.

제2부

선교적 생태계 형성과 사역 메커니즘

현재 북미 지역에서 시작된 선교적 교회 담론은 이론적 논의를 지나 다양한 형태를 가진 운동으로 발전되고 있다. 한편에서는 전통 교회와 구별되는 실험적이고 파격적인 모습을 띠기도 하고, 다른 한편에서는 기존 교회의 조직과 형태를 유지하면서 교회 공동체의 선교적 역량을 강화하는 모습을 띠기도 한다. 이러한 의미에서 선교적 교회를 하나의 형태로 묘사하는 것은 불가능하다. 그러나 선교적 열정을 품고 각자 놓인 상황에서 하나님의 선교에 동참하려는 노력을 기울이고 있다는 점에서 이들은 공통분모를 가지고 있다.

그러므로 선교적 교회를 형성하기 위해서 우리는 다음의 기본 개념을 물어야 한다. '교회는 어떻게 선교적 DNA를 공동체적으로 소유할 수 있을까?' 나아가 '성도들이 세상 속에서 선교적 삶을 살아낼 수 있도록 훈련하고 보내는 사역은 어떻게 가능한 것일까?', '선교적 교회는 어떻게 개념이 아니라 유기체적 존재로 생명력 있는 사역을 할 수 있을까?', '특히 예배와 소그룹, 조직과 리더십은 어떤 의미를 가지며 역동적 기능을 할까?' 이러한 질문 위에 북미 지역의 선교적 교회를 이론과 현상학적으로 살펴보았다.

아래 그림은 선교적 교회가 지역교회에서 실제로 구현되기 위한 사역 메커니즘이다. 이를 단순화시키면 다음과 같은 흐름으로 설명할 수 있다. 먼저 모든 사역의 성격은 교회 공동체의 영성에 의해 결정된다. 영성은 마치 생명을 잉태하는 어머니의 자궁과 같다. 선교적 교회는 교회 공동체가 선교적 영성으로 가득 찰 때 가능하다. 그렇다면 선교적 영성은 어떻게 형성될까? 그것은 바로 예배와 연결된다. 예배

선교적 생태계 형성과 사역 메커니즘

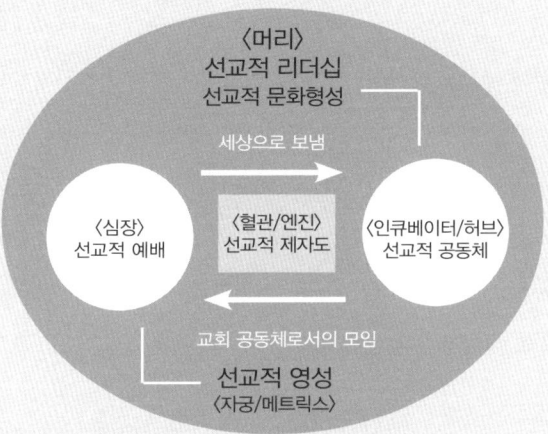

[선교적 교회 사역 메커니즘]

야말로 교회의 영성을 형성하는 가장 강력하고 구체적인 하나님의 도구다. 살아 있는 예배를 통해 성도들은 하나님을 경험하고 세상으로 보내시는 그분의 뜻을 발견한다. 그러나 선교적 사역과 삶은 그 당위성만으로는 이루어지지 않는다. 성도는 세상 한복판에서 그리스도의 증인됨의 사역을 감당할 수 있도록 훈련되고 세워져야 한다. 이것이 바로 선교적 제자도가 필요한 이유이다. 특히 선교적 제자도로 훈련된 성도들은 세상 속으로 보냄을 받는다. 그러나 삼위일체 하나님은 그의 백성을 세상에 보낼 때 홀로 보내지 않으셨으며, 바로 공동체로서 세상을 섬기고 세상에 증인됨의 사역을 감당하게 하셨다.

이러한 선교적 공동체는 세상으로 보냄 받은 백성들이 함께 주님의 나라를 위해 섬기기 위한 허브와 같은 역할을 한다. 그곳에서 공동체적 부르심을 식별하고 다양한 실험을 통해 세상을 변화시키기 위한 선교적 사역이 이뤄지게 되며, 일종의 인큐베이터 같은 역할을 한다. 그러나 이러한 사역 메커니즘은 이상과 상상만으로 이뤄지지 않는다. 거기에는 이 모든 과정에 대한 깊은 이해와 조직적인 변화를 추구할 수 있는 리더십이 필요한데, 우리는 이것을 선교적 리더십이라고 부른다. 그리고 이러한 역할을 하는 선교적 리더는 모든 성도가 선교적 사명을 발견할 수 있도록 동기를 부여하고, 교회 공동체 내에 선교적 사역과 문화가 형성되도록 돕는 핵심적 역할을 한다.

선교적 교회는 생명체로 이해되어야 한다. 하나의 생명이 잉태되고 성장하여 성숙한 활동을 하기 위해서 최적화된 환경이 조성되어야 하듯, 교회 공동체가 선교적 교회로서 발전하기 위해서는 위의 요소들이 함께 협력하여 움직일 수 있는 생태계가 형성되어야 한다. 선교적 교회의 사역 메커니즘을 이해하고 자신의 상황에 맞게 적용해야 할 이유가 바로 여기에 있다. 당연히 그러한 사역을 위해서는 기존의 사고를 극복하고 새롭고 창의적인 패러다임을 갖는 것이 필요하다.

이제부터 이어지는 여정은 책을 읽는 독자들을 모험과 창의적 사고로 초대하는 장이 될 것이다. 탈학습(Unlearning)과 재학습(Relearning)을 통한 창조적 파괴(Creative Destruction)가 발생하여 우리의 사역 현장이 혁신과 개혁의 장이 되길 기대해 본다.

• 제4장 •

선교적 교회와 영성

❖ ❖ ❖

오늘날 교회가 직면한 가장 큰 위기는 교회가 세상 속에 있다는 것이 아니라
교회 안에 세상이 있다는 것이다.
– David L. Larsen

선교적 영성은 선교를 형성하고 채우는 영성이다.
– Roger Helland & Leonard Hjalmarson

❖ ❖ ❖

선교적 영성은 지역 교회의 사역을 결정짓는 모판과 같다. 어떤 영성을 지니고 있느냐에 따라 교회 공동체의 특성과 방향이 달라진다. 아쉽게도 오늘날 많은 교회는 왜곡된 영성에 영향을 받고 있다. 선교적 교회가 되기 위해서는 선교적 영성이 교회 공동체에 가득 차야 한다. 이러한 차원에서 영성의 참된 의미를 되새기고, 세상 속에 있으나 세상에 속하지 않은, 그러면서도 세상에 영향을 줄 수 있는 선교적 영성의 의미와 실천적 방법을 본 장에서 살펴보도록 한다.

들어가는 말

"사역은 존재로부터 시작된다(Ministry flows out of being)."

본 명언은 풀러 신학교의 리더십 교수인 로버트 클린턴(Robert Clinton)이 천여 명이 넘는 성경과 역사 속 리더들의 생애를 분석한 결과로 만들어진 말이다. 그렇다. 진정한 사역은 어떤 특별한 프로그램이나 일시적 효과를 일으키는 유행을 통해 형성될 수 없다. 그것은 사역을 이끄는 지도자의 존재됨(Being)으로부터 시작되고, 그 존재됨을 통해 발전해 나간다. 외적인 측면이 아무리 화려해 보이고 많은 열매를 맺는 것처럼 보인다 할지라도, 본질적 가치와 철학에 기반을 두지 못한 사역은 영속적인 열매를 맺지 못하고 결국은 사멸되고 말 것이다.

선교적 교회 역시 이와 마찬가지다. 선교적 교회는 죽어가는 교회를 새롭게 하려고 고안된 특별 프로그램이나 행사가 아니다. 핵심은 교회됨의 본질 회복에 있다. 이 사역은 성도들에게 주어지는 거룩한 부르심을 재조명하며, 개인과 신앙 공동체의 운명을 그리스도의 십자가로 향하게 한다. 따라서 그의 부르심은 구원과 회복을 통해 진정한 화목을 성취하기 원하시는 창조주의 뜨겁고 헌신적인 사랑의 외침이며, 이 세상을 살아가는 성도들이 그리스도의 남은 고난에 동참함을 통해 실현되는 거룩한 책무이다. 그러므로 교회의 존재됨은 그 부르심의 의미와 가치를 이해하는 가운데 형성되고, 그 고귀한 사역에 동참하기 위해 걸어가는 삶의 여정 속에서 확인되는 자기 발견의 과정이라 할 수 있다.

1. 선교적 영성의 의미와 중요성

선교적 교회를 형성하는 데 가장 기본이 되는 것은 신앙 공동체가 지닌 영성과 깊은 연관성을 지닌다. 교회의 존재됨은 영성으로 흘러나오기 때문이다. 구체적으로 영성은 신앙 공동체의 영적 품성을 결정짓고, 현장에서 구현되는 사역을 규정한다. 사실상 사람들이 가지고 있는 영성에 대한 일반적 오해는 영성을 일상의 삶과 구별하여 이해하는 데서 시작된다. 그러나 전통적으로 영성은 하나님과의 만남을 체험한 사람들의 삶과 생활을 포함해왔다. 그런 차원에서 브래들리 한손(Bradley Hanson)은 영성을 "인간의 삶의 본질과 목적에 대한 확신에 따라서 사는 한 개인이나 공동체의 삶의 스타일"[157]이라고 정의했다. 그러므로 영성은 하나님과의 관계를 통해 자기 자신의 존재됨과 삶을 형성하는 주체가 되고 신앙 공동체의 존재됨의 표현이며, 사역을 이끈다.

그렇다면 선교적 영성은 무엇인가? 헬렌드(Roger Helland)와 자말슨(Leonard Hjalmarson)은 선교적 영성을 "선교를 형성하고 채우는 영성"[158]이라고 정의한다. 선교적 교회가 되기 위해서는 선교적 상상력이 풍성해져야 하고, 공동체 내에 선교가 자유롭고 일상적인 언어가 되어야 한다. 모든 사역의 기반과 기초에 하나님의 선교가 중심이 되어야 하며, 그 모든 것은 바로 선교적 영성이 충만할 때 가능한 것이다. 그런 측면에서 필자는 '선교적 영성이란 하나님과의 친밀감을 기초로 하나님의 영 안에서(in the Holy Spirit), 그의 영에 의해(by the Holy Spirit) 사는 삶을 통해 내부로부터 시작하여 외부로 흐르는 영성이다. 즉 그의 영으로 충만하게 된 개인과 공동체는 하나님의 선교에 대한 인식과 실천을 통해 자신의 사명을 끊임없이 재확인하고 하나님의 선교에 동참하는 모험을 받아들이는 것이다'라고 정의한다.

교회에 선교적 영성을 가득 채우기 위해 사역자는 무엇을 고민하고 어떻게 접근해야 할 것인가? 우선 교회에 만연한 영성에 대한 잘못된 이해와 문제를 살펴보고, 선교적 영성의 바른 이해를 형성해보자.

2. 영성, 그 일그러진 자화상

오늘날 교회의 문제는 사역의 기초가 본질이 아닌 기술과 전략적 차원에 머문다는 데 있다. 현재 오늘날 얼마나 많은 책이 '생존'과 '물리적 성장'에 초점이 맞춰져 있는지 모른다. 우후죽순처럼 열리는 컨퍼런스와 세미나 또한 마찬가지다. 마치 세미나를 통해서 제공되는 프로그램을 도입하기만 하면 놀라운 양적 성장과 변화가 발생할 것처럼 홍보하지만, 실상 그런 비법은 존재하지 않는다.

물론 이러한 접근들이 모두 무가치하다고 말할 수는 없다. 끝없이 밀려오는 변화의 해일 앞에서 교회 공동체는 항해의 방향조차 결정하기 어려운 현실에 처해 있기 때문이다. 거대한 문화변혁에 함몰되지 않기 위해 몸부림치는 노력은 분명히 필요하다. 그러나 아무리 훌륭한 전략과 전술이 있고 새로운 기술과 진보된 방법들이 제시된다 하더라도, 이 모든 것들이 균형 잡힌 영성에 뿌리내리지 못한다면, 그래서 결국 세속적인 기업과 단체들이 행하는 방식으로 생존을 추구한다면, 구별됨과 탁월함을 통해 세상을 변화시켜야 하는 기독교적 정체성과 그 독특성은 어디에서 찾을 수 있을 것인가?

아쉽게도 오늘날 교회의 영성은 세속적 영성에 침몰당한 것처럼 혼탁해졌다. 데이비드 라쎈(David L. Larsen)이 "탐욕의 복음(The Gospel of Greed)"¹⁵⁹이라고 불렀던 바로 그 삐뚤어진 영성은 그럴싸한 외형과 달콤한 유혹을 앞세워 십자가의 영성을 무기력화시키고 있다. 이에 오늘날 우리는 세상적 가치에 부합하는 복음, 부와 건강과 평안과 번영을 최고의 축복으로 숭배하는 복음, 자기중심적이며 자아도취와 자기몰입을 선으로 여기는 복음, 하나님 앞에서 자신이 자율적인 존재임을 주장하며 스스로를 세우기에 몰입된 복음, 그리스도의 자기희생 대신 자아성취와 자기실현, 자기강화를 위해 형성된 복음을 너무나 자연스럽게 소비하고 있다.

이러한 탐욕스러운 자아의 논리에 놓인 현대인들은 끝없는 물질주의를 최고의 선으로 간주하게 되었다. 이를 통해 신앙의 사유화와 세속화의 길에 들어선 교회의 운명은 결국 성도들의 삶에서 예수그리스도가 주 되신 것을 소멸하게 하는 결과로까지 이어지는 것을 본다. 가령, 오늘날 그리스도인들은 너무 쉽게 이러한 이중적 고백을 드린다. "이 모든 것과 더불어 천국도 함께 주소서!" 이처럼 세속적 욕망에 대한 정당화를 강화하고, 끝없이 자기만족을 추구하는 기독교의 자화상은 안타깝게도 예수께서 의도하신 그것과는 너무나 동떨어진 모습이다.¹⁶⁰ 일그러진 모습, 일그러진 영성을 소유한 교회를 라센은 이렇게 표현했다. "오늘날 교회가 직면한 가장 큰 위기는 교회가 세상 속에 있다는 것이 아니라, 교회 안에 세상이 있다는 것이다."¹⁶¹ 이처럼 세속적 영성이 가득 찬 교회는 결국 세상의 물결에 잠길 운명에 처할 뿐이다.

우리에게 새로운 세상에 대한 기대는 희망이자 동시에 사명이다. 올슨은 이것을 교회의 꿈이라고 말했다. 그리고 그 위대한 꿈과 희망은 인간의 방식이 아닌, 오직 예수그리스도의 십자가 위에서 우리의 삶과 공동체, 문화와 세상을 변형시키는 하나님의 사랑과 능력 안에서만 가능함을 우리는 고백한다. 교회 공동체 모두가 거룩의 영을 입고, 하나님의 선한 창조를 파괴하는 세속 사회에 대한 지속적인 도전과 새로운 세상을 만들어 가시는 그분의 사역에 대한 헌신적 동참을 통해 그 꿈은 성취되는 것이다.[162]

세상 속에 있으나 세상에 속하지 않는 영성, 세상을 위해 존재하지만 세상에 함몰되지 않는 선교적 영성 회복은 지금 그 어느 때보다도 절실하다. 그렇다면 우리는 어떻게 해야만 이러한 영성을 회복할 수 있을까? 이에 대한 방안으로 이 시대에 만연해 있는 왜곡된 영성의 특성을 알아보고, 선교적 영성을 위한 실제적 의미와 대안을 살펴보도록 하자 한다.

1) 이원론적 영성

영성에 대한 가장 보편적인 이해는 영성을 경건한 삶과 관련해서 이해하는 것이다. 여기서 제기되는 이슈는 영성과 경건의 속성인데, 보쉬는 이에 대해 다음과 같이 비평한다. "영성이나 경건한 삶은 세상에 대한 금단증상 같은 것이어서, 자신의 배터리를 충전해야만 세상으로 나갈 수 있는 것을 의미하는 것으로 여겨진다."[163] 실제로 얼마나 많은 그리스도인이 교회를 영적 충전소처럼 활용하는지 모른다. 그들은 경건을 유지하기 위해 영적 기운을 충전시키려 하고 이렇게 충전된 영성을 소멸시키는 세상적인 일들로부터 멀어지기 위해 노력한다. 마치 어떻게 하면 '세상으로부터 탈출'할 것인지에 대한 묘안을 찾으며, '세속적 영역으로부터 고립'되기 위해 스스로 애쓰는 모습은 경건을 추구하는 현대 그리스도인들의 대표적인 모습이다. 레슬리 뉴비긴은 이러한 삶의 태도를 '천로역정 모델'[164]이라고 불렀다. 세상과의 분리에 초점을 맞추고, 진정한 구원은 이 세상과 완전히 결별할 때 이루어진다는 맹신으로 인해 성도들은 구원을 얻기 위해 세상과의 분리에 초점을 맞춘다.[165]

우리는 여기서 심각하게 왜곡된 영성의 모습을 발견하게 된다. 그들에게 일상의 삶, 일상의 문화, 일상의 사건들은 전혀 영적인 영역이 아니기 때문이다. 세상은 이제 하나님께서 거하시는 거룩한 곳과 하나님의 임재가 미치지 않는 세속적 영역으로 극명하게 구별된다. 결국, 세상과 문화에 대한 부정적 인식은 강화되고, 초월적 삶만을 동경하는 신앙적 흐름이 만들어지게 된 것이다. 분명한 사실은 이원론적 이해는 전혀 성경적이지 않다는 데 있다.

오늘날 우리에게 결정적인 영향을 미치고 있는 성과 속에 대한 이원론적 관점은 15세기 이후 발흥한 근대주의와 밀접한 연관성이 있다. 근대 이전의 서구 사회는 기독교를 중심으로 한 통합적 사회구조를 지니고 있었다. 그러나 이성과 과학의 토대 위에서 발전하게 된 근대사회는 인간 중심적 세계관을 형성하고 개인주의(Individualism)와 파편화(Fragmentism) 같은 새로운 흐름을 가져왔다. 북미 근대정신의 대표적인 지성으로 꼽히는 존 듀이(John Dewey)는 이러한 시대적 변화를 다음과 같은 네 가지 요소로 설명하였다. 첫째, 근대는 초자연적인 것에 더는 관심을 두지 않는다. 둘째, 교회에 최고의 권위를 두었던 중세와 달리 근대는 개인에 대한 믿음을 근거로 관찰, 경험, 사유의 방법을 추구하며 진리를 얻는다. 셋째, 미래에 대한 낙관론적 관점을 통해 무한한 진보에 대한 신념을 강조한다. 넷째, 끊임없는 진보는 인간의 노력과 근면, 자연에 관한 연구와 통제를 통해 새로운 발명품을 만드는 과정을 통해 가능하다.[166] 이처럼 기술과 과학, 경제의 엄청난 발전은 인간 스스로에 대한 신뢰와 지속적인 진보를 꿈꾸게 했으며, 이제 인간은 신의 영향을 받을 필요가 없어졌다. 자율적 존재(Homo Autonomous, Autonomous Being)로서 인간은 전통이나 종교, 신 등의 간섭을 받지 않고 자신을 스스로 구원하는 존재로 인식되었다.[167] 이러한 변화는 하나님 없는 영역에 대한 가능성을 타진하게 했고, 영적인 것은 점차 신뢰할 수 없는 영역으로 간주하게 되었다. 당연히 종교와 일상의 삶 사이의 연계성은 깨어지고, 세속의 영역과 영적인 영역의 분리는 더욱 가속화되며 고착되었다.

분명한 점은 선교적 영성은 이원론과 세속주의적 견해를 받아들이지 않는다는 사실이다. 그것은 성경이 인간을 통합적 존재로 간주하고 육과 영을 분리하지 않기 때문이며, 성과 속의 개념으로 세상과 문화를 경시하지도 않기 때문이다. 오히려 예수그리스도께서 인간의 몸을 입으시고, 온 세상을 구원하시기 위해서 우리에게 오셨다는 사실은 그분의 성육신이 단순히 상징적 차원에만 머물지 않았음을 대변한다. 또한, 그분께서는 완벽한 인간이 되셔서 죄인들과 함께 머물었고, 죄인들의 친구로 사셨으며, 죄인들을 위해 죽으셨다. "인자는 와서 먹고 마시매 너희 말이 보라 먹기를 탐하고 포도주를 즐기는 사람이요 세리와 죄인의 친구로다 하니"(눅 7:34). 예수께서는 이렇듯 이원론적이고 성과 속을 인위적으로 구별하는 삶을 거부하였다. 그분은 통합적 관점을 통해 세상을 바라보았고, 행하였으며, 사역을 완수하였다.

2) 탈육신적 영성

근대주의의 영향 아래 형성된 서구 기독교에 대해 테일러(Charles Taylor)는 계몽주의와 근대의 불신앙의 문화적 노선을 따르면서 탈육신(Excarnation)의 과정을 통과해 왔다고 평가한다. 탈육신은 예수님의 성육신(Incarnation)과 반대 표현이다. 사실 기독교 사역의 가장 핵심적인 원리는 예수님의 성육신으로부터 기인한다. 그분이 이 땅에 육신의 몸을 입고 우리와 같은 모양으로 나타나시고 사셨다는 사실은 하나님께서 세상을 이해하는 방식과 모든 인류를 향한 그분의 사랑과 은혜의 척도를 가늠하게 한다. 또한, 그분 안에서는 모든 것이 치유되고 하나가 된다. 세상과 문화, 우리의 존재됨과 연약함, 기쁨과 슬픔, 춤과 노래 등 모든 삶의 방식들 안에서 우리는 그분을 보고 느끼고 듣고 경험하면서 그의 주되심을 고백한다.

그러나 근대는 이러한 전인적이고 통합적인 관점 대신 이성과 합리성을 기반으로 모든 것을 재해석하던 시기였다. 점차 실험이 가능하며 입증할 수 있는 것들이 중요한 것으로 인정되면서 미학과 직관, 영적 안목과 감정, 예술이나, 시, 음악 등의 요소들은 이성적 영역의 하위 개념으로 이해되기 시작했다. 종교도 같은 취급을 받았다. 이제 신앙은 영적인 위치에만 머물 수 없게 되었다. 그리하여 수많은 질문과 비평 속에서 과학적 안목과 합리적 이성으로 설명될 필요가 제기되었다. 이는 당연히 이성에 근거한 성경공부와 설교, 학문적 신학과 신조 등이 신앙 성장과 영성 개발을 위한 핵심적 사항으로 떠오르게 되었다.[168]

깁스와 볼저는 이러한 모습을 엘리트주의의 문화단절이라는 말로 표현했다. 즉 개신교의 이성 중심적, 문자 중심적 흐름은 이전에 이미지와 상징들, 스테인드글라스와 이야기로 구현되던 신앙생활의 근거를 송두리째 뒤흔들면서 경험과 체험 중심적 신앙을 약화하는 결과를 가져왔다. 그 대신 기록된 말씀에 대한 논리적 해석과 전달이 핵심적 자리를 차지하게 된 것이다.

그러나 오늘날에는 다시 이미지와 상상이 중요한 요소가 되면서 '문자시대에 태어난 모던 교회는 프린트 문화에서 이미지에 근거한 문화로 넘어가는 데 상당한 곤란'을 겪으며 시대에 적합한 대응방식을 찾아야 하는 새로운 도전에 직면해 있다.[169]

3) 추상적 영성

탈육신적 특징은 추상적 영성에 그 뿌리를 두고 있다. 계몽주의를 통과하면서 시대적 흐름에 부합한 변화를 추구했던 기독교는 앞서 언급한 것처럼, 이성과 지성의 도전을 적극적으로 받아들였다. 그 결과, 설교와 영적 성장, 제자화 등이 지적인 차원에서 다루어졌다. 그러나 여기서 또 하나의 문제가 발생했다. 이러한 대응이 실천의 영역으로 연결되지 못하고, 관념적 차원에만 머물게 되었다는 점이다.

그 대표적인 예가 근대시대를 통해 형성된 신학의 특성이다. 이성에 근거한 인과론적 법칙(Cause-Effect Application of Principle)에 의해 발전된 신학은, 신앙을 조직화하고 다양한 비평을 통해 성서를 해부하였다. 이러한 과정을 거치면서 살아있는 신앙은 점차 삶의 자리를 떠나 수동적이며 지적인 시스템 속에 머물게 되는, 즉 신앙이 신학 안에 갇혀 경직화되는 양상으로 나타나게 되었다.

오늘날 그리스도인들을 향한 가장 극렬한 비판은 무엇일까? 그 중심에는 언제나 믿음과 행위의 불일치에 대한 문제가 있다. 그러나 좀 더 숙고해 보면, 불일치의 원인은 그리스도인의 삶이 현세적 차원을 간과하는 추상적 영성에 머물기 때문임을 알게 된다. 성경 속에서 예수님은 이러한 추상적 영성을 강력히 배격한다. 요한복음 1장 1절은 이렇게 시작한다. "태초에 말씀이 계시니라 이 말씀이 하나님과 함께 계셨으니 이 말씀은 곧 하나님이시니라." 그리고 14절에서는 그 말씀이 '육신'이 되었다고 기록한다. 추상적(Abstract) 개념인 말씀이 실재적으로 육신을 입고(Concrete), 우리 안에 거하시게 되었다는 것이다.[170] 이처럼 예수께서는 한 번도 실천적 의미가 배제된 가르침을 주시지 않으셨다. 그분은 추상적 개념을 가르치셨지만, 비유를 통해 그것이 현실적 삶과 어떤 관련성이 있는지, 어떻게 우리가 하나님의 나라를 이 땅에서 경험하고 실현할 수 있는지를 몸소 보여 주셨다. 우리의 영성이 현실에 기반을 두지 못한 추상적 영성이 될 때, 그 사역과 삶은 이 세상에 공허한 메아리로 머물고 말 것이다.

4) 소비주의적 영성

20세기 이후의 새로운 가치관은 소비를 중심으로 재편되었다. 근대 이전의 시대는 사실상 생존을 위해 재원을 확충하고, 물건을 생산하는 데 초점이 있었다. 그러나 과학과 기술 문명이 발전하고, 개인주의에 기초한 자본주의가 가속화되면서 생산과 소비에 대한 개념은 극적으로 변화되었다. 그러한 특성을 담은 슬로건은 무엇인가? 그리하여 오늘날의 슬로건은 '대부분의 사람은 살기 위해 소비하지 않는다. 소비하기 위해 산다.'이다. 이처럼 개인주의에 기초한 소비주의, 이것은 물질주의와 세속주의의 최종점(Climax)에서 형성된 현대의 양면적 가치를 대변해 준다.

그렇다면 양면적 가치란 무엇인가? 무엇보다도 우리 시대의 자유주의적 시장경제 체제는 경제학적 개념의 단단한 보호를 받고 있다. 만약 누군가가 "소비사회가 잘못된 것이 무엇인가?"라고 묻는다면, 많은 경제학자는 "잘못된 것은 하나도 없다. 소비는 좋은 것이다"라고 대답할 것이다. 적어도 소비가 인간의 기본적 필요를 채우고, 시장경제의 기초를 이룬다는 측면에서 이러한 입장은 정당성을 가진다.

특히 개인주의적 가치가 공동체적 가치를 압도하는 상황에서, 모든 사회의 우선순위는 개인의 필요와 만족에 집중하고, 그것을 자극하기 위해 온 힘을 다한다. 즉, 이 시대의 선(Good)은 공동의 선이나 공동체적 가치가 아닌, 개인의 만족을 충족시키는 데 있다. '충족을 통한 행복'이 시대의 영이 되어 버린 것이다.[171]

오늘날 기업들은 상품을 생산하는 것 못지않게 상품의 브랜드를 만들기 위해 노력한다. 개인들은 소비 자체보다 그 소비를 통해 만족과 행복을 경험하는 것을 원하기 때문이다. 품질보다는 스타일, 실재보다는 이미지, 성능보다는 감각이 앞서는 문화적 변화는 소비주의 시대가 낳은 필연적 결과이다. 철학자 장 보드리야르(Jean Baudrillard)는 이미 수십 년 전에 "소비는 의미 체계다"라는 예언적 선언을 했다. 그의 예언은 이제 브랜드를 통해 자기 정체성을 규정하고, 삶의 의미를 구성하는 현대인들의 삶 속에 녹아나기 시작했다.[172]

또한 스카이 제서니(Skye Jethani)는 브랜드를 중요시하는 기업과 사회 구조에 영향을 받은 기독교가 본질적 신앙에서 감각적인 신앙으로 그 형태가 변모했다고 지적한다. 사람들이 교회를 어떻게 선택하는지, 예배의 형식과 내용이 어떻게 바뀌고 있는지, 외적인 하드웨어뿐 아니라 찬양과 말씀이 어떻게 구성되는지 등을 보라는 것이다. 마치 소비문화에서 성공하기 위해 이미지와 포장에 더욱 관심을 쏟아야 한다는 교훈을 교회가 터득한 것 같다는 그의 지적은 시대 변화를 따라가기에 급급해하던 우리의 조급한 발걸음을 멈추게 한다.[173]

이처럼 소비주의에 기초한 현대 교회의 영성은 개인적 삶의 필요를 공급하고 증진하는 수단으로 전락했다. 개인이 종교를 위해 존재하는 것이 아닌, 종교가 개인을 위해 존재하는 종교의 사유화가 일어난 것이다. 단언컨대, 예수그리스도는 사람을 즐겁게 하고 사람의 필요를 충족시키는 데 사역의 우선순위를 두지 않으셨다. 그분은 제자들을 부르셨고, 그들에게 하나님 나라의 질서를 가르치셨으며, 그 복음에 근거한 삶의 모습을 지니기를 요구하셨다. 신앙 공동체는 교인들이 필요로 하는 상품을 제공하는 곳도, 그들의 만족을 충족시키기 위해 프로그램과 서비스를 제공하는 곳도 아니다. 우리의 초점은 하나님께 있으며, 그것은 그리스도께서 십자가에서 보여 주신 자기 부인과 희생을 전제로 한 제자의 삶이며, 성령의 가르치심과 함께하시는 여정을 통해 세상에 거하지만, 세상과 구별되는 영성을 추구하는 삶에 있다.

3. 선교적 영성의 특징과 실천

선교적 영성은 바로 이러한 측면에서 세속적 영성과 구별되며, 탈육신화되고 추상화된 영성, 이원론적이며 소비주의적 영성을 배격한다. 그렇다면 영성의 회복을 위한 기초는 무엇이며, 바른 선교적 영성의 실천은 어떻게 이루어질 수 있을까? 기독교 선교운동사를 기록한 폴 피어슨(Paul E. Pierson)은 역사를 통해 반복되는 두 가지 실수가 있음을 상기시킨다. 첫째는 변하는 상황이 새로운 패턴을 요구하고 있음에도 옛 방식만을 고수하려는 모습이고, 둘째는 선교운동의 핵심가치를 저버린 채 변화를 수용하는 것이라고 했다.[174] 이는 시대에 맞는 창조적 사역과 더불어 잃지 말아야 할 핵심가치가 있음을 주장하는 것이다. 기독교 영성은 바로 이러한 차원에서 사역의 토대를 제공하는 기반이 된다.

다시 기독교의 시작을 생각해보자. 당시 교회를 둘러싼 주변 환경은 어떠했을까? 기독교는 로마 제국의 변방에 자리 잡은 팔레스타인 지역의 소수민족, 유대의 한 종교(유대교) 중에서도 작은 분파에 지나지 않았다. 그리고 200년이 넘는 동안 여전히 그들은 변방의 작은 공동체로 머물러 있었다. 종교적인 면뿐만 아니라, 사회 문화적으로도 그들은 미미한 존재였다. 오히려 생존을 위해 고립을 자초하며 지하무덤에 숨어 있어야 하는 형편에 처하기도 했다. 사회는 다원주의와 상대주의적 가치가 편만했고, 세속화의 물결은 최고치를 향해 가고 있었다. 이렇듯 적대적인 환경 가운데 기독교는 탄생했다. 언제 닥칠지 모르는 고난과 핍박의 위기 속에서 초대교회 공동체는 신앙적 순결을 지키기 위해 자신을 스스로 단련시키고, 강화하는 노력을 결코 멈출 수 없었다.

그런데 이러한 상황은 이미 일찌감치 예견된 사건이었다. 예수께서 제자들에게 첫 임무를 맡기실 때 그분께서는 이렇게 말씀하셨다. "보라 내가 너희를 보냄이 양을 이리 가운데로 보냄과 같도다…"(마 10:16), "또 너희가 내 이름으로 말미암아 모든 사람에게 미움을 받을 것이나 끝까지 견디는 자는 구원을 얻으리라"(마 10:22). 덧붙여 그는 핍박에 대한 행동강령도 친절하게 알려주시기까지 하셨다. "이 동네에서 너희를 박해하거든 저 동네로 피하라"(마 10:23). 이와 같은 복음으로 인한 핍박과 환난에 대한 말씀은 성경 어디에서나 찾을 수 있는 핵심 내용이다.

다만 이 같은 내용이 오늘날 우리에게 당황스러운 것은 번영과 성공을 최고의 덕목으로 삼는 21세기 성도들의 기대와는 너무나 상충하기 때문일 것이다. 그의 선포는 분명하다. "또 자기 십자가를 지고 나를 따르지 않는 자도 내게 합당하지 아니하니라"(마 10:38). 예수를 따르는 삶이 어떠한 여정인지 그분께서는 시작부터 명시하셨던 것이다.

사실 외적인 정황에 의해 위기를 논한다면, 오늘 우리가 직면한 상황은 오히려 사치스럽기까지 하다. 어느 누가 현재의 상황을 절망의 시대라 말할 수 있는가? 역사상 언제 이렇게 오랜 평화가 지속되었으며, 또 개인과 집단의 자유가 보장되고 극대화된 시기가 있었는가? 복음을 증거하는 것도, 교회를 세우는 것도, 선교사를 파송하는 것도, 아무런 제한 없이 감당할 수 있는 때가 바로 지금이다.

그런데도 많은 사람은 이 시대를 가리켜 위기의 시대라고 입을 모으며, 예측 불가능한 미래 속에서 두려움과 위기를 호소한다. 그러나 앞에서 살펴본 것처럼, 정말 우리를 두렵고 섬뜩하게 만드는 요소는 외적인 변화 그 자체가 아니다. 교회는 언제나 어느 장소에서나 어떤 상황에서도 그 복음이 새롭게 전파되는 곳에서는 그러한 외적 요소와 싸우고 견디며, 혹은 적응하는 과정을 통과해 왔다. 외적인 위기와 도전 속에서 그리스도의 교회는 더욱 강력한 복음으로 시대와 정신을 변화시키고, 문화를 새롭게 갱신하면서 세상을 향한 새로운 대안을 창출하는 생명력을 발휘해 왔다.

결국, 핵심은 '세상 속에 존재하는 신앙 공동체의 존재 양식과 성도들의 삶을 통해 드러나는 영성에 달려있다'고 말할 수 있다. 하나님의 뜻은 "막연한 영적 세계 어디에서가 아니라, 우리가 살아가는 오늘 삶의 현장에서"[175] 드러나기 때문이고, 실제로 굳어진 교회 조직을 갱신시킨 하나님의 불씨는 바로 거룩한 영성의 회복을 통해 일어났기 때문이다. 세속적이고 부패한 영성의 회복, 그것이 바로 새로운 갱신과 부흥의 열쇠가 됨을 기억해야 한다.

1) 선교적 영성의 모델

영성의 기초는 하나님과의 친밀감(Intimacy with God)을 통해 이루어진다. 김진은 "그리스도교 영성"이란 책에서 "그리스도교 영성의 출발은 지금도 구원사건을 일으키시는 그리스도의 영과 우리 영과의 만남을 통해 시작되고, 그 열매는 우리가 관계하고 있는 하나님과 인간, 그리고 우주자연과의 관계 속에서 드러난다"[176]고 묘사했다. 그래서 그리스도인들은 하나님과의 깊은 만남을 위해 예배를 드리고, 묵상과 기도를 하며, 때로는 금식과 다양한 훈련을 통해 그분 앞에 나아간다. 하나님을 경험하고 하나님의 뜻을 발견하며, 그와 함께 살아가는 성도들의 삶은 너무나 아름답고 고귀하다. 문제는 하나님과 함께하는 삶에 대한 해석과 적용에 달려 있다.

뉴비긴은 그의 책 "The Good Shepherd"에서 두 가지 대조되는 영성의 모습을 제시한다. 첫 번째는 앞서 언급한 천로역정 모델(Pilgrim's Progress Model)이다. 이 모델의 특징은 자신의 정체성을 세상으로부터 분리하려는 노력에서 찾는다는 점이다. 세상은 악하고 그리스도인들의 삶과 영성에 위협이 되는 곳이다. 따라서 이러한 세상으로부터 탈출하는 것이야말로 진정한 구원을 이루는 길이라고 그들은 믿는다.

두 번째 또 다른 모델은 요나 모델(Jonah Model)이다. 여기에도 여전히 악한 도시는 존재한다. 그러나 하나님은 그의 종들이 탈출 대신 악한 도시로 침투하게 하신다. 도망치기 위해 발버둥 치는 요나를 이끄셔서 니느웨로 가게 하시는 하나님을 보라. 선교의 주체가 되시는 하나님의 열심에 의해 선지자는 결국 주어진 사명을 감당해야만 했다. 여기서 흥미로운 점은 이야기의 마지막에서 하나님의 선교사역에 동참하면서도, 동시에 니느웨의 멸망을 기대하며 도시 외곽에 앉아 있던 요나의 모습이다.

그렇다면 무엇이 세상을 살아가는 그리스도인들에게 적합한 모델일까? 여기서 당혹스러운 것은 두 모델 다 성경적 근거가 있다는 점이다. 소돔으로부터 도망치는 롯과 그의 가정을 생각해보라. 애굽으로부터 탈출하는 이스라엘 민족과 바벨론 유수로부터 귀환하는 백성들의 모습은 또 어떠한가? 세상으로부터 단절을 추구하고 구별됨을 통해서 진정한 자유와 구원을 얻고자 하는 그리스도인들의 모습이 그 안에 담겨있다.

부덕한 아내 고멜을 향해 나아가는 호세야의 모습 속에서, 불신과 완고함이 가득 찬 세상으로 보냄 받은 이사야의 모습 속에서, 또 악한 도시 니느웨를 향해 보냄 받은 요나의 모습 속에서, 그리고 무엇보다도 온갖 정치 종교적 음모와 타락이 집중되었던 예루살렘을 향해 올라가셨던 예수의 모습을 통해 보냄 받은 자의 거부할 수 없는 사명 또한 발견하게 된다.

여기서 중요한 것은 어느 한 가지 모델에만 집착하는 것은 좋지 않다는 점이다. 반대로 두 가지 모델을 상반되는 입장으로 치부하면서 한쪽을 일방적으로 배격하여 희화시키는 것도 옳지 않은 선택이다. 뉴비긴의 이야기처럼, 그리스도인의 삶 속에는 두 가지 형태의 신앙적 흐름과 선택이 존재할 수 있는 공간이 필요하고,[177] 나아가 이를 초월하여 아우를 수 있는 대안도 요구되는 것이다.

아쉽게도 현대의 신학적 흐름은 하나를 선택하고, 그에 집중하는 형태로 발전해 왔다. 보쉬는 이에 대해 한쪽 진영에서는 그리스도 안에서 신성만을 강조하고, 다른 한쪽에서는 인성만을 주장하는 형국이 되었다고 비판했다. 특히 복음주의 진영 내에서 주로 채용되었던 이원론적 관점에 대해서는, '새로운 종류의 경건주의'가 번창한 형국이 되었다고 꼬집었다. "이 경건주의는 마치 사람에 대한 열정이 없이도 하나님께 영광을 돌릴 수 있는 것처럼, 혹은 하나님이 영광을 받으시기만 한다면 사람의 고통에 대해서는 눈을 감을 수 있다고 생각하게 해 왔다"[178]고 비판한다.

에큐메니컬 진영 역시 세상 속의 참여 그 자체를 강조하면서, 종국에는 교회와 세상 간의 긴장을 제거하는 결과가 초래되었음을 그는 지적했다. 이들 속에서 "복음은 완전히 세속적인 메시지가 되었고, 영성이라고 하는 개념은 완전히 추락하였거나 세속적 휴머니즘의 동의어가 되었다"[179]는 것이다.

이러한 양극화 속에서, 보쉬는 세상으로부터의 탈출과 세상에 대한 적극적 참여의 양 측면에 대한 바른 선택이 무엇인가를 되묻는다. 언뜻 볼 때는 둘 사이의 균형이 이상적으로 보일 수 있다. 그러나 그는 이러한 균형은 우리 자신을 속이는 새로운 종류의 속임수에 불과하다고 말한다.

> 영성은 두 개 사이에서 균형을 이루는 것이거나 둘 사이의 긴장이 아니고, 또한 평정의 완성도 아니다. 더 정확히 말하면, 세상으로부터 부름 받은 교회는 자신을 다시 세상으로 보내고, 세상으로 보냄 받은 교회는 세상으로부터 다시 그 자신을 불러내는 것이다.[180]

온전한 영성은 이렇듯 끊임없는 긴장 속에서 그 사명을 실천적으로 실행하는 역동성 속에서 발생한다. 당연히 이러한 역동성을 불러일으키는 영성은 삶의 총체적 영역에서 형성되고 표현되어야 한다. 즉, 하나님으로부터 충만함을 입고 다시 세상으로 나아가 끊임없이 그리스도의 주 되심을 증거 하는 선교적 영성이 요청된다는 사실이다. 분명한 점은 모든 것이 신앙의 중심부(the Very Heart of Our Faith)로 내려갈 때만 가능하다는 점이다.[181] 왜냐하면, 바로 그곳에 예수그리스도의 십자가가 놓여 있기 때문이다. 예수께서는 십자가 위에서 세상과 하나 되는 완전한 자기 정체성을 드러내셨으며, 그곳에서 세상과의 급진적 분리를 이루셨다. 십자가 위에서 진정한 출애굽과 동시에 세상을 향한 두려움 없는 증인의 사역을 실천할 수 있으셨다. 이 십자가는 균형 대신 두 가지를 동시에 품고, 초월하게 하는 선교적 영성의 기반을 제시하고 있다.

2) 선교적 영성과 삶

십자가 영성에 기반을 둔 삶은 세상에 대한 완전한 외면도, 동시에 완전한 동화를 추구하지도 않는다. 그리스도의 십자가 위에서 세상을 향한 하나님의 선교에 동참하고 실행하는 사명을 추구한다. 따라서 세상으로부터 부름 받은 하나님의 백성들은 그리스도를 향한 믿음 안에서 서로를 지지하고 격려하며, 사랑하는 공동체를 이룬다. 그러나 동시에 보냄 받은 공동체로서 그들은 세상을 향해 담대하게 흩어짐을 실천한다. 이에 우리는 그리스도인들이 얼마나 독특한 위치에서 세상을 살아가야 하는지 주목할 필요가 있다. 그들은 하나님의 거룩한 공동체로서 구별을 추구하며, 동시에 세상의 한복판에서 살아가는 운명을 지닌 존재들이다.

하우어워스와 윌리몬은 이러한 그리스도인들의 모습을 'Resident Aliens', 즉 '거류민'이라는 말로 정의하였다. 그리스도인들의 삶에 따르면, 이 세상은 최종 종착지가 아니다. 그러나 이러한 운명은 세상에 대한 거부나 냉소적 태도로 연결될 수 없다. 그리스도인들은 본향을 향해 나아가는 삶을 살기에 이 세상은 최종 종착지가 아니다. 그렇지만 이러한 사실이 그리스도인들이 세상을 거부하거나 냉소적인 태도로 사는 것을 정당화시키지는 못한다. 오히려 소금과 빛으로서 사랑과 섬김을 통해 세상을 변화시켜야 하는 독특한 사명을 부여받은 존재, 그것이 바로 그리스도인의 운명인 것이다.

이런 측면에서, 기독교는 인생에 대한 새로운 이해를 소개하고 논하는 차원에 머무르는 종교가 아니다. 기독교는 그리스도 없이는 결코 볼 수도, 이해할 수도, 경험할 수도 없는 삶으로의 초대임과 동시에 불신이 가득한 세상에서 다른 가치관과 세계관 속에서 모험을 감수하는 거류민으로서 사는 삶을 요구한다. 이 모험은 때로 위험하고, 힘겨운 대가를 요구하기도 한다. 하나님의 기준에 반목하는 사회적 환경 속에서 세상을 구원하고자 하시는 하나님의 수단이 된다는 것은, '세상을 위한(for the World)' 존재이기도 하면서 '세상에 반하는(against the World)' 존재가 되는 것을 의미하기도 하기 때문이다. 그러므로 그리스도를 영접함으로써 얻는 구원은 단순히 새로운 시작이나 끝을 의미하지 않는다. 세례를 통한 신앙적 고백은 하나님의 구원사역에 동참한다는 것을 의미하며, 또한 그 치열한 전투 현장에 진입하는 것을 인정하는 비장함이 배어 있는 의식이 된다.[182]

예수의 제자들은 바로 그러한 삶을 살았던 사람들이다. 여기서 흥미로운 점은 예수께서 하신 말씀이다. "수고하고 무거운 짐 진 자들아 다 내게로 오라 내가 너희를 쉬게 하리라"(마 11:28). 세상의 무거운 모든 짐으로부터 자유롭게 하시겠다고 그분께서는 약속하셨다. 그러나 엄밀한 의미에서 예수님은 모든 짐으로부터 그들을 구원한 것이 아니었다. 정확하게 말하면, 세상으로부터 주어진 잘못된 짐을 벗기고 정말 감당해야 할 새로운 짐을 짊어지게 하신 것이다. 거친 세상 속에서, 전혀 호의적이지 않으며 때로는 엄청난 환난과 핍박이 닥쳐올 위험 속에서도, 그들은 하나님과 함께하는 여정을 포기하지 않았다. 철저히 종말론적인 믿음을 통해 오히려 환난을 극복하고, 하나님의 백성으로서의 정체성을 확고히 하는 놀라운 저항력을 잃지 않았다. 나그네와 거류민으로서 여정은 이렇듯 세상을 향한 그리스도의 십자가와 그의 남은 고난에 대한 동참을 의미한다. 그 속에서 변화를 경험하고, 새로운 삶의 방식을 받아들이고 따르면서 하나님의 선교에 동참하게 되는 삶이야말로 거류민이 된 그리스도인이 추구해야 할 삶의 본질임을 기억해야 한다.[183]

그리스도인들은 바로 이러한 모험을 감수하고 통과하기 위해 하나님과의 더 깊은 친밀감을 필요로 한다. 단지 세상의 근심으로부터 위로를 받고 미래적 구원을 기다리며 지치지 않을 에너지를 얻기 위함이 아니다. 오히려 거친 환경과 적대적 위기 속에서도 흔들림 없이 주어진 사명을 감당하며, 그 여정을 완수하기 위해 하나님과의 친밀함이 필요한 것이다. 그리하여 신앙 공동체로서 함께 모여 예배하고, 삶을 나누며 격려하는 이 모든 과정은 세상으로부터 부르신 하나님의 뜻을 확인하고, 세상에서 예수님의 삶을 따라 실천하기 위함이다. 이처럼 성령 안에서 존재됨을 확인하고 끊임없이 훈련하며 새롭게 사명을 강화하는 영성을 통해, 그리스도인들은 비로소 부르심의 의미와 실천적 능력을 덧입을 수 있게 되는 것이다.

3) 선교적 영성의 역학

거류민과 나그네의 삶에 기초한 기독교 영성은 정적인 차원에 머물지 않는다. 이는 마치 사도 바울의 신학이 다메섹 도상의 회심 이후 20여 년의 세월을 통해 갖은 핍박과 고난, 기적과 영광을 경험하면서 점진적으로 형성된 것과 같다. 그런 면에서 기독교 영성은 도착을 모르는 영성이라 말할 수 있다. 수도원적 영성이 아니라, 도상 위에 있는 '길 위의 영성(A Spirituality of the Road)'이야말로 기독교 영성의 특징이라 할 수 있다.[184]

그렇다면 거류민이면서 동시에 세상에 대한 거룩한 책무를 감당해야 하는 이중적 운명 속에서 참된 영성은 어떻게 실현될 수 있는가? 예수께서는 자신을 가리켜 이렇게 말씀하셨다. "나의 양식은 나를 보내신 이의 뜻을 행하며 그의 일을 온전히 이루는 이것이니라"(요 4:34). 즉, 진정한 영성은 하나님으로부터 채움을 받는 것에서 시작되며, 아버지의 뜻을 행함으로써 실제화된다.

요한복음 4장에 기록된 사마리아 여인의 이야기를 보자. 오랜 시간 삶의 밑바닥에서 도저히 헤어 나올 수 없을 것만 같던 억눌린 인생이 예수를 만남으로써 극적 반전을 경험한다. 영원히 목마르지 않을 생수를 마신 이 여인은 이제 타인을 위한 영적 샘물로 변화되었다. 자신을 멸시하고 천대했던 사람들을 향해 그녀는 두려움 없이 담대히 그리스도를 선포하는 선교사가 되었다.

다른 이들도 마찬가지였다. 오순절 성령의 거룩한 임재를 체험하고, 하나님의 영으로 채움 받은 그의 백성들은 세상이 주는 두려움에 억눌리지 않게 되었다. 베드로와 요한과 안드레, 바울과 그의 동역자들 등 수많은 역사 속 믿음의 선진들이 그리스도를 증거 하는 선교사로서 영적 충만을 받은 후 세상을 향해 담대히 나아갔다. 그리고 이러한 패턴은 오늘을 살아가고 있는 성도들에게도 마찬가지로 적용된다. 신령과 진정으로 하나님을 예배하며, 그의 영으로 충만하게 된 그리스도인들은 세상의 잃어버린 영혼을 향한 부담을 가지며, 그들을 구원하고자 하시는 하나님의 선교에 동참하는 모험을 기꺼이 받아들일 수 있게 된다.

선교적 영성은 이런 의미에서 내부로부터 시작하여 외부로 향하는 (from the inside out) 영성이라 할 수 있다. 진정한 영성은 '하나님의 영 안에서(in the Holy Spirit)', '그의 영에 의해서(by the Holy Spirit)' 사는 것이다. 예수께서 그러셨듯이, 성령으로 충만한 삶은 하나님의 뜻을 구하고 하나님의 뜻을 세상에서 실현한다.

이와 마찬가지로, 참된 영성을 소유한 교회는 그들이 세워진 지역 공동체 속에서 하나님의 뜻을 구하고, 그 뜻을 실천하고자 하는 공동체적 동참을 사명으로 받아들인다. 그리하여 예배와 교제를 통해 그의 영으로 충만하게 된 개인과 공동체는 하나님의 선교에 대한 인식과 실천을 통해 자신의 사명을 끊임없이 재확인하는 것이다.

4) 선교적 영성과 실천

예수께서는 가장 큰 계명(The Great Commandment)을 이렇게 말씀하셨다. "네 마음을 다하고 목숨을 다하고 뜻을 다하여 주 너의 하나님을 사랑하라 하셨으니 이것이 크고 첫째 되는 계명이요 둘째도 그와 같으니 네 이웃을 네 자신 같이 사랑하라 하셨으니"(마 22:27-29). 이 말씀을 마태복음 28장 18-20절에 기록된 선교대사명(The Great Commission)과 짝을 이루어 생각하면 그 의미를 더욱 구체적으로 이해할 수 있다.

이는 열방을 향한 선교사역은 단순히 선포적 차원의 복음전도를 통해서 이루어지는 것이 아니라는 뜻이다. "진정으로 영적인 삶은 인간 조건에 기초"[185]를 두어야 하는 것처럼, 하나님을 향한 온전한 사랑(Being)이 구체적인 섬김(Doing)의 형태로 이웃과 공동체로 흘러가게 될 때, 그 진정성은 전달될 수 있는 것이다. 즉, 내부로 시작하여 외부로 흐르는 참된 영성은 하나님을 사랑하는 마음만큼 이웃을 사랑하는 행함으로 나타내야 한다. 사도 요한은 이렇게 고백했다. "누구든지 하나님을 사랑하노라 하고 그 형제를 미워하면 이는 거짓말하는 자니 보는 바 그 형제를 사랑하지 아니하는 자는 보지 못하는 바 하나님을 사랑할 수 없느니라"(요일4:20).

또한, 개인화되고 파편화된 시대를 살아가는 현대의 그리스도인들은 자칫 균열된 영성 위에서 그것을 소비하기 위한 신앙패턴을 가지기 쉽다. 신앙적 체험도, 공동체에 대한 소속도 어쩌면 이 거친 세상에서의 생존을 위한 방편 정도로 생각할 수도 있다. 그러나 예수께서는 자기 자신에게 맞춰진 신앙적 초점을 단호히 거부하셨다. 하나님을 사랑하는 만큼 이웃을 사랑하고, 그것을 삶으로 살아내는 급진적 영성을 요구하셨다. 마음과 정성과 뜻을 다해 하나님을 사랑하는 것처럼, 세상을 그렇게 사랑하고 섬길 것을 요청하셨다. 비록 세상이 그 사랑을 다 이해할 수 없고 받아들일 수 없다 할지라도, 비록 그 과정에 많은 오해와 핍박과 고난이 존재한다 할지라도 그 길을 가라고 명하신다. 왜냐하면 바로 그곳이 예수 자신의 십자가를 지고 묵묵히 걸어갔던 길이었기 때문이다.

"행동이 되지 않는 것은 어떤 가치도 없다"는 구스타프 베르너(Gustav Werner)의 말처럼,[186] 참된 기독교 영성은 하나님과의 깊은 친밀감을 기초로 삶을 통해 증거 하는 선교적 여정임을 기억해야 한다.

나가는 말

영국의 문학가 찰스 디킨스(Charles Dickens)의 "두 도시의 이야기(A Tale of Two Cities)"는 다음과 같은 말로 시작한다. "It was the best of times. It was the worst of times(그때가 최고의 시기였고 동시에 최악의 시기였다)."[187] 모든 것은 어떻게 인식하고 대처하느냐에 따라 최고의 시기일수도 최악의 시기도 될 수 있다.

많은 사람이 위기를 외치는 지금, 진정한 위기는 현상이 아닌 영성의 위기임을 인식한다. 동시에 그 위기는 그리스도의 십자가에 기초한 영성의 회복을 통해서만 극복될 수 있음을 기억해야 한다. 하나님과의 친밀감을 통해 그분을 깊이 경험하고, 그것이 삶의 현장에서 구체적인 사랑과 섬김의 모습으로 나타나게 될 때, 하나님의 선교는 새로운 지평 가운데 더욱 능력 있게 진행될 것이다. 선교적 영성의 기초는 바로 십자가에 기초한 영성의 회복과 이것을 성도들이 깊이 있게 체험하고, 체휼할 때 가능하다.

그렇다면 지역교회 현장에서 이러한 영성은 어떻게 체득될 수 있을까? 바로 그 지점에서 회중 예배의 중요성이 두드러진다. 예배는 성도들이 공동체적으로 하나님을 경험하고 사명을 확인할 수 있는 근본이며 핵심이다. 예배가 살아있고 참된 복음이 증거될 때, 교회의 선교적 영성은 충만하게 된다. 다음 제5장에서는 선교적 교회와 예배에 대해 살펴보도록 한다.

· 제5장 ·

선교적 교회와 예배

❖ ❖ ❖

세상을 향한 하나님의 마음을 품고,
일상의 삶 속에서 하나님의 선교에 동참할 수 있도록
인도하는 예배가 바로 선교적 예배이다.
- Cathy Townley

생명력 있는 예배 생활이야말로 하나님에 대한 부재의식을 깨뜨리고,
삶의 의미를 찾으려는 사람들의 마음을 이끌 수 있다.
- Robert Webber

❖ ❖ ❖

선교적 예배는 교회의 영성을 채우고 형성하는 가장 강력한 통로이다. 마치 튼튼한 심장이 생명의 원천이 되는 것처럼, 선교적 교회로서 건강한 사역을 실천하는 교회들은 하나같이 역동적이며 살아있는 예배를 드린다. 그런 의미에서 선교적 예배는 선교적 교회의 심장과 같다.

그러나 아쉽게도 많은 교회가 형식과 제의에 묶여 예배의 역동성을 상실해 가는 것을 본다. 예배의 본질을 붙잡되, 살아있는 예배가 회복되기 위해서, 또 그 예배가 선교적 영성을 고취하기

위해 고민해야 할 것은 무엇일까? 생명력 있는 선교적 예배를 위해 회복되어야 할 과제와 새로운 예배 패러다임을 살펴보자.

들어가는 말

한 세미나에서 있었던 일이다. 강사는 '세속화 시대와 기독교'에 대한 주제를 다루면서 오늘날 기독교에 만연한 세속적 흐름을 신랄하게 비판했다. 그러면서 교회가 회복되기 위해서는 교회에 스며든 모든 세속적 영향력을 떨쳐 버리고 성경적 진리만을 선포하는 것이 유일한 방법이라고 주장했다. 그러나 그가 제시한 방법은 너무나도 편협했다. 모든 것에 대한 비판이 주를 이뤘다. 대형교회는 대형교회로서, 작은 교회들은 작다는 이유로 비판을 받았다. 거기에 덧붙여 창조적이고 실험적인 예배갱신을 통해 성장하고 있는 많은 교회 역시 그의 눈에는 세속적 영향에 오염되어 변질한 교회로 치부되었다. 그가 주장하는 참된 예배는 오르간과 성가대, 예전(禮典)을 통한 거룩하고 장엄한 예배에 집중되었다. 더욱 우려되었던 부분은 선교를 교회의 본질로 가르치는 것이 오늘날 교회의 가장 큰 문제 중 하나라고 말했던 것이었다. "선교는 교회의 궁극적 목표가 아니다. 예배가 목표다 …… 선교는 일시적으로 필요한 것일 뿐이다. 그러나 예배는 영원히 남는다"[188]는 존 파이퍼(John Piper)의 말을 인용하면서, 교회의 본질은 거룩하신 하나님을 예배하는 것이지 선교가 아니라고 말하며 예배의 우선권을 강조했다.

정말 그럴까? 존 파이퍼는 선교를 강조하는 교회가 본질을 왜곡하고 기독교 진리를 왜곡한다고 가르쳤는가? 예배의 중요성을 부각하기 위해 선교를 하위 개념으로 이해하고 그 책을 썼을까? 정작 그 자신은 "열방을 향해 가라"는 저서를 통해 예배와 선교의 연관성을 드러내기 원했다. 즉, 진정한 선교는 열방이 하나님의 영광과 위대하심을 기뻐하고, 예배하는 자리로 나아오게 하는 데 필요하다고 말했다. 열방이 하나님을 알고 구원의 기쁨을 누릴 수 있도록 선교는 오늘도 계속되어야 하며, 지속해서 열정을 불태워야 함을 주장하였다. 그러나 자기 확신에 가득 차 있던 강사는 예배와 선교의 관련성을 간과한 채 예배의 유일성만 강조하였다.

참된 예배는 선교를 무시하지 않는다. 선교와 예배를 전혀 다른 두 가지로 분리해서는 안 된다. 오히려 이들은 깊은 연관성 속에서 서로 연결되어 있으며 서로를 촉진한다. 그러므로 예배는 선교적 교회의 심장과도 같다. 피를 만들고 생명을 만드는 심장처럼, 예배가 살아 있을 때 교회는 살아나 선교적 역동성을 발휘할 수 있다. 예배의 회복이 절실한 이유가 바로 여기에 있다.

1. 예배의 정의

그렇다면 예배란 무엇인가? 로버트 웨버(Robert E. Webber)는 예배의 정의를 단순화하여 "예배란 예수그리스도 안에 있는 하나님의 구속 행위를 경축하는 것"[189]이라고 말했다. 마르바 던(Marva J. Dawn)은 "진정한 예배는 하나님을 높이는 단 하나의 목적을 위해 하나님의 무한한 광휘에 완전히 잠기는 것"[190]이라고 표현했다. 루터(Martin Luther)는 개신교 예배의 이중적 의미를 강조하면서, "진정한 예배는 하나님의 계시와 인간의 응답의 과정"이라고 표현했다. 칼빈(John Calvin)은 "교회의 모든 의식과 예배가 가지는 가장 궁극적인 목적은 결국 하나님과의 연합에 있다"고 설명했다.[191] 이와 같은 다양한 정의 가운데서도 한 가지로 모아지는 예배의 의미가 있다면 '진정한 예배란 연약한 인간이 그분의 은혜에 감격하여 하나님의 행하신 놀라운 일들을 높여드리는 행위이고, 이를 통해 하나님을 만나고 그와 연합되며, 그분의 임재 속으로 들어가는 것'이라 할 수 있다. 그 임재 속에서 하나님의 마음을 알고 그분의 뜻을 행하는 삶으로 나아가게 되는 것, 그것이 예배의 능력이다.

2. 선교적 예배의 정의

알 타이존(Al Tizon)은 예배의 선교적 측면을 강조하기 위해 말씀의 연합적 이해를 촉구한다. 십계명에서 볼 수 있는 하나님을 향한 계명과 이웃을 향한 계명이라든지(출 20:1-17), 예언자에게 부여된 영적 충성과 사회정의에 대한 이중적 소명(호 3:1-5; 사 1:12-17), 그리고 사도들이 행했던 초월적 행위와 세상을 관통하는 불같은 선교사적 열정에 이르기까지 본 원리는 적용될 수 있다. 이는 예수님의 말씀에서도 발견된다. "예수께서 이르시되 네 마음을 다하고 목숨을 다하고 뜻을 다하여 주 너의 하나님을 사랑하라 하셨으니 이것이 크고 첫째 되는 계명이요 둘째도 그와 같으니 네 이웃을 네 자신 같이 사랑하라 하셨으니 이 두 계명이 온 율법과 선지자의 강령이니라"(마 22:37-40). 하나님 사랑과 이웃 사랑에 대한 그분의 말씀은 예배와 선교를 이해하는 핵심적 근거가 된다. 즉, 예배의 핵심이 하나님 사랑이라고 한다면 이웃 사랑은 선교의 핵심이라는 것이다. 하나님과 이웃 사랑이 분리될 수 없듯

이 예배와 선교도 불가분의 관계에 있음을 그는 주장하였다.[192]

타운리(Cathy Townley) 역시 같은 맥락에서 예배와 선교의 관계를 이해한다. 그녀는 예배의 의미를 하나님의 뜻이 하늘에서 이루어진 것과 같이, 땅에서도 이루어지기 위한 그분의 소원이 우리의 삶 가운데 매일 재조정되는 과정이라고 보았다.[193] 따라서 온전한 예배는 하나님을 경험하는 것에만 머물지 않는다. 그의 백성들은 예배를 통해 세상을 향한 그분의 뜻과 의도를 발견하고 그것을 이루어 가는 삶을 살아야 한다. 이러한 내용을 기초로 필자는 선교적 예배를 다음과 같이 정의해 보았다.

> 선교적 예배는 세상을 향한 하나님의 마음을 품고, 일상의 삶 속에서 하나님의 선교에 동참할 수 있도록 이끄는 예배다.

그런 차원에서 참된 예배는 선교를 촉진하고 선교는 예배를 완성한다. 그것이 살아있는 예배와 선교의 역학 관계다.

3. 선교적 예배의 암초들

그러나 현실은 어떠한가? 오늘의 문제는 수많은 예배 행위들이 하나님 대신 인간을 위한, 인간 중심적 예배로 변질되어 간다는 데 있다. 물론 그러한 변화에는 거세게 몰아닥친 문화적 영향이 크다. 계몽주의와 근대주의의 굳건한 토대 위에서 형성된 개인주의적 가치가 그렇고, 포스트모던의 영향으로 절대 규범과 진리에 대한 거부가 그렇다. 거기에다 자본주의적 경제논리에 기반을 둔 소비자 중심적 마케팅과 세속화의 영향은 예배의 본질을 흔들기에 충분할 만큼 위력적이다. 그러나 이러한 외적 이유 외에 간과되기 쉬운 원인이 하나 더 있다. 이는 다름 아닌 예배에 대한 무지와 본질적 이해의 결핍이다. 어쩌면 이것이 하나님에 대한 예배가 '우리'에 대한 것으로 전환되는 데 더 직접적인 영향을 끼쳤는지도 모른다. 놀랍게도, 세계 교회를 탐구하고 예배를 연구해왔던 웨버는 이것이 오늘날 많은 교회에 깊이 박힌 암적 요소라고 말했다. 그는 예배에 대한 올바른 이해 없이 드리는 예배, 이로 인해 하나님을 바르게 높이지 못하는 암에 걸린 교회들, 이것을 이해하고 바로 잡는 것이 예배 회복의 첫 출발점이 되어야 한다고 주장하였다.[194]

1) 왜곡된 예배

마크 래버튼(Mark Labberton)은 "The Dangerous Act of Worship"이라는 책에서 하나님이 아닌 '우리'가 중심이 된 예배의 폐해를 설명하기 위해 다음과 같이 말했다. "만일 우리가 예수그리스도를 예배한다면, 우리는 예수그리스도처럼 살아야 한다." 이는 그리스도인이라면 누구나 따라야 할 명령이지만 현실은 그렇지 않다. 많은 사람이 소비로서의 예배를 추구하며, 하나님의 영광 대신 인간의 취향을 충족시키기 위해 노력한다. 예배적 행위는 있지만, 그 예배의 결과로 나타나는 의와 정의는 사라져 버렸다. 이러한 자기중심적 삶은 오늘날 교회가 직면한 위기이다.[195]

그렇다면 진정한 예배란 어떤 것일까? 그것은 습관화된 반복이나 관념, 혹은 감정에 몰두하는 것이 아니다. 예배를 통해 피조물이 된 인간은 거룩하고 영광스러운 하나님의 임재 가운데 들어가 그분을 경험한다. 그때 하나님은 회중의 삶 가운데 들어오셔서 그들의 삶을 변혁시킨다. 이 때문에 참된 예배를 경험한 사람은 변화된 존재로서 새로운 피조물로 살아간다. 변화의 주체가 되시는 하나님의 능력을 입어 자신을 위해 살았던 삶에서 하나님을 위한 삶으로, 자기중심적 삶에서 하나님 중심적 삶으로 변화되어 간다. 그리하여 과거 안전을 추구하던 삶에서 하나님을 위한 위험을 기꺼이 감수하는 삶으로 전이되는 것을 두려워하지 않게 된다.

참으로 안타깝게도, 오늘날 교회들이 주력하는 대부분의 사역들은 (예배를 포함하여) 하나님의 뜻을 드러내기보다 회중이 원하는 안전한 것들에 초점이 맞춰져 있다. 대형 교회일수록 정해진 시간에 모든 예배를 마칠 수 있도록 기획을 하고, 통제할 수 있는 수준 안에서 모든 것을 운영한다. 사람들이 예측하고 측정할 수 있는 예배를[196] 제공하기 위해 계획을 세우며, 회중의 기호에 맞춘 기술과 음악을 활용하고, 어색한 순간을 배제하기 위해 다양한 프로그램들을 활용한다. 이는 마치 한 편의 쇼를 보기 위해 찾아온 관객에 대한 배려와 다를 바 없다. 하나님을 만남으로써 갖게 되는 두려움과 경외, 그리스도의 말씀대로 살게 하는 '위험한 예배'가 실종되면서 기독교는 결국 위기에 빠지게 되었다.

2) 예배에 대한 잘못된 두려움

오늘날 교회가 가지고 있는 예배에 대한 잘못된 이해는 어떤 것이 있을까? 래버튼은 이를 여섯 가지 관점으로 나누어 설명한다.[197]

첫 번째는 통제되지 않는 예배에 대한 두려움이다. 사실 전통적이고 제도적인 교회일수록 이에 대한 두려움이 강하다. 대부분의 교회는 신학교에서 훈련된 성직자들을 통해 오랫동안 전수되어 온 의식과 순서를 따라 드리는 예배에 익숙해 있다. 그러나 자유의 영이신 성령님은 때로 무질서해 보이는 가운데서도 역사하시고 예상치 못한 가운데서도 일하시는 분이시다. 그분의 생각은 우리와 다르고, 그분의 길은 우리와 다르기에, 더 높고 더 깊은 하나님의 경륜을(사 55:8-9) 예배 가운데 통제하려는 강박증을 현대 교회는 떨쳐내야 한다.

두 번째는 문화적 연관성에 대한 잘못된 이해이다. 문화적 상황화와 연계성을 확보하는 것은 예배의 핵심 사역이다. 그러나 문화적 연관성을 사운드 시스템이나 프로젝트 스크린, PPT와 동영상 같은 것들로 이해하는 것이 문제다. 시대에 부합하기 위해 세상의 문화를 흉내 내려는 모습이나 기술과 유행을 좇아가려는 행위가 핵심이 되어서는 안 된다. 세상 사람들이 기대하는 것은 교회가 세상과 같아지는 것이 아니라, 교회가 교회다워지는 데 있다. 예수님의 사람들이 모여 예수님과 같은 삶을 살아가는 모습, 그것이야말로 이 시대가 찾는 연관성의 모습이다.

세 번째는 기대에 미치지 못하는 예배에 대한 두려움이다. 세속화된 교회의 특징 중 하나는 그리스도보다 사람들의 필요에 더 민감하게 반응하려는 태도에 있다. 이러한 교회는 어떻게 하면 사람들에게 스트레스를 주지 않고 필요한 서비스를 제공할 것인가에 촉각이 집중된다. 당연히 사람들을 끌어들일 수 있는 이벤트와 프로그램을 고민하고 이에 교회의 모든 역량을 기울인다.

네 번째는 인기 없는 예배에 대한 두려움이다. 사람들의 기대나 인기에 편승하게 되면 참된 사역을 하는 것은 불가능해진다. 온전하고 진실한 사역자 대신 인기 있는 목회자, 인기 있는 설교자, 인기 있는 사역자가 되고 싶은 유혹을 받는다. 당연히 예배 이후엔 회중의 평가에 민감하다. 회중이 오늘 예배를 좋아했는지, 오늘 전해진 설교를 마음에 들어 했는지를 살피고, 목회자는 그것을 통해 자신의 인기를 구축하기 원한다. 이러한 사역이 강화될 때, 교회는 인기에 영합하는 사교장처럼 변해간다.

다섯 번째는 편안하지 않은 예배에 대한 두려움이다. 어떤 이들은 사람들이 교회를 오는 이유가 예배를 통해 편안함을 느끼기 때문이라고 가정한다. 따라서 교회는 사람들에게 좀 더 편안한 환경을 제공하기 위해 노력한다. 그러나 이 역시 거짓된 가정이다. 진정한 평안과 편안함은 오직 성령 안에 거할 때만이 가능하다. 그분을 만나고 그분 안에 거하게 될 때, 하나님의 위로와 은혜, 치유와 능력을 받게 될 때 진정한 평안을 얻는다. 래버튼이 명시했듯이 '편안'은 하나님께서 주시는 상의 목록에 존재하지도 않는다. '광야, 출애굽, 유수, 성육신, 십자가……' 오히려 부담스럽고 불편한 것들이 그 목록을 채운다. 불편을 위험한 것으로 여기는 안전한 예배는 사실 그 자체가 파괴적일 수도 있음을 기억해야 한다.

여섯 번째는 익숙하지 않은 예배에 대한 두려움이다. 경험되지 않고 시도되지 않은 것에 대한 두려움을 가질 때, 사람들은 더욱 전통에 의지하게 되고 변화를 회피하게 된다. 그러나 익숙하고 편안한 틀에 자신을 가두고 더 이상의 변화를 추구하지 않을 때, 교회는 이제 낡은 과거의 틀에 갇혀 자신을 스스로 고립시키는 운명에 처하게 된다. 노령화되고 골동품 같은 교회가 되는 길은 멀리 있지 않다. 그것은 어쩌면 지금 이 시대가 직면한 현실일지도 모른다.

4. 변혁을 일으키는 참된 예배

　래버튼은 살아계신 하나님을 만나는 것이야말로 진정으로 위험한 일이라고 주장한다. 하나님을 만나게 되면 이제까지 정상적으로 여겼던 모든 것들이 재정의되기 때문이다. 우선순위가 재조정되고 가치관이 바뀐다. 이 얼마나 위험한 일인가? 삶이 통째로 바뀌는 일보다 더 위험한 일이 있을 수 있을까? 하나님의 이름을 부르면서도 하나님이 없는 예배(하나님께 거짓말하는 예배), 하나님에 대해서 거짓말을 하는 예배, 우리를 변화시키지 않는 예배, 세상을 변화시키지 않는 예배야말로 진정한 위험요소라고 밝혔다.[198] 참된 예배는 하나님의 임재가 있고, 하나님의 임재는 회중에게 진실한 응답을 요구한다. 이제 회중은 몸과 마음과 영혼을 통해 그분의 영광에 참여하고, 결국 성령님의 변혁시키시는 능력을 경험하게 된다.[199] 즉, 진정한 예배는 회중의 삶을 변혁시키는 변화의 장이 된다.

　참된 예배는 성령님의 능력을 통해 '나'와 '우리'라는 울타리를 넘어서게 하는 용기를 부여한다. 자신을 넘어 세상을 향한 그분의 뜻을 붙잡고 그것을 이루고자 하는 열망이 불타오르게 된다. 결국, 그의 백성은 세상을 회복시키는 하나님의 선교에 동참하기 위해 세상 한복판으로 나아간다. 이러한 결단이 이뤄지는 예배! 그것이 바로 참된 예배의 특성이다.

5. 선교적 예배의 핵심요소와 의미

　그렇다면 선교적 예배의 핵심을 이루는 요소와 그 의미는 무엇인가?

풀러 신학교의 클레이 슈미트(Clayton J. Schmit)는 "Sent and Gathered"라는 책을 통해 선교적 예배의 핵심요소를 다음의 네 가지 요소 - 모임(Gathering), 말씀(Word), 성례(Sacrament), 파송(Sending)-으로 설명하였다.

1) 모임(Gathering)

모임은 하나님의 백성들이 그분을 찬양하고 경배하기 위해 함께 모이고, 예배로 깊이 들어가기 위한 입문 단계이다. 이 단계에서 성도들은 진정한 예배자의 모습으로 하나가 되어 공동예배를 향해 나아가게 된다. 깊은 예배로 들어가는 과정에서 오늘날 가장 영향력 있는 요소는 바로 경배와 찬양이다. 사실 전통적 스타일의 예배들은 오르간과 피아노 같은 악기를 활용하여 한두 곡의 찬양과 의식 중심적 예전을 통해 경건을 강조하는 예배를 지향해 왔다. 반면에 현대적인 예배는 어떠한가? 20~30분, 혹은 예배 전체의 절반 이상을 문화적 상황에 맞는 음악과 리듬을 활용해 찬양을 이끌어 간다. 때로는 강렬한 음악을 통해, 때로는 감성적인 음악을 통해 회중들은 하나님과의 친밀함을 경험하고, 그분의 임재로 향하게 된다.

사실 역사적으로 볼 때, 찬양과 경배운동의 시초는 은사주의 운동과 그 맥을 같이한다.[200] 그러나 오늘날 일고 있는 현대화된 예배의 특성은 교단과 지역을 초월하여 점차 보편화되어 가고 있다. 문제는 이것이다. 과연 우리의 예배는 회중들이 하나님의 존전에 나아가 그분의 말씀을 듣고, 그 부르심에 응답할 준비가 되도록 충분히 깊게 이끌어가고 있는가! 선교적 예배의 핵심은 형식 자체에 있지 않다. 회중들이 하나님의 임재 안에서 그분을 느끼고, 경험하며, 예배하는 가운데 하나님의 부르심과 소명에 응답할 수 있는 깊은 예배로 나아갈 수 있는

가가 중요한 과제로 남는다.

2) 말씀(Word)

선교적 예배의 두 번째 핵심 요소는 하나님의 말씀이다. 회중들은 하나님의 말씀을 듣고 응답하기 위해 모인다. 따라서 그리스도의 복음이 선포되고, 그에 대한 올바른 응답을 하는 과정은 선교적 예배의 핵심 사항이 된다. 하나님의 말씀은 구원의 능력을 경험하게 하며, 믿음을 새롭게 하고, 하나님과 화목하게 할 뿐만 아니라 그리스도의 몸 된 교회를 세우시는 힘이 있다.[201] 따라서 어떤 메시지가 선포되느냐가 교회의 정체성을 형성하는 데 결정적인 요소가 된다. 선교적 예배에서 메시지는 단순히 교회 자체에 초점을 맞추지 않는다. 복음의 말씀을 통해 성도의 삶을 새롭게 하고, 세상을 향해 나아가게 하는 도전을 끊임없이 제시한다.

오늘날 교회의 약함은 그 메시지가 균형을 상실하고, 교회 자체 혹은 성도들의 필요에 부응한 설교에 머물기 때문이다. 만일 설교자가 소비주의 문화에 젖어 있는 성도들을 향해 그들의 필요를 채워 주기 위한 메시지를 전하기에만 몰두한다면, 이타적인 삶을 통해 그리스도의 복음을 증거 해야 하는 선교적 삶은 불가능할 수밖에 없다. 따라서 여기서 필요한 것은 말씀의 균형이다. 교회 공동체를 위한 내적 사역(Inward Ministry)과 세상을 향한 외적 사역(Outward Ministry)에 대한 균형 잡힌 말씀은 성도들에게 자신과 세상을 향한 하나님의 뜻을 발견하게 할 뿐 아니라, 삶의 현장에서 선교적 삶을 살도록 하는 기초가 된다. 나아가 교회 공동체는 하나님의 선교에 그 자신의 역량과 사역을 조정하고, 조율하는 선교적 공동체로서 자신의 정체성을 확립할 수 있게 된다.

3) 성례(Sacrament)

세례와 성찬으로 대표되는 성례는 기독교 전통의 가장 오래된 핵심일 뿐만 아니라, 교파와 전통을 초월해 모든 형식의 기독교 예배의 중심에 자리 잡고 있다. 정교회나 가톨릭, 성공회 등과 같이 의식과 형식을 중시하는 흐름에서는 성례의 역할과 횟수가 훨씬 강조되어 집행되어왔다.[202] 반대로, 많은 개신교 교회에서는 그 의미와 실천적 측면이 상대적으로 약화되었던 것도 사실이다. "세례가 예수님의 지상 사역의 출발을 표시했듯이, 성만찬의 제정은 그 사역의 완성을 표시한다"[203]는 뉴비긴의 주장대로, 세례는 그리스도의 가시적인 공동체에 속하게 됨을 의미하고, 성례는 그리스도의 몸과 피에 참여할 뿐만 아니라 그분의 죽음과 부활에 동참하여 주님께서 맡기신 사역을 감당하는 통로가 됨을 기억해야 한다.[204] 하나님은 부름 받은 공동체인 교회를 세상으로 다시 파송하셨고, 그 사역을 감당할 수 있도록 성령을 보내 주셨을 뿐만 아니라, 그분의 임재와 현존을 경험하도록 가시적이고 구체적인 성례를 허락하셨다.

성례는 바로 이러한 측면에서 선교적 의미를 지닌다. 즉, 세례를 통해 하나님의 몸 된 교회의 일원이 되고, 떡과 잔을 나눔으로써 그리스도의 현존을 경험하며, 그 속에서 부르심의 의미와 사명을 재발견하게 된다. 오늘날 선교적 예배를 지향하는 북미의 많은 교회는 개신교회가 소홀히 여겼던 성찬예식을 매주 드리며 그 의미를 재확인하기 위해 노력하는 것은 예배의 선교적 본질을 회복하는 차원에서 매우 바람직한 현상이라 볼 수 있다.

4) 파송(Sending)

파송은 예배 의식의 대단원을 의미한다. 문제는 이제까지의 파송이 예배의 끝을 의미하는 차원에서 다루어져 왔기 때문에 예배 전체에서 차지하는 비중이 미미할 수밖에 없었다는 점이다. 그러나 선교적 예배에서 파송은 그 핵심에 위치한다. 왜 그럴까? 이는 선교적 교회를 'Sending'[205]이라는 단어로 함축하여 정의할 때, 세상을 향해 나아가는 시작점이 바로 예배가 끝나는 파송으로부터 비롯되기 때문이다.

오늘날 우리의 문제는 교회가 교회 '내(內)' 성도들을 만들기 위해 사역의 역량을 집중한다는 데 있다. 성(Sacred)과 속(Secular)에 대한 이원론적 관점을 통해, 교회는 거룩하고 세상은 죄악이 만연한 곳으로 가르치면서, 교회 안에 오래 머무를수록 하나님과의 관계가 온전하게 되는 양 가르쳐 왔다. 그러나 선교적 교회는 성도들을 교회에 붙잡아두는 대신, 세상으로 내보내는 데 그 초점이 있다. 그리스도께서 제자들을 향해 "아버지께서 나를 보내신 것 같이 나도 너희를 보내노라"(요 20:21)라고 말씀하신 것처럼, 주 7일 24시간 동안 하나님과 연결될 뿐만 아니라, 언제 어디서든지 복음을 증거 하는 선교적 삶을 강조한다. 그런 측면에서 볼 때, 예배와 선교는 밀접한 관련성을 가진다. 그것은 하나님의 현존과 목적이 그의 백성들이 모일 때 드러나며, 그 예배 가운데 선포된 하나님의 실재는 회집된 백성들이 세상을 향해 나아갈 때 삶을 통해 세상 속에서 선포되고 증명되기 때문이다. 이러한 관점에서 예배를 경배(Adoration)와 행동(Action)으로 설명한 미로슬라브 볼프(Miroslav Volf)의 주장은 매우 합당하다. 그는 "찬양과 선한 행위의 제사는 이 세상에서 존재하는 그리스도인의 삶의 방식의 두 가지 본질적 측면"이라고 말한다. 여기서 당연히 경배와 행동은 서로 밀접한 연관

성을 가지고 함께 서로를 지지해 줄 때 온전한 예배로 발전될 수 있음을 기억해야 한다.[206]

따라서 예배는 선교의 첫 형태가 된다. 예배를 통해 성도들은 힘을 얻고, 비전을 발견하며, 복음을 선포하고, 대안적 세계관을 형성한다. 예배를 통해 성도들은 하나님 나라의 모델을 발견하고, 세상으로 나아갈 준비를 하게 된다.[207] 그러므로 주일예배의 마지막은 예배의 끝을 의미하는 것이 결코 아니다. 그 순간은 하나님의 선교가 이루어지는 세상에서 그와 함께 동역하고, 그 사역에 참여하게 되는 선교적 삶의 출발점이 된다.

6. 선교적 교회와 예배 갱신

선교적 교회의 중심에는 예배가 있다. 즉, 예배는 선교적 교회의 심장(Heart)과도 같다. 예배는 성도 개인과 교회의 회심을 촉진하고 선교적 사명을 부여하는 근원이기에 그 중심에 예배가 존재한다. 성도들은 예배를 통해 모이고, 그 모임을 통해 하나님을 경험하며, 경험된 하나님의 보내심을 통해 세상으로 나아간다. 이제 선교적 교회를 위한 예배 갱신의 기초와 회복 방안을 살펴보도록 한다.

1) 예배의 기초 재조정하기

진정한 예배는 올바른 기초가 세워질 때 가능해진다. 예배는 엄밀한 의미에서 회중이 하나님을 높이고, 경외하는 시도 그 이상의 것이다. 비록 모든 예배 속에는 하나님을 향한 인간의 갈망 혹은 절대자를 향한 영적 필요가 있는 것이 사실이지만 진정한 예배는 인간의 필요가 아닌 하나님의 초대로부터 시작된다.

(1) 그리스도에 기초한 예배

성경의 무수한 인물들과 사건들은 예배의 주도권이 하나님께 있음을 증명한다. 모든 사건은 하나님으로부터 시작된다. 그분께서 먼저 사람을 찾아오셨고, 그분을 경배하게 하셨다. 이러한 측면에서 윌리암 더니스(William A. Dyrness)는 진정한 예배는 이중적 특성(Dual-Directional Character)을 가진다고 보았다. 먼저 하나님께서 그의 백성들을 초대하시고 축복하시기 위해 오시고, 회중은 그에 대해 신앙으로 반응하는 형식을 띤다는 것이다.[208] 그렇다면 여기서 중요한 것은 무엇일까? 바로 사람이 실제로 회중 예배를 기획하고 디자인을 하더라도, 그 마스터 건축가는 하나님 자신이라는 사실이다.[209]

또한, 마스터 건축가이신 하나님께서 예배의 중심에 예수그리스도를 올려놓으신 것은 매우 자연스러운 일이다. 하나님의 구속적 사역이 예수그리스도를 통해 성육신하시고, 죄를 속하시며, 드높여지신 사건 가운데 완성되었기 때문이다.[210] 콘스탄스 체리(Constance M. Cherry)의 말을 들어보자.

> 그리스도의 사건이 예배를 이끈다. 왜냐하면, 예배의 목표는 예수그리스도이며, 예배의 내용이 그분의 이야기이며, 예배를 통해 선포되는 말씀이 주요 구원자이신 그리스도의 복음이며, 성례전적 비전이 주님의 식탁에 역동적으로 참여하는 것이며, 예수그리스도의 승리를 축하하는 것이기 때문이다. 선포된 말씀은 주되신 그리스도를 증언하고 선포를 통해서 그분의 승리를 드러낸다. 성찬

은 같은 내용을 상징적으로 다시 나타낸다.[211]

이처럼, 참된 예배는 하나님 안에서 그리스도 중심으로 예배하는 것이어야 한다. 그렇다면 그리스도 중심적 예배를 위해 고려해야 할 사항은 무엇인가?[212]

첫째, 그리스도의 우선성에 대한 인식을 해야 한다. 이는 기독교 예배의 초석이 그리스도 예수임을 재확인하는 것이다. 하나님의 충만이 예수그리스도 안에 거하시기 때문에(골 1:19) 하나님의 갈망은 그의 아들을 높이는 것이다. 즉, 예수그리스도의 삶과 죽음, 부활과 승천, 그리고 다시 오심의 사건이 예배의 본질이 되어야 한다.

둘째, 그리스도의 현존을 환영하는 일이다. 체리는 신앙 공동체가 이 사실에 대한 분명한 인식을 가질 때, 비로소 새로운 차원의 예배를 경험하게 될 것이라고 말했다. 예배는 하나님과 그 아들 예수, 성령님에 대해 기억하고 기념하는 시간을 넘어 예수그리스도의 현존을 경험하는 사건이다. 예수님은 예배 가운데 오셔서 그의 백성들을 받아들이고, 말씀하시며, 듣게 하시고, 그분께 나아가는 것을 가능하게 하시는 분이시다. 그러므로 참된 예배의 척도는 그 형식과 스타일에 의해 규정되는 것이 아니라, 그리스도를 경험하는 것에 있다. 그리스도를 통한 하나님의 현존을 경험한 사람은 수동적이거나 무관심할 수 없다.[213] 이는 예배가 역동적으로 변할 수밖에 없는 이유이다.

셋째, 그리스도의 제사장적 역할에 대한 순종이다. 대제사장으로서 예수그리스도는 우리의 예배를 중재하고 이끄는 역할을 하신다. 예수그리스도를 통해 죄인 된 우리는 담대히 그분의 보좌 앞에 나아갈 용기를 얻는다(히 4:14-16). 그러므로 진정한 예배는 오직 제사장 되신 예수 그리스도를 의지할 때 이루어진다. 우리들의 역할은 그분께 더욱 겸손히 나아가며 최선의 것을 드리는 순종에 있다.

넷째, 세상을 위한 그리스도의 열정을 받아들여야 한다. 체리는 예배자들이 그리스도의 우선성을 인정하고, 그분의 현존 가운데 나아가 그가 제사장 되심을 인정하고 겸손히 순종할 수 있을 때, 새로운 존재로 변화되며 그리스도의 열정을 소유한 사람이 될 수 있다고 말했다. 결국 예배의 최종 목표는 하나님 나라와 그의 왕국이 확장되어 온 세계에 그의 영광이 회복되는 데 있다. 그렇기에 진정한 예배는 예배자 자신이 변화되는 것과 더불어 세상의 변화를 추구한다.

오늘날 교회의 위기는 곧 예배의 위기이다. 성도들은 진정한 하나님의 말씀과 그분의 임재에 목마르다. 이런 상황 속에서 교회들은 영적 역동성을 잃어버리고 변하지 않는 현실을 비관적으로 해석하지만, 참된 예배가 회복되면 모든 것이 바뀐다. 주의 말씀으로 뼈와 뼈들이 연결되고 힘줄이 생기며, 살이 오르고 가죽이 덮이며, 결국 그의 생기로 살아나게 되는 것처럼(겔 37:1-14), 예배 가운데 하나님의 임재가 회복되면 죽은 교회들과 영혼들이 살아나고 새롭게 되는 역사가 발생한다. 이는 오직 하나님만이 진정한 희망임을 기억해야 한다.

(2) 삶의 중심이 되는 예배

참된 예배는 하나님을 경외하는 백성들이 모여 그분의 행하신 일들을 기념하고, 그를 높이고 경배하는 모습에서 시작된다. 그 정점에는 예수그리스도의 구속사건이 있다. 인간의 몸을 입으시고 이 땅에 오신 예수그리스도, 그분의 삶과 여정, 우리를 구원하시기 위해 겪으셨던 고초와 십자가의 대속적 죽음, 부활과 승천, 그리고 마침내 임하실 재림의 사건까지 하나님은 우리가 결코 기대할 수 없었고 상상할 수 없었던 놀라운 은혜와 은총을 베푸셨다. 예배는 그런 의미에서 창조주의 경이로움을 높이고, 나아가 인간의 구속을 위해 자신의 모든 것을 내어 주신 그의 풍성함을 경험하는 것으로 이어진다. 그 속에서 하나님께서는 자신을 계시하시고, 그의 위엄을 나타내신다.

그러므로 참된 예배는 단순한 모임을 넘어 사건이 된다. 예배 가운데 임하신 하나님의 거룩함 속에서 회중들은 자신의 실존을 깨달으며, 자비와 은총을 경험한다. 성전에서 하나님의 영광을 경험했던 이사야처럼, 하나님 앞에서 인간은 자신의 부정한 모습을 발견하고, 두렵고 떨리는 경외의 마음을 통해 이렇게 고백한다.

"화로다 나여 망하게 되었도다 나는 입술이 부정한 사람이요 나는 입술이 부정한 백성 중에 거주하면서 만군의 여호와이신 왕을 뵈었음이로다 하였더라"(사 6:5)

이때 하나님은 그의 사자를 통해 부정한 입술을 만지시고 정결하게 하신다. 결국, 그는 하나님의 능력을 통해 새로운 존재로 거듭나게 된다. "네 악이 제하여졌고 네 죄가 사하여졌느니라"(사 6:7). 그리하여 그토록 감당하기 어려웠던 삶의 무게와 죄의 압박에서 회복된 인간은 이제야 비로소 인생의 의미를 알고, 자신을 만드신 창조주를 기뻐할 수 있게 된다. 이는 오직 하나님만이 그분 자신을 기뻐하고 갈망할 수 있게 하신다는 존 파이퍼의 말처럼,[214] 하나님의 주권과 절대적인 은혜는 이 세상의 그 어떤 것과 비교할 수 없을 만큼 영화롭고 존귀한 곳으로 우리를 인도한다.

특히 변화산상에서 그리스도의 영광을 경험했던 베드로를 떠올려보면, 하나님의 임재는 형용할 수 없을 정도로 아름답고 황홀한 것이었다. 그러나 정작 중요한 것은 지금부터이다. 하나님께서는 예배 가운데 임하셔서 그의 백성들을 만나주시고, 회복시키시며, 참된 기쁨을 허락하시고, 그들이 다시 세상으로 나가도록 독려하시는 분이시다. 그리하여 예배는 그 자체로서 끝나지 않고, 다시 삶의 자리로 이어지게 된다.

> "내가 또 주의 목소리를 들으니 주께서 이르시되 내가 누구를 보내며 누가 우리를 위하여 갈꼬 하시니 그 때에 내가 이르되 내가 여기 있나이다 나를 보내소서 하였더니"(사 6:8)

주님께서는 변화산상에서 해와 같이 빛난 얼굴과 빛과 같은 광채로 변화되신 그리스도의 영광에 압도되었던 베드로를 향해, 다시 산 아래로 내려갈 것을 명하셨다. 세상과 단절된 채 드리는 예배로 끝나는 것이 아니라, 세상 속에서 드려지는 예배도 주님은 기대하셨기 때문이다. 이는 오늘날도 마찬가지이다. 주님께서는 예배의 자리가 교회에만 한정되기를 원치 않으신다. 진정한 예배는 우리가 숨 쉬는 이 세상에서도 지속되어야 한다.

그런 차원에서 예배는 연속적이며, 동시에 순환적 특성을 가진다. 세상으로부터 부름을 받은 성도들이 모여 예배할 때, 하나님은 세상에서 찢기고 상처받은 영혼들을 치유하시고, 회복시키시며, 새로운 능력을 부여하신다. 그리고 주님은 다시 그의 백성들을 세상으로 파송하신다. 파송된 백성들은 세상 속에서 그리스도의 복음을 전파하고, 참된 구원의 상징으로서 살아간다. 빛과 소금으로서 산 위의 동네처럼 구별되는 삶을 살고, 이 땅에 하나님 나라의 통치와 화목을 가시화하는 사명을 수행한다. 세상에서의 성도의 삶은 비록 순탄하지 않을 수 있지만, 그곳에서 그리스도인의 정체성을 가지고 그렇게 치열한 삶을 살 수 있도록 동기와 능력을 부여하는 것이 예배이며, 그 힘을 얻기 위해 모이는 것이 또한 예배이다.

예배가 모든 사역과 선교의 중심이 된다[215]는 것은 바로 이런 이유 때문이다. 성도들은 예배를 중심으로 신앙을 고백하고, 개인과 공동체의 부르심을 재확인한다. 웨버는 일상의 삶과 선교의 중심으로서의 예배를 다음과 같이 진술했다.

> 예배는 교회 생활과 선교의 중심이다. 예배는 교회의 모든 생활이 지향해 나아가는 정상이자 모든 사역의 원천이 된다. 예배는 교회의 가장 중요한 행위이다. 예배는 교회의 가르침을 확인해 주고, 세계를 향한 복음적 선교의 사명을 일으키고, 교회가 사회적 책임을 감당하도록 격려한다. 예배를 통해 그리스도의 지체로서 참된 교제를 실현하고, 예배에 참여하는 자들은 실제적인 치유를 경험한다.[216]

그러면서 그는 참된 예배가 가지는 능력과 의미를 다음과 같이 묘사했다.

> 생명력 있는 예배 생활이야말로 하나님에 대한 부재의식을 깨뜨리고, 삶의 의미를 찾으려는 사람들의 마음을 이끌 수 있다.[217]

우리는 무엇으로 참된 예배와 거짓된 예배를 분별할 수 있을까? 이는 얼마나 많은 사람이 모이고, 얼마나 높은 만족도가 있으며, 얼마나 완벽하고 효율적인 예배를 진행했는가의 문제가 아니다. 예배 가운데 모인 성도들의 삶에 나타나는 가시적인 변화와 더불어, 교회 공동체의 회심을 통해 자신들에게 주어진 독특한 사명을 발견하고, 잃어버린 영혼과 세상의 회복을 위해 나아가는 선교적 결단과 사역이 발생하고 있는가를 보아야 한다. 이러한 측면에서 우리는 현재의 예배를 평가할 수 있다. 우리의 예배 속에는 이러한 역동적 변화가 일어나고 있는가? 혹시 겉모습만 유사한 모조품에 지나지 않는 것은 아닐까?

(3) 삶을 변화시키는 예배

참된 예배에는 감격과 감동이 있고, 눈물과 결단이 있으며, 치유와 회복이 있고, 가치와 목적이 재정립된다. 그것이 바로 예배다. 그러나 오늘날 많은 교회는 그러한 감격적 사건을 상실해 가고 있다. 무미건조한 의식과 반복적인 제의만 남아 성도의 영혼은 메말라 가고, 타오르는 목마름에도 그것이 일상이 되어 갈증조차 느끼지 못하는 무감각한 예배들이 너무 많다. 누군가는 이 시대를 향해 피리를 불어도 춤추지 않고 애곡을 하여도 울지 않는(마 11:16) 비관적 세대가 부상했다고 말할 수도 있겠지만, 과연 교회는 그 속에서 진정한 예배의 회복을 위한 충분한 노력과 시도를 기울였다고 말할 수 있을지를 생각해보아야 한다. 혹 그토록 무감각한 세대를 양성한 것이 바로 우리의 수동적 태도와 무기력한 예배의 문제는 아닌지 한 번쯤 고민해보아야 할 것이다.

물론 예배 갱신은 형식과 스타일의 문제가 아니다. 현대화된 노래를 부르고 형식적 파괴를 감행하는 것이 진정한 갱신을 추구하는 것처럼 보이는 것은 예배에 대한 심각한 무지와 오해의 결과이다. 무엇보다 진정한 예배 갱신은 성도의 능동적 참여와 체험적 변화를 촉진하는 일에 집중하는 것으로, 전통과 형식에 매여 놓쳐 버린 영적 역동성을 회복하기 위해 더욱 급진적 변화를 두려워하지 않아야 한다. 즉, 회중을 변화시키기 위해, 하나님의 임재로 더욱 깊이 들어가기 위해, 하나님의 뜻과 사명을 발견하기 위해 교회는 더욱 적극적인 차원에서 전통을 이해하고 시대를 해석함으로써 문화상황에 적합한 예배를 고안해야 한다. 가령, 아무리 좋은 전통과 훌륭한 의식이 수반된 예배라 할지라도, 회중의 상황에 적합하지 않고 소통될 수 없는 한계를 가지고 있다면 그 예배는 더는 살아있는 예배로서의 기능을 발휘할 수 없다. 더욱 참여적이고, 체험적 예배를 위해 필요한 것은 아름다운 전통과 유산 위에 새롭고 신선한 회중의 문화를 어떻게 창조적으로 조화시킬 것인가에 달렸음을 알아야 한다.

사실 우리는 개신교 예배 가운데 얼마나 많은 전통과 다양한 형식이 공존하고 있는지를 잊어버리는 경우가 많다. 종교개혁이 일어난 16세기에 이미 루터교, 개혁파, 재세례파, 성공회, 그리고 청도교 전통들이 형성되었다. 이러한 전통은 시간이 흐르면서 더욱 다양한 모습으로 파생되었다. 17세기에는 퀘이커 전통이, 18세기에는 감리교가, 19세기에는 변경 전통이, 그리고 20세기에는 오순절 전통이 태동하였다.

제임스 화이트(James F. White)는 이러한 과정을 역사적으로 추적하면서 평균적으로 거의 매 세기마다 주목할 만한 새로운 전통이 등장했음을 밝혔다.[218] 물론 이외에도 각기 다른 흐름과 형식을 가진 개신교 예배는 셀 수 없을 만큼 많다. 그렇다면 이렇게 다양한 전통과 형식들을 우리는 어떻게 이해해야 할까? 화이트는 이러한 다양한 예배 전통을 매우 긍정적이고 자연스러운 현상으로 해석한다. 세계의 다양한 인종과 문화 집단에 적응하고 적용될 수 있는 상황화된 예배가 필요하기 때문이다. '새로운 부류의 사람들이 그들이 자연스럽다고 생각하는 방식'으로 예배드리는 것은 이상한 일이 아니다. 그것이 바로 신약성경을 통해 우리가 드려야 할 정형화된 예배 의식이 기록되지 않은 이유이기도 하다. 화이트는 비록 이것을 사람들의 다양한 욕구를 충족시켜주려는 관점에서 그러한 전통들이 발생했다고 평했지만, 다른 문화의 옷을 입고 내면화된 신앙고백을 하도록 기대하는 것 자체가 성경적·선교학적 원리에 어긋나는 것이 아님을 기억해야 한다.

예수그리스도의 성육신 사건은 이러한 측면에서 매우 중요한 원리를 제공한다. 세상을 구속하기 위한 하나님의 방식은 자신이 인간의 몸을 입고 이 땅에 오셔서 우리를 찾아오셨다는 사건으로 집약될 수 있다. 찾아오시는 하나님, 문화의 옷을 입고 오신 하나님, 그 하나님의 의도가 성경 전체를 관통한다. 구약 시대의 하나님께서는 타락한 인간을 찾아오셨고, 선지자를 통해 끊임없이 말씀하셨으며, 아브라함과 이스라엘을 통해 열방의 빛이 되게 하는 사명을 위탁하셨다. 신약 시대에 이르러 부활하신 주님께서는 성령을 통해 남겨진 자들, 곧 교회와 그의 제자들에게 이 세상의 구원을 위한 선교적 사명을 위탁하셨다. 예루살렘과 온 유대와 사마리아와 땅 끝까지 이르러 예수님의 증인이 되게 하는 사명을, 모든 민족을 제자로 삼고 그들에게 세례를 베풀고 가르쳐 지키게 하는 사명을 부여하셨다. 이를 통해 온 세계 열방이 그의 장막 가운데로 나아오며 살아계신 하나님을 찬양하고, 궁극적으로 그의 영광에 동참하게 되는 온전한 회복과 구원의 완성을 약속하셨다. 바로 그러한 위대한 역사가 예배를 통해서 시작되는 것이다. 그러므로 우리는 모든 성도가 그 거룩한 사명을 느끼고 발견하고 체득할 수 있는 예배를 드려야 하며, 자신의 언어와 문화와 노래를 통해 살아계신 하나님을 만날 수 있도록 하는 예배의 중요성을 잊지 말아야 한다.

물론 교회는 분명한 자기 전통과 신학 위에 서 있어야 한다. 그러나 관습 자체가 진리가 되어서는 안 된다. 역사적으로 교회는 끊임없이 다른 전통과 대화해 왔고, 상호 관계를 통해 발전해 왔다. 서로 영향을 주고받는 가운데서 긍정적인 요소를 받아들이고 수용하면서 변화와 발전을 도모해 왔다. 그렇기에 오늘의 예배는 이 시대의 문화를 이해하고 그들과 소통하기 위해, 그들이 하나님을 경험하고 알고, 배우며, 변화될 수 있는 차원에서 접근되어야 한다. 이를 위해 성도들이 적극적으로 참여하고 응답하며, 참된 기쁨과 생동감을 경험할 수 있는 예배가 되도록 유도해야 한다. 그리하여 예배가 회중의 삶에 들어와 그들의 삶을 변화시킬 수 있도록, 하나님께서 "우리가 쌓은 벽들을 뚫고 들어오시는 예배"[219]가 될 수 있도록 갱신되어야 한다.

(4) 포스트모던 시대의 경험적 예배

레이 앤더슨(Ray S. Anderson)은 문화가 포스트모던화될수록 그리스도의 성육신적 현존에 입각해 경험적 예배를 추구해야 한다고 주장했다. 보편적이고 절대적인 진리에 대한 포스트모던적 거부는 사실상 근대시대에 걸쳐 추구해 왔던 이성적 논증과 학문적 증명에 대한 대중의 관심을 약화시켰다. 대중의 관심은 이제 예배 속에 임하는 그리스도의 현존에 대한 경험적 가치에 집중된다. 앤더슨이 주목한 부분이 바로 이것이다. 그는 예수님과 복음서 저자들, 그리고 사도 바울이 비변증적 방식으로 진리를 선포했음을 예로 들면서, 선교의 출발점은 실제적이며 살아있는 예수그리스도의 현존이 경험되는 교차 지점에서 시작되어야 함을 주장했다. 엔더슨은 이것을 '소박 실재론(Native Realism)'이라 표현했는데, 포스트모던 시대가 객관적 사실에 대한 주관적 지식 경험을 중요하게 여긴다는 측면에서 이러한 관점은 유익하다.[220]

실제로 포스트모던 세대에게 경험은 객관적 사실 자체보다 더 큰 설득력이 있는 것처럼 보인다. 근대시대를 통과하면서 독립적인 자아로서 가치 기준의 중심에 서게 된 현대인들의 후예들은 더욱 자신을 고립시키며 자기중심적 성향을 노골화시켰다. 자기만족이 가치가 되는 시대 속에서 새로운 세대는 '나'를 고양하고, '나'를 즐겁게 할 그 무엇에 몰입한다. 더 자극적이고 신나는 일에 열광하는 세대에게 교회는 따분하고 재미없으며, 자신의 삶에 불필요한 과거의 유물에 지나지 않는다. 따라서 이 시대의 젊은이들에게 교회는 매력적인 기관이 아니다. 신앙을 가진 젊은이조차 예배에 답답함을 호소하고, 세상 문화에 잠식되어 가는 현상을 어렵지 않게 발견할 수 있다. 자신의 삶과 연관되지 못한 교회, 감격이 없는 예배, 삶의 질문에 해답을 주지 못하는 의식[221]이 반복되는 곳에 머물 현대인은 존재하지 않는다. 구시대적 구조와 가치에 기반해 자기 몸집 키우기에 혈안이 되어 인간 냄새가 만연하는 예배에 대해 사람들은 깊은 실망감을 느낀다. 삶의 갈증과 공허를 느끼는 사람들에게 교회는 너무 무기력하다. 삶의 도전을 주지 못하고, 경험에 기반을 둔 실제적 가치를 제공하지 못하는 예배를 외면하는 것은 어쩌면 당연한 현상일 것이다.

이러한 차원에서, 오늘날 예배는 심각한 선교적 도전에 직면해 있다. 젊은이들의 방식과 문화를 깊이 담아내면서, 동시에 전통과 유산을 아름답게 계승할 수 있는 새롭고 신선한 시도가 그 어느 때보다 절실한 시점에 서 있다. 특히 비신자들은 말할 것도 없고, 복음주의권 교회에서 자란 젊은이들조차 그들이 자란 교회와 다른 종류의 기독교에 대한 갈망을 가지고 있다. 기성세대와는 전혀 다른 생각과 사고를 하는 젊은이들을 향해 혹자는 새로운 인류의 탄생으로 비유하기도 했다. 이를 위해서는 새로운 세대에 대한 이해와 그들의 영적 목마름을 해결할 수 있는 예배적 변화가 필요하다. 경험에 입각한 실제적 가치를 구현할 수 있는 예배, 사람이 아닌 하나님이 임하시고, 하나님이 개입하시며, 하나님이 만지실 수 있는 그런 예배가 되어야 한다.

목회자인 댄 킴볼(Dan Kimball)은 이러한 고민을 바탕으로, 새로운 세대를 향해 본질적이면서 동시에 새롭게 갱신된 예배모임을 시작하기 위한 다음의 다섯 가지 이유를 제시했다.

첫째, 하나님을 예배하는 새로운 세대가 등장하기를 갈망해야 한다.
둘째, 이 모임은 반드시 선교적 모임의 성격을 가져야 한다.
셋째, 세대의 변화와 문화적 흐름 모두에 역점을 둘 수 있는 새로운 모델이 필요하다.
넷째, 하나님 나라를 위한 재정과 건물에 선한 청지기가 되어야 한다.
다섯째, 죽어가는 교회로부터 교회를 유지하고 발전시키기 위해 세대 간의 관계를 효과적으로 활용하는 예배 모델이 절실히 요청된다.[222]

댄 킴볼은 예배 갱신의 새로운 필요를 제시하면서, 그 초점을 기존의 성도보다는 젊고 새로운 세대에 맞추어 전개했다. 그의 관점에서 우리는 새로운 예배 모델이 함유하고 있는 몇 가지 중요한 사실들을 발견하게 된다.

첫째, 예배 갱신은 표면적 스타일이나 형식 그 이상의 것을 추구해야 한다. 사람들의 기호와 필요에 편승해 서비스를 제공하는 예배가 아니라, 진정으로 하나님을 사랑하고 두려워하는 예배자들을 세우는 일에 집중해야 한다.

둘째, 이러한 예배는 주일 모임에서부터 시작하여 일상의 삶을 포괄하는 것이어야 한다. 즉, 예배를 통해 일상 가운데 사명을 발견하고, 그 속에서 선교적 삶을 살 수 있도록 하는 일에 초점을 맞추어야 한다.

셋째, 변화하는 시대적 조류로 인해 직면하게 되는 세계관과 세대 간의 간극에 대한 진지한 고려가 필요하다. 물론 이러한 관점은 예배의 스타일과 형태, 드려지는 형식과 음악 등 모든 것에 영향을 미치는 요소가 되겠지만, 그 모든 것의 결정요소는 새로운 세대에게 맞는 변화를 긍정적인 안목에서 보고, 적극적이며 동시에 비평적으로 상황화하는 노력을 요구한다.

넷째, 기존의 교회가 눈에 보이는 것들, 즉 외형적인 건물과 사업에 집중되어 있었다면, 진정한 예배는 보이지 않는 본질에 충실한 모델이 되어야 한다. 건물보다는 공동체에, 프로그램보다 참된 제자로서 하나님 나라의 회복을 위해 교회의 자원들이 사용되어야 한다.

다섯째, 비록 새로운 교회와 예배 형식들이 젊은 세대에게 더 큰 의미와 비중을 두겠지만, 결국은 세대 간의 관계성을 촉진하고, 다른 교회 전통들과 상생 및 교류하며 하나 됨의 본질을 잃어버리지 않는 수준에서 진행되어야 함을 주장했다.

진정한 예배 갱신은 마르바 던이 말했듯이, "고귀한 시간 낭비(A Royal Waste of Time)"[223]를 통해 하나님의 거룩한 광휘를 경험하는 것만이 유일한 해답이 된다. 하나님의 거룩함과 권위 아래에 놓인 인생만

이 그분의 완전하신 통치를 받아들일 수 있다. 그러므로 우리는 새로운 세대가 고귀한 예배로 나아갈 수 있도록 고민해야 하며, 하나님을 통해 만족하고 그를 위해 삶을 바치는 역사가 일어날 수 있도록 예배는 변화되어야 한다. 부르심에 대한 감격과 감사로 인해 세상을 향해 용기 있게 나아가는 선교적 열정이 불타오를 수 있는 예배야말로, 경험적 예배의 목적이자 새로운 세대를 향한 기대이다.

2) 예배의 초점 재조정하기

> 우리가 사람의 방언과 천사의 말로 찬양을 할지라도 살아계신 하나님을 진실로 예배하지 않는다면, 우리는 그저 소리 나는 구리와 울리는 꽹과리에 지나지 않습니다. 우리가 가장 아름답게 예배 의식을 드린다 할지라도 그 예배에서 살아계신 하나님을 예배할 수 없다면, 우리는 그저 춤꾼에 지나지 않습니다. …… 진정한 예배는 겉치레가 아니며 소란한 장난판도 아닙니다. 진정한 예배는 강요 때문에 내키지 않는 마음으로 드리는 것이 아니며, 계속해서 시계를 보는 것이 아니며, 옆자리에 앉은 사람이 무엇을 하는지 궁금해하는 것이 아닙니다. 진정한 예배는 하나님께 열려 있고, 하나님을 경외하며, 하나님을 기다리며, 어둠 가운데서도 하나님을 신뢰하는 것입니다. …… 따라서 지금 우리가 맡아야 할 과업은 예배와 선교 그리고 정치, 이 세 가지입니다. 하지만 그중에 제일은 예배입니다.[224]

위의 내용은 톰 라이트가 고린도전서 13장을 '사랑' 대신 '예배'라는 단어를 넣어 각색한 글이다. 오늘날 예배의 비극은 '보여지는' 예배나 사람들의 필요에 신경 쓰는 부분이 많다는 점이다. 즉, 의식과 행위는 있으나 정작 주인공이 사라진 예배를 드리고 있는 형국이 되고 말았다. 예배가 아름다운 것은 무엇 때문인가? 그것은 피조물이 된 인간이 하나님의 진정한 가치를 이해하고 존중하는 행위로서 그분의 아름다움을 온 마음으로 올려 드리는 의식이기 때문이다. 라이트의 표현처럼, 예배란 '사랑하는 연인 앞에 무릎을 꿇는 사랑'의 표현이다. 하나님의 아름다움을 인식하고, 그 아름다움에 대한 경외와 위엄 앞에 엎드려지는 것과 그 속에서 자신을 보고 하나님께 자신의 삶을 내어 드리는 결단과 헌신이 있기에 예배는 아름다운 것이다.

그러므로 진정한 예배가 되는 일차적 초점은 위를 향한(Upward) 예배가 되어야 한다. 위를 향한 예배가 온전히 이루어지게 될 때, 그것은 자연스럽게 밖을 향한(Outward) 예배로 연결된다. 즉, 하나님의 사랑 앞에 진정으로 무릎을 꿇게 될 때, '연인을 섬기기 위해 발로 뛰는 사랑'의 실천인 선교는 비로소 시작될 수 있다.[225] 앨런 크라이더(Alan Kreider)와 엘리너 크라이더(Eleanor Kreider)의 주장처럼, 예배의 초점을 다시 하나님께 돌려 드리는 작업이 선행되어야 한다. 예배의 목적이 더욱 분명해지고, 예배자의 삶과 전 존재를 통해 예배를 드릴 때, 갱신의 첫 관문은 비로소 열리게 된다.[226]

3) 예배의 목적 재조정하기

예배의 초점이 분명해지면 예배의 주체는 더 명확해진다. 즉, 예배의 적용 대상이 누구인가 하는 문제이다. 사도 바울은 고린도전서 11-14장을 통해 이 부분에 대해 분명한 지침을 보여 주었다. 그에 따르면, 예배의 우선순위는 교회 밖의 사람(Outsiders)이 아닌 교회의 내부자들(Insiders), 즉 성도들을 세우는 일에 초점이 맞춰져 있었다. 다른 신약의 저자들도 마찬가지였다. 교회 밖의 사람들을 초청하고 함께 예배하는 것은 언제나 환영할 만한 일이었다. 그러나 최우선적 과제는 교회의 사역과 예배가 내부자들을 교화하고, 성장시키는 일을 효과적으로 감당하고 있는가였다.

이는 예수그리스도의 사역을 통해서도 동일하게 확인되는데, 예수님의 관심은 열두 제자를 넘어선 대중에게 있지 않았다. 그의 일차적 대상은 의도적으로 열두 제자에게 집중되어 있었고, 그들을 바로 세우는 일에 공생애 대부분을 헌신하셨다. 그분의 의도는 분명했다. 예수그리스도와 함께했던 제자들의 공동체가 세상 가운데 빛과 소금으로 존재하게 될 때, 비로소 하나님 나라의 확장은 이루어질 수 있다는 것이다. 마태복음 5장 16절의 말씀처럼, "이같이 너희 빛이 사람 앞에 비치게 하여 그들로 너희 착한 행실을 보고 하늘에 계신 너희 아버지께 영광을 돌리게 하라"는 계명은 교회의 모든 사역의 우선순위가 어디에 있는지를 분명하게 보여 주는 말씀이다. 한 가지 흥미로운 점은, 초대교회의 전도자들은 말씀을 듣는 자들을 향해 그들의 친구를 전도하라고 강요하지 않았다는 점이다. 오히려 예수그리스도의 가르침에 순종하며, 삶 속에서 그리스도를 닮아 그와 같이 되는 것을 주장하였다.[227]

그러므로 예배의 우선적 목적은 외부자를 전도하고 개종시키는 것에 있지 않다. 예배의 목적은 하나님을 영화롭게 하고 성도의 성화를 촉진하는 것에 우선순위가 있다.[228] 체험적 예배가 중요한 것은 바로 이 때문이다. 하나님을 경험하는 예배를 통해 회중은 하나님의 살아계심과 그분의 능력을 체험하게 된다. 그분은 예배를 통해 죄인을 구속하시고 무너진 모든 삶의 영역을 회복시키시며 화평하게 하시는 화목을 허락하신다. 또한, 하나님을 향한 경배와 예배에 대한 응답으로 성령은 죄를 사하는 은혜를 주시고 새로운 피조물로서 몸과 영혼을 변화시키신다. 결국, 참된 예배는 개인을 거룩으로 이끌고, 우리를 하나님의 형상으로, 그리스도의 선교로 이끈다. 이제 우리는 하나님의 마음을 알고 하나님의 소원을 이해하게 될 뿐 아니라, 사역의 동역자로서 함께하는 영광을 기꺼이 받아들인다. 그 결과, 하나님의 선교에 동참하게 되는 삶의 변화가 발생하게 된다.[229]

예배는 이처럼 개인과 신앙 공동체를 함께 변화시킨다.[230] 세상에 대한 대안으로서 신앙 공동체를 형성시키고, 빛과 소금으로, 산 위의 도시로 성도들을 존재하게 하는 힘을 부여한다. 당연히 그들의 구별된 삶은 때로 세상의 기준과 흐름에 역행하는 모습을 보이기도 한다. 그로 인해 신앙 공동체는 세상 사람들에게 거슬림이 되기도 하고, 불편한 존재가 되기도 한다. 세상의 기준에서 볼 때, 양립할 수 없는 공동체의 존재는 도전적 요소가 된다. 그러나 결국 예수님의 율법과 기준을 좇아 살아가는 성도들의 공동체는 거짓과 악으로 물들어 있는 세상과 극명한 대조를 이루고, 나아가 시대적 대안이 될 것이다. 세상은 스스로 만연된 역기능적 흐름을 변화시킬 능력이 없기 때문이다. 이처럼 성도들이 세상에서 구별된 존재로 살아갈 수 있도록 이끄는 것이 예배의 기능이다. 예배를 통해 영성이 형성되고, 부여되는 능력만큼 그들은 세상에서 구별된 존재로 살 수 있게 된다.

그러므로 참된 예배를 회복하기 위해 추구해야 할 예배 갱신의 질문은 단순한 스타일과 프로그램이 아닌, 본질적 가치와 결과에 집중되어야 한다. 그렇다면 우리의 예배는 회중 개인의 삶을 성장과 양육으로 인도하며, 그리스도의 몸으로서 공동체적 삶을 세우는 역할을 하고 있을까? 이러한 관점이 형성된 이후, 이를 강화하고 촉진할 수 있는 예배 형태와 스타일에 대해 좀 더 자세히 알아보자.

6. 선교적 예배 갱신의 기반

1970년대 북미 지역에서는 예수운동(Jesus Movement)을 통해 발생한 새로운 예배운동이 탄생했다. 전통적 형식과 의식 대신 자유로운 음악을 기반으로 한 이 운동은 '찬양과 경배'라는 이름으로 현대의 젊은이들과 메가처치를 대변하는 특징적 요소로 자리 잡게 되었다. 이후 구도자 예배(Seeker's Service)가 등장하면서 예배는 또 한 번의 격변적 변화를 경험하게 된다. 사실 구도자 예배의 초점은 비신자 전도에 있었다. 이를 위해 교회는 더 적극적으로 문화적 요소를 수용하였다. 전통적인 강단과 회중석 대신 극장식 다목적 예배당이 들어서고, 비디오와 스크린, 첨단 기술과 영상, 음악과 드라마가 프로그램화되어 추가되었다. 여기서 흥미로운 점은 구도자 예배의 근원지라 할 수 있는 윌로우크릭 커뮤니티 교회의 등장이다. 그들은 구도자를 위해 주일 아침에 드리는 모임은 예배가 아니라고 공언하였다. 그 시간은 음악과 드라마, 다양한 예술적 요소를 통해 비신자들과 소통하며 복음을 증거 하는 시간이며, 기존의 헌신된 그리스도인들과 신자들을 위해서는 수요일과 목요일 밤에 드리는 주중 예배(Midweek Service)를 따로 구별하여 드렸다.[231] 그러나 안타깝게도 많은 교회는 본질적 의미는 빠뜨린 채, 형태와 모양만을 가져오는 실수를 저질렀다. 예배는 더욱 회중의 필요에 민감한 형태로 발전하게 되었고, 그 결과 모든 순서와 프로그램 등은 사람의 욕구와 편리를 충족시키는 것에 맞춰 재형성되었다. 예배의 본질을 잃어버리는 결과가 초래된 것이다.

이후 예배에 대한 상황은 이전보다 훨씬 더 복잡해졌다. 젊은 세대들은 회중의 삶과 무관해 보이는 전통적 스타일의 예배와 교회를 외면하였고, 동시에 회중을 소비자처럼 여기며 온갖 서비스와 편리를 제공하던 구도자 중심적 예배 스타일에도 염증을 느끼게 되었다. 사실상 그들이 원하는 것은 종교를 습관적으로 추종하는 것도, 자기만족을 위해 소비하는 것도 아니었다. 참 하나님, 참 그리스도, 참 예배를 간절히 찾고 있었다. 웨버는 이러한 부류의 사람들을 가리켜 젊은 복음주의라고 불렀는데, 이들에게는 다음과 같은 세 가지 차원의 영적 갈망이 있다고 묘사했다. 첫째, 엔터테인먼트적인 예배에 반발하고, 둘째, 하나님의 임재를 경험하길 간절히 바라며, 셋째, 예배의 전례적인 요소(Liturgical Element)를 회복하려는 특성이 그것이다.[232]

젊은 복음주의자들이 추구하는 참된 예배는 어떤 특정한 예배 스타일이나 형태에 한정되지 않는다. 그들은 하나님의 참된 임재를 느끼고 경험할 수 있는 예배, 모든 회중이 예배의 주체로서 적극적으로 참여할 수 있는 예배를 바란다.

그러므로 참된 예배 갱신은 완전히 새로운 생산품을 만드는 일이 아니다. 그 기반은 성경의 원리에 충실하면서도 역사적 연속성을 품을 수 있어야 한다. 즉, 초대교회가 지니고 있었던 영적 역동성과 더불어 역사 속에서 신앙의 호흡이 되고 선교를 촉진했던 다양한 예배 전통의 풍성함이 우리 사역 현장에 적용될 수 있다면 이는 예배 회복의 엄청난 자산이 될 것이다.

웨버에 따르면 젊은 복음주의자들은 그동안 굳어져 온 형식화된 예배를 외면하면서도, 교회 전통에 묻혀 가려져 있던 초대교회의 역사적 유산에 대해서는 깊은 존경을 보인다. 아마도 근대시대를 통해 고착되어 온 이성적이고 형식화된 예배에 대한 반발이 초대교회의 유기적이며 참여적인 예배에 대한 관심으로 전환된 것으로 보인다. 다행인 점은 다양한 예배 전통이 초대교회의 예배적 유산을 여러 모양으로 보유 및 계승하고 있다는 점이다.

그러므로 더욱 참여적이고 경험적인 예배를 추구하기 위해 다음과 같은 단계적 적용이 필요함을 제시하고자 한다. 첫째, 성경을 통해 나타난 초대교회의 예배적 특성을 이해한다. 둘째, 다양한 전통들을 고찰하고 연구함으로써 역사적 유산을 발견하고 상호 보완적 적용에 대한 가능성을 발견한다. 셋째, 회중의 문화와 상황을 분석하고 이해함으로써 시대에 적합한 예배로 발전시킨다.

1) 초대교회의 예배

첫 번째 단계는 초대교회 예배를 통해서 발견할 수 있는 예배 갱신의 기반과 특성에 대한 이해이다. 주지하다시피, 신약성경에는 예배에 대한 분명한 규정이 존재하지 않는다.[233] 오히려 지역과 상황에 따라 다양하고 자유로운 예배 형식이 존재했음이 분명하다. 당연히 구약의 제사와 관련된 복잡한 의식과 형식 대신 초대교회의 성도들은 가정에서 단출하고 비형식적인 형태로 모임을 가졌다(고전 16:19; 골 4:15; 몬 1:2).[234] 여기서 성도들은 함께 식탁을 나누고, 찬송과 기도를 하며, 성경을 읽었다. 이러한 모습은 말씀 중심의 회당예배와 상당히 대비되는 특징이라 할 것이다. 회당예배를 말씀의 예전(Service of Word)이라고 한다면, 가정 예배는 성도들이 함께 떡을 떼는 다락방 예전(Service of

Table)의 전형이라 할 수 있다.²³⁵ 그렇다면 1세기 예배의 모습은 어떠했을까? 상상력을 동원해 재구성해 보자.

일주일이 시작되는 첫날 이른 아침, 예배를 드리기 위해 성도들은 한 가정집에 모인다. 그들은 마치 형제처럼 반갑게 인사를 하고 서로를 맞이한다. 그곳에는 다양한 사람들이 모였는데, 과거에는 상상도 할 수 없는 광경이었다. 주인과 노예가 함께 모여 같은 식탁을 나누는 장면을 어떻게 설명할 수 있겠는가? 놀라운 것은 그들이 사랑으로 연결되었다는 점이다. 그들 가운데 예수님이 함께 계셨기 때문이다.

그 모임은 우선 애찬식으로 시작한다. 식사하기 전 누군가 포도주잔을 들고 예수그리스도가 메시아이심을 고백하는 기도를 하고, 나머지 회중은 "주께 영원무궁토록 영광을 돌리나이다"라고 화답을 한다. 떡을 들고 기도를 한 후 그것을 서로 나눈다. 이후 차려진 음식을 먹으면서 웃고 이야기하며 성도의 기쁨을 나눈다.

식사 후 회중의 한 사람이 시편 찬송을 부른다. 글을 읽을 줄 아는 사람이 예수님에 대한 글을 읽고 그분에 대해 이야기를 들려준다. 성경을 읽고 서로 토의를 하기도 하고 방문한 사도가 예수에 대해 증언을 하고 가르침을 주기도 한다. 그다음 기도를 하고 '마라나타(주여 오시옵소서)'를 외친다. 모임을 폐하면서 "자, 이제 끝났으니 세상으로 가십시오"라는 선언을 한다. 예수님의 부활을 먹고 마신 사람들이 주님을 위해 세상으로 보냄을 받으며 예배는 끝이 난다.²³⁶

초대교회 성도들은 이렇게 함께 모여 예배를 구성하고, 함께 찬양하며, 함께 가르치고 토론하며 성찬을 나누었다. 프랭크 바이올라(Frank Viola)와 조지 바나(George Barna)의 표현처럼, '초대교회의 모임은 모든 지체가 기능을 발휘하고, 자발적이며, 자유스럽고, 역동적이며, 누구나 다 참여하도록 열려 있는 특징'을 가지고 있었다. 현대교회의 모든 예배가 예측 가능한 획일화된 특징을 가지는 것과는 달리, 초대교회의 예배는 종종 예측할 수 없는 역동성과 다양성이 담보된 모임이었다.[237]

여기서 또 하나 주목해야 할 점은 이 모임 속에 깃든 공동체성의 내용이다. 당시 사회는 계급과 계층, 인종과 지위에 의해 극명한 구별이 있었던 시기였다. 그러나 초대교회 공동체 속에서는 사회적 계층이 결합하는 특징을 형성하였다. 이런 배경에서 사도 바울은 고린도 교회를 향해 그들 속에 있었던 불공정과 차별을 사건화시켰다. 사회적 지위가 높고 부유한 사람들이 먼저 먹은 후 남은 음식을 종들과 가난한 자에게[238] 남겨주던 모습에 바울은 분노했던 것이다(고전 11:22). 당연히 엘리트 중심의 예배는 모든 사람을 위한 샬롬과 정의를 주시는 '하나님의 선교(Missio Dei)'를 방해할 뿐 아니라, 정의와 평화, 기쁨을 가져오는 하나님의 통치에 참여하는 공동체를 파괴하는 행위로 인식되었다.

주님의 식사는 "다른 부류의 그리스도인들과 벽을 허무는 상징적 의미"를 지니고 있었다. 그 속에서 유대인과 헬라인(갈 2장), 부유층과 빈곤층(고전 11장) 간의 벽이 허물어졌다. 바울은 모든 초점을 다시 예수 그리스도께로 맞추고, 그리스도의 피와 몸을 나누는 그 현장이 하나님의 구속의 정의가 모든 만민에게 뻗어 나가고 모든 사람이 평등하게 연합되는 자리가 되기를 소원하였다.[239]

이처럼 모든 사람이 동참하고, 평등과 정의가 드러난 예배 현장은 축제의 장이 되었다. 테이블을 나누는 예배 속에서 수직적 관계와 더불어 수평적 관계도 온전하게 되었다.[240] 그리스도의 임재 안에서 함께 찬양하고 성경을 읽는 가운데, 참된 가르침과 예언, 계시들이 공동체에 속한 지체들을 통해 아름답게 드러나게 되었다. 다양한 사람들이 함께 참여하는 예배(Multi-Voiced Worship)를 통해 신앙 공동체가 세워지고 복음이 회중을 새롭게 하는 역사가 발생했다. 그러나 그것이 끝이 아니었다. 성령님은 이 모임을 통해 증인됨의 사역이 이루어지도록 이끌었다. 그곳에는 그리스도를 알지 못하는 외부자들과 비신자들이 함께하곤 했다. 그들은 성도들의 공동체적 예배를 통해 하나님의 통치를 경험하고, 식탁 교제 가운데 드러난 성령의 역사로 감동을 받았다. 하나님의 살아계심과 은혜를 체험하게 된 것이다(고전 14:24-25). 우리는 이 비밀을 정확히 알 수는 없다. 그러나 세상 속에서 약하고 차별받던 사람들, 절망과 고통 속에 있던 사람들, 병들고 아파하던 사람들, 폭력과 학대, 차별과 무시 속에서 손상된 자아를 가진 자들이 그 신비 안에서 온전하게 되고 치유되는 갈망을 품게 되었다. 하나님에 대한 놀라운 경외 속에서 엎드러져 "하나님이 참으로 너희 가운데 계신다"라는 임재의 고백을 하기까지 이르렀다. 하나님의 살아계심이 미치는 범위 안에서 예배와 선교가 하나가 되는 사건이 예배 속에 드러났다.[241]

이것이 초대교회의 예배였다. 그곳에는 형식과 의식을 초월하는 힘이 있었고, 하나님의 샬롬과 정의를 실현하는 현장이 되었으며, 하나됨과 자유를 가시화시키는 능력이 있었던 것이다.

2) 예배 전통의 활용

두 번째 단계는 다양한 예배 전통을 이해하고 활용하는 단계이다.

역사적 정통성을 가지며 계승되어 온 다양한 예배 전통의 특성을 연구하고, 그 속에 함유된 아름다운 유산을 찾아 이를 활용하는 시도는 예배의 다양성과 풍요로움을 이루는 데 귀중한 자산이 된다. 실제로 서구의 교회들은 교단과 전통의 벽을 넘어, 다른 교단과 전통으로부터 새롭고 신선한 요소들을 차용하고 적용하면서 예배 갱신을 추구하고 있다.[242] 그러나 한국의 경우는 그 양상이 조금 다르다. 먼저는 교회의 신학적 입장이 매우 보수적이기 때문에 새로운 시도에 대한 열린 의식이 약하고, 같은 맥락에서 지도자들의 현실이 다른 전통과 교단을 깊이 이해할 기회도 많지 않다. 대부분의 목회자는 어린 시절부터 자신이 속했던 교단 신학교에서 교육을 받고, 그 연장 선상에서 예배를 배운다. 원론적인 차원에서 예배의 의미와 신학을 배우지만, 그 폭과 다양성을 습득하기에는 한계가 있다. 무엇보다도 경험적 측면에서는 더욱 제한적이다. 그렇다면 현대 교회에 영향을 미치는 예배 전통과 그 특징이 무엇인지 살펴보자.

(1) 예전적 예배

필자가 예전적 예배를 처음 경험한 것은 1990년대 후반 호주의 한 작은 마을에서였다. 주일 아침 예배를 드리기 위해 동네의 작은 교회를 찾았다. 예배당에 들어서는 순간 이전까지 경험한 예배와는 전혀 다른 환경과 분위기 가운데 있음을 발견했다. 교회 내부에는 다양한 상징들이 놓여 있었고, 목회자는 화려한 문양의 긴 의복과 중세기 사제들이 착용 했을 법한 모자를 쓰고 예배를 집례했다. 오르간이나 피아노도 없이 오직 목소리로만 드려지는 예배 속에서, 회중은 끊임없이 앉고 일어서기를 반복하며 목소리로 화답하는 의식을 행했다. 예배를 좇아가기 위해 눈치를 보며, 앉고 일어서는 것을 반복하면서도 진지함을 잃지 않는 회중의 눈빛과 예배에 몰입되어 있는 태도를 보며 깊은 은혜를 받았다. 짧은 사제의 강연이 있었지만, 대부분의 예배는 일정한 패턴 안에서 초청과 응답의 순으로 진행되었다. 나중에 예배를 마치고 나서야 그 교회가 정교회 전통임을 알게 되었다.

성공회 교회에서의 경험 또한 색달랐다. 필자는 호주에 거하면서 약 6개월 정도를 성공회 교회를 섬길 기회가 있었다. 그 교회의 특징은 성공회의 예전적 전통을 지니고 있으면서 동시에 현대화된 요소를 수용하여, 전통적 요소와 문화화된 요소를 함께 공유하려는 노력을 기울이고 있었다. 강단 위의 설교단은 몇 개의 계단을 이용해 올라가야 할 정도로 높은 곳에 있었고 예배는 정해진 기도문과 찬송가를 사용하고 교회력에 근거한 예식을 매우 중요시 했다. 설교 이후 거행되는 성찬 예식은 매주 다양한 형태로 시행되었다. 무엇보다 회중이 능동적으로 참여할 수 있는 배려가 있었다. 예를 들어 회중이 자리에 앉아 빵과 포도주를 받아먹는 형태 대신 자신이 직접 앞으로 나가 성례자로부터 분병과 분잔을 받고, 강단 앞에 무릎을 꿇고 기도 하는 등의 모습은 매우 색달랐다. 이후의 예배는 좀 더 많은 자유가 허락되었다. 현대화된 복음송과 성도의 교제를 나눈 후 축도와 함께 예배를 마쳤다. 이 교회의 예배에는 전통적 요소와 현대화된 요소가 함께 녹아 있었다. 고대와 현대의 균형을 이루려는 노력이 신선했다.

한국의 개신교 전통에서 잃어버린 유산 중 하나는 바로 예전적 예배 의식이다. 예전적 예배란 무엇인가? 그것은 고대 교회 전통에 뿌리를 두고 계승되어 온 예전 중심의 예배를 일컫는다. 이는 역사적 전통의 계승에 강조점을 주기 때문에 유동성보다는 고정적인 순서와 기도문,

교회력 등에 근거한 고전적 의식 등이 강조된다.

이런 교회들을 떠올리면 고대 양식의 예배당과 스테인드글라스, 화려한 예복, 연기가 피어오르는 향로와 떡과 포도주가 놓인 제단 등이 연상된다. 예전적 예배는 수직적 질서, 하나님의 초월성에 대한 집중, 고전적 기도, 찬송, 성가, 매주 드려지는 성찬, 상징, 종교적 제의, 상징적 건축, 의도적 성물 배치, 회중의 응답과 참여, 통전적 기도로서 예전 등의 요소들을 필요로 한다. 본 예배의 특징은 성경과 성직자, 그리고 우주적 교회의 공동체성에 대한 높은 인식을 추구하며 회중의 예배 참여를 적극적으로 유도한다는 장점이 있지만 예배의 수평적 측면과 현대적 표현의 유연성이 약하다는 약점이 있다.[243]

(2) 전통적 개신교회 예배

전통적 개신교회는 교단이나 교파의 예전, 기도서 등에 의해 예배가 엄격히 준행되어야 하는 예전적 교회와는 달리, 예배의 계획과 진행이 비교적 자유로운 특징을 가진다. 구별된 설교단, 성가대 좌석과 흰 가운을 입은 성가대원들, 길게 배열된 장의자와 천장에 달린 샹들리에, 중앙 통로의 붉은색 카펫 등은 한때 개신교 예배의 전형처럼 여겨지기도 했다. 흥미로운 점은 앞선 묘사가 미국의 전통적 개신교회의 모습을 기술해 놓은 것임에도 불구하고, 80년대 한국 교회의 모습과 완벽하게 일치한다는 사실이다. 이는 한국 교회가 미국의 개신교 전통의 영향을 얼마나 많이 받으며 형성되었는지를 알 수 있는 단면적 예이다.

시대가 변함에 따라 양식과 구조 면에서 좀 더 자유로워졌지만, 여전히 전통적 개신교회는 설교를 중심으로 다른 요소들을 배치하는 특성이 있다. 문제는 예배에서 회중의 역할이 점차 수동적으로 변형되어

간다는 점이다.[244]

물론 서구권에서는 20세기 초의 예전적 예배갱신운동(Liturgical Renewal Movement)을 통해 예배에서의 성경의 조직적 사용과 성만찬의 회복, 회중의 참여와 공동체성, 기독교 전통에 대한 폭넓은 이해와 존중을 강조하는 회복 운동이 있었지만,[245] 실제 예배 현장에서 경험하는 영향력과 변화는 미미한 수준에 머물렀다.

개신교 전통 예배는 분명한 신학적 토대 위에 세워진 찬송과 기도의 보고(寶庫)가 내장되어 있으며, 객관적이고 세대 간 통합을 지향하는 장점이 있다. 그렇지만 그 이면에는 공연이나 프로그램 중심의 예배로 전락할 약점도 내포되어 있음을 인식할 필요가 있다.[246]

(3) 현대적 예배

60년대와 70년대를 거치면서, 서구의 전통적 개신교 예배는 심각한 위기에 부딪혔다. 젊은이들이 전통적 예배 의식에 대한 거부적 성향을 보이면서 교회를 이탈하기 시작한 것이다. 교회는 젊은 세대에 대한 새로운 대응과 방식을 찾아야 했고 이러한 상황에서 예배는 큰 변화를 겪었다. 오르간과 피아노 대신 기타와 드럼이 유입되고, 찬송가와 성가대 대신 록 밴드를 중심으로 한 경배와 찬양이 새로운 형식으로 자리를 잡았다.

이러한 변화에는 척 스미스(Chuck Smith)의 갈보리 교회(Calvary Church)의 영향이 컸다. 이후 빌 하이벨스(Bill Hybels)의 윌로우 크릭 교회(Willow Creek Community Church)와 릭 워렌(Rick Warren)의 새들백 교회(Saddleback Church)가 소위 구도자 중심 예배를 통해 그 영향력을 전 세계로 확대시켰다. 현대적 요소가 강조된 예배의 가장 큰 공헌은 무엇보다도 교회를 떠났던 많은 젊은이를 돌아오게 하는 가교 역할을 했다는 점이다. 기존의 의식적이고 전형적인 형태에 얽매여 문화적 연관성을 상실해 가던 전통적 형식의 약점을 극복하고, 과감하게 현대적인 문화 양식을 도입한 교회는 그만큼 회중의 필요와 요구에 민감하게 대응할 수 있었다. 밴드와 드라마의 구현을 위해 높고 권위적인 설교단을 허물고, 퍼포먼스를 위한 넓은 무대가 마련됐다. 교회는 화려한 음향과 다양한 시각효과를 내기 위해 막대한 자본을 투입했고, 회중은 이러한 예배를 자연스럽게 수용했다.

이러한 예배 패턴이 낳은 결과 중 하나가 바로 '메가처치' 현상이다. 교회는 회중의 필요에 따라 능동적이고 충분한 서비스를 제공할 수 있는 교회들과 그렇지 못한 교회로 나누어졌다. 당연히 좋은 시설과 훌륭한 프로그램으로 무장된 교회에 사람들이 몰렸다. 물론 이러한 현상이 가져온 부작용 역시 만만치 않았다. 엔터테인먼트화되는 환경과 회중의 필요가 중심이 된 예배는 하나님 중심적 예배에 대한 의구심을 갖게 했다. 회중은 예배를 소비하기 위해 교회를 쇼핑하고 자신의 형편과 구미에 맞는 곳을 선택하는 일들을 당연시하게 여겼다.

분명한 것은 현대적 예배는 당시 대중음악의 흐름과 맥을 같이 하고, '베이비 부머 세대(Baby Boomer Generation)'로부터 기원을 갖는다는 점이다. 현대화된 예배 전통의 장점은 하나님과의 개인적 친밀감을 강화하고, 예배 내에 기쁨의 요소를 도입했으며, 구도자들을 향한 신선한 시도와 기술을 활용한 문화적 요소를 적극적으로 활용하여 예배 갱신을 이루었다는 것이다. 물론 주관적 예배와 사람 중심적 예배, 회중의 집합적 측면보다 개인적 표현과 필요에 강조점을 두었다는 점들은 본 예배가 지닌 약점이다.[247]

(4) 이머징(Emerging) 예배

1990년대 이후 서구 교회에서는 포스트모던화된 세계관을 가진 젊은 세대를 중심으로, 새로운 예배 형식이 발생하기 시작했다. 소위 엔터테이먼트적이며 자기중심적 예배에 지쳐 있던 젊은이들이 더욱 영적이고 신비하며, 공동체적 예배 경험을 사모하기 시작한 것이다. 이러한 흐름 속에서 일어난 운동이 '이머징 교회운동'이며, 이들의 영적 욕구를 담고 있는 것이 '이머징 예배'이다.

사실 이머징 교회와 예배에 대한 형식은 하나의 정형화된 패턴으로 규정하는 것이 어렵다. 포스트모던 자체가 상대성과 다양성을 중요한 가치로 여기고 있으므로, 이를 반영한 이머징 교회 역시도 신앙 공동체의 특성에 따라 자유롭고 독특한 형식의 표현을 두려워하지 않는다. 댄 킴볼은 그의 책 "이머징 워십(Emerging Worship)"에서 이머징 교회가 지향하는 예배적 특징을 다음과 같이 설명했다.

이머징 예배는 공연이나 쇼와 같은 관객형 예배를 탈피하고 정형화된 예배 형태 대신 유기적으로 흘러가는 예배를 강조한다. 이를 위해 시각적이고, 신비로우며, 경이로움을 경험할 수 있는 성스러운 공간을 창출하고, 엄숙함과 진지함을 표현하기 위해 촛불을 도입한다. 이들은 다감각적 예배 경험을 추구하며, 이를 위해 오감을 활용한 예배를 기획하고, 고대와 현대의 절충적인 음악 스타일을 활용하며, 예배의 표현으로서 미술작품과 영상들을 활용한다. 또한, 이러한 활동들이 예배 가운데 역동적으로 실시될 것을 장려한다. 예배 중에는 회중의 움직임이 허락된다. 그들은 그림을 그리고, 시를 쓰고, 기도문을 작성하는 등 자유로운 활동을 할 수 있다. 설교 역시 한 사람의 웅변적 강연보다는 참여적인 가르침을 지향하고, 예전과 고대의 규율, 절기와 유대적 뿌

리 등을 회복하는 일 등에 높은 관심을 보인다.[248]

그들은 수직적 리더십 대신 수평적이며, 공동체적 리더십을 지향하면서 다양한 형태와 수준에서 현대적 세계관과 소통하려는 노력을 기울인다. 반면에 공동체적 해석을 강조함으로써 하나님 말씀에 대한 절대적 권위나 전통적 제도나 구조, 형식에 대한 거부로 비추어질 수 있다는 우려가 제기되기도 한다. 또한 이러한 예배를 드리기 위해 요구되는 많은 계획과 자금, 창조성을 어떻게 조달할 것인가 하는 문제와 이 또한 포스트모던 시대의 세계관에 부합하는 또 다른 형태의 개인주의가 아닌가 하는 비판이 일기도 한다.[249]

사실 이머징 예배에 대한 많은 비판과 내부적 불일치는 복음주의 성향의 리더들을 불편하게 했다. 그런 이유로 댄 킴볼을 포함한 기존 전통에 대한 애틋함을 가지고 있던 리더들은 자신들을 복음주의 교회의 새로운 표현으로 재정의하기에 이르렀다.[250] 그들은 이머징 교회가 가지고 있던 창조성과 공동체성, 그리고 선교지향적 성향을 강조하면서, 동시에 기성 교회의 갱신을 위한 새로운 모델로 변화와 부흥을 유도하는 촉매제로서 역할을 감당하고 있다.

개신교회는 이처럼 교단과 지역, 신학과 문화적 배경에 따른 다양한 예배 전통을 소유하고 있다. 자신의 교회 혹은 교단의 장벽을 넘어 새롭고 신선한 예배를 창조하고 싶다면, 역사를 통해 검증되고 보편화된 다양한 예배 전통에 대한 이해와 경험으로부터 출발해야 한다. 잃어버린 유산들, 혹은 오해와 편견으로 각인된 인식을 바꾸고 열린 마음으로 다른 예배 전통들을 경험하게 되면, 예배 갱신을 위한 폭넓은 접근과 엄청난 자원에 놀라게 될 것이다. 이를 위해서는 다양한 경험을 해야 하며, 자신의 신학적 지평을 넓히고, 배우며, 탐구하는 자세를 가지는 것이 다른 전통들로부터 배울 수 있는 출발지점임을 기억해야 한다.

3) 회중의 문화에 대한 연관성

세 번째는 회중의 문화와 상황에 대한 연관성을 확보하는 문제다. 사실 예배에 문화를 접목하는 과정은 결코 쉬운 길이 아니다. 에드 스테처(Ed Stetzer)와 톰 레이너(Thom S. Rainer)는 음악이라는 문화적 매개체를 통해 직면할 수 있는 어려움을 다음과 같이 묘사했다.

> 모든 세대는 이전 세대의 음악을 싫어한다. 각 세대 안에서 많은 경우는 다음 세대의 음악을 싫어한다. 따라서 현존하는 세 세대 안에는 적어도 세 가지 음악 종류에 대한 각기 다른 기호가 있고 그로 인한 지속적 긴장이 존재한다. 우리는 음악 스타일로 인해 싸운다. 그러나 하나님께서는 그의 영광과 명예를 위해 모든 종류의 음악을 사용하신다. 우리는 성경적 의미와 연결되어야 할 때 문화적 형태들에 대해서 싸운다. 하나님은 다른 형태의 음악을 사용할 수 있는가? 그렇다. 기억하라. 예배는 중심(Heart)의 문제인 것이다.[251]

예배 갱신 과정에서 문화와 스타일을 다루는 이유는 명확하다. 그것이 깊은 예배로 나아가는 통로가 될 수 있기 때문이다. 예배 속에서 하나님을 만나고, 그분의 부르심에 대한 응답과 반응을 할 수 있도록 돕는 것이 예배 갱신의 최우선적 목적이다. 그러한 만남과 경험을 통해 신앙 공동체는 변화를 경험하고, 사명을 발견하게 된다. 아무리 화려하고 멋진 의식들로 가득 찬 예배라 할지라도, 하나님과의 교감이 이루어지지 않는다면 그 예배는 죽은 예식과 다름없음을 기억해야 한다.

성육신적 예배가 요청되는 이유는 바로 이 때문이다. 본질을 인식하고 문화적으로 소통할 수 있는 예배를 만들기 위해 우리는 현실을 선교적 안목으로 분석하고, 문화를 도구화할 수 있는 능력을 겸비해야 한다. 앤드류 월스(Andrew F. Walls)는 그런 차원에서 성육신적 사역을 위해 요구되는 두 가지 차원, 즉 토착원리(Indigenizing Principle)와 순례원리(Pilgrim Principle)를 제시했다.

무엇보다 복음은 각 문화의 관습과 이해 안에서 스스로 표현될 수 있어야 한다. 즉, 복음은 이질적 형태(Enculturation)로 차용되어서는 안 되며, 받아들이는 사람들의 삶으로 수용되어 그들의 문화적 양식으로 토착화(Inculturation)되는 것이 중요하다. 이것이 바로 토착원리의 의미이다. 복음은 전하는 자의 것이 아닌, 받아들이는 자의 문화로 이해되어야 한다. 이에 반해, 순례원리는 복음이 문화적 틀 안에서 전해지고 이해되어야 하지만, 동시에 하나님의 통치를 부정하고 선교를 방해하는 세속에 물든 문화에 대해서는 비평하는 역할을 해야 함을 뜻한다.[252] 세속적 가치와 기준이 아닌, 하나님 나라의 원리와 가치가 중심이 되어야 한다는 것이다.

이러한 측면에서 보면, 상황화를 위한 시도는 언제나 민감한 경계선상에 놓여 있음을 알게 된다. 복음을 상황화하는 과정에는 항상 '평행과 대안' 사이에서, '관계와 저항'의 기점에서, '환영과 비평'의 입장에서, '명예와 불명예'의 기로에 서 있는 것처럼 보이기 때문이다. 자칫 잘못하면 복음의 순수성을 잃어버리고, 세상 문화와 타협하는 혼합주의의 덫에 빠질 수도 있다.[253]

그렇다면 문화적 상황화를 추구할 때 요구되는 핵심은 무엇인가? 그것은 오직 성경과 성령에 뿌리내린 교회가 해석학적 공동체로서의 역할을 온전히 수행할 수 있을 때 가능하다. 즉, 교회 공동체가 세속주의와 혼합주의적 영향을 극복하고, 순수한 복음 그 자체의 메시지를 감지하면서 동시에 문화를 수용하고 활용할 수 있는 능력, 폴 히버트(Paul G. Hiebert)의 표현에 의하면 '비판적 상황화(Critical Contextualization)'와 '자기 신학화(Self-Theologization)'의 능력을 지니고 있는가가 핵심이 되는 것이다.[254]

예배 역시 마찬가지이다. 예배가 현대 문화를 수용하고 채용하는 과정의 핵심은 신앙 공동체의 성숙도에 비례한다. 사실 예배 갱신을 추구할 때, 어느 정도의 갈등은 피할 수 없는 요건이다. 그렇기 때문에 성숙한 평신도의 역할은 매우 중요하다.[255] 켄트 칼슨(Kent Carlson)과 마이크 루켄(Mike Lueken)이 주장했듯이, 성숙한 예배자는 예배가 한 특정한 장르의 기호의 문제가 아닌, 하나님의 이야기에 대한 것임을 분명히 인식한다.[256] 교회 내에 성숙한 성도가 많다면, 그만큼 예배 형식과 음악 장르에 대한 갈등은 줄어들 것이다. 그들의 관심은 오직 비신자들과 미성숙한 성도들이 예배를 통해 하나님의 은혜를 경험하고, 변화되는 일에 우선순위를 둘 것이기 때문이다. 이와 같은 관점에서 보면, 오늘날 교회가 문화와 관련해 직면하게 되는 많은 갈등과 이슈들은 교회가 그만큼 성숙한 성도들을 만들어내지 못했다는 반증이기도 하다. 세상 속에서 그리스도의 복음을 증거 하고, 문화적 변화를 추구하는 그리스도의 제자들을 만들어 내는 것만큼 시급한 과제는 없다.

7. 선교적 예배 갱신을 위한 방안

그렇다면 실천적 측면에서 회중의 문화에 적합한 예배를 추구하기 위해 고려해야 할 사항은 무엇인가?

첫째, 예배갱신을 위한 우선순위를 세우는 것이 필요하다. 많은 교회는 예배갱신을 '스타일(Style)→구조(Structure)→내용(Content)'의 순으로 진행한다. 예배 환경을 바꾸고, 음악 장르를 선택하고, 예배 인도자를 교체하는 등 스타일과 외적인 것에 관심을 집중한다. 물론 그것도 중요하다. 그러나 올바른 접근은 반대의 순서로 진행되어야 한다. 즉, '내용→구조→스타일' 순으로 진행되는 것이 옳다.[257] 예배에 대한 철학이 먼저 설립되어야 하며, 예배를 기획할 때마다 예배의 내용이 되는 성경적·신학적 고찰이 선행되어야 한다. 하나님 중심적 예배, 그리스도의 사건이 이끄는 예배가 되기 위해 성경을 고찰하고, 그 속에서 발견된 하나님의 이야기를 회중에게 표현하기 위해 예배의 구조와 스타일을 조정하는 것이 뒤따라야 한다.

필자는 최근 예배 갱신을 통해 놀라운 부흥을 이루고 있는 할리우드의 한 교회를 연구하면서, 이러한 사역이 어떻게 가능한지를 목격할 수 있었다. 그 교회는 다양한 형태의 예배를 시도한다. 각기 다른 장르의 음악으로, 드라마로, 댄스로, 고대적 의식과 예술적 요소를 동원해 형식과 스타일의 변화를 추구한다. 그런데 예배를 참석하면서 발견한 점은 스타일의 변화가 핵심이 아니라는 사실이었다. 그들은 하나님의 이야기(Content)를 효과적으로 전달하기 위해 적합한 구조(Structure)와 스타일(Style)을 활용하고 있었다. 예배 때마다 예배당을 가득 채운 젊은이들이 능동적이며 깊이 있는 반응과 헌신을 하는 것을 보는 것은 너무나도 감격스러웠다. 물론 모든 예배 때마다 스타일과 구조를 변형시키는 것은 불가능하다. 또 그러한 예배가 바람직한 것도 아니다. 중요한 것은 성경에 나타난 하나님의 이야기를 회중이 직접 경험할 수 있도록 예배를 기획하고 만들어 가는 과정이 있느냐 하는 부분이다.

둘째, 이와 같은 맥락에서 회중의 특성을 고려한 창조적이며 아름다운 예배가 구현되어야 한다. 새로운 세대일수록 그들은 신선하고 아름다운 예배를 사모하며, 자신의 마음을 아름다운 용기에 담아 올려 드리기를 원한다. 그들에게 있어 깊음이란 자신의 전 존재를 다 해 전심으로 나아가는 것을 뜻한다. 그렇다면 우리는 어떻게 회중의 마음과 심정, 사랑과 헌신을 담아 올려 드릴 수 있을지, 그리고 어떻게 함께 느끼고 감사하며, 기뻐할 수 있는 양식을 아름다운 용기에 담아 올려 드릴 것인가를 고민해야 한다. 이를 위해 예배는 더욱 창조적이며, 예술적인 측면으로 접근되어야 한다.

셋째, 지역 공동체와 회중에 대한 고려를 통해 문화적으로 소통할 수 있는 예배를 만들어야 한다. 회중이 살아가는 현장은 세상의 한복판이다. 그들이 날마다 먹고, 입고, 소비하는 문화를 모두 악한 것으로 단정하고 정죄해서는 안 된다. 이는 복음 전달을 위해서도 마찬가지다. 모든 사역은 문화적 옷을 입고 수행된다. 따라서 복음이 필요한 세상 사람들이 함께 느끼고, 공유하며, 이해할 수 있는 형식이 무엇인지를 찾고, 그것들을 선용하는 방안을 찾는 것이 중요하다. 특정한 장소, 일률적인 형식에 얽매여 죽어가는 교회가 아닌, 하나님의 충만하심을 통해 세상의 문화를 변화시키는 폭발적인 능력을 얻는 것이 중요하다.

넷째, 카운터파트너(Counter Partner)로서의 예배 사역이 요구된다. 문화화를 추구하는 예배는 자칫 잘못하면 소비주의나 개인주의적 이

기주의로 빠져 이 땅에서의 의(Justice)와 공의(Righteousness)를 무시하는 예배로 전락하기 쉽다. 참된 예배는 세상 문화의 문제를 지적하고, 그와 대비되는 예언적 메시지를 선포해야 한다. 그 결과 예배 공동체인 교회는 죄로 인해 퇴색해진 세상을 향한 치유와 회복, 변화를 일으키는 기능을 발휘한다. 세상의 문화에 동화되는 것이 아니라, 세상을 변화시키기 위해 문화를 활용하는 것에 대한 분명한 원리와 원칙이 있을 때, 교회는 하나님 나라와 그의 공의를 향해 나아갈 수 있다.

그러므로 우리의 고민은 어떤 것이어야 하는가? 문화를 어떻게 입을까, 무엇을 버릴까의 고민보다는 우리가 어떻게 그리스도와 함께 옷을 입을까(갈 3:27)에 초점이 모여야 한다. 그리하여 어떻게 성령의 능력을 덧입고, 새롭게 하시는 그분의 역사를 표현할 수 있을까, 어떻게 우리 공동체가 수동적 수혜자가 아닌 그리스도의 군사적 첨병으로서 그 역할을 감당할 수 있을까를 고민해야 할 것이다.

나가는 말

현대인들은 신비와 경이, 놀라움, 초월적인 것을 더욱더 갈망한다.[258] 그렇게 하나님을 경험하고 만나기 위해 행하는 모든 시도는 참으로 아름답고 값진 일이다. 그렇게 참된 예배를 드리기 위해서는 다시 성경으로 돌아가야 한다. 나아가 초대교회의 원형을 기억하고 역사적 유산을 재발견해야 한다. 다양한 전통과 형태의 예배를 이해하며 그를 통해 예배를 풍성하게 하는, 고대와 현대가 만나는 지점을 확보해야 한다. 그리하여 예배자들이 자신의 전부를 통해 하나님께 나아갈 수 있도록, 그분의 부르심에 온전히 반응할 수 있도록 문화적 통로를 활용해야 한다. 결국, 이렇게 은혜로 충만한 예배는 삶의 한 부분이 되어 예수그리스도의 현존과 능력을 일상 속에서 증거 하며,[259] 하나님 나라를 향한 선교적 삶과 영성을 형성하는 토대가 될 것이다. 그것이 바로 선교적 예배의 특징이다.

그렇다면 세상 속에 보냄 받은 성도들은 어떻게 그 사명을 감당할 수 있을 것인가? 바로 이 지점에서 요구되는 것이 선교적 제자훈련이다. 가슴에 뜨거운 사명을 불러일으켰다면, 이제 그들이 세상에서 온전한 사명자로 살아갈 수 있도록 준비시켜야 한다. 이를 위해서 합당한 훈련이 반드시 선행되어야 한다. 이러한 내용을 이어서 살펴보자.

• 제6장 •

선교적 교회와 제자도

❖ ❖ ❖

진정한 제자도는 전심을 다 하는 제자도가 되어야 한다.
— John R. W. Stott

예수님의 제자가 된다는 것은 그의 생애의 더 위대한 이야기와
지상에서 우리의 목적, 즉 예수님의 다른 제자들과 함께 이루어내는
공동의 목적에 우리 인생을 헌신한다는 것을 의미한다.
— Floyd McClung

❖ ❖ ❖

제자도는 선교적 교회가 실현되는 데 있어 가장 중추적 역할을 한다. 자동차의 엔진처럼, 혹은 온몸 구석구석으로 혈액을 전달하는 혈관처럼 제자도는 하나님 나라의 회복과 확장을 위한 실제 동력을 제공한다. 오늘날 교회의 고민은 제자도에 대한 바른 철학을 수립하고 이를 사역에 연동시키는 일과 관련된다. 교회는 예수께서 위임하신 마지막 사명을 감당하기 위해 예수님의 제자를 만들고, 그들을 통해 또 다른 제자를 만드는 선교적 제자를 양성할 수 있어야 하기에, 선교적 제자도에 기초한 사역

패러다임을 형성하는 것은 너무도 중요한 과제임이 틀림없다.

들어가는 말

제2차 세계대전은 인류 역사상 가장 끔찍한 전쟁으로 기억될 것이다. 그중에서도 3천만 명의 사망자를 낳았던 독일과 소련의 동부전선(Eastern Front)의 실상은 너무도 처참했다. 민간인을 제외하고도 430만 명의 사망자가 발생한 독일군의 피해도 막대했지만, 1,060만 명의 전사자를 낸 소련군의 피해는 훨씬 더 치명적이었다. 과연 무엇이 이런 차이를 만들었을까?

이유는 단순했다. 평소 전쟁을 철저히 준비해 왔던 독일군과는 달리, 소련군은 훈련되지 않은 초년병들이 많았고, 맞서 싸울 만한 무기조차 제대로 공급받지 못한 열악한 환경에 놓여 있었다. 소련군은 군인들의 목숨을 방패삼아 독일군의 탄환을 소진하게 했고, 이들의 희생에 기대어 독일군을 향해 반격을 가하는 전략을 펼쳤다.

선교지 역시 마찬가지다. 선교의 현장에는 종교와 인종, 문화와 사상의 갈등이 존재한다. 깊은 긴장과 대립 속에서 그리스도의 구속의 복음을 증거 해야 하는 곳이 바로 선교지이다. 선교는 전쟁이고, 선교지는 영적 전쟁이 발생하는 현장임을 잊어서는 안 된다.

이런 관점에서 선교적 교회운동의 미래는 어떠할까? 영국에서 선교적 교회운동을 성공적으로 이끌어 왔던 마이크 브린(Mike Breen)은 "왜 선교적 운동은 실패할 것인가(Why the Missional Movement will Fail)?"[260]라는 도전적인 질문을 던졌다. 가히 선교적 르네상스라고 불릴 만큼 정교한 네트워크와 리더십이 밀집되고 있는 상황에서, 그는 현재의 열기가 하나의 유행으로 머물다 사멸하게 될 수도 있다는 경고를 했다. 그 이유는 무엇 때문일까? 브린의 이야기를 들어보자.

> 우리는 단지 생존이 아닌, 하나님 나라의 성장과 발전을 위해 치열하게 싸우고 있는 총명한 시민(성도)들을 전쟁에 필요한 적절한 훈련 없이 가장 치열한 전투 현장에 투입하고 있다.

브린의 주장에 따르면, 과거 서구 교회에서 일어났다 사라진 많은 운동의 공통점은 바로 운동을 이끌어 갈 핵심 엔진의 부재 때문이었다. 실제로, 오늘날 많은 사람이 선교적 교회, 선교적 공동체, 혹은 선교적 소그룹을 이야기한다. 아마도 복음전도와 교회성장이 막다른 골목에 다다른 현실 속에서 그에 대한 대안으로서 선교적 교회운동을 주목하고 있기 때문일 것이다. 그렇지만 아무리 혁신적이고 완벽한 대안이 있다 해도, 이를 가동하는 엔진이 없다면 운동은 좌초되거나 스스로 사멸할 확률이 높다. 선교적 교회를 이뤄가기 위해서는 새로운 엔진이 필요하다. 그것이 바로 제자도이다.

1. 가동되지 않는 엔진, 제자도

선교적 교회를 위한 엔진은 어떤 새로운 발명품이나 기막힌 프로그램을 뜻하지 않는다. 그것은 달라스 윌라드(Dallas Willard)가 이야기 한 것 처럼 오랫동안 무시되고 잊혀 왔던 제자도(The Great Omission)[261]를 의미한다. 브린은 제자화를 우선시하지 않는 현세대를 향해 다음과 같이 비평했다. "만일 당신이 제자를 만들 수 있다면 당신은 주님의 교회를 세울 수 있지만, 교회 자체를 만들려 한다면 당신은 결코 제자를 얻지 못할 것이다." 그렇다. 선교적 교회는 가시적 성취가 아니다. 건물이나 프로그램, 형식이나 조직이 아닌 하나님과의 깊은 교제 속으로 들어가 그분의 음성을 듣고, 그분의 뜻을 구하고 그분의 사역을 분별하여 자신과 공동체를 드릴 수 있을 때 우리는 비로소 그분의 교회가 된다. 그리고 그곳에서 '교회 중심적 선교(Church Centered Missions)'가 아닌, '하나님 중심의 선교(God Centered Missions or Missio Dei)'가 발생하게 된다.

그렇다면 왜 제자도일까? 그 대답은 매우 단순하다. 하나님의 선교는 사람을 통해 이루어지기 때문이다. 웨스트민스터 교리문답에는 "하나님은 그의 존재하심과 지혜와 권능과 거룩하심과 공의와 인자하심과 진실하심이 무한하시며 무궁하시며 불변하시다"라고 기록되어 있다. 만물의 창조주이시며, 역사의 주인이 되신 그분이 바로 하나님이시다. 그는 모든 만물의 근원이 되실 뿐 아니라, 모든 존재의 궁극적 목표가 되신다. 인류의 시작과 구속과 완성이 모두 그분으로 인해 이루어진다. 더욱 놀라운 사실은 스스로 있는 자, 전능하신 하나님께서 사람을 부르시고 그들에게 선교적 사명을 위탁하셨다는 점이다. 문제는 사람이다. 사람이 준비되지 않은 상태에서 하나님은 선교의 수레바퀴를 움직이지 않으신다. 그렇기에 선교가 제자도의 우산 아래 있다는 브린의 관점은 매우 타당하다.

1) 실패의 원인: 초점의 상실

2007년에 윌로우 크릭 커뮤니티 교회는 매우 충격적인 보고서를 세상에 내놓았다. "발견(Reveal)"이라는 책으로 발간된 본 보고서는 프로그램 중심의 제자훈련과 교육의 현실을 적나라하게 보여 주는 예라 할 수 있다. 지난 수십 년간 세계적으로 가장 큰 영향력을 미치며, 다양한 사역과 프로그램을 통해 성공적 교회성장의 상징이 되었던 윌로우 크릭 교회는 현실 진단을 하기 위해 3년여에 걸친 광범위한 조사를 벌인다. 그 일은 외형적 성공에 만족하지 않고, 더 근본적인 차원에서 신앙 성장과 성숙을 살펴보고자 하는 열망 가운데 진행되었다. 이 조사의 전제조건은 다음과 같았다.

> 교회의 건강은 세례 교인 수, 등록 교인 수 등 그 숫자에 크게 영향을 받지 않는다. 그것은 사람들이 그리스도를 향하여, 곧 하나님을 더 깊이 사랑하고 이웃을 진정으로 사랑하는 자리로 나아가는지에 달려 있다. 교회에 참석하는 사람들은 지금 어디에 있는가? 그들은 하나님께 더 가까이 나아가고 있는가?[262]

놀랍게도 결과는 충격적이었다. 담임목사인 빌 하이벨스는 조사 결과를 받아들고서 이렇게 고백했다. "우리가 실수했다." "뭔가 잘못됐다." 이제까지 교회가 진행해 왔던 수많은 노력에도 불구하고 성도들을 제자화 시키는 데까지는 이르지 못했다는 것이다.[263] 거기에는 "영적 성장으로 나아가는 길은 교회 활동을 바탕으로 한다"는 가설이 놓여 있었다. 그들은 최고의 시설과 최고의 강사진, 최고의 프로그램과 수백만 달러의 자금을 투자하여 성도들의 영적 성장을 위해 노력해 왔다. 그러나 안타깝게도 성도들의 영적 성장은 노력과 비례하지 않았다. 소그룹이나 봉사활동, 주중 신자 예배, 성경공부 모임 등에 참여하는 활동들이 초기 신앙 단계에 있는 성도들에게는 어느 정도 영향을 미쳤지만, 이 단계를 지난 성도들에게는 점차 영향력이 감소하는 것을 확인했다. 진정한 영적 성장은 프로그램으로 이뤄지지 않는다는 사실을 명백하게 발견한 것이다. 진정한 영적 성장은 성도 개인이 '예수그리스도와의 인격적인 관계'를 형성할 때만 가능한 일임을 발견했다.[264] 이후 그들의 관심사는 어떻게 하면 성도들이 진정으로 그리스도를 알고 닮아가며 따르는 제자로 성장할 수 있을 것인가로 집중되었다.

사실 신앙 성장과 성숙은 교육적 커리큘럼에 의해 인위적으로 형성되는 것이 아니다. 그리스도를 만나고, 그분과 사귀며, 그 말씀을 청종하며, 그것을 실행하는 과정에서 신앙은 성숙해진다. 교회 울타리 안에서가 아니라, 세상 한복판에서 증명되고 고백 되는 믿음이 참된 제자의 모습이다.

윌로우 크릭 교회의 용감한 고백을 통해 우리 역시 그동안 실시해 왔던 교회 내 수많은 훈련 프로그램과 교육이 왜 이토록 실질적인 열매로 이어지지 못했는지를 발견하게 된다. 우리 역시 윌로우 크릭과 동일한 가정 하에서 사역을 해왔기 때문이다. 이는 기존의 교회들이 추구해왔던 제자의 상이 바르지 못했고, 동시에 훈련 과정 자체에도 문제가 있었음을 의미한다.

2) 실패의 원인: 프로그램화된 제자도

마이클 호튼(Michael Horton)은 그의 책 "위대한 사명(The Gospel Commission)"에서 제자화에 실패한 교회의 모습을 다음과 같이 묘사했다.

> 오늘날의 교회는 잃어버린 영혼들에게 다가가기는커녕 다가오는 영혼들을 잃어버리고 있는가? 교회가 양육해 온 영혼들이 과연 진

정한 그리스도인으로 성장했는가? 그들이 무엇을 믿고 있는지, 왜 그것을 믿는지에 대해 도대체 알고나 있다는 말인가? 국민 전체는 말할 것도 없고, 과연 우리 교회의 성도들을 그리고 우리 자녀들을 제자화하고 있는가?[265]

앞서 말했듯 제자화의 실패는 프로그램이 부족해서가 아니다. 오히려 제자화가 프로그램화된 것이 문제이다. 아쉽게도 오늘날 제자훈련은 예수그리스도의 제자가 아닌, 교회의 일꾼을 배출하는 과정이나 혹은 교회성장을 추구하는 방편으로 전락해 버린 느낌이다. 다양한 제자훈련 프로그램들과 이름조차 열거하기 어려운 단계별 성경공부들이 난무하지만, 진정한 주님의 제자를 만드는 일은 참으로 묘연해 보인다. 과연 우리는 주님의 제자와 교회의 제자를 만들고 있는지, 진정 예수님의 삶과 사역을 본받고 그의 가르침과 명령에 따라 세상과 대면하며, 세상으로 들어가 복음을 전하는, 살아있는 제자를 만들고 있는지를 진지하게 고민해 보아야 한다.

선교적 교회운동도 마찬가지다. 오늘날 북미 지역을 중심으로 일고 있는 '선교적 대화(Missional Conversation)'의 흐름 자체는 새로운 자극과 다양한 사역적 시도들로 인해 에너지와 생동감이 풍부해진 듯하다.[266] 그렇지만 그 내면에는 예수께서 지속해서 일깨워 주셨던 제자의 핵심적 삶, 제자로서 살아갈 때 맞닥뜨릴 수밖에 없는 분명한 실재들이 상실되고 있지는 않은지 참으로 안타깝다.[267] 선교는 엄청난 대가와 인내와 고난을 요구한다. 그 과정을 건너뛰어 영광만을 약속하는 선교란 존재하지 않는다. '고난 없는 영광은 없다(No Pain, No Glory)'라는 말처럼, 이는 선교적 삶을 추구하는 제자들이 감내해야 할 가장 본질적인 속성이다. 다시 한 번 선교적 교회운동의 실패를 논한다면, 그때는 우리가 진정한 예수그리스도의 제자로서 살아가고 있는지, 또 제자들을 재생산하는 사역에 충실히 맡은 사명을 다 하고 있는지 다시 한 번 되새겨 보아야 한다.

3) 실패의 원인: 종교적 제자화

과녁이 잘못 맞춰진 제자도는 지극히 종교적인 틀 안에서 종교 자체에 헌신하는 사람을 양산해 내는 결과로 이어질 수밖에 없다. 물론 이러한 현상은 어제오늘의 문제는 아니다. 예수님이 있었던 당시에도 신앙 공동체의 변질은 매우 심각한 수준이었다. 예수님께서는 이 사실을 분명히 아셨기에 "회개하라"(마 4:17)는 급진적 메시지와 함께 공생애를 시작하셨다. 그러나 당시 종교 지도자들, 특히 바리새인들과 서기관들은 이러한 말씀에 대해 실로 부당하고 불쾌하게 여겼다. 이들은 적어도 역사상 가장 종교적이라 불렸던 유대인들이었으며, 그중에서도 최고의 종교적 헌신을 통해 자신을 자랑스럽게 여겼던 사람들이었다. 그들의 열심은 너무나 강렬하여 모세를 통해 부여 받은 10계명을 613개의 율법조항으로 확장했고, 나중에는 이를 더 세분화하여 그 수를 헤아릴 수 없을 만큼 많은 조항과 규율을 만들어 지켰다. 그런 자들을 향해 예수님은 "회개하라 천국이 가까이 왔느니라"(마 4:17), "뱀들아 독사의 새끼들아 너희가 어떻게 지옥의 판결을 피하겠느냐"(마 23:33)라고 말씀하셨다. 종교라는 제도와 의식에 갇혀, 진정한 신앙을 망각해버린 자들에 대한 예수님의 분노는 실로 엄청난 것이었다. 마치 회칠한 무덤처럼 종교적 행위 뒤에 감추어진 이중적 외식과 실상을 예수께서는 낱낱이 고발하셨다. 이처럼 예수님이 이 땅에 오신 것은 새로운 종교를 형성하기 위함이 아니었다. 그는 종교들로 점철된 세상을 세속화[268]시키기 위해 오셨고, 오직 자신을 통해 살아계신 하나님과 진실한 관계를 형성시키기 위해 그의 백성들을 초대하고 있었다.[269]

만일 예수께서 지금 이 시대에 오셨다면 그분은 어떤 말씀을 선포하셨을까? 우리 시대의 지도자들은 바리새인들과 서기관들과 다른 평가를 받을 수 있을까? 만일 그렇지 않다면 "너희 의가 서기관과 바리새인보다 더 낫지 못하면 결코 천국에 들어가지 못하리라"(마 5:20)는 예수님의 말씀은 이 시대의 지도자, 즉 이 글을 읽고 있는 우리를 향한 말씀이 될 것이다.

안타깝게도, 이 시대의 많은 교회는 예수께서 그토록 경고하셨던 종교화의 길을 걷고 있다. 교회는 정교한 신조와 경건한 의식, 다양한 규범과 문화적 가치를 만들어 종교의 영역을 강화해 왔다. 지도자들의 모임은 종교집단의 기득권을 유지하기 위한 단체로 전락해 가고 있고, 지역교회들은 대조사회로서의 존재감을 잃어버리고 있다. 제사보다 인애를, 번제보다 그분 자신을 알기 원하시는 하나님(호 6:6)의 소원을 종교적인 것들로 대체하려는 인간적 노력은 결국 주님의 분노의 대상이 되고 말 것이다.

오늘날 우리의 문제는 신앙에 대한 열심이 부족해서가 아니다. 오히려 하나님의 열렬한 팬들이 자기중심적 열심에 빠지게 되면서 부작용이 일었다. 래리 오스본(Larry Osborne)은 이를 '우발적 바리새인들(Accidental Pharisees)'이라는 말로 표현했는데, 그의 따르면, 이러한 비극은 신앙적 자긍심이 너무 과하거나 배타적일 때, 율법 중심적이고 과거를 우상화하며 획일화를 추구할 때 나타난다. 이러한 것에 빠진 사람들은 자신도 모르게 현대적 바리새인이 될 위험성에 직면하게 된다는 것이다. 조율되지 못한 영적 열심, 자기 세계에 빠져 자신을 종교적 의인으로 만들려고 하는 경향성만큼 위험한 시도는 없을 것이다. 그러므로 진정한 제자도는 종교적 틀 안에서 찾아지는 것이 아니다. 그것은 그리스도 안에서 제자로서의 자신의 정체성을 발견하고, 주님과 함께 동행하면서 세상의 회복과 구원을 위한 하나님의 선교에 동참하는, 그리고 그를 위해 요구되는 대가를 지불하는 작은 예수님으로 살아가는 사람들의 여정이다.

그렇다면 제자란 무엇일까? 참된 예수님의 제자는 어떤 사람이고, 어떻게 만들어 질까? 그리고 그 제자를 향해 선교적 제자도를 강조해야 할 이유는 무엇 때문일까? 이제부터 제자도의 기본을 다시 점검해 보자.

2. 진정한 제자도

존 스토트(John Stott)는 "제자도(Radical Discipleship)"라는 책에서 "왜 제자인가?"라는 원초적 질문을 던진다. 그의 의도는 분명하다. "내가 누구인가?" "우리는 누구인가?"의 정체성에 대한 고찰에서 삶과 사역이 재정립되지 않으면 진정한 제자는 만들어질 수 없다는 것이다.

이러한 제자를 이해하기 위해서는 신약의 또 다른 호칭인 그리스도인을 이해해야 한다. '그리스도인'이라는 명칭은 성경에 세 번 등장한다(행 11:26; 26:28; 벧전 4:16). 그 속에는 예수를 따르는 자들의 삶과 행동이 그리스도를 닮았다는 이유로, 동시에 세상 사람들과 다른 형태의 삶을 살아가고 있는 자들을 비하하려는 의도가 깔려 있었다. 그러므로 그리스도인이라는 이름은 예수그리스도를 진실로 사랑하고 닮고자 했던, 그리고 그리스도께 속했다는 이유만으로 고난받기를 두려워하지 않았던 초대교회 성도들을 향한 세상의 평가이자 호칭이었다.

여기서 스토트는 그리스도인과 제자라는 호칭 모두가 예수님과의 관계를 함유하는 표현이라고 말했다. 그러나 제자가 의미 면에서 훨씬 더 강력한 단어라고 평가했다. 제자라는 용어 안에는 그리스도인들이 예수님과 어떠한 관계를 형성해야 하는지를 내포하고 있기 때문이다. 헬라어로 '마테테스(Mathetes)'라고 불리는 이 단어에는 '배우는 사람' 혹은 '훈련받은 사람'이라는 뜻이 담겨 있다. 즉, 제자는 선생이 되신 예수님으로부터 끊임없이 배우고, 그분의 생각과 행동을 닮기 위해 노력과 훈련을 기울이며, 결국 예수님의 삶을 실천하는 사람이 됨을 뜻한다. 그런 차원에서 "진정한 제자도는 전심을 다 하는 제자도(Wholehearted Discipleship)"가 되어야 한다.[270] 그렇다면 우리는 어떻게 진정한 제자가 될 수 있을까?

1) 제자도의 본질

제자로 살아간다는 것은 예수를 하나님의 아들로 인정하는 것 그 이상의 것을 뜻한다. 참된 제자는 그분의 구원을 경험하고 그분의 지체가 되며, 그분의 방식을 따라 살되 그분과 같이 되는 것을 목표로 한다. 물론 이러한 과정은 단시간에 이루어지지 않는다. 예수님의 인격을 배우고, 그분의 삶을 살아내기 위해서 어쩌면 평생에 걸친 배움과 훈련이 요구될 수도 있다. 중요한 점은 그리스도인들은 누구나 이러한 과정을 통과하면서 세상의 '작은 예수(Little Jesus)'가 되어야 한다는 점이다. "그리스도에 의해 진실로 구속되었다는 것은 예수를 모방하는 일에 우리 자신을 드리는 것"[271]이라는 쇠렌 키르케고르(Søren

Kierkegaard)의 고백처럼, 예수님을 따르고 닮는 사역이야말로 진정한 제자도의 본질이 된다.

2) 제자도의 기초

그렇다면 진정한 제자는 어떻게 만들어지는 것일까? 앞서 언급했듯이, 진정한 제자는 기계적인 공식과 형식화된 프로그램에 의해 이루어지지 않는다. 그렇다고 해서 교회에서 행해지는 모든 제자훈련 프로그램들이 불필요하다는 것은 아니다. 이는 그 기초가 무엇인가를 다시한 번 생각하고 확인할 필요가 있다는 뜻이다.

아쉽게도 프로그램으로 고착된 제자훈련은 몇 가지 심각한 문제를 양산했다. 먼저, 제자 삼는 사역은 특별한 훈련과 소양을 지닌 소수의 전문가에 의해서 수행되어야 한다는 편견을 주입했다. 동시에 제자훈련을 받는 당사자들에겐 제자훈련이 교회의 핵심부로 진입하기 위해 필수적으로 요구되는 일종의 통과의례처럼 여겨지고 말았다. 따라서 대부분의 성도에게는 제자가 되는 것도, 제자를 삼는 사역도 나와는 상관없는 다른 누군가를 위한 프로그램이 된 것이다. 달라스 윌라드는 이러한 현상을 가리켜 "오늘날 제자도는 성도들의 옵션이 되었고, 교회는 결과론적으로 제자화 되지 못한 제자들로 채워지고 있다"[272]고 말한다. 제자로서의 삶은 성도의 선택이 아니라 필수요소이다. 적어도 제자가 예수님을 따르는 모든 자를 지칭한다는 사실을 인정한다면, 모든 성도는 예수님을 모델로 그분과 같이 되고자 하는 노력을 기울여야 한다. 즉, 그분의 관점에서 인생을 보고, 그분의 관점에서 맡겨진 삶을 살기 위해 자신을 드리는 삶을 살아야 한다.

3) 제자도의 길

제자도는 예수그리스도와의 연합을 통해 형성된다. 당연히 그 연합의 목적과 대상은 예수그리스도 한 분뿐이다. 제자로 살아가면서 예수님을 목적으로 하지 않는 사람은 진정한 제자가 아니다. 종교적 차원도 마찬가지다. "살아있는 그리스도가 없는 기독교는 필연적으로 제자도 없는 기독교가 되고, 제자도 없는 기독교는 항상 그리스도 없는 기독교가 된다"[273]는 본회퍼의 말은 명목상의 그리스도인, 종교적 기능에만 충실한 오늘날의 기독교를 향한 비판과 각성을 불러일으킨다.

진정한 제자는 그리스도로 인해 삶이 새롭게 설정된다. 그리스도의 주 되심을 인정하고 받아들이는 것을 통해 그의 정체성은 세상이 아닌 하늘에 속한 자로 전이되고, 삶의 목적과 내용 또한 변하게 된다. 제자됨의 궁극적 목적은 예수님을 닮는 것이고, 가장 중요한 사명은 그리스도의 복음을 세상에 전하는 것이다. 플로이드 맥클랑(Floyd McClung)은 이렇게 표현했다. "예수님의 제자가 된다는 것은 그의 생애의 더 위대한 이야기와 지상에서 우리의 목적, 즉 예수님의 다른 제자들과 함께 이루어내는 공동의 목적에 우리 인생을 헌신한다는 것을 의미한다."[274] 즉, 죄로 물든 세상을 구속하고, 그의 통치를 실현하는 위대한 사역에 동참하게 된 성도들은 자신의 삶을 통해 복음을 구체화(Embodiment)하고 전파(Transmission)[275]해야 하는 거룩한 부르심을 위해 살아가는 하나님의 백성들이다.

4) 제자도의 결과

진정한 제자도는 순종을 통해 이루어진다. 예수님을 믿고 고백할 뿐만 아니라 그분의 주 되심과 절대적 권위를 인정하고, 나아가 그리스도의 법, 즉 십자가의 법 앞에 절대적 순종을 하는 삶이 제자의 길이다. 예수님은 제자들을 향해 "아무든지 나를 따라 오려거든 자기를 부인하고 자기 십자가를 지고 나를 좇을 것이니라"(마 16:24)고 말씀하셨다. 진정한 자기 부인은 자기 자신이 아닌 그리스도를 온전히 알 때만 가능하다. 당연히 자기를 부인하고 십자가를 지며 예수님을 따르는 제자도의 결과는 세상의 인정과 갈채와는 거리가 멀며, 눈에 보이는 열매나 성취와 구별된다. 예수님의 부르심은 세속적인 욕망과 애착을 부인하고, 죽기까지 주님을 따르는 십자가로의 초대이다. 본회퍼는 이렇게 말한다.

> 만일 우리가 우리의 십자가를 지는 것과 사람들의 손에 고통과 거부당하는 것을 거절한다면, 그것은 그리스도와의 교제를 포기하고 그를 따르는 것을 중단하는 것이다. …… 제자도의 반대는 그리스도와 그분의 십자가, 그리고 그 십자가가 초래하는 모든 결과를 부끄러워하는 것이다.[276]

예수님의 말씀은 단호하다. "누구든지 제 목숨을 구원하고자 하면 잃을 것이요 누구든지 나를 위하여 제 목숨을 잃으면 찾으리라"(마 16:25). 제자는 세상에서의 성공을 꿈꾸는 사람이 아니다. 진정한 제자는 오직 예수님으로 인해 살고, 예수님을 위해 살고, 예수님과 함께 살면서 그분이 위탁하신 사명을 감당하며 사는 사람이다. 예수께 나아가 그분의 주 되심 아래 살며, 그분의 능력과 놀라운 사랑을 찬양하며 열방에 구원의 소식을 전하는 증인으로 사는 선교적 삶이 바로 제자의 삶이다.[277]

3. 참된 제자의 특성

로드 뎀시(Rod Dempsey)는 이러한 제자도에 기초해 참된 제자의 특성을 다음의 열 가지로 제시하였다.[278]

1. 제자는 예수그리스도를 따르기 전에 치러야 할 대가를 심각하게 고려하는 사람이다(눅 14:28). 그리고 자신이 치러야 할 대가의 양과 상관없이 모든 것을 드려 따르는 사람이다.
2. 제자는 그리스도께 철저하게 헌신된 사람이다(눅 14:26; 마 6:33). 삶의 우선순위가 예수그리스도께 있고 이에 근거한 삶을 산다.
3. 제자는 그리스도를 위한 희생에 대한 개인적 짐을 기꺼이 짊어지는 사람이다(눅 14:27; 눅 17:10).
4. 제자는 이 세상에서의 자신의 소유를 기꺼이 포기할 수 있는 사람이다(마 6:24).
5. 제자는 하나님의 말씀 안에 거함으로 그리스도 안에서의 자유를 경험하는 사람이다(요 8:31-32). 하나님의 말씀을 먹고 순종하는 삶을 통해 제자는 그분의 선하심과 받아주심, 완전한 의지를 경험하고 진정으로 변화된 마음을 가지고 살아간다.
6. 제자는 진정으로 다른 신자들을 사랑하는 사람이다(요 13:35). 하나님에 대한 사랑과 헌신과 더불어 그리스도 안에서 형제와 자녀 된 지체들을 사랑하고 이웃을 사랑하는 헌신이 드러난다. 프랜시스 쉐퍼(Francis A. Schaeffer)가 말한 것처럼 서로에 대한 우리의 사랑이 너무나 강렬하여 그들의 하나 됨이 보냄 받은 예수님을 세상이 믿게 될 수 있을 만큼의 불꽃을 일으키는 연합이 일어

날 수 있는 그러한 사랑 말이다.

7. 제자는 그리스도와 함께 거하며 기도하고 열매를 맺어 하나님을 영화롭게 하는 사람이다(요 15:5, 7-8). 우리가 그리스도 안에 거할 때 우리는 그분의 뜻을 발견하게 되고 그분께 뜻을 구하고 그것을 행하는 데까지 나아갈 수 있다. 그 결과 아름다운 열매를 맺는 백성이 된다.
8. 제자는 성령의 충만을 받은 사람이다(행 13:52; 요 15장). 성령의 충만함을 통해 제자는 사랑과 희락과 화평과 오래 참음과 자비와 양선과 충성과 온유와 절제의 열매를 맺는다. 나아가 성령으로 주어진 은사를 활용하고 섬김을 통해 열매를 맺는다.
9. 제자는 주인의 소망을 알고 순종적으로 따르는 사람이다(마 26:19). 거룩한 나라의 백성이며 동시에 신하로서 부름 받은 제자들은 그 왕을 따라 어디든 가고 순종하는 모습을 지닌다.
10. 제자는 제자를 만들라는 예수님의 선교에 적극적이고 친밀하게 동참하는 사람이다(마 28:16, 18-20). 열방으로 나아가 온 백성을 제자 삼으라는 그리스도의 말씀은 교회와 그의 제자들에게 주어진 가장 중요한 명령이며, 이것은 개인적 차원과 조직적 차원에서 반드시 따라야 할 사역의 본질이 된다.

이러한 관점에서 뎀시는 그리스도의 제자됨의 원리를 세 가지로 제시했다. 희생적(Sacrificial), 관계적(Relational), 변화적(Transformational) 요소가 바로 그것이다. 첫째, 제자는 그 대가의 정도에 상관없이 그리스도를 따르려는 자기 포기와 순종의 희생이 있어야 한다. 둘째, 하나님과 이웃, 믿음의 형제들을 향한 사랑과 섬김을 실천한다. 셋째, 예수님을 따라 변화되고자 하는 영적 성숙과 그에 대한 헌신을 감당한다.[279] 이 모든 것을 통해 발견된 제자로서의 진정한 삶의 특징은 그리스도의 복음을 세상에 증거 하고 실천하는 일로 연결된다는 점이다. 그리스도를 통한 하나님과의 친밀한 교제, 그를 통해 부여되는 성령의 능력과 은사, 그리고 완전한 자기희생과 헌신을 통해 제자들은 마침내 하나님의 선교를 감당하라는 강력한 부르심에 동참하게 된다. 그리하여 바로 선교적 제자로서의 부르심을 인식하고, 선교적 삶을 살아가는 사람으로 성장하게 된다.

4. 선교적 제자의 삶

선교적 제자는 그리스도와의 연합을 통해 세상에 존재하며, 구별된 삶을 살아간다. 연합 없이는 선교적 삶도 불가능하다. 호튼은 "성경은 그리스도를 본받는 것보다 더 위대하고, 더 깊고, 더 많은 변화를 일으키는 무언가로 우리를 안내한다. 그것은 우리가 그리스도와 함께 앉혀진 사람들처럼 못 박히고, 장사되고, 그와 함께 다시 살아나, 이 세상에서의(수도원에서가 아니라) 삶을 살아감으로써 실제적으로 그리스도와 연합되었다는 것에 대해 말한다"고 말했다. 이처럼 그리스도와의 참된 연합과 그에 기초한 삶은 세상을 향한 직설적 선언이 된다.[280]

그렇다면 그 연합된 삶은 어떠한 모습이어야 할까? 데이비드 퍼트만(David Putman)은 선교적 제자들의 삶을 예수님처럼 살고(Live like Jesus), 예수님처럼 사랑하고(Love like Jesus), 예수님이 남겼던 것들을 남기는(Leave what Christ left behind)[281] 삶이라고 묘사했다.

1) 예수님처럼 살기

예수님이 살았던 삶을 살아가는 제자들의 여정은 예수님을 개인적으로 알고 경험하는 것에서부터 시작된다. 복음의 렌즈를 통해서 예수님을 보고, 성령의 현존을 통해 그를 알고 경험하게 될 때, 제자들은 비로소 자신을 내려놓는 것과 헌신하는 삶의 가치를 이해할 수 있다. 그리하여 그들은 세상 한복판에서 선교적 사명을 부여잡고, 하나님 나라를 향해 나아가는 순례자의 길을 담대히 걸어간다. 그 여정이 비록 힘들고 고통스러우며, 거친 광야와 죽음의 골짜기를 통과해야 할지라도, 진정한 제자는 하나님 나라의 영광을 바라보며 현실에 안주하거나 타협하지 않는 삶을 선택한다.

2) 예수님처럼 사랑하기

예수님의 사랑은 세상을 향한 하나님의 사랑(요 3:16) 고백을 통해, 그분의 성육신과 세상에서의 삶을 통해, 그리고 십자가의 죽음과 부활을 통해 극명하게 드러난다. 사실 예수께서 보여 주신 사랑은 모든 면에서 불가능한 사랑 그 자체였다. 설명할 수도, 표현할 수도, 실행할 수도 없는 사랑의 극치를 보여 주셨고, 그렇게 살라고 말씀하셨다. 선교적 제자의 목표는 한 영혼을 사랑하되 입술로만 행하는 것이 아니라, 그 불가능한 사랑을 체휼하고 그분이 하셨던 것처럼 다른 사람을 사랑하는 것이다. 그리하여 우리는 나를 넘어 타인을 향해, 세상을 향해, 무너지고 깨어져 눈물과 아픔이 가득한 그곳에 그리스도의 사랑이 흘러가게 하는 통로가 되는 삶, 예수님처럼 사랑하는 삶을 살아가야 한다.

3) 예수께서 남기셨던 유산 남기기

예수님의 사역 가운데 가장 어려운 결정 중 하나는 아마도 자신의 제자들을 세상에 돌려보내는 결정이었을 것이다. 객관적으로 볼 때 당시 예수님의 제자들은 세계 선교와 구원 사역에 적합한 인물이 아니었다. 대부분 무식하고, 가난하며, 고립된 삶을 살아왔던 연약한 자들에 불과했다. 세상을 향해 어떤 영향력도 끼칠 수 없을 것 같은 자들을 선택하신 예수님은 놀랍게도 그들을 두려움 없이 세상에 파송하셨다. 모든 민족과 열방과 세상을 향해 나아가도록, 자신이 남기셨던 흔적들을 그들도 남기도록, 그리하여 더 크고 위대한 일들을 감당하도록 그들을 격려하시고 능력을 부여하셨다.

5. 선교적 제자를 향한 위대한 명령들

하나님의 위대한 계획은 예수그리스도의 대속적 삶과 부활을 통해 자신의 피조물을 회복하고 구원하는 것이었다. 예수님은 이러한 사명을 제자들에게 위임하시면서, 다음과 같은 위대한 명령들을 허락하셨다.

1) 대명령(The Great Commandment)

마태복음 22장 36-40절에 기록된 이 위대한 명령은 제자들이 세상에서 준행해야 할 가장 크고 본질적 계명이었다. 그것은 "네 마음을 다하고 목숨을 다하고 뜻을 다하여 주 너의 하나님을 사랑하라"는 것과 "네 이웃을 네 자신같이 사랑하라"는 명령이었다. 예수님의 제자들은 하나님을 진정으로 사랑하고 존경함을 통해, 또 그와 같은 사랑을 이웃에게 베풂을 통해 그리스도의 증인됨을 감당해야 한다. 하나님을 사랑하는 그 마음으로 그리스도를 알지 못하는 이웃을 사랑해야 한다는 주님의 명령은, 세상을 구원하고자 하시는 하나님의 간절한 마음이자 최고의 선교 방법이다.

2) 새명령(The New Commandment)

요한복음 13장 34-35절에서 주님은 "새 계명을 너희에게 주노니 서로 사랑하라 내가 너희를 사랑한 것 같이 너희도 서로 사랑하라 너희가 서로 사랑하면 이로써 모든 사람이 너희가 내 제자인 줄 알리라"고 말씀하셨다. 하나님을 사랑하고 이웃을 사랑하는 것만큼 중요한 것이 주 안에서 한 몸이 된 형제와 자매들을 사랑하는 것이다. 제자 공동체가 하나님의 사랑으로 가득 차고, 이를 통해 하나님의 사랑을 세상에 증거 하게 될 때, 그들의 메시지는 비로소 참된 진리로 다가가게 될 것이다.

3) 대사명(The Great Commission)

"그러므로 너희는 가서 모든 민족을 제자로 삼아 아버지와 아들과 성령의 이름으로 세례를 베풀고 내가 너희에게 분부한 모든 것을 가르쳐 지키게 하라 볼지어다 내가 세상 끝날 때까지 너희와 항상 함께 있으리라 하시니라"(마 28: 18-20). 이 위대한 명령은 지난 2000년 역사 가운데 기독교의 선교 사명을 이끌어 온 핵심 구절이었다. 특히 근대선교운동은 '가라!'는 말씀에 대한 순종과 헌신과 함께 촉발되었다. 물론 가라는 명령 자체에 대한 과도한 집중은 때로 선교사역의 가장 중요한 핵심을 간과하는 결과를 가져오기도 하였다.

본 구절은 하나의 명령과 세 개의 분사, 그리고 하나의 약속으로 이루어진 말씀이다. 본 명령의 가장 우선적 사역은 다름 아닌 "제자를 삼으라(Make Disciples)"에 있다. 제자를 삼기 위해 제자들은 세상으로 "가고(In Your Going)", "세례를 베풀고(Baptizing)", "그들을 가르쳐 지키게 하는(Teaching Them to Observe)" 일들을 감당해야 한다. 그러한 사역을 하는 제자들에게 주님은 "세상 끝날 때까지 함께하시겠다"는 약속을 주셨다. 모든 민족을 제자 삼기 위해 나아가라는 명령은 제자들에게 위탁된 가장 시급하고 위대한 사명임이 틀림없다. 이는 단지 지역적인 차원에서, 혹은 지역공동체를 배제한 세계적인 차원이 아닌, 지역 공동체와 열방 모두를 향한 사역을 의미한다. 데이비드 퍼트만이 기록했듯이, 오늘날의 시대에 예수님의 현존과 능력을 경험하기 원한다면, 교회는 의도적으로, 실천적으로, 그리고 전략적으로 이 위대한 사명 앞에 순종해야 한다.[282]

이처럼 하나님의 선교를 위해 부름 받은 성도들이 하나님을 사랑하고, 한 몸으로 부름 받은 신앙 공동체의 지체들을 그와 같이 사랑하며, 세상 한복판으로 들어가 믿지 않는 이웃을 향한 사랑과 섬김을 통해 제2, 제3의 주님의 제자를 만들어내는 사역이 바로 선교적 제자의 사명이다.

6. 제자를 삼으라는 보편적 부르심

선교적 제자로의 부르심은 열심히 배우고 순종하는 모습 그 이상을 요구한다. 그들은 스승의 사역을 계승할 뿐 아니라, 제자 삼는 사역을 위해 스스로 헌신하는 자이기 때문이다. 제자 삼는 사역은 어느 특정한 단체나 전문가들에게만 위임된 사역이 아니라, 그리스도를 믿고 따르는 백성 모두에게 주어진 사명이며 명령이다. 사도행전 2장은 이 사실을 극명하게 보여 준다. 마가의 다락방에 모여 함께 기도하던 무리 중 하나님의 사명을 받은 자는 어떤 사람이었는가? 놀랍게도 성령은 그를 사모하고 기다리는 모든 자들에게 임했고, 그들 모두에게 동일한 복음 전파의 사명이 부여되었다. 이는 오늘날도 마찬가지다. 예수님을 알고 그분을 삶의 구원자로 인정하는 자마다, 그분의 나라를 기다리고 사모하는 자마다 하나님은 그들에게 성령을 부으시고, 열방으로 나아가도록 촉구하시며, 제자 삼는 사명을 부여하신다. 이것이 주님의 말씀이다. "너도 가서, 제자를 삼으라!"

그러므로 우리의 목표는 우리 스스로가 제자가 되는 것에 머무는 것이 아니라, 주님의 명령을 따라 세계 모든 민족을 제자 삼는 사역으로 재조정되어야 한다. 그렇다면 우리는 어디에서부터 무엇을 어떻게 시작해야 하는가? 불행하게도 거기에는 공식이 없다. 호튼은 "기독교의 제자도는 …… 공식과 원칙, 단계들에 의해서 대량생산될 수 없다. 제자는 생산라인에서 만들어져 나오지 않는다"[283]고 단호히 주장한다. 제자를 만드는 과정에는 시간과 노력과 헌신이 필요하다. 이를 빗겨갈 매뉴얼은 따로 존재하지 않으며, 지름길은 없다.[284] 그러나 좌절할 필요는 없다. 제자 삼는 사역은 보편적 사명이며, 그러므로 그리스도인이라면 누구나 감당할 수 있는 사역이기 때문이다. 그것이 주님의 약속이었다. "볼지어다 내가 세상 끝날까지 너희와 항상 함께 있으리라 하시니라"(마 28:20).

호튼은 이렇게 주장한다. "제자가 되는 것은 새로운 인격을 나타내는 새로운 선택과 습관, 그리고 미덕과 더불어 전인적인 삶의 형성을 포함한다. 하지만 제자를 삼는 것(대위임령에 의해 정의된)은 복음에 달려있다."²⁸⁵ 이렇듯 제자 삼는 사역은 우리의 힘과 능으로 할 수 있는 사역이 아니다. 유능하지 못하다 하더라도, 탁월한 능력이 없더라도 괜찮다. 제자 삼는 사역은 특별한 훈련이나 비범한 능력이 아닌,²⁸⁶ 오직 복음의 능력을 의지하고 덧입는 사람에게서 이루어지는 사역이기 때문이다.

7. 선교적 제자를 만드는 방법

그렇다면 선교적 제자는 어떻게 만들어지는가? 첫 번째 출발점은 사람에 대한 사랑과 관심에서 시작된다. 3년여의 짧은 공생애 동안 예수님은 대부분 시간을 그분의 제자들과 함께 보내셨다. 온 세상을 구원하시기 위해 오신 예수께서 다름 아닌 작고 무능해 보이는 12명의 무리에게 집중하셨다는 사실을 우리는 어떻게 이해해야 할까? 공생애를 마무리하시는 마지막 날 저녁도 마찬가지였다. 인류를 위해 대속의 십자가를 지셔야 할 예수님은 지난 평생의 사역을 회고하시면서, 그분이 행하셨던 엄청난 일들과 기적들을 언급하지 않으셨다. 대신 자신의 모든 것과 다름이 없었던 제자들에 대해서는 40번이 넘게 말씀하셨다. 이를 통해 알 수 있는 것은 무엇인가? 예수님의 일차적 관심사는 오직 사람에게 있었다는 것이다.²⁸⁷ 이것이 예수님의 방법이다. 우리는 사람을 사랑하고, 그들에게 집중하시는 주님의 모습을 통해 제자 삼는 사역의 가장 중요한 기초가 무엇인지를 발견하게 된다.

두 번째는 가르침과 배움의 역학을 통한 제자화이다. 마이크 브린(Mike Breen)과 스티브 코크람(Steve Cockram)은 세 가지 차원의 교육방식을 통해 이를 설명한다. 첫째, 형식화된 교육(Classroom/Lecture) 방식이다. 이는 정보와 사실, 사상과 과정 등에 기초한 이론과 원리를 가르치는 교육이다. 둘째, 도제교육방식(Apprenticeship)이다. 아무리 이론에 정통한 사람이라 할지라도 현장에서 그 이론을 적용하는 것은 매우 어렵다. 도제교육은 전문가를 통해 실제 기술의 활용방법을 전수하는 방법이다. 여기서는 가르치는 자와 배우는 자 사이의 상호작용과 노력이 매우 중요하다. 특히 선생 된 자는 자신의 시간과 에너지, 기술 등을 투자하여 제자들이 그 기술을 실제로 실행할 수 있도록 가르칠 책임이 있다. 셋째, 몰입(Immersion) 혹은 담금교육 방식이다.[288] 교육학자들과 사회학자들은 배움의 환경과 인격이 온전히 형성될 수 있는 몰입 방식이야말로 가장 확실한 방법이라고 말한다. 이는 마치 갓난아이가 자라면서 자연스럽게 말을 배우는 것과 같은 이치이다. 주변의 모든 환경이 지속해서 해당 언어를 경험하고 습득할 수 있도록 조성됨으로써 기술적 측면뿐 아니라, 생각과 인격이 함께 형성되는 교육 방법이다. 여기서 중요한 요소는 배우는 자가 얼마만큼 쉽게 이러한 환경에 접근할 수 있을 것인가이다.

이러한 관점에서 보면, 오늘날 교회가 취하고 있는 제자훈련 방식이 가진 취약점이 무엇인지 알게 된다. 우리의 교육은 대부분이 형식화된 강의나 교육 프로그램을 활용하는 데 집중하며, 정보 중심의 교육에 치우쳐 있다. 문제는 이러한 배움이 실천적 영역에서 어떻게 실제화될 수 있는지, 또 어떻게 몸에 배어 자연스럽게 일상의 삶 속에서 실현될 수 있는지에 대한 부분은 간과해 온 것이 사실이다. 이 부분에 대한 재고와 새로운 방식이 필요함을 인식할 수 있어야 한다.

나가는 말

예수님은 제자들을 훈련하는 데 필요한 정보를 제공하고, 이를 내면화하고 활용하기 위해 도제교육과 몰입교육을 동시에 활용하셨다. 산상수훈을 통해 하나님 나라의 원리를 가르치셨을 뿐 아니라, 나아가 자신의 삶을 통해 그것이 어떻게 실현될 수 있는지를 보여 주시고 가르치셨다. 제자들을 위해 자신의 모든 것을 투자하신 예수님은 그들과 함께 사시면서 이 모든 것들이 삶 속에 배어들 수 있도록 최고의 노력을 기울이셨다. 제자들은 이러한 훈련을 통해 직관적으로 언제 어디서든지 주님의 사역을 감당할 수 있는, 나아가 다른 사람을 길러낼 수 있는 존재로 성장하게 되었다.

오랜 사역을 통해 발견하게 되는 가장 기본적인 도전 중 하나는 다름 아닌 사람을 변화시키는 일이 너무나 어렵고 힘든 일이라는 사실이다. 외적인 행동의 변화가 아닌, 내부 깊숙한 곳으로부터 DNA가 바뀌는 데까지는 누군가의 엄청난 희생과 노력, 땀과 눈물이 없이는 불가능하다. 특히 오늘날처럼 물질 중심적 사회 속에서는 한 사람을 위해 그렇게 많은 노력을 기울인다는 것이 비효율적이며 비생산적으로 보일 수도 있다.

그러나 천하를 구원하시기 위해 오신 예수께서도 단 12명의 제자를 위해 자신의 모든 것을 바치셨다. 그 엄청난 헌신과 희생이 결국 제자들로 하여금 죽음도 두려워하지 않는 진정한 제자로, 세상 끝까지 복음을 들고 나아가 제자를 삼는 선교적 제자로 변화되게 하셨다. 오늘날 교회가 선교적 사명을 감당하기 원한다면, 바로 우리가 그 예수님의 길을 좇는 사람이 되어야 한다. 주어진 양 떼를 사랑하고, 그들을 예수그리스도의 제자로 만들기 위해 자기희생과 섬김을 두려워하지 않으며, 언제든 그들을 위해 자신의 삶을 오픈하고 배움과 성장을 위해 진정한 모델이 될 수 있는 사람이 되어야 한다.

그렇다면 우리는 그러한 제자가 되고 있는가? 나를 통해 또 다른 제자가 재생산되고 있는가? 주님께서 기대하셨던 그런 교회 공동체를 우리는 만들어 가고 있는가?[289] 나 자신이 열방을 품고, 삶의 자리에서 증인의 역할을 하는 선교적 제자로 살아가고 있는가? 우리는 이러한 질문을 통해 제자는 어느 한 사람도 우연히 만들어질 수 없으며, 그런 차원에서 진정한 제자도는 의도적이어야 한다는 사실을 기억해야 한다.

이렇게 교회 공동체가 선교적 제자를 만드는 사역에 충실할 수 있다면, 이제는 그들이 함께 세상으로 보냄을 받아 주께서 맡긴 사역을 감당할 수 있도록 도와야 한다. 주의 백성들이 힘을 모아 함께 이웃과 지역, 열방을 섬기는 신앙 공동체가 될 수 있다면 교회의 선교는 훨씬 더 강력하게 실행될 수 있을 것이다. 우리는 이것을 선교적 공동체라고 부른다. 다음 장에서는 선교적 공동체에 대해 고찰해 보자.

• 제7장 •

선교적 교회와 공동체

◆ ◆ ◆

교회는 그 자신이 세상이 되어서는 안 되고, 세상 안에서 번영해서는
안 되며, 교회 본연의 모습을 간직해야 한다.
− Gerhard Lohfink

선교적 공동체의 목적은 성령의 능력을 통해 예수그리스도 안에 거하는
사회적 실재로서, 새로운 정체성과 비전, 삶의 방식을 통해
급진적 소망의 원천이 되는 것이다.
− Darrell L. Guder

◆ ◆ ◆

선교적 공동체는 세상으로 보냄 받은 백성들이 함께 주님의 나라를 섬길 수 있도록 하는 전초기지와 같다. 사역의 허브로서, 혹은 실험적 사역이 일어날 수 있는 인큐베이터와 같은 역할을 한다. 이러한 의미에서 전통적 의미의 지역 교회의 소그룹 사역은 재고되어야 한다. 교회의 유지와 관리를 위해서가 아니라, 성도들이 세상 속에서 선교사로서의 정체성을 가지고 살면서 함께 하나님의 선교에 동참할 수 있도록 하는 기본 단위가 바로 선교적 공동체이다.

들어가는 말

사람은 행복을 추구하는 존재다. 최근 한국 사회에 몰아닥친 웰빙(Wellbeing) 열풍은 행복에 대한 열망과 더불어 삶의 현장이 얼마나 급속히 변화하고 있는지를 알려 주는 지표가 된다. 불과 얼마 전까지만 해도 산업화의 물결 속에서 대부분의 국민들은 생존을 위해 살아왔다. 그러나 이제는 정신적 풍요와 삶의 질을 논하며 참된 행복을 추구하는 시대가 되었다. 사회 곳곳에서 웰빙을 모토로 하는 산업과 마케팅이 유행처럼 번지면서, 이제는 하나의 문화로까지 정착되었다. 그 가운데 나타난 또 하나의 주목할 만한 흐름은 바로 힐링 신드롬(Healing Syndrome)이다. 한국 사회는 어린 시절부터 치열한 경쟁을 통해 성공을 쟁취해야 하는 사회이기에 인생은 늘 긴장의 연속이다. 급속한 기술의 발전과 경제적 성장은 잠깐의 휴식도 허락하지 않을뿐더러 사회 변화의 속도에 압도된 개인들은 참된 행복을 느낄 겨를도 없이 뛰고 또 뛰어야 하는 정황 속에 있다. 그런 노력 덕분에, 현대인은 과거와는 비교할 수 없을 만큼의 물질적인 풍요를 누릴 수 있게 되었다. 그렇지만 아쉽게도 삶의 행복은 그에 비례하지 않는다. 오히려 많은 사람들이 결핍과 불안을 호소한다. 그래서일까? 끊임없는 삶의 레이스에 지친 이들에 대한 치유를 표방하는 힐링 프로그램은 많은 현대인의 필요를 채워 주는 새로운 코드가 되었다.

에리히 프롬(Erich P. Fromm)은 현대 산업사회의 소유 중심적 삶이 결국은 자기 스스로를 소외시키는 현상으로 이어질 것이라는 비관적 전망을 했다. 막스 베버(Max Weber) 역시 합리성과 이성에 기초해 자율적 인간의 가능성을 극대화하면서 신과 종교를 저버렸던 인류가 맞닥뜨려야 할 운명, 즉 극대화된 이윤추구를 최고의 목표로 삼은 근대인들은 자신이 만든 시스템에 의해 자신을 스스로 철창(Iron Cage)에 가두는 비극을 맞이할 수도 있음을 경고했다. 행복하기 위해 소유를 추구하지만, 소유로 인해 행복을 잃어버리는 삶은 참으로 아이러니하다. 이는 물질문명을 최고의 신으로 신봉하는 현대인들에게 주어진 숙명과도 같다. 오늘날 사회에 만연한 불안과 공포, 고립과 소외, 외로움과 고독은 가속화되는 물질문명의 발전과 기술적 혁신이 결코 정신적·영적 차원의 만족까지 보장할 수 없음을 보여 주는 반증이기도 하다.

성경적 관점에서 볼 때, 참된 행복은 창조주이신 하나님 안에서만 경험될 수 있다. 그분 안에서 부름 받은 성도들이 신앙 공동체 구성원들과 함께 삶을 나누며 하나님의 통치하심을 경험하며 살아갈 때, 비로소 인간은 참된 평안과 기쁨을 소유하게 된다. 불행하게도 근대화를 통해 정착된 시스템들은 인간을 신에게서 멀어지게 만들었을 뿐 아니라, 공동체로부터의 단절을 촉진했다. 하나님과 공동체로부터 소외된 인간은 외롭고 고독하다.

이러한 측면에서 인간 소외를 가속화하는 현 상황을 선교학적인 관점에서 살펴보고, 공동체적 영성을 통해 선교적 삶의 실현을 이룰 가능성과 실천적 원리를 살펴보도록 한다.

1. 파편화된 개인주의

전통적 사회에서 자아는 개인이 속한 공동체와 긴밀한 연관성을 가진다. 개인의 가치와 선택, 존재됨의 모든 것은 공동체의 틀 안에서 형성되고 규정되었으며, 당연히 공동체를 유지하고 발전시키기 위한 사회적 책임과 연대성 같은 요소들을 중요하게 여겼다. 그러나 근대사회에서는 전혀 다른 양상이 나타났다. 인간의 독립성과 가능성에 대한 재발견이 이루어진 것이다. 개인은 공동체와 종교적 영향에서 벗어나길 원했고, 합리적 사고를 통해 보편적이며 우주적인 지식을 소유할 수 있을 뿐 아니라 끊임없는 진보를 가져올 것으로 예상했다. 이런 관점에서 리차드 미들턴(J. Richard Middleton)과 브라이언 왈시(Brian Walsh)는 근대적 인간의 특성을 가리켜 '독립적'이며 '자기 의존적'이고 '자기중심적'일 뿐 아니라 '자기 통합적'이라는 말로 묘사했다. 결국, 피조물로서의 인간관은 점차 희석되었고, 인간의 자율성에 대한 요청은 커져만 갔다. 즉, 전통과 신으로부터 간섭을 받지 않게 된 자아를 향해 인간은 스스로 '네 자신의 모습을 자유롭고 자랑스럽게 빚어낼 수 있다. 네가 원하는 모습대로 네 자신을 만들어보라'는 자율을 외치게 되었다.[290]

　독립적 가치에 근거한 근대사회는 이제 전문화와 세분화가 강조되는 시대로 변하게 되었다. 종교와 지역 공동체를 중심으로 형성되었던 통합적 사회구조는 가정, 직장, 종교, 여가활동, 시민의 책임 등 다양한 영역으로 나누어졌다. 각각의 영역들은 자신들만의 통제 시스템과 구조를 지니게 되었는데, 이렇게 변화된 삶의 기반은 결국 현대인들의 자아를 새롭게 형성하는 틀을 제공했다. 즉, 가정과 직장, 종교기관과 사회단체 등 개인이 속한 영역에서 요구하는 기준과 행동 양식에 따라 사람들은 그때마다 자신이 속한 영역에 맞는 변화를 수행해야 했다. 피터 블락(Peter Block)은 이렇게 세분화된 사회에 대해 각각의 조각들이 자신의 목적을 위해서는 열심을 다하지만, 하나의 공동체를 만들기 위한 노력은 기울이지 않고 있는 현실을 비평했다.[291] 다양한 영역들로 구성된 개인의 삶은 다양한 파편들의 조합으로 구성되고, 갈수록 복잡해지는 사회구조는 더 많은 스트레스와 외로움, 고독을 증가시켰다.

한편, 울리히 벡(Ulrich Beck)은 역사상 유례없이 거대한 풍요를 이룩한 근대산업사회가 초래할 파괴적 결과들을 인식하면서, 이를 '위험사회'라는 말로 규정했다.[292] 지그문트 바우만(Zigmunt Bauman) 역시 "액체근대(Liquid Modernity)"라는 저서에서 '변덕스러움, 불안정성, 진입의 용이성' 등이 이 시대의 특성이라고 해석했다. 현시대에 대한 사회학자들의 관점을 그는 이렇게 요약했다.

> 프랑스 이론가들은 불안정성을 말하고, 독일 이론가들은 불확정성과 위험사회를, 이탈리아 이론가들은 불안을, 영국 이론가들은 불안정을 말한다. …… 이 개념들이 파악하고 명확히 발언하고자 하는 현상은 (지위와 자격과 생계의) 불안정성과 (이것들이 지속되고 미래에도 안정적일지에 대한) 불확실성, 그리고 (일신상의, 우리 자신을 포함한 우리의 연장선에 있는 것들, 즉 소유물, 이웃, 지역사회의) 불안함을 결합한 것이다.[293]

이처럼 개인은 분열된 정체성과 실존적 불안정성 때문에 혼란과 고립을 경험한다. 생존을 위한 치열한 경쟁은 삶의 피로도를 가중시키며, 모든 것을 혼자 해결해야 하는 개인에게 닥칠 외로움과 고독은 심화될 수밖에 없다. 이러한 측면에서 현대인의 소외와 고독은 서구 개인주의가 가져온 필연적 결과이다. 데이비드 리스먼(David Riesman)이 말한 것처럼, 현대인들이 느끼는 '군중 속의 고독(The Lonely Crowd)'[294]은 시대의 필연적 산물이 되었다.

2. 도시화와 세속화

인간의 소외와 불안정성에 대한 이해는 도시화된 삶의 특성과 깊은 연관성을 가진다. 길버트 빌지키언(Gilbert Bilezikian)은 현대인의 소외 문제를 삶의 기초단위가 되고, 안정의 기반이 되는 가정 공동체의 해체로부터 발생했다고 믿는다. 가난과 생계의 문제를 해결하기 위해 척박한 농촌을 떠나 거대 도시로 향했던 이주의 물결 속에서, 개인은 이제 물질 중심적 삶이 가져올 다양한 도전들을 맞이하게 되었다. 그리고 그 결과는 아주 냉혹했다. 빌지키언은 이러한 현상을 다음과 같이 기술했다. "산업적으로 발전된 나라의 가정들은 이혼, 자녀 유기, 가정 내의 학대, 도덕적 상대주의, 물질주의, 이상의 상실 등으로 인한 현대 생활의 압력 때문에 연속적으로 붕괴되고 있다."[295]

하비 콕스는 도시화라는 구조 안에서 발생하는 다양성과 전통의 붕괴가 초래하는 심각한 문제를 비인격화와 연결해서 설명했다. 즉, 관계 중심적 삶에서 기능적인 형태로 삶의 중심이 이전되면서, 도시인들은 심각한 비인격화를 경험한다는 것이다. 그러면서 홀로 삶을 개척하고, 생존을 위해 매달려야 하는 개인은 더욱더 자신을 보호하려는 경향성을 가질 수밖에 없게 된다. 자연스럽게 사생활과 공적 생활의 영역을 구분하고자 하는 무명성(Anonymity)과 편리와 풍요를 위해 언제든 떠날 수 있는 이동성(Mobility)이 강화된다.[296] 결과론적으로, 현실 사회는 '그것이 어떤 효과가 있는가?'를 묻는 실용주의(Pragmatism)와 성전 밖(Out of the Temple), 즉 종교적 관점을 제거해 버리는 불경성(Profanity)을 기초로 한 세속적인 사회로 귀결되게 된다는 것이다.[297] 도시화는 필연적으로 세속화와 깊은 연관성을 가질 수밖에 없다고 그는 보았다.

그렇다면 세속화란 무엇인가? 콕스는 세속화를 "역사적 과정 속에서 사회와 문화를 종교적 지배, 폐쇄적인 형이상학적 세계관으로부터 구출해 내는 것이다"라고 정의했다. 그는 세속 사회의 세대는 전혀 종교가 없는 시대가 될 수도 있을 것이라고 보았다. 또한, 세속화의 과정에서는 종교를 무시하는 차원이 아닌 종교를 상대화시킴으로써, 전통적 종교의 역할이 급격히 약화될 것이라고 전망했다. 종교는 살아남기 위해 변화를 도모할 것이고, 세속화에 위협이 되지 않는 선에서 적응을 시도하게 되며, 이는 곧 종교의 근본적인 변화를 초래하는 결과로 이어질 것이라고 예상했다. 당연히 크리스텐돔 시대의 종교적 영향력은 더 이상은 발휘할 수 없을 것이라고 그는 전망했다.[298] 이런 맥락에서 콕스는 종교, 특히 교회가 도시화와 세속화가 지닌 속성에 대한 분명한 이해와 직시를 요구했다. 과거 지향적이며 자기 보존적인 성향을 제거하고 하나님의 계속된 활동에 민감하게 반응하는 과정이 필요함을 역설했다.[299]

물론 21세기의 도시 사회는 콕스가 전망했던 것보다 훨씬 더 복합적인 형태로 변화하고 있다. 밀도(Density)와 다양성(Diversity), 복잡한 사회구조(Complex Social Organization)[300]로 대표되는 도시의 삶은 하비 콘(Harvie M. Conn)과 매뉴엘 오르티즈(Manuel Ortiz)가 명시했듯이, '종교적인 혼합주의', '오직 절망만을 아는 사람들', '보호와 안정성을 빼앗긴 세대', '일탈된 하위문화', '부의 불균형', '사회경제적 차이' 등의 부정적 꼬리표가 따라다닐 만큼 힘겨워 보이는 것이 사실이다.[301]

3. 소속과 관계에 대한 목마름

그렇다고 해서 현대의 변화를 부정적으로만 볼 수는 없다. 클레이 셔키(Clay Shirky)는 오늘을 혁명의 시대로 묘사했다. 무엇보다 웹 2.0 시대의 기술은 대중의 참여를 유도하고 공유와 협력, 함께 행동할 수 있는 능력을 획기적으로 개선해 주는 역사에 길이 남을 변화라고 말했다.[302] 실제로 우리는 세계화(Globalization)의 영향으로 이 세계가 얼마나 작아져 가는지, 또 얼마나 편리하게 서로가 하나의 네트워크로 연결될 수 있는지를 체험하고 있다. 사람들은 이제 시간과 공간의 한계를 뛰어넘어 언제 어디서든 서로 이어져 소통할 수 있다. 특히 페이스북과 트위터 같은 소셜 네트워크와 스마트폰의 등장은 24시간 365일 어느 때, 어느 장소에서도 연결될 수 있는 혁신적 진화를 가져왔다.

이런 변화가 초래한 결과 중 하나는 사람들이 만나고 교류하는 장이 변화되었다는 점이다. 이제는 많은 사람이 온라인 커뮤니티에서 다양한 활동과 관계를 형성한다. 당연히 온라인에서 형성되는 관계는 과거와 전혀 다른 방식을 띤다. 여기서 주목해야 할 사실 중 하나는 온라인 커뮤니티의 중심이 누구인가 라는 점이다. 그것은 다름아닌 '참여자' 자신이다. 기존의 전통적 방식은 상호관계가 중요했다. 그러나 온라인상에서는 자기 자신이 세상의 중심이 된다. 대부분의 사이버 공동체는 개인의 기호와 관심에 의해 가입과 탈퇴가 결정된다. 본인이 원하는 사람을 선택하고, 원하지 않을 때면 언제는 손쉽게 관계를 단절할 수 있다. 이는 믿음과 신뢰, 사랑과 헌신에 의해 유지되는 공동체가 아니다. 오직 개인의 만족과 호기심에 기초한 새로운 세상이 열린 것이다. 지금 이 순간에도 현대인들은 소속과 관계를 형성하기 위해 컴퓨터와

핸드폰을 붙잡고 살아간다. 그렇지만 그들은 여전히 외롭고 불안하고 목마르다. 많은 팔로워 수가 개인의 실존을 지탱해 줄 만큼 충분한 안정과 소속을 제공할 수는 없기 때문이다.

현실에서 경험되는 실존의 위기는 집과 고향을 떠나 디아스포라적 삶을 살아가고 있는 많은 사람의 공통적 모습이다. 분산화와 가족의 해체를 통해 돌아갈 고향을 잃은 현대인들은 과도(過渡)적 상태에서 느끼는 불안감을 경험한다. 에릭 홉스봄(Eric Hobsbawm)은 이러한 현실을 다음과 같이 평가했다.

> 사회학적 의미에서의 공동체들이 실제 삶에서 찾아보기 힘들게 된 최근 수십 년 동안처럼 '공동체'라는 말이 무분별하고도 공허하게 남발된 적은 없을 것이다.[303]

사람들은 확실하고 영속적인 소속 집단을 찾고 있다. 그러나 우리가 상상하고 기대하는 그러한 방파제는 산산이 부서져 버렸고, 사람들은 자신의 인생을 강타하는 파도 앞에 속수무책이 되었다.[304] 소속과 관계에 목마른 세대, 신기루와 같이 존재했다가 사라지는 허무의 관계가 아닌 진정한 공동체에 대한 갈망을 사람들은 품고 있다. 그렇다면 진정한 공동체는 어떠한 모습일까? 사회학자들은 진정한 공동체를 소속감과 상호의존적 관계에서 찾는다. 로버트 퍼트넘(Robert Putnam)은 그의 저서 "Bowling Alone(나 홀로 볼링)"에서 공동체의 건강, 교육적 성취, 지역 경제의 힘, 다른 공동체적 복지 등은 그 공동체 안에 존재하고 있는 사회적 자본(Social Capital)의 수준에 의해 결정된다고 밝혔다. 즉, 개인들의 연계와 이를 통한 사회적 네트워크, 그리고

서로에 대한 신뢰가 형성될 때 진정한 공동체는 회생할 수 있다는 것이다.[305]

우리는 여기서 아주 중요한 선교적 접촉점을 발견하게 된다. 그것은 현시대가 만들어 놓은 인간관계의 한계에 대한 인식으로부터 시작된다. 즉, 파편화되고 죄로 물든 세상 속에 홀로 외로움과 고독을 느끼는 인간의 한계를 인식할 때, 선교적 접촉점은 발생한다. 현대인의 심연에 감추어진 참된 공동체에 대한 갈망과 진정한 관계 형성이 이루어질 수 있는 신뢰를 제공할 수 있는가가 관건이 되는 것이다.

4. 파편화된 교회

그렇다면 과연 교회는 세상 사람들에게 진정한 소속감과 하나 됨에 대한 소망을 제시하는 공동체가 되고 있는가? 또한, 교회는 본질상 자기 자신이 공동체성에 기초해 존재하고 있으며, 그 존재 양식으로부터 흘러나오는 영향력을 통해 세상의 변화를 촉진하고 있는가?

아쉽게도 오늘날 많은 교회는 더 크고, 더 편리하며, 더 효율적인 가치 아래 모든 것을 제공하려는 백화점식 서비스를 지향한다. 맥닐은 그 이유를 교회에 대한 이해가 사람(Who)이 아닌 무엇(What)으로 변질되었기 때문이라고 말했다. 이는 사람으로서 교회를 이해했던 신약성경의 가르침과 정면으로 대치되는 것이다. 신앙 공동체는 세상을 향한 예수님의 지속적인 성육신이 이루어지는 통로이다. 그러므로 그 공동체는 유기체적으로 예수님과 연결되어 있을 때에만 그 생명력을 가진다. 그러나 안타깝게도 오늘날 교회의 현실은 많은 경우 종교기관 그 이상의 의미를 제공하지 못한다. 대부분의 교회는 제도화 과정을 거치면서 종교의식으로서의 모임과 예배, 그리고 사람들의 필요에 부응하기 위한 프로그램을 제공하는 기능적 측면에 사역의 초점을 기울이고 있다. 수많은 교회가 경쟁적으로 더 나은 교회가 되기 위해 노력하고 있는 사이, 교회는 어느덧 소비자 중심적 서비스를 제공하는 영적 기관으로 전락하고 말았다.[306]

북미를 중심으로 일고 있는 대형교회운동(Megachurch Movement)은 이러한 흐름을 보여 주는 단적인 예라 할 수 있다. 물론 대형교회 그 자체를 두고 옳고 그름을 판단하는 것은 바람직하지 않다. 스콧 써마(Scott Thumma)와 데이브 트라비스(Dave Travis)는 대형교회일수록 지역 공동체에 더 많은 선행을 베풀고, 전통적 기독교 신앙과 성도들의 헌신을 강조하며, 다양성과 매력적 요소를 많이 지니고 있다는 연구보고를 제시하기도 했다. 따라서 작은 교회들이 건강성과 효율성을 위해 배울 것이 많다고 그들은 보았다.[307] 실제로 작은 교회들은 미국의 경우 0.3%에 국한된 대형교회들을 배우고 모방하려는 노력을 기울인다. 물론 그 안에는 대형교회처럼 되고자 하는 열망도 깔려 있다. 그러나 대형교회가 가지고 있는 화려한 이면 뒤에 감춰진 또 다른 현실은 어떠할까? 에디 깁스는 대형교회의 성장은 주위의 작은 교회들에 의해 제공되는 공급시스템(Feeder System)에 상당히 많은 부분을 의존하고 있음에 주목한다. 즉, 성장의 대부분은 이미 더 작은 교회(이들 중 대부분은 100명 이하의 작은 교회들이다)에 출석하고 있던 기존 성도들의 전입에 의해 이루어지고 있다는 점이다.[308] 우리는 여기서 제도화된 교회가 지닌 모순적 자화상을 발견하게 된다. 작은 교회들은 대형교회를 닮기 위해 노력하고, 대형교회들은 작은 교회들의 자양분을 먹고 성장하는 기현상 말이다.

이 시대의 교회는 스스로 참된 공동체성을 회복해야 한다. 지역과 교단을 넘어 하나 됨의 회복을 이뤄야 한다. 개별 교회들이 함께 협력하고, 동역함을 통해 파편화된 세상을 그리스도의 복음으로 치유하고 화목하게 하는 공동의 사역을 감당해야 한다. 그러므로 공동체로서의 교회에 대한 강조는 성장을 위한 방편이나 슬로건이 아니다. 그것은 교회됨의 원형과 본질이 바로 공동체성에 기초하고 있기 때문이며, 동시에 소속과 하나 됨에 대한 현대인들의 목마름을 이해하고 그에 대한 선교적 대응을 해야 하기 때문이다. 그러므로 우선적 과제는 교회의 공동체성을 회복하는 것이다.

5. 선교적 공동체의 기초

1) 삼위일체 하나님과 교회의 공동체성

"주도 한 분이시요 믿음도 하나요 세례도 하나요 하나님도 한 분이시니 곧 만유의 아버지시라 만유 위에 계시고 만유를 통일하시고 만유 가운데 계시도다"(엡 4:5-6)

교회 공동체성의 기초는 하나님의 존재 양식으로부터 시작된다. 성경은 성삼위되시는 하나님께서 본질상 하나이시며, 동시에 서로 친밀한 교제 가운데 존재하고 있음을 계시하여 준다. 삼위일체가 되신 하나님은 만물을 창조하실 때에도, 죄로 물든 세상을 구원하시는 사역속에서도 하나 됨의 조화를 통해 협력하시며 함께 사역을 완수하셨다. 참여와 협력을 통한 삼위일체 하나님의 공동체적 사역에 대해 빌지키언은 다음과 같이 묘사했다.

> 성부께서 창조 사역의 선두에서 역사하셨지만, 말씀과 성령도 창조 사역 가운데 성부와 함께 임재하고 참여하셨다. 성자께서 구속 사역의 선두에서 역사하셨지만, 성부와 성령도 구속 사역에 아들과 함께 임재하고 참여하셨다. 성령께서 성화(Sanctification) 사역의 선두에 계셨지만, 성부와 성자 역시 성화 사역에 임재하고 참여하셨다.[309]

선교의 하나님은 아들 예수님을 세상에 보내시고, 그 아들은 피조물의 형상을 입고 십자가에 죽기까지 겸손과 순종으로 사역을 감당하셨다. 부활하신 예수그리스도는 아버지 하나님과 함께 성령을 세상에 보내서서 그의 백성들과 함께하며 교회를 세우시고, 그들을 다시 세상에 보내셨다. 본질에서는 하나지만, 그 안에서 또 영원히 세 분이신 하나님께서는 하나 됨을 통해 사역의 역동성과 극대화를 이루어 가신다. 존재로부터 공동체적 속성을 지니신 하나님께서 그분의 형상대로 지음 받은 사람들을 향해 동일한 속성을 부여하신 것은 너무도 당연하다.[310]

이렇듯 하나됨을 통한 공동체로서의 정체성은 부르심을 입은 백성들의 존재 양식이며, 창조주를 경험하고 증거 하는 기본 구조가 된다. 여기서 우리는 세상을 향해 보냄을 받은 존재로서 이중적 차원의 공동체성을 이해해야만 한다. 첫째는 우주적 차원에서의 교회 공동체성의 회복이며, 둘째는 성도들의 하나 됨을 통해 경험되는 지역 교회들의 공동체성에 관한 내용이다.

안타깝게도 많은 교회들이 자기 교회의 성장을 위한 방안으로서 공동체를 다룬다. 그러나 성도들이 아름다운 신앙 공동체를 세우시기 원하시는 하나님의 뜻은 모든 교회들이 우주적 차원에서 그리스도의 몸이 된 교회로 하나 됨을 회복하는 데 있다. 교회의 하나 됨 없이 만물의 창조주이신 하나님의 영광을 드러내는 것은 불가능하다. 이는 전통적으로 참된 교회의 표준이 되어 왔던 니케아 신조(Nicene Creed)에서도 잘 드러난다. 즉, '하나의 거룩하고 보편적이며(공교회이며) 사도적인 교회'로서 교회는 통일성, 성결성, 보편성, 사도성을 지닌다. 물론 이러한 표준이 긴 기독교 시대를 통과해 오면서 때로 교회의 권위와 정당성을 확보하기 위해 오용된 사례가 많았지만, "교회는 그런 속성이 실제로 나타나는 교회가 되어야 한다"[311]는 에버리 둘레스(Avery R. Dulles)의 말은 커다란 공명으로 다가온다. 교회는 삶의 양식을 제외한 추상적인 관념으로만 이해되어서도 안 되고, 정반대로 현상 자체만으로 기술되어서도 안 된다. 참된 사랑의 공동체로 이루어진 그리스도의 몸은 실제적인 표적이 수반되어야 한다.[312] 이러한 측면에서 교회의 연합과 하나 됨은 거룩한 교회로서 만군의 주님 앞에 지리적, 문화적, 인종적, 영적, 수적 보편성을 가지고 세상을 향해 복음을 선포하는 사도성에 기초한다.

또한, 초대교회 때부터 이어진 공동체로서의 자기 고백은 그리스도의 지체로서 하나 됨을 의미하는 중요한 증표였다. 그리스도의 신비한 몸(Mystic Body of Jesus Christ)인 교회는 그리스도를 머리로 하는 신비 안에 존재하는 공동체로서, 같은 생명의 근원과 공동의 사명을 위해 존재한다. 다양한 모습으로 각기 다른 사역을 감당하지만, 궁극적으로는 한 생명을 소유하고, 한 몸으로 존재하는 유기체적 교회(Organic

Church)가 진정한 그리스도의 교회인 것이다.

이러한 면에서, 오늘의 교회는 안타깝게도 기본 토대 자체가 흔들리고 있는 실정이다. 끊임없는 분열을 통해 성장해 온 교회들은 수많은 교단과 분파로 나누어져 각자의 영역을 신성시하고 있다. 인정하고 싶지 않지만, 진리 수호라는 명목 아래 감추어진 다양한 정치적 요인들은 교회의 분열을 가속화하고 정당화시키는 데 여전히 큰 위력을 떨치고 있다. 그런 흐름 속에서 한국 교회의 고질적인 문제인 개교회주의가 나아질 기미는 전혀 보이지 않는다. 소형 교회들은 생존을 위해 몸부림치고, 대형교회들은 끝없는 자기 확장을 마다치 않는다. 'Bigger is better!'[313]라는 근대주의적 가치관에 영향을 받은 교회는 교회성장이라는 가치 아래 수적인 성장 자체를 하나님 나라 확장이라는 개념과 맞바꾸어 버리는 오류에 빠지고 말았다. 즉, 하나 됨과 유기체적 관계를 통해 함께 하나님 나라를 이루어 가는 공동체적 선교(Communal Mission)를 상실한 교회는 그리스도의 신비한 몸으로서 한 공동체를 이루는 아름다움 대신, 경쟁과 마케팅으로 점철된 일그러진 자화상을 지니게 되었다.

하나님의 선교는 교회가 온전히 하나님의 것이 될 때 가능하다. "새 계명을 너희에게 주노니 서로 사랑하라 내가 너희를 사랑한 것 같이 너희도 서로 사랑하라 너희가 서로 사랑하면 이로써 모든 사람이 너희가 내 제자인 줄 알리라"(요 13:34-35)고 이르신 주님의 말씀과 같이, 교회들이 먼저 서로를 사랑하고 섬기고 하나 되는 공동체가 될 때 하나님의 선교는 비로소 시작될 수 있다.

2) 예수님의 공동체 의지

우주적 차원에서 교회의 연합과 하나 됨이 중요한 것은 공동체로 존재하시고 사역하시는 하나님의 본질로부터 흘러나오는 독특한 선교 방식 때문이다. 하나님의 선교 사역은 구약의 이스라엘과 신약의 교회로 대표되는 구별된 집단과 함께 이루어진다. 그렇다면 세상의 많은 백성 가운데 이스라엘 한 민족을 선택해서 구원의 징표로 삼으신 하나님의 의도는 무엇이었을까? 이는 백성이 된 이스라엘이 모든 열방 가운데 징표로서 빛을 발할 때, 하나님을 알지 못하는 사람들이 다른 신들 가운데 참 신이 누구인지를 알고 인식하는 것을 통해 그분께 돌아오게 하기 위함이었다. 결과론적으로 하나님을 알지 못하던 열방이 선택된 백성 이스라엘을 통해 하나님의 영광에 참여할 기회를 얻게 되는 것이었다.[314]

이러한 사상은 예수그리스도의 사역에도 그대로 계승되었다. 예수님은 놀랍게도 다수를 향한 사역 대신, 소수의 제자를 모으고 훈련하심을 통해 하나님 나라를 전파하였다. 로핑크는 "이스라엘 전체가 자기의 호소에 불응하는 그때에도 예수님은 공동체 사상, 즉 하나님의 통치에는 한 백성이 있어야 한다는 생각을 버리지 않으시고, 이제는 자기 제자단에게 집중적으로 주력한다"[315]고 밝히면서, 예수님의 공동체 의지가 얼마나 강경했었는지를 피력했다. 사실 선택된 열두 제자들은 이스라엘을 대표하는 상징이며, 더 넓은 차원에서 만민을 위한 구원의 보편적 징표로 이해될 수 있다. 구약의 하나님이 이스라엘을 매개로 하나님의 사랑과 구원의 계시를 세상 가운데 이루고자 하셨던 것처럼, 예수님은 완고한 태도로 복음을 거부하는 이스라엘 대신, 더 작은 무리인 제자 공동체를 통해 하나님 나라의 모형을 보이시고 실현하고자 하셨다.

선교는 하나님 나라의 복음을 통해 이 땅에서 그분의 통치를 회복시키는 사역이다. 그렇기에 예수님의 공동체는 하나님 나라의 모형이 되며, 이는 오늘날도 마찬가지이다. 그들이 얼마만큼 하나님의 통치하심을 드러내고 있는가와 하나님의 통치권에 의해 그분의 백성들이 얼마나 장악되고 있는가가 선교의 가능성을 결정하는 주 요소가 된다. 적어도 하나님의 나라가 사회적 연계 속에서 성도의 삶과 행실을 통해 표출된다고 할 때, 하나님의 백성이 진정한 공동체를 이루지 못하고 그분의 통치하심을 스스로 증명할 수 없다면, 복음은 더 이상 가치를 드러낼 수 없게 될 것이다.

3) 예수님의 새로운 공동체

우리는 이 지점에서 신앙 공동체의 정체성에 대한 본질적 질문을 다시 하게 된다. 예수께서는 소수의 제자를 부르시고 그들과 동고동락하시면서 기존의 가치관과는 전혀 다른 하나님 나라의 삶의 방식을 가르치시고 보여 주셨다. 그 속에서 그리스도는 하나님의 임재와 통치를 드러내실 뿐만 아니라, 그로 인해 제자들의 신앙이 더욱 강화되기 원하셨다. 믿는 자들이 구별된 공동체가 되기를 원하셨다.

이처럼 하나님의 통치를 경험하고 하나님 나라의 가치로 무장된 사람들을 예수님은 다시 세상으로 보내신다. 사실 세상에서의 교회됨에 대한 이해는 시대마다 그 해석적 차이를 달리해 왔다. 교회가 세상의 중심이었던 시대에는 교회와 하나님 나라를 동일시하던 '영광의 교회론(Ecclesiologia Gloriae)'이 주를 이루었다. 반대로 이에 대한 비판이 최고조에 이르렀을 때는 세속적 적응을 강조하며 자신의 존재를 스스로 감추어 버리는 교회론이 힘을 얻기도 했다. 전자처럼 구원의 방주로서 교회를 절대화시키는 것도, 교회됨의 고유한 형식과 사명을 포기하고 세상과 동화되려는 후자의 시도도 모두 바른 성경적 교회론은 되지 못했다. 그렇다면 세상에서 교회는 어떤 모습으로 존재해야 하는가?

이에 대해 데이비드 보쉬는 "세상과의 관계에서 교회는 이론적인 존재인 동시에 실제적이고 사회적인 존재임을 기억해야 한다"고 말한다. 교회 자체의 규율과 기준만을 중요시하며 이론에만 입각해서 생각한다면, 교회는 사회와의 관계성을 상실하고 말 것이기에 '세상 안에서 존재하되 세상의 것이 되지 않는 것'이 교회의 정체성을 형성하고 유지하며, 세상을 섬기는 사역에 있어 중요한 기초가 된다.

예수님의 공동체는 이러한 사역에 가장 적합한 모델이다. 보쉬는 당시 현존해 있던 다른 공동체들과의 비교를 통해 예수님과 제자 공동체가 가진 특성을 다음과 같이 밝혔다.

첫째는 사두개인들과 헤롯인들이 제시한 모델이었다. 이 모델의 초점은 현상 유지에 있었다. 그들은 정치 사회학적인 틀 안에서 활동하면서 자신들의 기득권을 지키기 위해 철저히 현실주의적 방안에 집중했다. 당연히 사회적 문제와 부패, 부정에 대해 비평적 관점을 견지하지 못하는 치명적 약점을 노출했다.

둘째는 유대교 열심당원 모델이었다. 이들은 사회 종교적 문제들에 대한 비판을 가했을 뿐 아니라 무력적 혁명을 통해 새 사회를 만들고자 하였다.

세 번째는 에세네파 모델이다. 이들은 사막에 거하면서 구별과 거룩을 추구하였다. 자신들의 믿음을 지키고자 부패한 세상으로부터 분리되려 했지만, 현실 문제에 대해서는 철저히 외면하는 자세를 견지했다.

네 번째는 바리새인들이 제시한 모델이었다. 흑백논리에 기초해 성과 속을 구별하고, 이를 통해 자신들의 경건을 돋보이게 하려는 자들이었다. 당연히 이들에게 비친 예수님의 모습은 성과 속의 구별을 명확히 하지 않으면서 더러운 죄인들과 상관하는 저속한 자 그 자체였다.

그러나 이러한 모습들은 예수께서 이 땅에 오셨던 당시에만 국한된 모델이 아니었다. 당시 사회에 순응하며 현상유지를 지향하는 사람들, 혁명을 통해 변화를 추구하는 사람들, 세상과 상관없이 초월적 영성을 추구하는 사람들, 그리고 경건주의에 치우쳐 흑백논리로 사회와 문화를 정죄하는 사람들은 역사 속 어디에서나 존재해 왔던 모습이다.

그렇다면 예수님의 선택은 어디에 있었을까? 예수께서는 기존에 있었던 어떤 방식도 취하지 않으셨다. 그분의 선택은 자신의 시간과 힘을 투자하여 제자들을 세우시고, 그들을 통해 '새로운 공동체'를 형성하는 것이었다. 기존 질서를 두려워하지도, 타협하지도 않으면서 새로운 방식을 추구했던 예수님의 공동체는 유대인들과 로마인들 모두에게 환영받지 못했다. 결국, 그들은 거부를 당했으며, 나중에는 그 존재 자체만으로도 참기 힘든 분노의 대상이 되고 말았다.

그러나 더 놀라운 점은 예수님의 공동체가 그들에게 공식적인 반기를 들거나 정치적 혹은 종교적 도발 행위를 실행한 적이 전혀 없었다는 사실이다. 오직 예수님으로부터 전파된 하나님의 말씀과 가치를 받아들이고, 새로운 삶을 향해 그것들을 철저히 적용했을 뿐이었다. 물론 산상수훈을 통해 선포된 하나님 나라의 윤리는 기존 세속 사회가 지향해 왔던 삶의 방식과는 전혀 다른 형식과 행동을 의미했다. 어쩌면 타협과 거부를 통해 왜곡된 삶에 익숙해졌던 기존 사람들에게는 예수님이 제시한 새로운 방식이 혁명처럼 느껴질 수도 있었을 것이다.

그런데 여기에서 복음의 능력이 드러난다. 제자들은 단지 선포된 하나님 나라의 가치에 충실한 삶을 살고자 노력했을 뿐이었다. 그러나 그들의 삶의 방식은 기존의 정치, 종교, 사회적 제도들이 견딜 수 없을 만큼 큰 분노를 일으켰다.[316] 그러므로 우리가 배워야 할 사실은 무엇인가? 예수님의 공동체는 오직 하나님 나라의 가치를 따라 살 때, 세상을 자극하고 새로운 변화로 이끌어 낼 수 있는 능력을 발휘할 수 있다는 분명한 진리를 기억해야 한다.

6. 선교적 공동체의 특성

'교회가 교회된다'는 것의 의미는 무엇일까? 비즈니스 모델에 기초해 효과적인 매니지먼트를 실행하고, 이를 위해 다양한 경영 기술과 손익을 계산하여 교회의 역동성을 간주하는 오늘날의 상업적 모습은 적어도 예수님이 제시한 교회의 본질과는 거리가 먼 모습임이 틀림없다. 교회는 오직 예수그리스도를 통해 계시되고 전해진 하나님 나라의 말씀과 가치에 충실하고, 그에 근거해 사는 공동체가 되어야 한다. 바로 그것이 부패와 거짓에 찌들어 참된 진리를 구별하지 못하는 세상 속에 보냄 받은 교회의 존재론적 역할이다. 이를 통해 하늘의 질서를 잃어버린 세상은 큰 도전과 위협을 느끼게 된다. 그러므로 그리스도의 공동체는 '새로운 공동체'로서 이 세상에 속해 있어야 한다. 그러나 이 세상에 잠식당하지 않는 이유는 궁극적으로 '다가올 새 세상', '새로운 세대', '새로운 체제'에 속해 있는 하나님의 백성이기 때문이다. 보쉬는 그러한 측면에서 '새로운 공동체', '대안 공동체'로서의 교회를 제시하였다.

1) 대안 공동체

성경에 나타난 대안 공동체로서의 교회의 모습은 세상의 소금, 빛, 그리고 산 위의 도시라는 상징을 통해 더욱 명확히 계시된다.

> "너희는 세상의 소금이니 소금이 만일 그 맛을 잃으면 무엇으로 짜게 하리요 후에는 아무 쓸 데 없어 다만 밖에 버려져 사람에게 밟힐 뿐이니라 너희는 세상의 빛이라 산 위에 있는 동네가 숨겨지지 못할 것이요 사람이 등불을 켜서 말 아래에 두지 아니하고 등경 위에 두나니 이러므로 집 안 모든 사람에게 비치느니라 이같이 너희 빛이 사람 앞에 비치게 하여 그들로 너희 착한 행실을 보고 하늘에 계신 너희 아버지께 영광을 돌리게 하라"(마 5:13-16)

이처럼 교회는 세상의 소금으로서 맛을 내며 썩어 부패하는 것을 방지하는 역할을 감당해야 한다. 로핑크는 "교회는 거룩한 하나님 백성으로서 세상 안에서 이미 그 존재 자체만으로도 여느 세상을 성화할 임무를 가지고 있다"[317]고 해석했다. 빛과 도시의 표상 또한 마찬가지다. 교회는 빛 된 존재로서 어둠을 밝히고, 하나님 나라의 방식에 따라 살아가는 제자 공동체로서 세상의 많은 도시 중 하나가 아닌, 모든 산 위에 우뚝 솟아 이방 민족들에게 빛을 발하는 도시가 되어야 한다. 이러한 의미에서 오늘날 교회가 세상에서 소금과 빛의 역할을 하고 있지 못하다는 비판은 본질적인 차원에서 교회의 존재됨에 대한 재고를 요청한다. 이는 하나님의 백성인 교회가 그분의 뜻이 아닌, 다른 무언가에 의해 살아가고 있음을 반증하는 증거가 되기 때문이다. 대안 공동체로서의 가치를 상실하고, 세속화의 물결에 잠식되어 버린 교회는 소금으로서의 짠맛을 잃어버릴 뿐 아니라, 세상을 향한 선한 빛도 발산하지 못하게 된다. 결과적으로 그런 교회는 쓸모없는 존재가 되며, 세상 사람들로부터 멸시를 받을 뿐 아니라 하나님의 구속과 영광을 드러내는 사역도 실현시킬 수 없는 존재로 전락하게 된다.

2) 존재와 실천의 공동체

존 드라이버(John Driver)는 메시아닉 공동체인 교회의 존재 양식이 모든 열방 중에 가시적인 방식으로 그리스도의 새로운 세대가 회복되고 있음을 알리는 상징이 되어야 한다고 말했다. 즉, 하나님의 백성이 모인 교회가 세상을 구원하고자 하시는 하나님의 의도를 나타내는 도구가 되어야 한다는 것이다.[318] 그러므로 교회는 지상의 소금으로, 세상의 빛으로, 드넓게 빛을 비추는 도시가 되기 위해 주어진 이중적 사명을 인식해야 한다. 그것은 세상 속에서 하나님 나라의 가치를 따라 삶으로 드러나는 존재론적 사역과 진정한 회복 및 구원이 필요한 세상을 위한 실천적 사역을 가리킨다. 여기서는 하나님의 거룩을 추구하며 동시에 세상을 사랑하는 사역을 이루는 것이 중요하다. 우리는 거룩한 존재로서 하나님 앞에 모여 예배하는 공동체가 되며, 동시에 세상을 섬기는 사역을 통해 봉사하는 공동체가 되어야 한다. 교회가 서로 하나 되고 협력함을 통해 왜곡되고 부패한 사회 속에서 하나님의 뜻을 구현하며, 하나님 나라의 정의와 화해가 이 땅에 이루어질 수 있기를 지향해야 한다. 이를 위해 "교회는 그 자신이 세상이 되어서는 안 되고, 세상 안에서 번영해서는 안 되며, 교회 본연의 모습을 간직해야 한다."[319] 오직 교회는 세상 한가운데서 세상의 법이 아닌, 하나님의 통치 아래 사는 삶을 통해 복음을 증거 하는 사명을 수행해야 한다.[320]

3) 성령의 공동체

교회는 세상을 향한 표지로, 선험(先驗)으로, 하나님의 사랑과 용서의 도구로서 세상 사람들이 보고 경험할 수 있는 그리스도의 가시적 공동체이다. 따라서 그리스도인들이 아름다운 공동체를 형성하는 것은 선택사항이 아니라, 성도들의 신앙 고백적 삶의 열매이며 사명이다.[321] 문제는 그러한 공동체가 인위적인 프로그램이나 형식에 의해 만들어질 수 없다는 점이다. 진정한 십자가의 사랑으로 원수를 용서하고, 남을 나보다 낫게 여기며, 복음을 위해 기꺼이 자신의 생명을 드리는 제자들의 공동체는 오직 성령의 능력을 통해서만 세워진다. 같은 맥락에서 그리스도인의 '정체성(Who They Are)'과 '특성(How They Are)', '동기(Why They Are)'와 '소명(What They Do)'도 역시 인간의 의도와 노력이 아닌 성령에 의해서 형성된다. 성령은 성도 한 사람 한 사람을 거룩한 존재로 구별하여 부르셨을 뿐 아니라, 공동체로서 그들을 모으고, 훈련하며, 무장하고 동기를 부여하시는 주체가 되신다.[322]

오순절 초대교회의 공동체는 바로 그러한 변화의 표본이었다. 뜻하지 않던 예수님의 죽음 앞에 선 제자들의 상황을 돌이켜 보라. 극심한 두려움과 혼돈에 빠진 제자들에게 남겨진 선택으로는 과거로의 회귀 이외엔 다른 방법이 없어 보였다. 그러나 강력한 성령의 임재와 함께 제자들의 삶은 급격하게 변화되었다. 외적인 상황은 여전히 적대적이고 위협적이었지만, 그들은 담대하게 세상으로 나아갔다. 새로운 가치와 질서를 추구하게 된 제자 공동체는 예수님과 하나님 나라를 대변하는 대리자로의 삶을 살게 되었다. 사도행전에 묘사된 제자들의 삶을 보라. 성령의 능력이 아니면 과연 무엇이 이러한 변화를 설명할 수 있겠는가?

"믿는 사람이 다 함께 있어 모든 물건을 서로 통용하고 또 재산과 소유를 팔아 각 사람의 필요를 따라 나눠 주며 날마다 마음을 같이하여 성전에 모이기를 힘쓰고 집에서 떡을 떼며 기쁨과 순전한 마음으로 음식을 먹고 하나님을 찬미하며 또 온 백성에게 칭송을 받으니 주께서 구원 받는 사람을 날마다 더하게 하시니라"(행 2:44-47)

희생적 사랑과 서로에 대한 지지를 통해 진정한 코이노니아(Koinonia)가 형성된 초대교회 성도들은 자신(Self)을 초월하여 서로 협력하고, 하나 되는 공동체로 변모되었다. 그러나 이 스토리의 반전은 여기서 그치지 않는다. 이야기의 절정은 예수님을 배척하고 십자가에 못 박아 죽이기까지 했던 세상 사람들이 날마다 그 수가 더하여 주께 돌아오는 장면에서 드러난다. 제자들의 삶이 공동체적 가치에 의해 형성되고, 하나님의 나라가 실제적이고 가시적인 형태로 삶 속에서 드러나게 되었을 때 구원의 기적은 발생했던 것이다.

4) 급진적 공동체

성령님이 함께하는 공동체는 세상과 구별되는 용기를 가진다. 그런 측면에서 스텐리 하우워어스는 "진정한 교회의 역할은 세상 속에서 위험을 기꺼이 감수하는 사람들을 만들어 내는 것"이라고 말했다. 그는 폭력이 난무하는 세상 속에서 평화를 실현하고, 경쟁에 찌든 사회 속에 샬롬을 구현하며, 회의주의와 거친 사랑이 요동치는 문화 속에서 신실한 사랑을 드러낼 수 있는 용기와 실천적 삶이 얼마나 중요한가를 변증하였다.[323] 이런 차원에서 볼 때 선교적 공동체의 목적은 더욱 분명해진다. 데럴 구더는 "선교적 공동체의 목적은 성령의 능력을 통해 예수그리스도 안에 거하는 사회적 실재(Social Reality)로서 새로운 정체성과 비전, 삶의 방식을 통해 급진적 소망의 원천이 되는 것이다"[324]라고 말했다. 그러므로 진정한 그리스도의 공동체는 세상으로부터 교회를 지키려는 수동적 태도 대신, 세상을 향해 나아가는 노력을 기울여야 한다. 복음의 능력이 어떻게 개인과 공동체를 변화시켰는지를 가시적으로 드러내고, 그들이 주의 품으로 돌아올 수 있도록 공간을 만들며 참된 회복의 경험을 제공하는 것이 선교적 공동체의 주요 사명이다.

따라서 교회는 세상에 보냄을 받은 사명을 회복하고, 피 묻은 복음을 들고 세상 속에 들어가 잃어버린 영혼을 찾고 그들이 예수그리스도와 온전한 화해를 이루는 회복을 꿈꾸는 백성들, 즉 십자가의 영성으로 똘똘 뭉친 그리스도의 정예부대로 이루어진 선교적 공동체가 되어야 한다.

7. 선교적 공동체의 실현

선교적 교회는 공동체적 기반과 사역을 통해 가시화될 수 있다. 우주적 차원에서 그리스도의 지체임을 증거 하는 교회들이 하나의 공동체가 되어 협력하지 못할 때, 교회는 세상에서 빛과 소금의 역할을 감당할 수 없다. 지역교회도 마찬가지다. 신앙 공동체에 속한 성도들이 각자에게 주어진 사역을 감당하되, 하나됨을 이룰 때 그리스도의 몸은 건강하게 세워질 수 있다. 작고 연약한 지체라 할지라도 무가치한 존재는 없다. 크고 작은 지체들이 함께 하모니를 이루고 주어진 역할을 아름답게 감당할 때 그리스도의 신비한 몸인 교회는 공동체로서 온전히 세워지게 된다. 그러므로 진정한 신앙 공동체는 하나님의 통치를 추구한다. 그 속에서 성도는 그리스도의 깊은 은혜와 사랑, 진정한 섬김과 화해, 용서와 회복을 경험한다. 이렇게 삶의 변화를 경험한 사람들에 의해 하나님의 나라는 가족과 이웃, 친구와 동료, 주님의 사랑이 필요한 사람들에게 확장될 수 있다.

따라서 참된 공동체는 선교 사역을 촉진한다. 오늘 우리의 과제는 파편화된 세상을 살아가는 성도들이 어떻게 진정한 공동체를 경험하게 할 것인가, 그리고 그 공동체적 경험이 효소작용을 일으켜 세상을 섬기는 풍성한 열매로 어떻게 연결될 수 있을 지를 찾아내는 것과 연결된다. 우리의 사명은 예수님의 진정한 공동체를 회복하는 것으로부터 시작되어야 한다. 그런 측면에서 제임스 스미스(James Bryan Smith)가 제시한 8가지 교회 공동체의 모습은 우리 교회의 모습을 진단하고 측정하는 좋은 지표가 될 수 있다: (1) 구별된 공동체(Peculiar Community), (2) 소망 공동체(Hopeful Community), (3) 섬김 공동체(Serving Community), (4) 예수 중심 공동체(Christ-Centered Community), (5) 화해 공동체(Reconciling Community), (6) 격려 공동체(Encouraging Community), (7) 나눔 공동체(Generous Community), (8) 예배 공동체(Worshiping Community).[325]

진정한 그리스도의 공동체에는 참된 아름다움이 있다. 그 속에는 감동이 있고 회복이 있다. 세상 어디에서도 경험할 수 없는 진정한 소망과 섬김이 있고, 화해와 격려가 있다. 형제를 사랑하되 내 몸같이 사랑함으로써 나눔을 실행하고, 참된 예배를 통해 그리스도를 높이는 예수 중심 공동체가 된다. 그리하여 세상의 방식과 구별됨을 통해 진정한 아름다움을 제시한다. 이 모든 것들이 하나님의 통치하심이 이루어지는 그곳에서 경험되는 은혜요, 선물이며, 하나님의 나라를 꿈꾸며 세상을 변화시키기 위한 선교적 파송이 지속해서 이루어지는 공동체이다. 그것이 자신의 백성들을 세상으로부터 부르셔서 교회를 만드시고, 그 안에서 진정한 공동체를 체험하게 하시며, 다시 그들을 세상으로 보내신 이유이다. 공동체로서의 교회는 이러한 의미에서 세상을 위한, 세상을 향한 선교적 공동체로 존재한다.

그렇다면 이러한 선교적 공동체는 어떻게 실현될 수 있는가? 그 기초와 사역 원리를 알아보자.

1) 선교적 공동체의 초점

먼저 하나님 나라의 꿈을 꾸고 그분의 선교에 동참하는 데 필요한 과제는 무엇일까? 첫 번째 출발은 바른 질문을 하는 것에서부터 시작된다. 데이비드 플렛(David Platt)은 대형교회로서 부족할 것 하나 없어 보이던 부룩힐즈 교회(The Church at Brook Hills)에 부임한 후 전통적 교회를 선교적 공동체로 변화시키기 위해 다음과 같은 질문을 던졌다.

> 어떻게 하면, 교회 울타리 속에 있는 하나님의 백성들을 일깨워서, 하나님 말씀을 가지고, 성령 안에서 온 세상에 하나님의 영광을 가득 채우는 일에 참여하게 만들 수 있을까?[326]

이와 같은 본질적 질문 앞에서 플렛은 전통에 기대어 비판없이 진행돼 왔던 기존의 사역 방침들을 재고하기 시작했다. 관행과 전통에 익숙해 있던 성도들과 제도들에 도전하면서, 그는 기존의 것들을 대처할 새로운 사역 패러다임을 다음과 같이 제시하였다.

- 교회에서 하는 좋은 일들이 바른 신앙을 위협하는 가장 무서운 적이 될 수 있다.
- 행위의 올무에서 인류를 구한 바로 그 복음이 또한 그리스도인을 일하게 한다.
- 인간이 아니라 말씀이 일한다.
- 교회를 바로 세우는 사역의 성패는 어리석고 실수가 많은 인간을 두루 활용하는 것에 달려 있다.
- 그리스도인은 세상의 종말을 갈망하며 살아야 한다.
- 그리스도인들은 자아를 내려놓고 자기중심적인 하나님을 따라가는 제자들이다.[327]

플렛은 이 시대의 많은 교회가 하나님이 맡기신 본질적 사명을 망각하고, 교회의 이름으로 '좋은 일들'을 하기에 정신이 팔려 있음을 지적했다. 그는 의심 없이 실시해 왔던 수많은 프로그램들, 그리고 이를 위해 사용된 엄청난 예산들, 더 많은 사람을 모으고 성장하기 위해 추구해 왔던 세련된 스타일과 최고의 서비스, 웅장하고 아름다운 건물과 복잡한 교회의 조직이 하나님 나라의 관점에서 보았을 때는 그저 인간의 열심과 행위에 머물고 말 수도 있다는 사실을 날카롭게 비판하였다. 그리하여 하나님의 자녀로서 좋은 일을 하는 수준에 머물지 말고, 주님을 위해 최선의 길을 선택하자고 주장하였다. 이를 위해 요구되는 것은 무엇인가? 모든 것을 새롭게 시작해야 한다. 하나님의 선교에 신실한 동역자가 되기 위해 모든 것을 원점(Zero Base)에서 다시 시작하는 모험이 필요한 것이다.

이런 측면에서 밥 홉킨스(Bob Hopkins)와 마이크 브린이 제기한 현대 교회의 문제, '오늘날 우리는 하나님 나라의 청지기와 종을 만들기 위해 성도들을 훈련하고 무장하는 일에 실패한 결과로 새로운 생명을 잉태할 능력이 상실된 회중만을 양산하고 있다'는 날카로운 비평을 가슴 깊이 새겨야 한다.[328] 이를 극복하기 위해 지도자들은 교회의 본질 회복과 함께 획일화되고 경직화된 교회 조직을 새롭게 재편성해야 할 과제를 안게 되었다. 모두가 함께 선교에 동참할 수 있는 사역구조를 만들고, 성도 개인이 선교적 제자로 헌신할 수 있도록 도우며 훈련하는 사역에 초점을 맞추어야 한다.

2) 선교적 공동체의 사역 원리

선교적 사역을 감당할 수 있는 공동체적 구조와 원리는 다음 두 가지 측면이 고려되어야 한다.

첫째는 기존의 전통적인 교회구조 내에 있는 소그룹들을 선교적 공동체로 전환하는 방법이다. 여기에는 교회에 존재하는 다양한 형태의 소그룹들, 예를 들어 선교회나 전도회, 혹은 셀이나 구역 모임 등이 포함된다. 이들을 선교적 공동체로 변형시키고 강화할 수 있다면, 이는 매우 효과적인 방안이 될 것이다.

둘째는 현재 영국이나 북미 지역을 중심으로 일고 있는 새로운 형태의 교회 개척 모델을 들 수 있다.[329] 이들은 기존의 전통적 교회와는 달리, 작고 유연한 구조를 지향하면서 선교적 사역을 능동적으로 감당하려는 공동체적 특성을 가진다.[330] 여기서는 될 수 있는 대로 두 구조가 공유할 수 있는 사역 원리들을 살펴보도록 한다.

(1) 선교적 정체성과 소명

선교적 공동체의 기초는 자기 정체성에 대한 확실한 이해와 확립으로부터 시작된다. 당연히 공동체의 궁극적인 목적은 하나님의 선교에 있다. 이 공동체에 속한 지체들은 자신들이 선교로 부르심을 입었다는 사실과 동시에 사역을 실행하는 주체가 됨을 인식한다. 또한, 공동의 목적을 소유함에 따라 이 모임에 속한 지체들은 서로를 격려하고 성장하기 위해 노력한다. 즉, 선교적 초점 위에 자신의 정체성을 확립하고, 실천적 선교 사역을 위해 의도적으로 공동체적 삶을 추구하는 노력을 기울여야 한다.[331] 이러한 노력은 자기 공동체만의 독특한 사역으로 발전되어야 한다. 대부분 북미의 선교적 공동체는 자발적으로 구성되며 사역의 내용 역시 공동체 자체적으로 찾아 실천하는 특성을 보인다. 이것은 공동체로서 부여된 부르심과 사명을 발견할 수 있을 때 가능한 일이다. 교회는 소그룹 공동체가 선교적 공동체로 발전할 수 있도록 토양을 제공하고, 그렇게 구성된 성도들의 소그룹 공동체는 주 중에 공동의 사역을 실천한다. 그러한 공동체가 번식하고 분가하는 과정을 통해 교회의 선교적 역량은 더욱 강화되어 간다.

(2) 선교적 공동체의 규모와 특성

선교적 공동체의 규모는 유동적이다. 적게는 몇 명에서, 많게는 몇십 명에 이르기까지 다양한 형태를 띤다. 구성원들도 공통분모를 가진 특정 성도들의 모임으로 이루어질 수도 있고, 어린이부터 어른들까지 함께 모이는 가족 교회 형태를 띨 수도 있다.

영국을 기반으로 시작하여 현재 북미 지역에서 선교적 운동을 활발하게 하고 있는 '3DM'의 마이크 브린과 알렉스 압살롬(Alex Absalom)은 선교적 공동체를 약 20명에서 최대 50명으로 이루어진 소그룹으로 형성할 것을 제안했다. 이렇게 모인 공동체는 그들이 접근할 수 있는 특정한 이웃을 대상으로 사랑과 섬김을 통해 소통을 시도한다. 무엇보다도 공동체적 가치에 따라 삶을 영유하되, 예수님의 삶과 모범을 좇아 성육신적 사역을 유연하게 시행하는 것이 매우 중요하다.[332]

백 개 이상의 작은 선교적 그룹들로 이루어진 'SOMA' 공동체 역시 유사한 관점을 가진다. 이들은 선교적 공동체에 대한 구체적인 틀을 제시하기 위해 가족(Family), 선교사(Missionaries), 종(Servants), 그리고 배우는 자(Learners)의 용어를 빌어 설명한다. 즉 선교적 공동체는 특정한 지역이나 그룹들에게 복음을 증거 하기 위해 타겟을 설정하되, 배우는 자로서 존재하며(Learners), 삶을 통해 가시적인 형태로 복음을 증거 하고(Servants), 이를 위해 함께 선교적 삶을 살아가는(Missionaries), 헌신적인 성도들(Family)의 모임이다.[333] 소마 공동체는 마이크 브린이 제시한 것보다 더 작은 소그룹을 지향한다. 각 소그룹 공동체는 자체적으로 높은 자율성을 가지고 있지만, 이 그룹들이 서로 지지와 협력을 하도록 다시 지역 단위로 모인다. 주일이면 지역에 있는 공동체가 함께 모여 교회로서 예배하며 리더들의 교육과 지도 아래 신학적인 훈련과 멘토링을 지속해서 받는다.[334]

따라서 선교적 공동체를 형식적으로 규정하는 것은 바람직하지 않다. 오히려 다양한 형식과 규모로 존재하는 것이 선교적 측면에서 훨씬 더 자연스럽다. 획일화된 규모와 모습 대신 선교에 대한 분명한 인식과 목표를 가지고, 그것을 실천할 수 있는 창조적이고 성육신적 전략이 중요한 요소가 된다.

(3) 선교적 공동체의 사역 기반과 균형

선교적 공동체의 사역은 선교적 영성이 내부로부터 형성되어 외부로 흘러가는(Inside Out) 흐름이 만들어질 때 가능하다. 브린과 압살롬은 이를 위해 필요한 세 가지 요소를 제시한다. 첫째는 하나님과의 관계적(UPward) 차원, 둘째는 내부적(INward) 차원, 셋째는 외부적(OUTward) 차원이다. 즉 하나님과 깊은 관계 속에서 성령의 인도함을 받는 민감성과 사랑과 신뢰에 기반을 둔 가족 공동체를 형성하는 것, 그리고 지역 사회에 속해 있는 개인들의 필요와 문제를 이해하고 조직적 차원에서 하나님 나라의 의와 정의를 이루기 위한 사역을 실천하는 것이 병행되어야 한다는 것이다. 'UP-IN-OUT'의 균형은 건강한 선교적 공동체를 이루기 위한 핵심 요소가 된다.[335] 스코트 보렌 또한 유사한 관점에서 세 가지 차원의 관계를 제시하였다. 첫째는 성령의 임재 속에서 경험되는 하나님과의 선교적 일치(Missional Communion)를, 둘째는 신앙 공동체 내에서 경험할 수 있는 아가페 사랑에 기반한 선교적 관계(Missional Relating)를, 그리고 마지막 이웃과의 관계 속에서 실천되는 선교적 연계성(Missional Engagement)을 통해 'UP-IN-OUT'의 균형을 제시했다.

즉, 선교적 공동체로서의 삶은 우리가 무엇을 하느냐에 관한 것이 아니라, 우리가 누구인가로부터 시작된다. 따라서 선교적으로 살아가는 공동체는 존재의 근원이 되시는 하나님과의 관계, 신앙 공동체 내의 성도들 간의 관계, 그리고 교회 밖 사람들과의 관계[336] 형성에 따라 그 진정성이 결정됨을 인식해야 한다.

(4) 선교적 공동체의 리듬

전통적 교회의 사역은 '와서 보라(Come and See)'의 모델을 따른다. 여기서는 예배와 가르침, 친교와 봉사 등 대부분 주요 사역들이 교회 내에서 이루어진다. 그러나 선교적 공동체의 사역은 프로그램이 아닌 삶을 중심(Life-Centric)으로 이루어진다.[337] 여기서는 당연히 참여자들이 경험하는 삶의 내용이 중요한 재료가 된다. 1세기의 예수 공동체를 생각해보라. 주님은 형식화된 가르침이 아닌 식탁의 교제를 통해 삶을 나누고, 비전을 공유하며, 나아가 그 공동체에게 맡겨진 사명을 발견하게 하셨다. 예수님 역시 삶을 통한 선교적 리듬을 제시하였다. 이렇듯 삶을 나누는 주중 모임과 교제는 매우 중요하며, 실제로 대부분의 선교적 공동체들은 적어도 일주일에 한 번 이상의 가정 모임을 갖는다. 함께 모여 식탁을 나눌 뿐 아니라 일주일 내내 함께 연결되어 삶을 공유하고, 선교적 사역을 실시하기 위해 서로 격려하고 응원한다. 주 7일 24시간을 선교적으로 살수 있는 리듬 형성이 중요하다.

(5) 이웃을 향한 사역원리

선교적 공동체의 관심은 세상에 있다. 이들은 일차적으로는 지역 사회 내에서, 그리고 동시에 세계를 품고 섬기는 사역을 추구한다. 그렇다면 지역적 차원에서 선교적 공동체의 사역은 어떻게 실천될 수 있는가? 보렌은 이웃과 지역 공동체에 적용할 수 있는 지침들을 다음 일곱 가지로 제시했다.

첫째, 이웃에게로 나아가라. 이 단계에서는 전도를 위한 적극적 사역 대신 하나님의 임재하심이 어떻게 신앙 공동체 속에서 구현되고 있는지를 보여 주는 노력을 기울인다. 예수께서 사람들과 함께하시며 그들과 함께 먹고 마시고 사셨던 것처럼, 선교적 관계는 사람들이 살고 있는 지역 상황에 깊은 연관성을 맺는 것으로부터 시작된다. 세속적 상황 속에서 살아가는 그리스도인들의 구별된 모습을 통해 사람들은 복음을 단지 귀로 듣는 것에서 그치지 않고, 보고 느끼고 경험할 기회를 얻게 된다. 특히 오늘날과 같이 다원화된 세상 속에서는 구별된 성도의 삶 이외에는 복음을 설득력 있게 증거 할 기회가 없음을 분명히 인식해야 한다.

둘째, 집중하라. 예수께서는 전 인류를 위해 죽음으로써 자신을 희생하여 제물이 되셨지만, 그분의 성육신은 유대의 작은 마을 갈릴리에서 시작되었다. 제자들의 파송 역시 동일한 원리 위에서 이루어졌다(눅 10:1-4). 선교적 연계성을 맺기 위해서는 특정한 시간과 장소를 고려해야 한다. 특정 지역, 특정 대상들에게 찾아가 관계를 맺고 노출됨으로써 그 공동체 안에서 그리스도의 삶을 느끼고 경험할 기회가 제공되어야 한다.

셋째, 평화를 이야기하라. 우리는 이웃들을 향해 어떤 태도를 보여 주어야 할까? 예수께서는 누가복음 10장 5절에서 "어느 집에 들어가든지 먼저 말하되 이 집이 평안할지어다 하라"고 명하셨다. '평안(Peace)'은 '구원(Salvation)'을 의미하고, 이에 대한 구약적 표현은 '샬롬(Shalom)'이다. 즉 안정과 축복, 온전한 관계가 포함된 하나님의 평화와 공동체적 행복(Well-being)을 기원하고 다가가라는 것이다. 이웃에 대한 존경과 사랑, 진정한 화해와 평안을 기원하는 자세가 중요하다는 뜻이다.

넷째, 관찰하라. 안타깝게도 세상 사람들은 복음을 들을 준비가 전혀 되어 있지 않다. 세속화가 가속화될수록 사람들은 하나님과 성경에 대해 더욱 무관심할 뿐이다. 따라서 복음을 무조건 증거 하기에 앞서 먼저 그들 앞에 배우는 자(Learners)로 서는 것이 중요하다. 이웃들의 삶을 관찰하고, 듣고, 배우고, 피드백을 받으며, 질문과 대화를 통해 그들을 더 깊이 이해해야 한다. 그들의 필요를 발견하고, 상처와 아픔을 느끼며, 삶의 균열과 고통을 함께 나누게 될 때, 비로소 우리는 그리스도의 평화와 온전함을 전할 기회와 자격을 얻게 된다. 기다림과 배움의 과정은 세상 사람들과 신뢰를 구축할 수 있는 가장 확실한 방법이다.

다섯째, 환대를 실천하라. 환대는 이방 사람을 사랑하고 대접하는 행위이다. 서구화된 사회일수록 자신만의 성을 구축하고 타인을 받아들이는 일에 소극적으로 행동한다. 따라서 현대인들은 더욱 외롭고 고독하다. 환대는 자신의 집을 오픈하고 타인을 향한 공간을 조성하면서 이루어지며, 환대를 통해 사람들은 진정으로 환영받고 있음을 느끼고, 함께 음식을 먹으면서 친밀감을 나눈다. 이러한 측면에서 환대는 상대방에 대한 기대 없이 우리 마음으로 들어올 수 있도록 길을 여는 사랑의 표현이다. 두세 사람이 한 사람, 혹은 한 가족을 초청하고 신뢰와 친밀감을 형성한 후 믿음의 공동체로 초청하는 사역은 신앙 공동체로 진입하게 하는 중요한 토대가 된다.

여섯째, 사회적 불의를 직시하고 바로잡는 노력을 기울여라. 예수 그리스도의 사역은 영과 육의 전인적 구원에 초점이 맞추어져 있었다 (눅 4:18-19). 정의가 무너진 사회 속에서 소외되고 버림받은 사람들을 찾아가서서 하나님 나라의 복음을 전하시고, 참된 회복을 일으키셨다. 이러한 측면에서 볼 때 사람들의 상황과 문제를 이해하는 것은 매우 중요하다. 삶을 얽매고 있는 구조적 문제를 직시하고, 그들에게 맞는 사역이 무엇인지를 분별하여, 이에 기초한 구체적인 사역을 실천할 수 있어야 한다.

일곱째, 복음을 증거 하라. 현대 시대의 복음전파는 진정성을 바탕으로 이루어져야 한다. 그리스도의 사랑으로 찾아가고 신뢰를 쌓으며, 그들의 필요와 문제를 돌보는 과정은 매우 중요하다. 세상 사람들은 말로만 증거 하는 메시지에 신물이 나 있다. 그들은 진리를 보기 원하고, 체험하기 원하며, 확인하기 원한다. 그러므로 우리 그리스도인들은 더욱 창조적인 접근과 겸손한 태도, 기도와 헌신을 통해 나아가야 한다. 진정으로 그들을 사랑하고 함께하는 과정을 통해 그들은 복음의 능력을 알고 경험하게 될 것이다. 이것이 바로 선교적 공동체의 여정이다.[338]

나가는 말

레슬리 뉴비긴은 다원주의 사회 속에서 복음을 증거 하기 위해 "복음의 유일한 해석자는 복음을 믿는 회중의 삶"[339]이라는 중요한 명제를 남겼다. 다수의 그리스도인은 다원주의와 세속화된 세상 속에서 과연 하나님 나라가 실현될 수 있을 것인가에 대한 의문점을 가지며, 거룩한 부르심을 애써 외면하며 살아간다.

오늘날 우리에게 필요한 것은 생각과 행동의 전환이다. 세상은 더욱 외롭고 고독한 장소로 변해가고 있으며, 진정한 관계에 대한 목마름, 진정한 신뢰와 사랑이 필요한 사람들이 우리 주변에는 너무도 많다. 이 땅에 하나님의 사랑과 회복이 필요한 자들이 많음을 알고, 그들에게 찾아가 변함없는 하나님의 사랑을 나누고 증거 하는 삶이 절실하다. 그리고 그것은 다른 누군가로부터가 아닌, 내가 속한 신앙 공동체로부터 시작될 수 있음을 기억하고, 그 사역에 동참하여야 한다.

선교적 공동체는 교회 내에 성숙한 선교적 토대가 마련될 때 비로소 실현 가능해진다. 성도를 교회로 불러 모으는 것이 아니라 세상으로 보내는 용기와 훈련이 없다면 이 사역은 불가능하다. 그런 측면에서 선교적 리더십은 선교적 교회의 핵심이 된다. 다음 장에서는 이 부분을 살펴보자.

· 제8장 ·

선교적 교회와 리더십

❖ ❖ ❖

선교적 공동체를 형성하기 위한 열쇠는 리더십에 있다.
성령은 사람들의 은사들을 통해 선교에 필요한
능력을 교회에 부여하신다.
- Alan J. Roxburgh

리더십은 하나님으로부터 능력을 부여받은 한 지도자가
특정 그룹을 위한 하나님의 목적을 이루기 위해
하나님의 사람들이 속한 그룹에 영향을 미치는 역동적 과정이다.
- J. Robert Clinton

❖ ❖ ❖

좋은 조직을 이루기 위해서는 언제나 훌륭한 리더가 요청된다. 선교적 교회 역시 마찬가지다. 건강한 선교적 공동체를 세우기 위해서는 탁월한 선교적 리더가 필요하다. 그 리더는 선교적 상상력을 가지고 하나님 나라를 향한 꿈을 꾸며 회중이 함께 선교적 소명을 발견할 수 있도록 돕는다. 선교적 토양을 마련하고 그 위에서 다양한 실험과 발전이 가능한 생태계를 만드는 것은 바로 리더에게 달렸다. 그런 의미에서 선교적 리더십은 선교적 교회 공동체의 두뇌이며 머리의 역할을 한다.

들어가는 말

1963년의 어느 날, 미국 사우스캐롤라이나의 작은 도시 그린빌에 큰 소동이 일어났다. 도심 한복판에 위치한 폭스 극장이 주일날 영화 상영을 시작했기 때문이다. 당시만 하더라도 미국에서는 주일에 모든 상업적 활동을 금지하는 안식일 엄수법이 있었다. 주일 아침 9시 45분이면 마을 중심 도로는 교회를 향해 가는 차들로 마비가 될 정도로 신앙 생활은 선택이 아닌 삶의 핵심 요소로 자리 잡고 있었다. 그러나 주일날 폭스 극장이 영화를 상영하는 첫날 그러한 질서는 무너지고 말았다. 교회에 온 상당수 청년들이 얼굴도장을 찍고 교회 뒷문으로 빠져나와 존 웨인이 등장하는 극장으로 달려가고 있었기 때문이다. 점점 그러한 모습은 일상이 되었고, 교회의 지배력은 급속히 약화되었다. 당시 이러한 현상에 대해 스텐리 하우워어스와 윌리엄 윌리몬은 다음과 같이 묘사했다.

> 교회를 위한 무료입장권, 무임승차권은 사라져 버렸다. 누가 젊은 이들에게 세계관을 심어 줄 것인가를 놓고 폭스 극장과 교회가 담판을 벌였다. 1963년 그날 밤, 전초전에서는 폭스 극장이 승리를 거두었다.

영원할 것 같았던 교회의 시대는 그렇게 끝이 났다. 이후 미국에서 세속화가 얼마나 빠르게 진행되었는지, 그 속에서 기독교적 가치와 문화가 얼마나 미약해졌는지 상상하기란 결코 어렵지 않다. 상점들이 주일날 문을 여는 것은 당연한 일이 되었고, 주일 아침 교회를 가기 위해

도로가 마비되는 일도 찾아보기 어려워졌다. 극장을 가기 위해 눈도장을 찍고 뒷문으로 도망가던 순진한 청년들도, 신앙이 자연스럽게 대물림 될 것이란 기대 역시 신기루처럼 사라지고 말았다.[340]

끊임없이 변화하는 시대, 그리고 그 변화의 폭과 속도를 쫓아갈 수 없는 현실 속에서 과연 교회의 지도자들은 무엇을 해야 할까?

1. 길을 잃은 리더들

선교적 리더십은 변화하는 시대에 대한 이해와 냉철한 자기 성찰, 그리고 목회 사역에 대한 객관적 분석을 기초로 이뤄진다. 오늘날 지도자들이 경험하는 혼란 중 하나는 급변하는 세상의 흐름과 영향력을 제대로 간파하지 못함으로 발생하는 문제들이다. 그것은 세상과 교회의 긴장으로부터, 문화의 변화와 도전으로부터, 세상 속 신앙 공동체의 정체성과 혼돈으로부터 유발된다. 물론 변화는 새로운 것이 아니다. 태초부터 지금까지 세상은 끊임없이 변화해 왔다. 그러나 이 시대에 과학과 기술이 초래하는 변화는 삶의 바탕을 뒤흔들고, 전혀 예측 불가능한 파괴력을 가지고 있다는데 그 심각성이 있다. 리차드 브리스(Richard H. Bliese)는 세상의 변화가 기존 사역의 근간을 송두리째 흔드는 현실을 다음과 같이 묘사했다.

> (오늘의 상황은) 교회가 어떻게 행해야 하는가에 대한 각기 다른 개념들이 성도들의 마음을 사로잡고 다투고 있는 형국이 되고 말았다. 변화는 모든 목회적 근간을 뒤흔들고 있고, 그에 대한 선택은 차고 넘친다.[341]

길을 잃은 리더들! 이 시대의 지도자들은 급격한 변화만큼이나 다양한 옵션과 프로그램으로 인해 혼란을 겪고 있다. 분명한 점은 교회 역시 변화되어야 한다는 사실이다. 그러나 무엇을 어떻게 해야 하는지는 불분명한 것이 이 시대의 고민이다.

락스버그는 이러한 상황을 'Liminality'라는 단어로 설명했다. '경계 영역' 혹은 '문턱'으로 해석될 수 있는 이 단어는 새로운 변화가 시작되는 과도기적 지점을 의미한다. 이 과정에 있는 지도자들은 매우 혼란스럽다. 우선 기존의 프레임들이 새로운 문화적 환경과 사회 변화에 적합하지 않다는 사실에 당혹감을 느낀다. 그들은 이미 수년에 걸친 학문적 수련을 통해 사역 현장에 뛰어들었다. 그러나 이렇게 습득된 자원이 새로운 사역 환경에 적합하지 않다는 사실을 알기까지는 그리 오랜 시간이 필요치 않다. 더구나 이렇게 다가온 변화들이 전에는 결코 경험해 보지도, 상상하지도 못했던 것들임을 자각하는 순간, 그리고 그 변화가 물결이 되고 소용돌이가 되어 자기 자신을 철저하게 무기력한 존재로 전락시키는 순간, 지도자들은 마치 길을 잃은 어린아이처럼 두렵고 떨리는 혼란 속에 빠질 수밖에 없는 것이다. 분명한 것은 더 이상 변화를 늦출 수 없다는 점과 그 변화를 위해 무언가 행해야 한다는 사실이다. 그러나 여기에는 딜레마가 있다. 변화에 대한 필요성은 느끼면서도, 무엇을 어떻게 해야 하는지는 알 수 없기에 깊은 좌절과 불안은 커져만 간다.

이는 마치 선교적 교회에 대한 인식과도 같다. 오늘날 다수의 교회 지도자들은 선교적 교회가 옳다는 사실은 받아들인다. 그러나 어떻게 그 사역을 실행할 수 있을까에 대해서는 의문이 남는다.[342] 사실 이러한 혼란은 지도자의 위치와 역할에 대한 변화된 시각과 그 맥을 같이 한다고 볼 수 있다. 생각해보라. 교회는 전통적으로 오랫동안 성직자 중심의 목회구조를 유지해 왔다. 1,500년 이상 서구 교회는 크리스텐돔 시대를 구현하면서 세상의 중심에 있었고, 그 중심에 성직자가 있었다. 크리스텐돔 시대가 막을 내린 오늘날도 그 때의 영광을 회복하려 시도 하는 사람들이 있다. 과거 교회가 지닌 막강한 힘과 권위가 그립기 때문일 것이다. 그러나 선교적 교회는 크리스텐돔이 무너졌다는 전제 하에서 태동된 운동임을 기억해야 한다. 과거의 영화와 권위는 사라져 버렸다. 당연히 과거 부여된 힘과 권위로 일사분란하게 이끌던 하향식 리더십의 시대는 지났다. 이제는 교회 공동체를 구성하고 있는 성도 각자가 자기에게 부여된 선교적 정체성을 발견하고 삶의 현장에서 선교적 삶을 살아갈 수 있도록 이끄는 리더십이 요청되는 시대다. 그렇다면 이러한 리더십은 어떻게 형성되는 것일까? 우선 비 선교적인 리더십의 내용을 살펴보고 현시대에 적합한 선교적 리더십의 본질과 특징을 살펴보자.

2. 비선교적 리더십

성직자 중심의 전통적 리더십 패러다임에 근본적 변화가 발생한 것은 이성과 합리성을 중요시하는 근대시대를 통과하면서이다. 이 시대가 되어서는 과거 그룹 중심의 가치관 대신 개인의 존재와 자율성, 성장과 마켓, 대량생산과 기계화 등이 핵심 가치로 떠올랐다. 교회 사역 역시 개인의 기호와 필요를 채워주는 쪽으로 발전했고, 이를 충족시켜주기 위해 리더는 전문가로서 자기 능력을 증명해야만 했다. 락스버그는 근대가 낳은 전문가로서 성직자의 모습을 다음 세 가지 이미지로

묘사했다.[343]

첫째는 상담가로서의 이미지이다. 개인의 자율과 존엄을 중요한 핵심가치로 여겼던 근대의 변화는 개인화된 기독교를 양산했다. 이는 신 중심의 종교에서 인간 중심의 기독교로의 전이를 의미하는 것이었다. 목회적 돌봄을 위해 심리학적인 접근과 치료 모델이 중요한 요소가 되었고, 점차 자기중심적인 해석이 일반화되기 시작했다. '복음이 나를 위해 무엇을 해 줄 것인가? 나의 발전은 어떻게 가능한가?'를 물으면서, 교회는 하나님 나라의 전조와 사인으로서의 기능을 상실하게 되었다.

둘째는 매니저로서의 이미지이다. 조직화되고 전문화된 교회구조는 운영과 조직에 대한 이해를 기반으로 한 새로운 지도자상을 요구했다. 효율성의 극대화를 통해 대량생산을 추구했던 사회구조 속에서 교회 역시 성장을 위한 경쟁과 세속적 방법들을 사용했다. 시장과 소비에 기초한 개인주의가 강화될수록 효율적 구조와 질 높은 서비스를 요구하는 것은 자연스러운 현상이었다.

20세기 중반 북미지역을 중심으로 일었던 교회 갱신 운동은 그런 맥락에서 매우 중요하다. 이를 간략히 살펴보면, 1950년대 이후 북미 교회는 교회갱신운동(Church Renewal Movement)을 통해 교회 내부 조직과 디자인을 변화시키는 일에 몰두했다. 1970년대 이후에 발생한 교회성장운동(Church Growth Movement)은 동일집단원리를 기초로 타겟 그룹을 설정하고, 효율적 전도와 성장을 촉진하는 전략을 발전시켰다. 1990년대 이후에는 교회효율성운동(Church Effectiveness Movement)이 일어났다. 이 시기에는 소비자들의 영적 필요를 충족하고, 수적 성장을 극대화하기 위한 전략들이 고안되었다. 이처럼 다양한 운동들이 근대주의 정신에 따라 새롭게 부상했고, 리더십은 그러한 흐름을 반영하면서 발전했다. 에디 깁스는 이러한 변화에 대해 소비자 중심적 목회 방식은 대중들에게 다가가는 측면에서는 긍정적인 면이 있었지만 가장 핵심적인 사항, 즉 성도들의 삶의 변화와 성장, 그리고 그리스도의 진정한 제자로서의 헌신이라는 관점에서는 실패한 면이 강했다고 평했다. 'Easy come, Easy go'라는 말처럼 교회는 성도 개인의 선택과 기호에 의해 결정되는 기관이 되고 말았다.[344]

셋째는 기술자(Technician)로서의 이미지이다. 근대 과학과 기술의 발전이 가져올 더 나은 인간 사회에 대한 기대는 신학과 선교의 영역에도 큰 영향을 미쳤다. 인간 중심의 신학과 함께 온정주의(Paternalism)와 제국주의(Imperialism)적 선교가 주류가 되었다. 목회도 마찬가지였다. 교회는 점차 프로그램과 방법론(How to)을 강조하는 구조로 재편되었다. '효율성', '예측성', '계산성', '통제 가능성'으로 대변되는 맥도날드화 현상(McDonaldization)이 교회 내에서도 발생했다.[345] 당연히 교회는 이러한 기능을 통제할 수 있는 기술자로서의 지도자를 원하게 되었고, 그들은 사역을 세분화하고 분업화하여 최고의 결과를 얻기 위해 노력했다.

전문화된 리더십이 부상하면서 발생하는 문제는 다양하다. 먼저, 북미지역과 한국 등지에서 일고 있는 '대형교회 현상(Megachurch Phenomenon)'이 그것이다. 사실, 전문성을 기반으로 성도의 필요에 부응하는 서비스를 제공할 수 있는 교회는 소수에 불과하다. 인력과 자원이 턱없이 부족한 소형 교회는 상대적으로 빈약한 서비스와 전문성을 지닐 수밖에 없다.[346]

또 다른 문제는 성도들이 수동적인 존재가 되어간다는 점이다. 대부분의 교회 사역은 CEO형의 지도자와 핵심 참모들, 그리고 소수의 헌신된 성도들을 중심으로 이뤄진다. 반면에 다수의 성도들은 자신을 소비자로 인식하고 그 틀안에서 행동한다.[347] 오늘날 이러한 모습은 교회의 크고 작음을 떠나 어디에서나 볼 수 있는 보편적 현상이 되었다.

사명을 잃어버린 교회, 혹은 사명을 감당할 능력이 상실된 교회의 현실은 그동안 교회 공동체가 추구해왔던 전문화된 리더십이 낳은 치명적 부작용이라 할 수 있다. 이 시대는 새로운 리더십을 요구한다. 성경적 본질에 기초한 새로운 패러다임의 출현이 그 어느 때보다 절실하다.

3. 리더십 패러다임의 전환

리더십 패러다임의 전환은 시대적 요청에 대한 적극적 대응임과 동시에 교회 본질의 회복을 위한 필수요소이다. 그렇다면 구체적으로 어떤 측면에서 패러다임의 전환이 요구되는 것일까? 풀러 신학교의 리더십 교수인 로버트 클린턴은 크리스천 리더십을 다음과 같이 정의했다. "리더십은 하나님으로부터 능력을 부여 받은(God-Given Capacity) 한 지도자가 특정 그룹을 위한 하나님의 목적을 이루기 위해 하나님의 사람들이 속한 그룹에 영향을 미치는 역동적 과정이다."[348] 여기서 주목해야 할 점은 리더십의 초점이 성과가 아닌 리더로부터 파생되는 영향력에 모인다는 점이다. 오스왈드 샌더스(J. Oswald Sanders)는 "리더십이란 영향력이다(Leadership is influence)"라는 단순한 정의를 통해 이를 명확히 했다. 그런 면에서 보면, 오늘날 상황은 매우 역설적이다. 자신을 지도자로서 자처하는 이들은 많지만, 존재로서 영향력을 미치며 그룹을 이끌어 가는 참된 리더는 많지 않기 때문이다.

리더십의 흐름을 볼 때, 과거 주류를 형성했던 리더십 유형은 한 개인의 카리스마에 의존한 강력하고 기업가적인 리더십이었다. 그러나 근래에는 이러한 리더십이 강력한 도전을 받고 있다. 제임스 쿠제스(James Kouzes)와 베리 포스너(Barry Posner)는 "리더십은 소수의 카리스마적 남자와 여자의 개인적 전유물이 아니다"[349]라고 주장했다. 또한 스티븐 코비(Steven Covey)는 단정적으로 "카리스마는 죽었다"[350]고 선언했다. 정리하면, 진정한 리더십은 사람들에게 영향을 미치고 힘을 부여하여 삶의 영역에서 변화를 이끌어 오는 과정이며, 이는 개인의 독단적 역량이 아닌 다른 사람들과의 협업을 통해 발생하는 집합적이며 관계적 행동 안에서 이해되어야 한다는 점이 중요하다.

이러한 관점에서 섬김의 리더십(Servant Leadership)과 변혁적 리더십(Transformational Leadership)은 새로운 관점을 제공하면서 활용될 수 있는 부분이 많다. 먼저 섬김의 리더십은 예수님의 삶과 사역에 근거해 과거의 지배적이고 독재적인 유형을 탈피해, 섬김의 미학을 통해 공동체를 이끄는 리더십이다. 그러나 오해하지 말아야 할 것이 하나 있다. 그것은 바로 섬김의 대상이 누구인가 하는 점이다. 예수님은 분명히 사람을 향한 순전한 사랑과 섬김을 실천하셨지만, 그 자체가 목적이 되지는 않았다. 예수님의 목적은 오직 한 분, 하나님께 맞춰져 있었다. 즉, 예수께서 섬겼던 일차적 대상은 사람이 아닌 하나님 아버지셨다. 많은 경우 사람들은 섬김의 대상을 오해하면서 잘못된 결과를 낳는다. 하나님이 아닌 사람을 기쁘게 하는 사역을 하게 되기 때문이다. 예수님은 오직 하나님의 의지와 명령에만 순종하는 리더십을 보여주셨다. 그분의 나라와 의를 위해 사셨기 때문에 불의한 사회 구조와 제도에 순응하지 않고, 이 땅에 진정한 변화와 변혁을 가져올 수 있었던 것이다.

그러므로 진정한 리더십은 변혁적 리더십과 연결된다. 진 립먼-블루먼(Jean Lipman-Blumen)의 용어를 빌리면, 현대의 조직들은 과거의 거래적 리더십(Transactional Leadership)에서 변혁적 리더십으로 전환되고 있다. 거래적 리더십이란, 주어진 구조 속에서 추종자들의 필요를 채워주면서 사람들을 갑판 위에 태우기 위해 타협을 추구한다. 반면에 변혁적 리더십은 구조를 변혁하기 위해 '박스 바깥(Outside the Box)'을 생각한다.

멤버들의 삶을 변화시키기 위해 동기를 부여하고 구성원 각자가 지도자로 개발될 수 있는 문화를 형성하여, 마침내 처음 기대했던 것보다 훨씬 더 높은 차원의 사역을 감당할 힘과 에너지를 부여하는 연계성을 가지는 리더십이 바로 변혁적 리더십이다.[351]

그렇다면 교회 공동체가 추구해야 할 리더십은 어떤 모습이어야 할 것인가? 어떤 원리와 원칙을 붙잡고 나아갈 때 본질에 충실하면서 창조적인 사역을 이끄는 리더십이 될 것인가? 에디 깁스의 일곱 가지 관점을 통해 각 내용을 점검해 보기로 한다.[352]

첫째, 계승된 제도를 보존하는 것을 넘어 선교에 초점이 맞춰진 제자 공동체를 이끄는 리더십이 필요하다. 지도자의 최우선적인 과업은 조직을 유지하고 보수하는 것에만 초점이 맞춰져서는 안 된다. 교회 공동체에 주어진 가장 중요하고 일차적인 사명을 발견하고 이것을 이뤄갈 수 있도록 변혁을 추구해야 한다. 이 일을 위해 지도자는 교회가 선교 사명에 의해 정의될 수 있도록 교회론과 선교학을 재연결시키고 회중에 선교 의식을 불어 넣을 수 있어야 한다.

둘째, 관념에 기초한 복음전도를 넘어 가치에 기초한 제자 공동체를 이끄는 리더십이 요구된다. 복음은 추상적 명제에 대한 동의가 아니라 신앙 공동체의 한 부분으로 초청되어 예수님의 삶과 죽음, 부활에 실제화되는 것을 뜻한다. 특히 리더의 과업은 개인과 공동체의 정체성이 예수그리스도의 죽음과 부활과 함께 드러날 수 있도록 해야 한다.

셋째, 정보의 제공을 넘어 성경에 뿌리내린 영성 형성을 추구하는 리더십이 되어야 한다. 전통적 교회에서 행해지고 있는 정보 중심의 교육과 훈련 대신, 말씀이 자기 삶의 현장에서 어떤 의미가 있는지를 지속해서 묻게 하고, 진정한 변화와 가치를 추구하며, 하나님 나라의 질서를 따라 예수님을 닮는 삶을 살 수 있도록 도와야 한다.

넷째, 지배하는 계급적 리더십을 넘어 권한이 부여된 예수그리스도의 제자들이 연결된 네트워크를 이끄는 리더십으로 발전되어야 한다. 직선적 모드가 아닌 수평적 사고에 기초해 팀 사역을 할 수 있는 여건을 조성하고, 함께 협업하는 형태로 이끄는 것이 중요하다.

다섯째, 주일 모임을 넘어 주 중에도 지속적으로 선교를 감당할 수 있는 팀(신앙 공동체)을 형성하는 리더십이 요청된다. 성도의 모임은 주일에 한 번 예배당에 모이는 것으로 끝나서는 안 된다. 삶의 현장에서 신앙적 헌신이 드러나며 함께 선교를 감당할 수 있는 회중을 만들어 내기 위해 서로를 지지하고 용기를 줄 수 있는 공동체를 형성할 수 있어야 한다.

여섯째, 개인적 자기실현을 위한 복음을 넘어 봉사 중심의 신앙 공동체를 형성할 수 있는 리더십이 발휘되어야 한다. 성도들이 그리스도의 마음을 품고 세상을 바라보며, 사람들의 실제적 필요를 예수님의 사랑과 헌신으로 채워 줄 수 있을 때 삶을 통한 증거는 일어난다. 신앙 공동체는 그리스도의 이름으로 모이고, 그리스도의 말씀대로 살며, 그리스도의 행함으로 인해 복음을 증거 하는 공동체가 되어야 한다.

일곱째, 내부 지향적 교회를 넘어 사회를 변혁시키는 제자 공동체가 되도록 이끌 수 있는 리더십이 필요하다. 깁스는 이를 위해 다음과 같은 질문을 던진다. "만일 주님께서 우리를 이 밤에 이웃으로부터 옮겨 놓으신다면, 과연 주변의 공동체는 우리가 그들 가운데 존재하지 않는다는 사실을 무엇으로 인식할 수 있겠는가?" 그는 이어서 말했다. "선교적 교회는 단순히 교회 내부의 성도들의 필요를 채워 주기 위해 사역을 감당하는 것이 아니다. 그들이 살고 있는 세상에 영향력을 미치기 위해 제자들을 훈련하는 것이다." 이처럼 리더의 역할은 성도들이 자신의 존재를 선교적으로 인식하며 주어진 사명을 확인할 뿐 아니라, 하나님의 통치 하심을 삶의 현장에서 증거 하고 나타낼 수 있도록 훈련하고 파송하는 일에 모인다. 그리하여 세상을 향한 사랑과 섬김을 통해 일그러진 현실에 참된 변혁을 가져올 수 있는 공동체를 세우는 일이야말로 리더의 핵심적 사역이라 할 수 있다.

4. 선교적 리더십의 본질

선교적 교회의 핵심은 성도들의 정체성, 즉 세상으로부터 부름 받고 다시 세상으로 보냄 받은 성도들의 선교적 정체성과 깊은 관련이 있다. 뉴비긴은 성도의 선교적 정체성을 다음과 같은 4단계로 설명했다.

- 1단계 : 하나님의 통치는 예수그리스도 안에서 가까이 온다.
- 2단계 : 이 사실을 받아들인다는 것은 공적인 영역과 사적인 영역 모든 곳에서 당신의 행동을 이해하고 총괄할 수 있다는 것을 의미한다.

· 3단계 : 거기에는 이미 헌신된 자들의 사도적 공동체가 존재하며, 그 사역을 실천하고 있다.
· 4단계 : 이것은 당신을 향한 삶의 헌신을 요청하는 부름이다.[353]

뉴비긴의 논리는 참된 제자의 삶은 하나님의 통치를 믿으며, 그 가치에 의해 삶이 변화된 사람들의 사도적 공동체와 깊은 연관이 있다.

테리 말틴슨 엘튼(Terri Martinson Elton)이 설명한 것처럼 선교적 리더에게는 (1) 성도들이 예수그리스도의 제자로서 자신의 소명을 이해하고, (2) 그리스도의 몸 된 지체들과 공유하기 위한 은사들을 훈련하고 준비하며, (3) 하나님의 창조적이고 구원하시는 선교 사역에 참여함으로써 세상과 연계하게 하시는 성령님의 힘과 능력을 믿는 사람들[354]을 만들어 내는 역할이 주어져 있다.

즉, 모든 성도가 선교적 사명을 발견하고 그것을 실현하기 위해 헌신을 하며, 선교적 사역을 감당할 수 있도록 구조를 만들고 이끄는 능력이 바로 선교적 리더십의 핵심이 된다는 말이다. 이미 살펴본 것처럼, 리더의 주요 사역이 영향력을 통해 비전을 제시하고 모든 구성원이 함께 그것을 공유하며, 이를 통해 공동체의 나아갈 방향과 내용을 제시하는 것이라고 한다면, 결국 선교적 교회의 운명은 리더십에 따라 그 사역의 정도와 수준이 결정될 수밖에 없다.

그러므로, 선교적 문화 형성을 통해 하나님의 선교적 상상력이 성도들 가운데 공유되고 실현되도록 하는 기술이 리더십의 주요 과제가 된다. 물론 이러한 변화(Transformation)는 하루아침에 일어나지 않는다. 그것은 과정을 필요로 하고, 그 과정은 교회와 공동체의 의식과 문화를 재형성하는 재료가 되어야 한다. 이런 관점에서 락스버그는 선교적 리더의 역할을 "성도들 가운데 그리고 그 상황 가운데 행하시는 하나님의 행동을 식별할 수 있는 환경을 조성하는 것"이라고 말했다. 즉, 지도자는 회중들이 동의하고 따를 수 있는 자신의 계획과 전략을 제시하는 것 대신, 성령께서 그들 가운데에서, 그들과 함께, 그들 안에서 행하시고 있는 일들을 식별할 수 있는 환경을 만들고, 그 안에서 하나님의 선교에 창조적으로 동참할 수 있도록 이끌 수 있어야 한다. 따라서 선교적 리더십은 단순히 새로운 지식을 제공하고 계몽하는 일에 그쳐서는 안 된다. 그것은 하나님의 보통 사람들 즉, 모든 성도가 주체가 되어 선교적 상상력을 마음껏 발휘할 수 있고, 실천할 수 있는 환경을 조성하는 일에서부터 시작된다.[355] 선교적 리더십은 그렇기 때문에 또 하나의 예술이 된다.

선교적 리더십의 새로운 패러다임은 초점의 전환으로부터 시작된다. 일반적으로 전통적 리더십의 일차적 관심이 개인과 조직 자체에 집중되어 있었다면, 선교적 리더십은 나와 우리가 아닌 하나님 나라(Kingdom of God)와 그의 선교(Missio Dei)에 있음을 기억해야 한다. 이는 교회에 기초한 리더십(Church-Based Leadership)에서 왕국에 기초한 리더십(Kingdom-Based Leadership)으로의 변환을 요구한다. 따라서 선교적 리더들은 성도 개인과 그들의 공동체가 능동적으로 하나님의 선교에 참여할 수 있도록 상황(Context)을 식별하고(사명), 개인과 공동체의 은사를 발견하며(사역), 섬김과 복음으로 세상의 변화를 이끌 수 있는(헌신) 공동의 문화를 형성하고 이끌수 있어야 한다. 이러한 관점에서 선교적 리더에게는 두 가지 측면이 함께 요구된다. 하나는 성령께서 이끄시는 사역에 민감성을 갖는 것이고, 나머지 하나는 조직을 이해하고 이끄는 능력을 배양하는 것이다.

5. 성령께서 이끄시는 왕국 사역

그렇다면 왕국 중심의 리더십은 어떠한 특성을 가질까? 레기 맥닐은 사도들과 초대교회 지도자들의 리더십 특성을 연구하면서 이를 '유기적(Organic)', '파괴적(Disruptive)', '인격적(Personal)', '예언적(Prophetic)', '왕국 중심(Kingdom-focused)', '능력부여(Empowering)'[356]라는 키워드로 표현했다. 실제로 초대교회의 리더십은 오늘날과 같이 조직화되고 분업화된 리더십의 형태가 아니었다. 훨씬 더 자유롭고 선교 중심적인 구조 속에서 문화적으로 연계되고, 영적이며, 지속적인 재생산이 이루어질 수 있는 유연성과 역동성을 갖춘 모습이었다. 이러한 구조는 새롭고 다양한 리더의 출현을 가능하게 했는데, 이는 시대적 제한과 사회 제도의 한계를 뛰어넘는 파격적 형태로 나타났다. 그중에는 상인이었던 루디아, 집사였던 스데반, 종 오네시모, 벤처 투자자 바나바, 이름이 명시되지 않은 에티오피아 정부 관리, 목회자였던 디모데, 의사 누가와 같은 다양한 사람들이 포함되어 있었다. 이들은 모두 자기 삶의 현장에서 복음을 증거하고 사회를 변혁시키는 선교적 리더들이었다.[357] 여기서 발견되는 공통의 특징은 무엇인가? 한결같이 모든 이들이 개인의 재능이나 능력, 규격화된 교육이나 훈련에 의해서가 아닌 오직 성령의 능력에 붙들려 하나님의 일을 이뤄 갔다는 사실이다.[358] 이에 대해 초대교회의 교부였던 아테나고라스(Athenagoras)는 다음과 같이 묘사했다.

> 성령이 없다면 하나님은 멀리 계신 분이며, 그리스도는 과거의 인물에 지나지 않고, 복음은 죽은 편지이며, 교회는 단순히 조직에

불과하고, 권위는 힘을 사용하는 수단이며, 선교는 선전기계이고, 예배는 구시대적인 유물인 동시에 도덕은 종들의 행위와 다를 것이 없다.[359]

　엄밀한 의미에서 선교적 리더십은 새로운 형태의 리더십이 아니다. 성경에 기록된 하나님의 사람들, 특히 하나님의 선교를 위해 부르심을 입고 자신의 사명을 감당하기 위해 성령에 이끌려 순종했던 지도자들에게 나타나는 공통적 특징이 바로 선교적 리더십이었다.

　예수그리스도와 그분의 제자들이 그러했고, 그들로부터 복음을 받아들이고 동일한 사역을 감당했던 수많은 무명의 성도들이 또 그러했다. 당연히 그곳에는 개인의 야심이나 욕망이 존재하지 않았다. 구체적인 사역 비전이나 목표 설정도 없었다. 우리 시대에 그렇게 흔히 이야기하는 성공한 목회자, 성공한 교회에 대한 개념조차 찾을 수 없었다. 그저 성령에 민감하고 그 말씀에 순종하는 사람들, 그리고 그로부터 부여되는 사역과 이끄심에 능동적으로 참여하는 헌신이 있을 뿐이었다. 그래서였을까? 선교적 리더들은 언제나 급진적이며 위험을 감수하는 모험을 받아들였다. 계획과 전략에 의해 안전을 지향하지도, 시대에 편승한 문화적 상품과 프로그램을 통해 자기 브랜드와 왕국을 만들어 가는 노력도 기울이지 않았다. 그들에게는 오직 하나님 나라의 가치와 회복을 위한 정진만 있을 뿐이었다.

6. 왕국에 기초한 리더십 전환

　이제 필요한 것은 왕국에 기초한 리더십을 구축하는 일이다. 사회화되고 문화화된 리더십이 아닌 하나님 나라를 위한 새로운 리더십으로의 전환이 필요하다. 그 부분을 맥닐은 다음의 여섯 가지로 제안했다.[360]

1) 직업에서 왕국 임무로

왕국 중심의 리더십은 교회가 제도화되면서 고착화된 성직자 중심의 사역 모델을 허무는 곳에서부터 시작된다. 물론 이것은 성직자 무용론이나 폐지론을 의미하는 것이 아니다. 오히려 성직자에게 집중되어 사역적 소외를 경험하게 된 성도들의 수동적 신앙 패턴의 변화를 추구하는 것이다. 모든 성도가 그리스도의 부르심에 능동적으로 참여하는 참된 회복과 갱신 없이 왕국 중심의 사역은 발생할 수 없다. 물론 교회가 성장하면서 조직과 구조가 만들어지고, 이를 효율적으로 운영하기 위한 성직제도가 강화되는 것은 필수불가결한 요소였다. 문제는 성직자와 평신도의 구별이 심화되면서 하나님 나라의 의제들이 교회 자체의 존립과 성장으로 옮겨지게 되었다는 점이다. 교회가 하나님 나라의 영역을 대체하게 된 것이다. 그 결과 '그의 나라와 그의 의를 구하는 사역'은 교회 밖 세상이 아닌 교회 내부의 사역으로 한정되는 왜곡이 발생했다.

결국 성직자들에게 사역은 직업적 의미가 되었고, 그로 인해 교회의 기능은 종교적 서비스를 제공하는 기관으로 전락했다. 한스 큉(Hans Küng)이 말한 것처럼 "교회의 본래의 과업은 잡다한 다른 일들을 행함"에 있지 않다. "주님의 영을 통하여 교회에 부과한 소명과 능력과 권위로서의 본래의 과업은 그리스도에 대한 신앙을 고백하고 전파함에, 그의 증인됨에 있다. …… 교회는 세상 앞에서 증언을 하지 않고서는 달리 존재할 수가 없는 것이다."[361] 우리는 직업으로서 혹은 소비하기 위해서 부르심을 받은 것이 아니다. 섬기기 위해 부르심을 받았고, 전파하기 위해 부르심을 받았고, 증인이 되기 위해 부르심을 받았다. 그러므로 선교적 리더는 성도들의 삶의 현장이 복음이 필요한 선교지임을 기억하고, 그들을 세상으로 파송하고 함께 부여받은 사역을 감당할 수 있도록 돕는 역할을 해야 한다. 모든 성도가 자기 삶의 터전에서 영향력을 끼치고, 복음을 증거 하기 위한 삶을 살 수 있도록 만들어 가는 것이 선교적 리더십의 핵심사역이라 할 수 있다.

2) 제도적 대표에서 바이러스를 일으키는 에이전트로

선교적 리더는 제도적 기관의 대표로서 교회의 사역과 행사를 만들고 발전시키며 운영하는 매니저가 아니다. 맥닐은 이와 같은 맥락에서 오늘날 교회는 "종교적 상품과 서비스 문화의 판매소"처럼 변질됐다고 비판했다. 리더는 교회 공동체 내에서 열정과 바이러스를 일으키는 에이전트가 되어야 한다. 지속적으로 교회 공동체가 선교적으로 세상과 연계될 수 있도록, 성도들이 선교적 삶을 살아갈 수 있도록 하는 폭발을 일으킬 수 있는 기폭제가 되어야 한다.

3) 감독에서 프로듀서로

전통적인 리더십은 마치 영화감독과도 같다. 그들은 목회와 행정 전반의 것을 조율하고 감독한다. 반면에 사도들의 주 업무는 사람들을 훈련해 내보내는 일에 집중된다. 프로듀서들이 이야기를 발견하고, 배우를 찾고, 필요한 재원과 자원을 준비하며, 아이디어를 실행시킬 감독들을 고용하는 큰 그림을 그리는 것처럼, 선교적 리더는 사역을 위한 문화를 만들고, 리더들을 재생산하기 위해 그들의 소명과 열정을 지속해서 불러일으키며, 그들에게 필요한 힘을 부여하는 사역을 감당한다. 공동체와 구성원들이 성령께서 부여하신 독특한 사역에 순종할 수 있도록 여건을 창조하는 일은 프로듀서로서 선교적 리더의 중요한 임무이다.

4) 과거 중심에서 미래 중심으로

제도화에 얽매여 있는 교회일수록 과거의 기억에 머물러 미래를 준비하지 못하는 한계를 노출한다. 선교적 리더는 삶의 현장과 하나님의 섭리에 매우 민감하다. 선교적 리더는 인간의 몸을 입으시고 이 땅에 오셔서 하나님 나라의 복음을 증거 하신 예수의 성육신 원리에 기초해, 급변하는 시대 속에서 직접 일하고 계신 하나님의 사역을 이해하는 노력을 멈추지 않아야 한다. 깊은 묵상과 기도를 통해 그분의 뜻을 구하고, 그분이 하시는 일들을 식별하고 해석할 수 있어야 한다. 따라서 선교적 리더십은 예언적 성격이 강하다. 자신과 공동체, 또 그들이 놓여 있는 상황에 대한 분명한 인식을 기반으로 하나님께서 부여하신 자신만의 독특한 사역을 발견하고 제시할 수 있으므로, 선교적 리더십에는 확신과 혁신이 담겨 있다.

5) '훈련-배치'에서 '배치-보고'로

맥닐은 현재 신학교 중심의 사역자 양성 구조가 가진 한계를 이해하고, 이에 대한 원론적 전환을 요구한다. 이제까지의 사역 모델은 교실 안에서 진행되어 온 형식화된 교육과정을 이수한 사람들을 현장에 투입하는 '훈련-배치 모델(Train and Deploy Model)'이 전형적 방식이었다. 그러나 맥닐은 '배치-보고 방식(Deploy and Debrief Method)'을 도입해야 한다고 주장한다. 이는 예수님의 훈련방식이었다. 예수님은 제자들을 자신의 사역 현장에 초대하셔서 그것을 목격하게 하신 후, 그들이 직접 보고 배운 것들을 실천할 수 있다는 약속과 함께 세상에 파송하셨다. 사역을 마치고 돌아온 제자들은 자신들의 경험을 보고했다. 예수께서는 이에 기초해 가르침을 이어가셨다. 사실 예수님은 제자들이 완전히 준비되었기 때문에 파송하신 것이 아니었다. 오히려 그분은 제자들이 사역 가운데 많은 실수와 잘못을 할 것을 알고 계셨으며, 자신의 한계와 무능력으로 인해 좌절할 것도 알고 계셨다. 그러나 그러한 경험이 그들을 더욱 완숙한 사역자로 세워가는 데 필수적인 요건이 될 것도 그분은 알고 계셨다. 경험을 통한 교육이 얼마나 중요한지를 주님은 인식하고 있었다.

오늘날 신학교의 교육은 관념적이고 형이상학적인 학문에 초점이 맞춰져 있다. 짧게는 3년, 길게는 10여 년 동안 신학훈련을 받지만, 사역 현장에서 사용될 수 있는 것들은 매우 제한적이다. 교회에서 행해지고 있는 교육 프로그램들도 비슷한 한계를 보인다. 많은 경우 삶에 기반을 둔 교육과 훈련이 결핍되어 있다. 선교사적 삶은 사업장에서, 학교에서, 지역 사회에서, 가정에서 이루어진다. 이러한 사역을 위해 선교적 리더는 성도를 세상으로 파송하고, 사명으로 살게 하며, 사역 보고를 통해 격려와 교정, 새로운 능력 부여가 일어날 공동체와 문화를 형성할 수 있어야 한다.

6) 권위에서 개인과 인격 중심으로

오랫동안 리더십의 권위는 직함과 지위로부터 발휘된다고 믿어져 왔다. 계급적 조직을 갖춘 단체일수록 이러한 성향은 더욱 강하게 나타난다. 그러나 수평적 가치와 상호 협력이 중요한 요소로 떠오르면서, 이 시대의 리더십은 신뢰와 믿음에 의해 형성되는 특성을 가진다. 포스트모던화된 사회일수록 추종자들은 이전보다 더욱 친밀하고 개인적인 관계를 원하며, 또한 자발적으로 따르기를 기대한다. 관계 중심적 리더십에서는 지도자의 인격과 성품이 그 무엇보다 중요하다.[362]

오늘날 지도자들이 잊기 쉬운 부분이 바로 이 점이다. 선교적 사역은 리더 자신의 삶을 통해 나타나는 존재됨이 그가 전하는 신념과 신앙의 본질을 결정하며, 동시에 타인을 향한 영향력의 척도가 된다는 사실이다. "나를 본받는 자가 되라(고전 4:16)"는 사도 바울의 고백처럼, 우리의 리더십은 얼마나 자기 자신과 타인을 향해 책임감 있는 존재로 설 수 있는가에 달려 있다. 즉, 리더십은 영향력이며, 그 영향력은 자신의 존재로부터 형성됨을 기억해야 한다.

7. 리더를 양성하는 사도적 리더십

하나님 나라 왕국에 기초한 선교적 리더십은 리더 자신의 성장뿐 아니라 다른 리더를 양성하는 리더십으로 발전되어야 한다. 사실 오늘날 경험하는 교회의 위기는 성도들이 함께 고민하고, 함께 참여하고, 함께 만들어 가는 실천적 부분이 간과됨으로 초래된 문제들이 많다. 데이브 다우벌트(Dave Daubert)는 선교적 교회로서 하나님의 사역에 역동적으로 참여하는 신앙 공동체가 되는 데 필요한 다섯 가지 신학적 토대를 제시하면서 이 점을 상기시켰는데, 그중 하나가 바로 평신도의 참여였다.[363] 이 점은 사실 매우 중요하다. 왜냐하면 선교적 교회는 평신도의 참여를 바탕으로 이루어지기 때문이다. 다른 말로 하면 모두의 참여가 핵심이다. 그러나 한국 교회는 평신도를 논하면서 그 참여의 과정과 폭을 매우 제한적으로 이해해 왔다. 여러 가지 훈련과 학습 과정을 제공하면서도 그 궁극적인 목적은 새롭고 창조적인 사역에 대한 주체가 아닌, 교회의 충실한 일꾼의 임무에만 한정시켰다. 그러나 평신도들을 진정한 리더, 사역적 파트너로 인정하고 세우는 일에 우선권을 두지 않는다면, 교회는 여전히 한 사람의 지도력에 유명을 달리하는 수동적 조직체가 되고 말 것이다.

이런 관점에서 선교적 리더는 사도적 리더십의 은사가 필요하다. 선교적 리더십은 교회의 목적과 실천을 재형성할 수 있는 기술과 더불어, 선교적 회중을 세우고 확장하는 기능을 감당한다. 각자가 부여 받은 독특한 은사를 발견하고, 이를 바탕으로 자기 삶의 현장에서 선교적 삶을 살 수 있도록 훈련하고, 힘을 부여하는 자를 세우는 역할이 바로 사도적 사역이다. 락스버그는 이런 맥락에서 사도적 은사를 가진 리더를 '지도자들의 리더'라고 표현했다. 사도적 은사를 가진 리더는 다양한 리더가 세워지는 선교적 공동체와 팀을 돌볼 뿐 아니라 다른 리더들을 세우는 사역에 직접 관여한다.[364] 좀 더 적극적인 의미에서 사도적 은사를 가진 선교적 리더는 평신도를 리더로 세우되, 수동적이고 폐쇄적인 지도자가 아닌 능동적이고 창조적으로 사역하는 사람들을 만들며, 궁극적으로는 이들과 함께 동역하는 팀을 세우는 역할을 한다.

이처럼 공동의 목적과 목표를 가지되, 서로 신뢰할 수 있는 관계에 헌신할 수 있는 상호 보완적인 기술을 가진 예수그리스도의 제자들,[365] 그러한 제자들은 자기 자신보다 더 큰 무언가의 일부가 되고 그것에 이끌리어 영감을 받고 하나님 나라의 왕국을 건설하는 일에 함께 쓰임 받는 것에 큰 의미를 부여한다.[366] 그렇기 때문에 선교적 리더는 사람들의 능력과 은사를 개발할 수 있고 협력할 수 있는 장을 만드는 사람이다.

결국, 이 모든 것은 주변화된 성도들이 주체로서 변화될 때 가능한 일이다. 그러므로 각 지역 교회는 선교적 공동체로서의 정체성을 확고히 세워야 한다. 내가 속한 교회 공동체가 무엇을 위해 존재하는지, 그 목적과 목표가 어디를 향해 있는지가 분명할 때, 성도들은 자신의 부르심과 사명을 명확히 확인할 수 있다. 다시 말하면, 교회는 평신도들을 깨우고 그들이 선교 사역의 주체로서 세워지기 위해 교회의 모든 사역과 방향을 선교적으로 변화시켜야 한다. 앞서 언급한 '선교적 문화' 혹은 '선교적 생태계'가 형성되어 거듭난 그리스도인은 누구라도 자연스럽게 선교를 배우고 훈련되고 성장하여 그 사역에 동참할 수 있는 분위기가 조성되어야 한다는 것이다.

그렇다면 우리의 현재는 어떠한가?

- 현재 우리 교회를 이끌어가는 비전은 무엇인가?
- 우리 교회는 선교적 공동체로서 정체성이 분명한가?
- 성도들에게 선교적 사명이 DNA로서 심어지고 있는가?
- 교회는 선교적 사명을 이루기 위한 성도들의 자발적 노력과 헌신, 아이디어들이 공유되는 문화를 가지고 있는가?
- 지역 사회와 세계 선교를 위한 다양한 실험이 이뤄지고 있는가?
- 선교적 비전을 가진 평신도 리더들이 새롭게 세워지는 교회가 되고 있는가?

참된 선교적 리더에게는 선교 사역에 헌신하는 평신도 리더를 세우는 사명이 주어져 있다. 예수그리스도와 제자들이 그러했듯이, 하나님 나라의 사역을 계승하고 이뤄가는 지도자를 세우는 리더, 그가 바로 사도적 리더십을 발휘하는 제자이다.

그렇다면 선교적 교회 문화를 세우는데 필요한 과제는 무엇인가? 무엇보다 회중의 변화가 우선이다. 그러나 회중의 변화는 자동으로 이뤄지지 않는다. 교회는 공동체이며 동시에 정교한 사회 조직이기 때문에 선교적 교회로의 전환을 위해서는 반드시 조직 변화의 특성과 원리를 함께 고찰해야 한다. 그 과정과 내용을 살펴보자.

8. 선교적 교회를 위한 변화의 역학과 문화 형성

선교적 공동체로서 교회가 전환되기 위해서는 회중의 변화가 선행되어야 한다. 구성원들이 선교적 존재로서 자기 정체성을 확립하고, 그들이 모인 공동체가 자신에게 주어진 독특한 선교 사명을 감당하게 되는 역동적 변화는 언제나 교회의 본질 회복에 있어 중요한 과제이자 지향점이었다. 그러나 여기서 주목해야 할 점이 있다. 그것은 아무리 바른 동기와 목적 아래에서 변화를 시도한다 할지라도, 그 과정에는 언제나 만만치 않은 저항과 도전이 잠복해 있다는 사실이다.

릭 라우스(Rick Rouse)와 크레이그 벤 겔더(Craig Van Gelder)는 이 점을 다음과 같이 설명한다. 교회에는 언제나 전통적이고 제도화된 것에 익숙한 회중들과 새로운 것을 추구하는 사람들이 공존한다. 전자에 속한 사람은 과거 익숙한 것에 머물고 싶어하는 성향이 강하고, 후자에 속한 사람은 변화를 추구하는 성향이 강하다. 그러나 어느 시점이 되면 어쩔 수 없이 변화를 받아들여야 할 때가 온다. 과거에 집착하던 회중은 새로운 상황에 자신의 정체성을 재상황화(Re-Contextualize)해야 하는 도전에 직면하게 되고, 반대 그룹의 경우 과도한 상황화(Over-Contextualize)로 인해 비판의 대상이 되기도 한다. 이들 가운데는 종종 역사적 유산을 무시하는 과격한 모습을 띠기도 하기 때문이다.[367]

이렇듯 변화를 일으키는 과업은 절대 쉽지 않다. 특히, 한 신앙 공동체의 정체성을 재발견하고, 새로운 비전과 사역을 실현하는 과정은 매우 복잡하고 헌신적인 노력을 필요로 한다. 상황은 언제나 가변적이고, 함께 변화를 이뤄가야 할 회중의 중심엔 언제나 자신의 입장이 자리 잡고 있다는 것은 변화를 추구하는 리더들에게 큰 도전 요소임이 분명하다. 이에 대해 에버렛 로저스(Everett M. Rogers)는 리더가 변화를 위한 계획을 제시할 때, 회중들이 어떻게 반응하는지에 대한 심층적인 연구를 통해 다음 그림과 같은 결과를 제시했다.

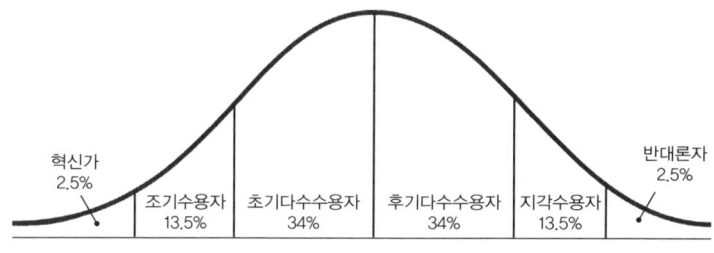

[그림 8-1] 변화에 대한 다른 반응들[368]

그림에서 보듯이, 변화에 대한 수용도는 사람마다 다르다. 변화를 추구하는 혁신가 그룹에서부터 변화 자체를 불편해하고 반대하는 사람들이 함께 공존하는 것이 회중의 실상이다. 한 가지 분명한 사실은 시기의 차이는 있지만, 대부분은 결국 혁신과 변화를 수용하게 된다는 점이다. 이 그림을 목회적 상황에 적용해보면 어떨까? 만약 리더가 교회의 본질에 따라 새로운 변화를 추구한다고 가정할 때, 다음과 같은 상황이 예상될 수 있다.

기존의 회중 중 적어도 50퍼센트의 사람은 초기 1~2년 안에 리더가 제시하는 방향을 이해하고 지지하게 될 것이다. 이는 혁신가와 조기 수용자, 그리고 초기 다수 수용자를 포함한 수치이다. 나머지 34퍼센트의 회중도 다소간의 시간차는 있지만 결국 새로운 방향을 받아들일 것이다. 처음에는 변화를 불편해 하지만, 시간이 지나면서 새로운 실제에 대한 상황을 인식하고 자신의 의견을 수정하는 사람이 이 부류에 속한다. 마지막 16퍼센트의 회중들은 지각 수용자이다. 이들은 변화를 수용하지 않고 거부하려는 경향성이 강하다. 그러다 어쩔 수 없는 상황이 되면, 비자발적으로 동조하거나 혹은 끝까지 반대를 고수하는 사람이 생기기 마련이다. 이 소수의 사람으로 인해 갈등이 생기고 심한 경우엔 전체 사역이 좌초될 수도 있다. 이렇듯 선교적 교회와 공동체를 형성하기 위해 조직을 개편하고, 변화를 추구하는 과정은 이론만큼 낭만적이지 않다.

그럼에도 불구하고 잊지 말아야 할 점은 무엇인가? 참된 리더는 꿈꾸는 자이며, 그 꿈을 사람들과 공유할 수 있는 사람이라는 사실이다. 회중의 선교적 상상력을 깨우고 그들과 함께 새롭고 창조적인 모험의 여정을 가기 위해서는 무엇보다 분명한 확신과 비전이 요구된다. 우리는 여기서 변화와 창조적 긴장 사이의 깊은 연관성을 발견한다. 즉, 변화를 추구하면서 나타나는 긴장은 선택사항이 아니며 반드시 나타날 수밖에 없는 현상이라는 것이다.[369] 문제는 그러한 긴장을 두려워하거나 회피하는 것이 아니라 더 많은 사람이 공감하고 고민할 수 있는 환경을 조성해 줄 수 있는가에 달렸다. 변화를 위한 프로세스가 성경적이며 합리적일수록 더 많은 사람은 지지와 협력을 보낼 것이다. 락스 버그와 로마눅(Fred Romanuk)은 그런 관점에서 선교적 문화 조성을 위한 다음의 4가지 사항을 제시했다.[370]

1) 인식과 이해의 조성

선교적 문화를 조성하기 위해 요구되는 리더의 가장 큰 과제는 회중이 과거의 패러다임에서 벗어나 새로운 인식을 가질 수 있도록 만드는 일이다. 인식의 전환 없이 사역의 전환은 불가능하기 때문이다. 그렇다면 회중이 붙잡아야 할 근본 인식은 무엇일까? 첫째, 하나님께서 회중 가운데 행하고 계심에 대한 인식이다. 둘째, 타인에 의해서가 아니라 회중 스스로 사역의 중심이 되어 사용될 수 있다는 상상력을 가지는 것이다. 셋째, 하나님께서 이미 회중의 상황 가운데 도달해 계시므로 사역의 시기가 무르익었다는 점이다. 즉, 하나님께서 선교의 주체가 되시며, 회중은 그분의 사역에 도구와 파트너로서 동참할 수 있다는 인식이 보편화될 수 있어야 한다.

2) 협력학습(Co-Learning) 네트워크의 조성

회중의 선교적 상상력이 발휘될 수 있는 문화를 창조하기 위해 리더들은 다양한 실험과 검사를 할 수 있는 환경을 조성하고, 거기서 배운 결과들을 서로 나눌 수 있는 공간과 상황을 제공해야 한다. 선교적 사역을 함께 고안하고 나눌 수 있는 학습 공동체가 마련된다면, 성도들은 더욱 적극적으로 선교적 삶을 실천할 의지와 습관을 배양할 수 있을 것이다. 앞선 단계에서는 하나님의 선교적 의지와 자신들에게 부여된 사명과 가능성을 이해하는 것이 중요했으나, 이 단계에서는 삶의 현장에서 요구되는 선교적 도전과 가능성이 무엇인지를 회중 스스로 고민하고 팀을 결성하여 사역들을 시도해 본다. 다양한 실험을 통해 발견한 내용을 서로 나누고 배우는 과정은 자기 정체성을 강화해 줄 뿐만 아니라, 사역의 명확성을 발견하는 통로가 될 것이다.

3) 성서와 함께하는 참신한 방법들의 조성

선교적 문화는 회중들이 새로운 방식 안에서 말씀에 거하고 연관된 삶을 살아가는 과정에서 만들어진다. 성경을 단순히 지식과 삶의 문제를 해결하는 도구로 사용하는 것은 불충분하다. 선교적 리더는 회중이 성서의 이야기에 거할 수 있도록, 그리고 그 여정에 동참할 수 있도록 그들을 초청하는 환경을 조성해야 한다. 사람의 지혜와 지식이 아닌, 하나님의 말씀에 기초하여 그분의 뜻과 방법을 식별할 수 있도록 도와야 한다. 말씀 안에서 맡은 바 임무와 사명을 발견할 수 있는 환경을 만드는 것이 리더의 역할이다.

4) 새로운 실천, 습관, 규범들의 조성

선교적 마인드를 형성하는 것은 단순히 기술과 프로그램의 문제가 아니라, 습관과 실천을 형성하는 것과 더 긴밀한 관계를 가진다. 사실 참된 그리스도의 제자로서 정체성과 생활의 습관이 형성되지 않은 상태에서 선교적 삶을 산다는 것은 불가능하다. 그리스도인들은 새로운 피조물로서 삶의 태도와 습관을 형성하고, 실천을 위해 말씀과 기도, 묵상과 금식, 환대와 섬김 등의 훈련을 해야 한다. 세상 안에 있으나 세상과 구별된 공동체가 되기 위해 철저한 훈련과 노력이 뒷받침되어야 하는 것은 너무도 당연하다. 결국, 참된 제자가 되어야만 참된 증인이 될 수 있다는 전제 위에서 교회는 끊임없이 새로운 제자를 만드는 문화를 형성해야 한다. 그러한 문화 형성이 밑받침될 때, 교회는 비로소 선교 사명에 초점이 맞춰진 조직으로서 변화될 수 있다.

9. 선교적 교회를 위한 조직 변화

이처럼, 선교적 회중을 형성하고 이끌기 위해서는 교회 공동체 내에 선교적 대화와 시도가 자연스럽게 이뤄질 수 있는 문화 조성이 필수적으로 요청된다. 그러나 선교적 문화 조성은 이를 촉진할 수 있는 교회 조직과 구조가 뒷받침될 때 가능하다는 사실 또한 기억할 필요가 있다. 그렇다면 선교적 문화 조성과 사역을 위한 조직 구조는 어떻게 형성될 수 있는가? 또한, 오랫동안 정형화된 구조에 익숙해져 있는 기존 교회에 변화를 촉진할 수 있는 이론과 원리가 있다면 그것은 무엇인가? 우선 선교적 조직 구조의 표본으로서 초대교회의 특성을 살피고, 이후 선교적 문화 형성과 조직 변화를 위한 이론을 제시해 보고자 한다.

1) 조직과 구조의 이해

오리 브래프만(Ori Brafman)과 로드 벡스트롬(Rod A. Beckstrom)의 저서 "The Starfish and the Spider"는 초대교회의 조직 구조를 현대 이론으로 살펴보는데 중요한 실마리를 제공한다. 그들은 이 책에서 오늘날 성공적인 비지니스 체제를 구축하며 영향력을 발휘하고 있는 새로운 조직형태를 불가사리와 거미라는 매개체를 통해 설명한다. 그렇다면, 거미와 불가사리의 특징은 무엇인가? 우선 거미는 많은 다리를 지니고 있지만, 머리가 밟히거나 잘리면 생명이 끝나는 치명적 약점을 가지고 있다. 이는 한 사람의 강력한 카리스마에 의해 움직이는 조직의 특성과 유사하다. 즉, 강력한 카리스마형 리더를 가진 조직일수록 한 사람에 대한 의존도가 높고, 결국 그 리더에 따라 조직의 운명이 결정된다는 것이다.

반면에 불가사리는 어떠한가? 놀랍게도 불가사리는 정반대의 특성을 보인다. 불가사리는 머리가 없다. 다리가 잘려도 죽지 않는다. 오히려 잘린 다리가 분화하여 새로운 개체의 불가사리로 성장한다. 불가사리의 특성이 표명하는 것은 중앙집권화 대신 분권화된 조직 구조를 지닌 조직을 의미한다. 이들 조직의 특징은 체계가 느슨할 뿐 아니라 구성원 스스로가 추종자이며 동시에 지도자가 되는 구조를 가진다. 오늘날 이러한 체제를 효과적으로 운영하는 기업들은 분권화된 개체가 스스로 자생하여, 새로운 개체로 성장하는 변화를 경험한다. 자율권을 가진 하위 조직, 혹은 개체가 조직 발전에 핵심적인 역할을 하게 된다는 것이다.[371]

이러한 관점에서 볼 때, 초대교회는 불가사리 구조와 흡사하다고 볼 수 있다. 그들은 유능한 지도자 한 사람에 전적으로 의존하지 않았다. 작은 가정 단위에 기초했던 교회들은 많은 핍박과 고난에도 불구하고 계속해서 재생산을 이뤄냈다. 다리가 잘릴수록 더 많은 개체가 탄생하는 불가사리처럼, 교회는 역경이 거세질수록 더욱 분화되고 성장했다. 마치 '순교자의 피가 교회의 씨앗'이 되었다는 카르타고의 터툴리안(Tertullian Carthage, 160~220)의 고백처럼 참된 교회는 한계를 극복하는 생명력을 보여 주었다. 선교적 교회가 지향하는 조직 구조의 모습은 바로 초대교회가 보여주었던 불가사리 모델이라 할 수 있다. 성도들이 선교적 정체성으로 무장되어 세상 한가운데서 선교적 공동체로서 협력하며 하나님 나라의 모델과 표본으로서 세상의 변화를 이끌어낼 수 있는 사명 공동체를 형성하는 것, 그것이 바로 선교적 교회로서 초대교회가 지닌 구조적 특성이었으며 생명력이었다. 물론 현대 사회는 초대 교회 시대와 비교할 수 없을 정도로 복잡하고 정교한 조직 체계로 변모했다. 시대 변화와 밀접한 연관성을 가지고 발전해 온 교회 조직 역시 마찬가지다. 따라서 리더는 이렇게 정교하게 구조화된 교회 조직에 대한 선 이해를 바탕으로 새로운 문화 형성을 위한 시도를 해야 한다. 지금부터는 조직 변화에 대한 시대적 흐름과 현시대에 적용 가능한 조직 변화 이론을 살펴보자.

(1) 조직이론의 흐름

서구 사회에서 발전된 조직이론은 크게 1960년대를 기점으로 급격한 전환을 경험하게 된다. 1960년대 후반까지만 해도 '닫힌 시스템(Closed System)'으로 대변되었던 초기이론은 조직 자체의 구조적 효율성과 생산성을 높이기 위한 매니지먼트에 집중되었다. 이 시대의 이론가들은 상황이나 환경에 대한 이슈들을 심각하게 고려하지 않았다. 그러나 축적된 사회 변동은 닫힌 시스템이 갖는 한계를 극명하게 드러내는 계기가 되었다. 교회의 경우도 예외는 아니었다. 닫힌 시스템에 기반을 둔 교회의 지도자들은 상황에 대한 적합한 인식 없이 문제를 풀려는 시도를 해왔다. 벤 겔더는 이러한 시도들을 다음과 같은 예들로 설명했다.

- 과거의 영광과 성공을 되찾기 위해 유능한 목회자 한 사람을 찾는 경우,

- 멤버들의 헌신을 강화하기 위한 전략으로서 기도와 소그룹 같은 내부적 사역을 실행시키는 경우,
- 구성원의 삶이 포함되고 연계되지 않은 채 공동체를 향한 봉사 사역을 발전시키는 경우,
- 원거리에 있는 사람이 운전해서 올 수 있도록 매력적인 사역을 발전시키는 노력을 기울이는 등을 단적인 예로 들었다.[372]

1960년대 후반에는 새로운 관점이 발생하였는데, 바로 '열린 시스템(Open System)'이었다. 이는 과거 닫힌 시스템이 간과했던 상황과 환경에 대한 상호작용을 강조하며, 현재까지 영향을 미치고 있는 이론이 되었다. 벤 겔더는 본 이론의 특성을 다음 표와 같이 요약하여 설명하였다.

이론적 관점	일차적 기여
조직의 생존 (1960년대 후반~1970년대)	생존을 위한 충분한 자원을 모으는 것
목표 성취 (1970년대~1980년대)	전략적 계획
리엔지니어링과 지속적 개선(1980년대)	종합품질관리
조직문화의 변혁 (1980년대~1990년대)	비전을 발전시키는 리더
학습조직(1990년대)	시스템과 피드백 루프
포스트모던 (1990년대~2000년대)	정보기술, 새로운 과학, 혼돈이론

[표 8-1] 1970년 이후의 열린 시스템 관점의 발전[373]

1970년대의 최대 화두는 생존이었다. 급변하는 사회 변화 속에서 생존을 위해 필요한 자원을 어떻게 모을 것인가가 최대 관심사였다.

1970년대와 1980년대에는 목표를 설정하고 이를 성취하기 위한 전략적 계획이 강조되었고, 이어 조직의 지속적인 발전과 개선을 재정비하는 리엔지니어링 개념이 도입되었다. 이때 개발된 것이 종합품질관리(Total Quality Management, TQM) 시스템이다. 여기에는 제품과 서비스뿐만 아니라 조직과 업무 관리도 함께 발전시켜서 경쟁력을 향상하려는 의도가 배어 있었다. 1980년대와 1990년대에 이르러서는 인류학으로부터 얻어진 통찰력이 적용된 시점이었다. 여기서는 효과적인 관리(Managing)에 집중하던 과거 시스템에서 의미를 부여하고 비전을 제시하여 이끄는(Leading) 방식이 새롭게 대두하였다. 1990년대에는 조직에 대한 측정과 평가를 넘어, 목적을 위한 피드백 루프를 통해 새로운 환경에 맞게 구성원과 조직이 끊임없이 변신할 수 있는 학습조직이론이 중요하게 인식되었다. 이후 포스트모던의 영향이 가중되면서, 1990년대 이후로 지금까지는 기존의 조직과 리더십에 대한 새로운 이해와 도전에 대한 다양한 대응과 혼돈이 동시에 이루어지는 시기라 할 수 있다. 정보의 확장과 혁신적 과학기술의 등장은 조직의 인식과 기능에 대한 급격한 변화와 다양한 시도를 요구하고 있다.[374]

(2) 사회 구조의 변화와 교회의 대응

여기서 주목할 점은 이 시기의 서구 교회는 사회구조의 변화와 그 맥을 같이 해 왔다는 것이다.[375] 생존이 화두였던 1960년대 후반과 1970년대 초에는 교회갱신운동(Church Renewal Movement)을 통해 교회의 급속한 후퇴에 대처하기 위한 대안 마련이 주요 쟁점이었다. 1970~1980년대까지는 교회성장운동(Church Growth Movement)이 발생하고 만개한 시기이다. 이때는 사회적으로 목표를 달성하기 위해 전략적 기획을 세우고, 리엔지니어링을 통한 지속적 개선을 추구했다. 또한, 1980~1990년대에는 교회효율성운동이 발생했다. 사회적으로는 조직문화를 개선하고 사람 중심의 새로운 리더십 방식을 도입하던 시기였다. 1990년대에는 교회건강운동(Church Health Movement)이 일어났는데, 사회적 조직들도 끊임없는 자기 갱신을 통한 변화를 추구하던 시기였다. 1990년대 이후에는 포스트모던 시대의 새로운 도전 앞에 이머징 교회운동(Emerging Church Movement)과 선교적 교회운동(Missional Church Movement)이 발생했다.[376] 다양한 문화와 급변하는 사회적 환경 속에서 선교적 대응을 하고자 하는 교회의 몸부림이 본격화된 것이다. 이러한 내용은 교회의 사역과 구조가 사회 변화와 밀접한 연관성을 가져왔다는 증거가 된다. 그러나 다른 측면에서는 하나님의 사역은 사회 변화를 무시하지 않고 이를 선용하신다는 반증이 될 수도 있다.

2) 선교적 문화형성을 위한 조직 이론

그렇다면 포스트모던 시대의 선교적 리더십의 특징과 구조는 과거에 비해 어떤 차이점을 가지고 있는가? 한 가지 분명한 차이는 전통적 구조의 하향식(Top-Down) 형태 대신 구성원들이 주체가 되는 상향식(Bottom-Up) 형태를 취한다는 점이다. 이는 목회자 한 사람이 주도하는 전횡적 스타일(Solus Pastor)[377]이 아닌 다양한 은사를 소유한 성도들이 함께 협력하여 하나님의 통치와 여정에 주체적으로 참여하는 모습을 지향한다. 사실 이러한 접근은 불과 얼마 전까지만 해도 논의되기 어려운 급진적 개념이었다. 그러나 디지털 기술이 발전하고 소셜 네트워크가 급속히 확장되면서 개인의 참여와 협업은 이 시대의 가치와 철학을 반영하는 아이콘이 되었다.

물론 그에 대한 반발도 만만치 않다. 특히 오랫동안 전통적 기반 위에 존재해 왔던 조직과 기관들은 이러한 변화에 발 빠르게 대응하지 못하고 있는 것이 사실이다. 피라미드식 정부 관료 조직이나 대량생산에 맞춰 디자인되어 공장처럼 가동되는 학교 시스템, 세계 경제와 정치에 영향을 미치는 다양한 관료 조직들과 경제 부국의 정치조직, 그리고 완고하기가 그지없는 사법 시스템 등은 타성에 젖어 변화를 거부하는 진부한 느림보 조직의 대표적 예라 할 수 있다.[378]

이런 관점에서 보면, 오늘의 교회는 어떠한 부류에 속할까? 아마도 타성적인 조직 중에서도 가장 둔감한 조직이라 평가되지 않을까? 변화를 두려워하고 저항하면서 시대로부터 외면받고 있는 이 시대의 교회는 새로운 변혁이 필요하다. 그렇다면 이렇게 오랜 시간 굳어져 웬만한 자극으로는 꿈쩍도 하지 않는 거대 공룡 같은 교회의 변화는 어디에서부터 시작되어야 할까? 한 사람에 의해 이끌리는 구조가 아니라, 모두가 주체가 되고, 함께 본질을 탐구하며 찾고 이루어 가는 역동적 선교 구조는 어떻게 이루어질 수 있는 것일까? 위로부터 내려오는 명령이 아닌, 밑에서부터 올라가는 상향식의 역동적 구조는 어떤 원리 위에 세워져야 할까?

3) U-이론(Theory U)

'U-이론'[379]은 이러한 관점에서 배우고 적용할 수 있는 부분이 많은 사회이론이다. MIT 대학의 오토 샤멀(C. Otto Scharmer)이 고안한 U-이론은 몇 사람의 아이디어와 주도가 아닌, 모든 구성원이 함께 참여하여 깊은 대화와 토론을 통해 조직의 본질과 사명을 발견하고 이를 발전시킬 혁신적 생태계를 만드는 원리를 제시한다. 본 이론은 모든 성도를 선교적 존재로 만들고, 사역적 주체로서 함께 나아가고자 하는 선교적 교회의 기본 가치와 깊은 연관성을 가진다. 특히 여기에는 제도화된 구조를 역동적 구조로 변화시키기 위한 기본 원리와 단서들이 많이 담겨 있다.

MIT의 경영학 교수였던 에드가 쉐인(Edgar Schein)은 사람과 조직 내면(Inner Place)에 대한 인식이 선행되지 못하면 본질적 혁신은 불가능하다고 말한다. 이러한 측면에서, 샤멀의 이론은 자아(Authentic Self)를 찾는 과정이 핵심이 된다. 즉 자기 존재 의식을 구성원들과 함께 찾아가면서, 조직과 공동체의 목적을 재설정하고 그에 따라 구조와 실천을 변화시키는 접근을 지향한다. 다음 그림은 모든 구성원이 함께 참여하고 공유하는 과정을 통해 조직과 공동체를 세워가는 과정을 형상화하여 보여 준다. 알파벳 U와 유사한 과정 때문에 샤멀은 이를 'U-이론'이라고 하였다.

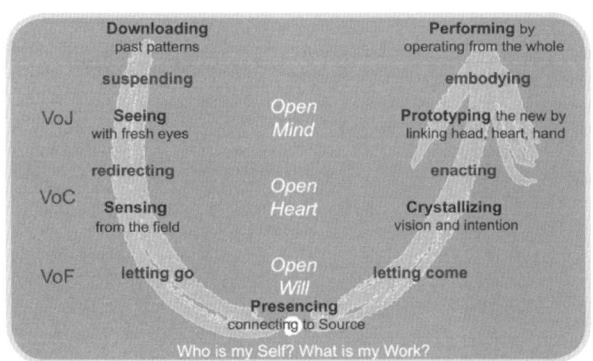

[그림 8-2] Theory U[380]

위의 그림을 따라 U-이론의 기본 개념을 이해해보자. 이미 언급한 것처럼, U-이론의 원리는 자기 이해와 본질에 대한 성찰을 토대로 비전을 새롭게 정립하여 사역적 갱신을 이루어 가는 변혁이론이다. 이 이론이 적용되기 위해 요구되는 가장 기본적 요소는 바로 열린 마음(Open Mind), 열린 가슴(Open Heart), 열린 의지(Open Will)라 할 수 있다. 자신을 알고 그에 기초해 새로운 변화를 적극적으로 수용하려는 열린 마음과, 내부 구성원들의 참여와 협업을 통해 발견되는 자신에 대한 이해와 이를 기초로 비전과 의지를 바로 세우려는 열린 가슴, 그리고 이를 위해 포기할 것과 받아들일 것을 분명히 하는 열린 의지를 갖는 것이 중요하다.

(1) U-이론의 7단계

U-이론은 모두 일곱 가지 단계로 진행된다. 첫 번째는 과거의 정형화된 패턴을 중지하는(Suspending) 단계이다. 오랫동안 반복되어온 행동과 의식들은 습관을 형성하고, 이는 곧 조직의 무의식적인 행위로 이어진다. 습관과 타성에 젖는 순간 현실에 대한 객관적 평가는 묘연해진다. 당연히 새롭고 발전적 대안을 찾는 일은 불가능하다. 자신을 객관화하고 현실을 직시하기 위해 습관적으로 행해왔던 행동과 사고방식, 의식을 멈추고 자신을 관찰자(Observer)로서, 동시에 관찰의 대상으로서(Observed) 보는 노력은 관점을 변화시키는 첫 시작이 된다.

두 번째는 신선한 안목으로 자신을 보는(Seeing) 단계이다. 과거에 묶여 습관적으로 행하던 일상을 멈추고 나면 비로소 보이는 것들이 있다. 수면 아래 감추어져 있던 것들이 올라오면서, 그동안 미처 보지 못했던 내면적 자아를 볼 기회가 생긴다. 이때 필요한 것은 성급한 판단과 평가를 유보하는 것이다. 대신 새로운 발견을 향해 열린 태도를 보이는 것이 중요하다. 이때 리더는 인터뷰와 포럼 등을 통해 구성원들이 함께 대화하고 토론할 수 있는 분위기를 만들고, 다른 사람들의 생각과 의견을 듣고 배우는 기회를 지속해서 제공해야 한다.

세 번째는 인식(Sensing)의 단계이다. 함께 깊은 대화와 의견을 나누는 과정을 통해 구성원들은 중요한 어떤 것을 공유하는 단계로 진입하게 된다. 진지한 대화가 이루어질수록 서로에 대한 신뢰 형성이 쉬워진다. 이는 곧 개인의 관계뿐 아니라 조직과의 관계에도 영향을 미친다. 이 단계에서는 그들이 나에게 무엇을 해 주고 있는가를 묻는 대신, 우리가 스스로 무엇을 하고 있는지를 물으면서 자연스럽게 자신과 조직이 하나가 되는 변화를 경험하게 된다. 나와 타인, 그리고 조직이 하나임을 인식하게 될 때 구성원들은 비로소 어떻게 협력하여 조직을 세워 갈 수 있을지를 고민하게 된다.

네 번째는 자기 자신의 본질을 발견하고 실재화(Presencing)하는 단계이다. 여기서 중요한 것은 자기 자신에 대한 정직한 질문을 할 수 있어야 한다는 점이다. '우리는 누구인가,' '우리는 무엇을 하고 있는가'를 스스로 묻고 대답하면서 존재 가치와 목적을 재발견한다. 이 역시 구성원들의 지속적인 대화와 토론, 듣는 과정이 요구된다. 조직과 공동체의 본질적 자아를 발견하는 과정은 가장 깊은 차원의 인식과 목적이 명확해지는 장소이다. 이를 통해 진정한 자아(Authentic Self)를 발견하게 되면 버려야 할 것과 받아들여야 할 것이 선명해진다.

다섯 번째는 비전과 의도를 재설정(Crystallizing)하는 단계이다. 과거의 습관적 행위는 더 이상의 의미를 갖지 못한다. 본질에 대한 분명한 인식은 존재의 목적을 선명하게 드러내고, 사역의 비전과 의도를 재설정하도록 인도한다. 샤멀은 이 단계에서 설정되는 비전과 의도는 가장 높은 차원의 미래 가능성으로부터 발생되어야 한다는 점을 강조했다. 자기 자신에 대한 깊은 통찰과 이해를 통해서 무엇을 해야 하는지가 선명해졌기 때문에, 여기서는 앞으로 이루어질 미래에 대한 비전을 명확하고 분명하게 제시하는 것이 핵심이라는 것이다.

여섯 번째는 원형화(Prototyping) 단계이다. 원형화는 마치 디자인을 하는 과정과 유사하다. 디자이너가 자기 생각과 이미지를 원형으로 형상화해 제품을 만들듯, 새롭게 설정된 조직의 비전은 다양한 형태로 실험되고 시도되어야 한다. 어떤 의미에서는 미래를 경험하는 첫 번째 단계가 되기도 하고, 실패를 통해 자신을 교정해 가는 조율의 시간이 되기도 한다. 여기서 기억해야 할 것은 비전을 실현하기 위해 시행되는 다양한 실험이 빠른 피드백 시스템을 통해 지속적인 비평과 적용의 과정으로 이어져야 한다는 점이다. "손에 있는 지혜가 머리 안에만 영원히 머무는 지혜보다 위대하다"[381]는 표현처럼, 다양한 지성을 통합하여 살아있는 실례를 만들어 내는 과정은 너무나 중요하다. 마치 머리, 가슴, 손의 지성이 통합되어 균형을 이루는 것과 같이 비전을 담아낼 작은 그릇들을 만들고 시도하는 과정은 지식이 현실화되는 토대가 된다.[382]

일곱 번째는 수행(Performing)의 단계이다. 원형 작업을 통해 시행된 다양한 시도와 모험을 통해 조직은 비로소 자신이 가지고 있는 비전과 목적을 이루기 위해 집중해야 할 것이 무엇인지 발견하게 된다. 그 무언가에 조직의 역량과 노력을 기울여 매진해야 할 때가 된 것이다. 이는 마치 한 작품을 위해 많은 배우와 감독, 스태프들이 열심히 준비하는 연극무대와 같다. 시나리오를 작성하고, 토론하고, 연습하여 결국은 관객들이 있는 무대에 오른다. 원형 작업을 통해 얻은 작은 세계들이 모여, 조직 전체가 실천할 수 있는 활동을 세상 속에서 본격적으로 펼칠 수 있어야 한다. 진정한 발전과 새로운 창조가 드디어 시작되는 것이다.

U-이론의 가장 큰 특징은 구조를 갱신하고 변화시키는 새로운 차원의 리더십 기술과 개념을 제시하는 데 있다. 한 사람의 영향력에 의해 구조와 형태가 변화되는 것이 아니라, 지도자들과 팔로워들이 함께 참여하고 고민하는 가운데 존재의 본질을 찾고, 그 위에서 새로운 도전과 실험을 통해 전체 사역을 조율한다는 것이 매우 인상적이다. 샤멀의 표현대로 함께 주도하고(Co-Initiating), 함께 인식하고(Co-Sensing), 함께 실재화하고(Co-Presencing), 함께 창조하고(Co-Creating), 함께 발전하는(Co-Evolving) 요소가 진정한 변화를 이끄는 힘이 되는 것이다.

(2) U-이론의 적용과 선교적 문화 형성

알렌 허쉬와 마이클 프로스트는 위대한 리더의 특성을 "공동체 구성원들의 꿈과 비전을 일깨우고 동력화하는 것이며, 나아가 구성원들의 '작은 비전들'을 모두 함께 묶어 내는 거대한 비전을 통해 더 깊은 응집력을 제공하는 것이다"라고 말했다. 사람이 자신의 모든 것을 걸고 비전에 동참하는 이유는 그 안에 자신의 목적이 투영될 때 가능하다는 것이다. 이런 점에서 진정한 리더는 사람들이 가지고 있는 꿈과 비전을 이해하고, 그것을 현실화시키기 위한 근거와 방향을 제시할 수 있어야 한다. 자신 안에 잠재된 삶의 의미와 목적을 발견하게 하고, 다시 꿈을 꾸며 미래를 향해 살아갈 수 있도록 이끄는 사람이 참된 리더인 것이다.[383]

앞서 살펴본 'U-이론'은 구성원들의 꿈과 비전을 함께 묶어 더 큰 비전을 세워 간다는 측면에서 매우 효과적인 이론이다. 조직의 비전을 재설정하고 발전시키기 위해 리더는 홀로 일하지 않는다. 리더는 모든 구성원이 마음을 열고 함께 토론하며 같은 꿈과 비전을 품을 수 있는 장을 마련한다. 일련의 과정을 통해 구성원들은 자기 공동체의 정체성을 발견하고, 더 큰 가치와 비전을 향해 나아간다. 교회 공동체도 마찬가지이다. 선교적 교회를 지향하는 신앙 공동체는 반드시 자신의 정체성과 소명을 확인하는 과정을 거쳐야 한다. 이를 통해 자기 공동체만의 독특한 부르심을 발견하고 하나님 나라를 위한 사역에 모든 성도가 함께 동참할 수 있는 장을 만드는 것이 필요하다. 이제 본 이론을 교회 공동체에 적용하는 과정을 살펴보자.

첫 번째 원리는 과거의 정형화된 패턴을 과감하게 중단하는 것(Suspending)이라고 했다. 사실 교회는 전통을 유지하고 계승하는 차원에서 과거를 답습하고 반복하는 행위를 정당화했다. 그러나 반복적인 행위가 선교적 역동성을 실추시키고 현상 유지에만 급급하다면, 또 새로운 세대에 영향을 주지 못하며 급격히 노쇠해 간다면, 성도들의 관심이 소비와 서비스에 집중되어 공동체의 정체성이 의심된다면, 그때야말로 현재의 사역을 냉철하게 조명해 볼 순간임이 분명하다. 놀랍게도 한국 교회의 모습은 매우 획일적이다. 교단과 지역을 초월해 대부분의 교회는 매우 유사한 형식과 구조로 되어 있다. 예배와 사역은 성장과 확장에 집중되어 있고 회심을 통한 성장은 거의 멈춰버렸다. 젊은이들은 교회를 떠나고, 성도들은 더 나은 서비스를 받기 위해 좋은 환경으로 이동하기를 주저하지 않는다. 그런데도 교회는 과거의 패턴을 고집한다. 이제는 잠깐 멈추는 것이 필요하다. 그리하여 자신을 관찰자로서, 또 관찰의 대상으로서 살피며 자신을 이해하고 평가하는 시간이 필요하다.

두 번째는 자신을 신선한 안목으로 보고(Seeing) 자신을 인식(Sensing)하는 단계이다. 에디 깁스는 변화가 요구되는 위기 상황에서 가장 부정적 반응은 다름 아닌 '집단적인 거부의 침묵'이라고 말했다. 그 침묵은 곧 리더에 대한 비난과 서로를 향한 비난으로 발전되는데, 이때 리더에게 요구되는 것은 다름 아닌 모든 구성원이 함께 참여하여 안과 밖의 소리에 귀 기울이는 의지라 했다. 전략적 변곡점이라고 표현되는 위기의 순간(결국은 미래에 대한 소망과 비전이 가장 절실히 요구될 때다)에 이를 극복할 수 있는 전환점은 현재 상황에 대한 분명한 이해를 하겠다는 의지가 핵심이다.[384] 오늘날 경직된 교회의 분위기는 어떠한가? 성도들이 자기 내면의 생각과 아이디어를 자유롭게 내어놓고 그것을 발전적으로 활용할 수 있는 사역 문화가 정착된 경우를 찾기란 결코 쉽지 않다. 설교를 듣고, 성경공부를 하고, 프로그램에 참여하고 봉사하며 서로를 위해 기도하는 일들은 익숙하지만, 내면에 있는 상실, 역사, 기억과 같은 삶의 경험들을 여과 없이 표현할 수 있는 장소는 매우 제한적이다.[385] 물론 이러한 자기표현은 개인의 경험과 느낌을 넘어 자신이 속한 신앙 공동체와 교회의 현실, 교회됨에 대한 이야기, 사역과 선교에 대한 주제가 모두 포함된다.

사실 우리는 여기서 매우 조심스럽다. 전통적으로 교회 내에서 요구됐던 성도들의 역할과 기능은 사실상 매우 수동적이었기 때문이다. 선교적 공동체와 문화를 형성하는 데 있어 가장 핵심적 사항 중 하나는 성도들의 선교적 열정을 불러일으켜 그들이 자발적으로 사역에 동참할 수 있는 문화와 분위기를 형성하는 일이라 할 수 있다. 단순한 팔로워로서가 아닌 또 다른 리더로 그들을 세워 가는 일이 핵심 사역이다.

바로 여기서 인식의 전환이 요청된다. 리더는 끊임없이 성도들의 의식을 깨우는 작업을 해야 하고, 성도들은 자신을 수동적인 팔로워로 인식해서는 안 된다. 주체적으로 교회와 그 교회가 놓여 있는 상황을 이해하고 함께 고민하고 대화하면서, 자신이 누구인지, 교회는 무엇인지, 우리는 무엇을 위해 존재하는지를 발견할 수 있어야 한다.

이러한 과정을 통해서 궁극적으로 도달할 수 있는 지점은 구성원들의 '작은 비전들'을 함께 묶어 내는 일이다. U-이론에서 제시하고 있는 자기 자신의 본질을 발견하고 실재화(Presencing)하는 단계는 바로 이 지점에서 시작된다. 나를 이해하고, 우리를 이해하는 과정은 자신의 존재 가치와 목적을 더욱 선명하게 보여준다. 리더는 성도들이 하나님의 말씀과 임재 안에서 자기 자신과 공동체를 볼 수 있도록 이끌어야 한다. 우리가 부름 받은 이유, 우리가 존재하는 이유를 말씀 안에서 스스로 발견할 수 있게 하며, 신앙 공동체의 궁극적 존재 이유를 탐구하게 해야 한다. 앤드류 커크는 "예수그리스도의 길을 따르는 것(제자도)이 선교적 신실성을 검증하는 유일한 방법이라는 뿌리 깊은 확신이 기독교 공동체의 역사 속에 면면히 흘러오고 있다. 교회는 그리스도의 선교를 무시하거나 변형시키는 바로 그 순간 길을 잃게 된다"[386]고 말했다. 즉 성경에 기초한 진지하고 열정적인 탐구는 선교적 존재로서 진정한 자아를 찾는 길로 인도하고, 이것은 공동체가 통합된 비전으로 나아가는 중요한 기반이 된다.

이렇게 선교적 존재로서 자신의 존재를 신앙 공동체와 구성원들이 함께 발견하게 되면, 교회의 비전과 의도를 재설정(Crystallizing)하는 단계로 나아간다. 마이클 호튼은 대위임령의 주체는 교회이지만 교회 자체가 대위임령으로 말미암아 탄생했다는 사실을 강조하면서 "교회는 그 기원에 있어서뿐만 아니라 매번 모일 때마다 대위임령으로 말미암아 새롭게 탄생한다"[387]는 사실을 상기시켰다. 결국, 작은 비전들이 하나님의 선교라는 거대한 관점을 통해 하나로 묶이게 되는 것이다.

    선교적 비전이 설정된 이후 요구되는 다음 단계는 어떻게 그 비전을 이룰 것인가와 관련된다. 앞서 발견된 자신과 공동체에 대한 깊은 이해는 그들이 놓여 있는 상황에 대한 인식과 함께 자신들에게 주어진 선교적 비전을 발견하는 것으로 이어져야 한다. 즉, 자신의 공동체에게 주어진 독특한 사명을 식별하고, 그것을 구체화하는 과정이 필요하다는 것이다. 필자는 이 문제가 바로 한국 교회의 과제이자, 동시에 가능성이라고 생각한다. 앞서 언급한 것처럼 그렇게 많은 교회들이 자신의 독특한 사명을 발견하고 하나님 나라의 관점에서 각자의 사역을 독창적으로 행할 수 있다면, 그 수는 많으면 많을수록 더 다양하고 효과적인 사역으로 발전될 것이다. 또한, 그들의 사역을 통해 지역이 변하고, 문화가 변하며, 이곳저곳에서 선한 노력과 섬김이 사회를 감동시킬수 있을 것이다. 그 속에서 교회는 시대적 대안으로서 사회를 정화하고 변화시키는 주체가 될 것이다. 그러므로 교회는 지역 공동체와 밀접한 관계를 맺어야 한다. 자신이 존재하는 지역 상황에 필요한 교회, 지역을 변화시키는 교회가 되고, 나아가 세계 선교를 바라보고 협력할 수 있을 때 교회는 비로소 하나님 나라의 선교적 모자이크를 완성해 가는 여정에 동참하게 된다.

    이 사역을 위해 필요한 것은 바로 원형화(Prototyping) 과정이다. 선교적 사역은 창조적이며 독창적인 성격이 강하다. 그것은 변화하는 문화에 대한 교회의 능동적 대응이 가져오는 필연적 결과이기도 하고, 자신에게 주어진 독특한 사역을 행할 때 나타나는 열매이기도 하다.

신앙 공동체에게 주어진 획일화된 틀과 형식은 더 이상 의미를 갖지 못한다. 어떻게 세상에 침투하고 그들과 우정을 쌓으며, 복음을 증거할 수 있는가를 알기 위해서는 환경에 맞는 상황화된 접근이 요청된다. 그렇기 때문에 선교적 공동체는 끊임없이 새로운 아이디어를 개발하고 창조적인 접근방식을 활용하며, 다양한 실험과 시험을 시도한다.

론 헤이페츠(Ron Heifetz)의 표현을 빌리면 리더는 '기술적 변화(Technical Change)'가 아닌 '적응적 변화(Adaptive Change)'를 시도해야 한다. 사실 기술에 기초한 접근은 단기 문제를 해결하는 데는 효과적일 수 있다. 그러나 조직과 구조의 본질적 변화를 추구하기 위해서는 기술적 차원이 아닌 상황에 대한 냉철한 분석을 통해 이에 적합한 접근을 해야한다. 어렵지만 변화해야만 하는 구조일수록 조직은 더 높은 위험을 감수해야 한다. 그런 관점에서 적응적 변화는 지위와 기술에 따라 시행했던 과거의 방식 대신, 위험을 감수하는 창조적 사고와 실험 정신을 요구한다.[388]

선교적 교회의 사역도 마찬가지다. 선교적 사역은 상황에 맞는 상상력과 창의력을 요구하며, 동시에 위험을 동반한다. 위험 없이는 선교적일 수도, 사도적일 수도 없다.[389] 리더는 의도적으로 실패의 위험을 안고 과감하고 새로운 시도를 독려할 수 있어야 한다. 더 다양한 시도들이 더 창조적인 사역을 창출해 내며, 그것은 곧 새로운 운동을 만드는 원동력이 된다.

결국, 이렇게 시도된 실패와 성공이 모이게 될 때, 교회 공동체는 자신의 은사와 재능, 자원과 인력을 어디에 집중하고 헌신해야 할지 알게 된다. 그렇다면 이제 본격적인 사역을 수행(Performing)할 준비가 끝난 셈이다. 락스버그는 이를 인식과 이해, 평가의 과정을 거쳐 시행

된 실험을 통해 결국 자신의 신앙 공동체가 헌신해야 할 지점에 도달하게 되었다고 표현했다.[390]

건강한 교회는 사역을 펼쳐놓는 교회가 아니다. 오히려 자신이 감당할 수 있는 사역을 한정하고, 그에 대한 놀라운 집중력과 헌신을 통해 지속적인 열매와 재생산을 이루어 낸다. 그것이 목숨 바쳐 일할 사명을 발견한 증거이고, 또 그 사명을 실천하는 이유이다.

(3) U-프로세스를 이끄는 입체적 리더십

필자는 전통적인 구조에 익숙한 교회를 선교적 교회로 전환하기 위한 방편으로 U-이론을 제시했다. 물론 본 이론은 새로운 사역을 시작하기 위해 준비하고 있는 공동체의 구성원들이 자신의 비전을 확인하고 사역의 방향과 초점을 만들어 간다는 측면에서도 유용하게 활용될 수 있다. 무엇보다 U-이론은 본질에 기초해 진정한 혁신을 추구한다는 측면에서 가치가 있다.

여기서 기억해야 할 점은 무엇인가? 그것은 바로 교회가 본질에 기초해 진정한 혁신을 추구하기 위해서는 충분한 시간이 확보되어야 하고, 나아가 높은 위험을 감수할 수 있는 도전정신이 필요하다는 사실이다. 이 지점에서 우리는 다시 한 번 탑 리더의 역할을 되돌아보게 된다. U-이론에서 리더는 모든 프로세스 속에 독단적인 소리를 내지 않으면서 모든 과정을 세심하게 조율하고 이끌 수 있는 리더십을 발휘할 수 있어야 한다. 그렇기 때문에 리더는 각기 다른 생각과 아이디어를 가진 구성원들에게 존경을 받는 사람이어야 하고, 동시에 기술이 아닌 존재론적 리더십을 발휘할 수 있어야 한다.

결국 U-프로세스도 리더가 만들어 간다. 선교적 리더는 무엇보다 사람을 존중하고 사랑하는 리더십을 발휘해야 한다. 다른 사람을 세우고 격려하고 위임하며 함께 만들어 갈 수 있는 문화와 환경을 조성할 수 있어야 한다. 사실 전통적이고 관료주의적 형태의 하향식 시스템에서는 소수의 지도자가 그들에게 부여된 지위와 권한으로 모든 조직을 움직일 수 있었기 때문에 리더십은 단면적 성격이 강했다. 그러나 상향식 혹은 협업적 리더십(Collaborative Leadership)[391] 속에서는 구성원들과의 관계 형성과 신뢰가 중요할 뿐 아니라, 이를 넘어 존경과 사랑을 받는 단계로까지 발전될 필요가 있으므로 리더십은 다면적이고 입체적 형태를 띤다.

즉, 리더는 시대와 상황을 읽는 지성과 통찰력, 동기를 부여하고 위임할 수 있는 기술, 구성원들을 하나로 묶는 통합과 네트워크, 사람들이 믿고 따를 수 있는 인격을 갖춘 사람이어야 한다. 이러한 실력과 균형이 없다면 조직을 변화시키고 환경을 조성하며, 모든 사람이 함께 할 수 있도록 이끄는 것 자체가 불가능하다. 역설적이지만 선교적 리더십은 리더 자체의 탁월한 능력을 거부하거나 포기하는 것이 아니다. 오히려 그 탁월한 능력을 의도적으로 나누고(Sharing), 세우며(Building), 지원하는(Supporting) 형태로 발휘하는 것을 지향한다.

나가는 말

"성공과 실패의 모든 것은 리더십에 달렸다(Everything Rises and Falls on Leadership)"[392]는 말처럼, 선교적 교회의 향방은 리더의 역할과 기능에 따라 달라진다. 선교적 교회는 성령에 의한 지속적인 개혁(Reforming)과 형성(Forming)의 과정을 통해 이루어진다. 그 속에서 리더는 교회의 지속적 회심을 위한 개혁(Reforming)을 추구하고, 새롭게 변화하는 상황에 반응하는 새로운 형성(Forming)을 이끌어 가야 한다.[393] 시대를 분별하고, 상황을 분석하며 미래를 예견할 수 있는 판단력과 성령의 인도하심에 반응할 수 있는 영적 민감성은 선교적 리더에게 요구되는 기본 요소라 할 수 있다. 그런 차원에서, 선교적 리더는 현실에 안주하지 않는 거룩한 불만족을 가지고 거친 세상의 최전선에서 하나님의 선교가 이 시대에 창의적으로 실현될 수 있도록 회중을 이끄는 사람이다. 만약, 신앙 공동체의 문화와 환경을 선교적으로 조성하여 지속적이고 열정적인 시도와 실험이 발생할 수 있다면, 그리고 모든 성도가 자발적으로 동참하는 선교적 삶이 회복될 수 있다면, 교회는 세상을 변화시키는 주체로서 더욱 온전하고 능력 있는 존재가 될 것이다.

그러므로 선교적 리더는 시대의 흐름과 문화적 활용에 대한 이해와 기준이 있어야 한다. 급변하는 현대 문화의 특성과 본질을 이해하지 못한다면 선교적 교회의 생태계 조성은 어려울 수밖에 없다. 다음 장에서는 교회와 문화의 관계를 선교학적으로 살펴보자.

· 제9장 ·

선교적 교회와 문화

❖ ❖ ❖

문화적 차이는 '무엇'에 대한 문제가 아니라
'어떻게'와 더욱 밀접한 관계를 가진다.
– Kathryn Tanner

우리에게 새로운 시대가 열리고 있다면 우리는 새로운 교회가 필요할 것이다.
새로운 성령이 아니라, 새로운 영성이다. 새로운 그리스도가 아니라,
새로운 그리스도인이 필요한 것이다. 새로운 교단이 아니라,
모든 교단 안에 새로운 종류의 교회가 필요한 것이다.
– Brian McLaren

❖ ❖ ❖

교회의 선교적 사명은 문화에 대한 깊은 이해를 바탕으로 이뤄져야 한다. 그것은 예수님의 구원 사역이 성육신적 사건을 기반으로 이뤄졌기 때문이다. 문화를 배격하거나 문화에 동화되어서는 참된 선교를 감당할 수 없다. 선교적 교회의 기반이자 도전 요소인 문화와의 관계를 고찰해 보자.

들어가는 말

· A교회의 주일 풍경

예배시간이 가까워지자, 교회로 들어오는 2차선 도로에는 예배를 마치고 돌아가는 차들과 새롭게 진입하는 차들이 분주하게 움직이고 있다. 성도들은 안내 요원의 인도에 따라 주차를 하고 아이들을 챙겨 예배당으로 향한다. 주차장 가까운 곳에 세워진 주일학교 건물은 아이들의 나이에 따라 실용성 높은 구조와 인테리어로 예배당을 특성화했다. 한 주일학교 예배실을 들여다보니 내부에는 자동차를 개조해 만들어 놓은 작은 놀이터가 있고, 한쪽 벽에는 등반놀이를 할 수 있는 암벽타기, 다른 벽에는 전자게임을 할 수 있는 스크린과 최신 게임 도구들이 준비되어 있었다. 교사는 입구에 서서 전자 시스템에 기재된 정보를 확인하고 아이들을 데리고 간다. 부모는 자녀들을 위해 최고의 준비를 한 교회의 정성에 감사하면서 메인 빌딩 쪽을 향해 발걸음을 돌린다.

이때 '오늘은 어떤 예배를 드리지?'라는 고민이 든다. 이 교회는 성도들의 특성과 필요에 따라 같은 시간, 다양한 스타일의 예배가 준비되어 있다. 많은 성도를 수용할 수 있는 강당에서는 수준 높은 찬양팀이 예배를 인도하면서 대중이 선호하는 음악과 분위기를 제공한다. 여기서는 담임목사의 설교를 직접 들을 수 있는 장점도 있다.

같은 시간 다른 건물에는 모던 락과 재즈 음악에 맞춰 좀 더 강한 비트와 사운드를 발산하는 예배가 있다. 이곳은 최신식 조명을 통해 화려하고 모던한 예배 분위기를 만들기도 하고, 초와 상징 등을 통해 경건한 분위기를 조성하기도 한다. 현대와 고대를 넘나드는 독특한 예배 환경이 포스트모던 시대 젊은이의 종교심을 자극한다. 그런가 하면 또 다른 예배당에서는 전통적 형식의 예배가 드려지고 있다. 피아노 반주에 맞춰 찬송가를 부르고 대표기도와 가운을 입은 성가대가 등장한다. 이뿐만이 아니다. 교회의 Warehouse(일종의 창고)에서는 펑크(Funk)와 소울(Soul)이 가미된 그루브(Groove)한 음악을 선호하는 사람들을 위한 예배가 열리고, 카페에서는 형식과 순서에 구애받지 않고 편안한 분위기 속에서 설교를 듣는 예배도 있다. 복잡한 도시에서 벗어나 넓고 확 트인 근교에 자리를 잡은 이 교회는 넓은 주차 공간과 현대화된 교회 건물, 잘 정비된 주일학교와 필요에 따라 고안된 다양한 예배와 프로그램들을 통해 지속적인 성장을 경험하고 있다.

· B교회의 주일 풍경

B교회는 복잡한 도심 한복판에 조성된 공장지대의 한 창고에서 주일 모임을 갖는다. 오후 5시가 되면 20여 명 남짓의 성도는 각자 준비해온 음식을 나누며 모임을 시작한다. 이곳에는 어떤 형식이나 프로그램이 없다. 한 주간 있었던 일들을 중심으로 자신들의 삶을 나누고, 먹고, 마시며, 하나 됨의 은혜를 추구한다. 만찬이 끝나자, 성도들은 창고 위쪽에 마련된 예배 공간으로 이동한다.

예배당이라기보다는 작은 소모임을 위한 공간에 소파들과 의자들이 자유롭게 배열되어 있다. 성도들은 여기서 묵상과 기도를 하며 예배를 시작한다. 예배를 위한 찬양 팀도 없고 악기 팀도 없다. 한 사람이 뮤직 박스 앞에서 마치 DJ처럼 찬양을 인도한다. 피아노나 기타 대신 컴퓨터에 연결된 음악 장비를 이용하여 찬양하며, 가끔 익숙한 곡들이 들리지만 대부분은 단순한 리듬에 가사를 입혀 만든 자신의 곡이 대부분이다. 이때 성도들은 누구나 여러 곳에 비치된 심벌즈와 탬버린, 다양한 모양의 북들을 자유롭게 두드리며 연주에 참여할 수 있다.

찬양이 끝나자, 회중석에 앉아 있던 성도 한 사람이 나와 말씀을 전한다. 언뜻 보아도 전문적 신학교육을 받은 목회자가 아닌 것이 분명하다. 이 교회는 신학을 공부하고 있는 신학생들과 평신도들이 돌아가며 말씀을 전한다. 말씀이 끝나자 청중들은 삼삼오오 짝을 지어 앉아 받은 은혜를 나누는 시간을 갖는다. 그렇게 예배는 한 두 시간이 훌쩍 지나간다. 마지막에는 모든 성도가 함께 일어나 손을 잡고 동그랗게 원을 그려 서서 찬양과 기도를 한다. 마치 강강술래를 하듯 몸을 움직이며 흥겹게 찬양을 하고 서로를 축복하는 기도와 함께 예배를 마친다.

1. 신앙 공동체의 문화적 수용

A교회의 주일 풍경은 도시 외곽에 위치한 미국의 메가처치들의 모습을 반영한다. 훌륭한 시설과 다양한 프로그램으로 무장된 대형 교회의 모습에 대한 사람들의 평가는 양면적이다. 어떤 사람은 이러한 모습을 소비주의에 물든 미국 교회의 단면으로 비평하기도 하고, 또 다른 측에선 이들이 가진 현대화된 시스템을 빌리기 위한 방안을 고심하기도 한다. B교회는 대형화되고 제도화된 교회에 대한 반발로 발생한 이머징 교회의 한 모습이다. 이머징 교회는 그 형식과 모임이 너무 다양하므로 하나의 정형화된 패턴으로 특징짓는 것이 불가능하다. 그러나 적어도 이러한 그룹들이 가지는 공통점이 있다면, 형식과 제도로 점철된 전통적 교회의 모순을 타파하고 초대교회가 지향했던 가치에 기초해 그리스도의 사역을 실천하고자 하는 신앙 공동체에 대한 열망

이라 할 것이다.

현재 북미 지역은 이런 양극화 현상이 뚜렷이 나타나고 있다. 단면적으로 묘사한다면, 한편에서는 대중들의 필요에 부응하는 다양한 프로그램과 문화적 요소로 무장된 대형교회 현상이 발생하고 있고, 다른 한편에서는 기존의 교회에 실망한 성도들이 작은 공동체를 지향하면서 교회됨의 의미를 회복하고자 하는 운동이 양립하고 있다.

여기서 주목할 것은 전혀 어울릴 것 같지 않은 이 두 모델에 공통점이 있다는 사실이다. 아이러니하게도 이들은 모두 현시대의 문화적 특성을 적극 반영하여 형성된 교회들이다. 대형교회는 다양한 자원과 인력을 기반으로 대중문화를 적극 수용하여 불특정 다수를 대상으로 사역을 펼친다. 이와 대조적으로, 소그룹 형태를 선호하는 교회는 모임에 참여한 사람들의 문화와 공동 관심사를 적극 반영하여 그들만의 특성화된 공동체를 만든다. 실제로 B교회의 경우, 예술 분야에 관계된 사람이 주를 이뤘다. 이러한 면에서 보면, 반세기 전 교회성장학의 창시자라 불리는 도널드 맥가브란(Donald McGavran)이 주창했던 '동질집단원리(Homogeneous Unit Principle)'[394]는 여전히 우리 시대에도 유효성을 지니고 있다고 말할 수 있다.[395]

문화에 대한 민감성은 이처럼 극단적으로 대비되는 케이스에만 국한되지 않는다. 현재 북미지역에서 역동성을 가지고 성장하고 있는 많은 교회는 전통적 형식과 신학적 구속에서 매우 자유롭다. 그들은 문화를 긍정적으로 이해하고 대중의 문화를 적극적으로 수용하면서 복음을 증거 하기 위해 노력하고 있다. 마크 드리스콜(Mark Driscoll)은 이에 대해 다음과 같이 말했다.

우리의 과제는 이것이다. 지금까지 우리가 모여서 예배를 드리고 흩어져 복음을 전했을 때 우리를 지배하던 문화 형태가 우리 지역에 사는 사람들에게 복음을 전하기에 가장 적합한 문화 형태인지를 결정하는 것이다. 쇠퇴하는 교회들은 자신들의 문화 형태로 매주 복음을 전하기는 하지만 사람들에게 전달되지 못한다는 사실을 알지 못하는 경우가 많기 때문이다. …… 선교개혁을 지향하는 교회들은 복음을 영원히 전하기 위하여 존재하며, 이런 목표를 이루기에 부족하다고 느끼면 신속히 문화 형태를 바꾸어야 한다.[396]

앞서 언급했듯이, 변화하는 세상과 문화를 외면하고 전통과 형식에 얽매여 과거에 굳어진 주류 교회들은 위태할 정도로 급격히 쇠락해 가고 있다.[397] 결국, 교회는 어떠한 형태로든지 대중문화에 민감하고 그 문화를 수용, 변용, 적용하는 과정을 통해 복음을 창조적이고 효과적으로 증거 할 수 있어야 한다. 문화와의 능동적 관계가 필수적으로 요청되는 것이다.

2. 문화수용의 문제

그렇다면 무엇이 문제일까? 문화에 민감하고 이를 효과적으로 사용하는 교회일수록 역동성을 가진다는 사실에도 불구하고, 왜 교회는 문화에 대해 적극적인 수용과 적용을 두려워하는 것일까? 이에 대해 필자는 다음과 같은 4가지 관점을 제시한다. 첫째, 문화에 대한 기독교의 오랜 부정적 편견, 혹은 비타협적 태도, 둘째, 크리스텐돔 시대로부터 굳어진 성과 속의 관념, 셋째, 근대 선교 시대로부터 고착된 문화적 우월주의, 넷째, 문화 수용의 범위와 한계의 모호성이다.

1) 문화에 대한 편견과 비타협적 태도

문화에 대한 편견과 비타협적 태도는 세상에 대한 부정적 인식에 기초한다. 리처드 니버(H. Richard Niebuhr)에 의하면, 이러한 태도를 보인 사람들은 그리스도가 세상 문화에 대립한다고 믿는다. 요한일서 2장 15절의 "이 세상이나 세상에 있는 것들을 사랑하지 말라. 누구든지 세상을 사랑하면 아버지의 사랑이 그 안에 있지 아니하니"라는 말씀처럼, 세상은 하나님과 양립할 수 없는 곳이다. 그러므로 세상은 육신의 정욕과 안목의 정욕, 그리고 이생의 자랑이 가득한 세속적 가치가 지배하는 곳에 불과하다.[398] 죄로 만연한 세상 속 문화 역시도 오염되었기 때문에 진정한 신앙인은 문화와 대항하여 싸우는 운명을 받아들여야 한다고 그들은 믿는다.

선교 신학자 셔우드 링겐펠터(Sherwood Lingenfelter)는 로마서 11장 30-32절과 갈라디아서 3장 22절, 시편 14편 1-3절을 근거로 이 세상이 죄의 결과와 결탁해 일종의 불순종 감옥과 같은 역할을 한다고 주장하였다.

> 이러한 사회적 체계와 세계관은 그리스도 예수 안에서 표명된 인간을 위해 하나님의 계획하심에 반대하는 사회적 관념의 뿌리와 뒤엉킨 불순종의 감옥이 되었다. …… 바울은 '전 세계는 죄의 감옥'이며 인간은 불순종의 감옥에 갇혀 있다고 주장했다. 하나님께서는 모든 인간이 스스로 만들어 낸 문화의 감옥 속에, 유대인들과 이방인들을 포함한 모든 이교도와 선교사들을 가두어 버리도

록 하셨다.[399]

그에 따르면, 문화는 사회질서를 유지하기 위한 성향을 띠지만 복음은 그와 반대되는 특성을 가진다. 복음은 세상 사람들에게 대조적 메시지를 가져오고 이는 곧 사회 질서와 신념에 대한 도전이 된다. 즉, 복음이 갈등과 변화를 가져온다는 것이다.[400] 실제로 죄의 영향에 의해 세상의 문화는 타락하고 뒤틀려진 모습을 가지고 있다. 그리스도인들은 세상 권세와 문화를 초월해 행하시는 하나님 나라의 질서를 따라 사는 사람들이다. 그러므로 세상의 문화와 하나님 나라의 가치 사이에서 발생하는 갈등은 피할 수 없는 현실이 된다. 이에 대해 성경의 관점은 분명하다. 죄의 권세와 세속화의 영향 앞에 선 그리스도인들은 타협과 수용을 거부해야 한다. 그것이 신앙의 순수성을 지키고 그리스도에 대한 충성을 위해 자기 목숨도 아끼지 않은 성도들의 모습이었고, 그것이 오늘날의 기독교를 존재하게 하는 버팀목이 되었다.

그러나 이러한 사실에도 불구하고 문화를 완전히 악한 것으로, 그리스도인의 삶에서 완전히 제거해야 할 영역으로 치부하는 것은 옳지 않다. 문화를 배제한 채 온전한 그리스도인이 되는 것은 불가능하기 때문이다. 니버는 "사람은 문화에 몸담을 뿐 아니라 문화의 침투를 받는 존재"라고 밝혔다. 사람은 누구나 사회에 속한 존재이고, 그 사회는 독특한 구조와 의식으로 구성원들에게 영향을 미친다. 사상과 철학, 과학과 생활양식, 정치와 경제, 모든 것들이 사람의 몸에 자연스럽게 배어 있다. "문화를 도외시하고 그리스도인이 된다는 것이 불가능하다"는 부정할 수 없는 명제 앞에 그리스도인들은 때로는 악한 문화를 거부하려 하지만, 피할 수 없기에 문화에 적응해야 하는 딜레마를 경험할 수도 있다.[401] 그러나 더 본질적이고 중요한 이유는 무엇인가? 세상을 사랑하셔서 세상을 구원하고자 문화의 옷을 입고 이 땅에 오신 예수님의 성육신을 생각할 때, 우리는 세상 문화를 단순히 흑백 논리로 배척하거나 분리하는 오류를 범해서는 안 될 것이다.

2) 성과 속의 관념

세상에 대한 부정적 관념은 성과 속에 대한 구별로 이어진다. 성경이 기록될 당시 제자들은 임박한 종말론적 신앙을 견지했다. 즉, 세상의 끝이 가까웠기 때문에 현세에 대한 문제나 문화에 대한 관점은 그들에게 중요한 쟁점이 되지 못했다. AD 70년경, 예루살렘이 멸망하면서 유대 기독교는 급격한 위기와 변화를 겪는다. 이제는 복음이 본격적으로 이방인들에게 전파되면서, 기독교는 유대의 종교가 아닌 세상과 열방을 향한 종교로 발돋움하게 되었다.

4세기에 접어들면서 기독교는 역사상 가장 극적인 반전을 경험한다. 콘스탄틴이 역사의 무대에 등장하면서 핍박과 억압 속에 있던 기독교가 합법적 종교로 승인되었을 뿐 아니라, 나아가 로마의 국교가 되는 발판이 마련된 것이다. 변방의 작은 민족, 그 가운데서도 소수의 이단 종파로 치부되던 기독교가 세상의 대표 종교가 된 순간이었다. 이제 기독교는 전체 사회를 위한 종교로 변모하게 된다. 종교의 영역을 넘어 정치, 경제, 사회, 군사 전반에 걸쳐 지배력을 발휘하게 되었다.[402]

중세 시대를 거치면서 세상은 하나님이 다스리는 거룩한 국가와 그렇지 못한 국가로, 거룩한 문화와 세속적인 문화가 구분되면서 세상에 대한 강한 부정이 신앙과 본격적으로 결합하기 시작했다. 성과 속에 대한 관념은 바로 이렇게 형성된 것이다. 하비 콕스가 언급한 것처럼,

"중세적 종합은 (교회가 다스리는) 공간적 세계를 높고 종교적인 것으로, 그리고 역사적으로 변화하는 세계를 낮고 세속적인 것"[403]으로 만들었다. 절대 권력을 가진 교회는 이제 문화의 창출자로 또 문화의 성과 속을 결정짓는 기준이 되었다.

중세를 지나 종교와 국가의 동맹이 분리되기 시작한 17세기에는 경건주의 운동이 '세속적인 일'과 '종교적인 일'의 구분을 개인적 영역으로 변환하여 계승했다. 이후 근대시대를 거치면서 종교가 세속을 지배하는 구조는 와해되었지만 그 여파는 지금까지도 남아있다. 오늘날 교회가 지닌 의식을 들여다보라. 교회는 여전히 크리스텐돔 시절의 권력과 영향력을 회복하여 세상의 문화를 지배하려는 꿈을 꾼다.

문제는 이러한 역사적 배경 속에 형성된 성과 속에 대한 이원론적 대립구조와 세계관은 성경적 근거가 희박하다는 점이다. 오히려 교회 전통에서 아무 의심 없이 받아들이고 행해 왔던 수많은 습관과 방식들이 성경이 아닌 세속적 사건과 관습들에 영향을 받아 형성된 것이라는 사실을 안다면, 그것은 매우 충격적 사건이 될 것이다. 프랭크 바이올라는 이 문제에 대한 심도 있는 연구를 진행해 왔다. 그는 소위 전통이라는 명목 아래 무비판적으로 받아들여져 온 기독교 문화가 얼마나 성경적인가를 검증하는 작업을 했다. 그의 결론은 다음과 같았다. "놀라운 것은 우리가 소위 '교회'에서 하는 많은 것이 사도 시대 이후에 이교문화에서 직수입된 것이라는 사실이다."[404] 교회 건물에서부터 예배순서, 설교, 계층적 리더십과 성직과 평신도의 구별, 주일예배 의상, 음악, 십일조와 사례비, 침수를 대체해 물을 뿌리는 세례 의식, 교육제도 등 오늘날 전통이 되고 정설이 된 수많은 관행이 세상의 문화로부터 채용되고, 기독교화되었다는 사실을 조목조목 찾아냈다. 물론 그의 논리와 평가 속에는 역사와 문화 속에서 일하시는 하나님의 경륜과 섭리를 온전히 반영하지 못했다는 약점이 있다. 이를 다르게 본다면, 교회는 하나의 경직된 습관과 관습에 의해 제한된 조직이 아니라, 변화하는 세상과 끊임없이 소통하고 연계됨을 통해 자신을 변화시키고 복음을 전파하는 유기체적 존재라는 사실이다.

중요한 것은 전통적 습관과 관습들이 성경의 권위와 동일시되어 무비판적으로 수용되어서는 안 된다는 점이다. 같은 맥락에서, 크리스텐돔 시대를 거쳐 형성된 성과 속에 대한 이원론적 사상 역시, 교회를 절대시했던 시대의 사회 정치적 요소로부터 기인된 것임을 기억하고, 이에 대한 새로운 패러다임을 성경에서 찾을 수 있어야 한다.

3) 문화적 우월주의

크리스텐돔의 영향은 초대교회의 복음전파와 선교의 열정을 정치적인 것으로 변모시켰다. 종교와 국가가 하나로 여겨지던 시대에 선교는 교회의 필수 요건이 아니었다. 이는 곧 '선교 없는 교회'를 초래하는 근거가 됐다.[405] 18세기 후반 윌리엄 캐리의 등장과 함께 선교는 새로운 전환점을 맞는다. 선교의 위대한 세기가 펼쳐진 것이다. 평신도를 중심으로 한 선교 협회가 구성되고 복음 전파 사역이 열기를 띠었다. 적어도 제2차 세계대전이 발발하기 전까지는 선교의 위대한 시기에 대한 긍정적 평가가 주를 이루었다. 그러나 제2차 세계대전 이후, 그 평가는 달라지기 시작했다. 이때는 식민지 국가들이 독립을 한 시기였고, 그들은 지난 선교에 대한 내부적 평가를 가감 없이 내렸다. 결론적으로 근대 선교의 명암은 그 열정과 헌신에도 불구하고, 많은 부분 여전히 크리스텐돔의 그늘 아래 있었다.

특히 제국주의적 선교와 문화 우월주의에 대한 비판은 치명적으로 다가왔다. 당시 서구는 르네상스와 계몽주의로부터 야기된 근대 문명이 발전하던 시기였다. 유럽의 국가들은 경제적, 군사적으로 치열한 경쟁 속에서 많은 성과를 이뤄냈지만, 내부 성장에는 한계가 있었다. 자연스럽게 그들의 시선은 해외를 향했다. 이후 팽창주의와 식민지 정책이 본격화됐다.

강력한 군사력을 바탕으로 타민족을 정복해 가는 과정에서 서구인들은 자신들의 우월성을 당연한 것으로 받아들였다. 서구의 종교였던 기독교 역시 같은 관점을 유지했다.

보쉬는 이런 종교적 우월감이 문화적 우월감과 동일 선상에서 간주되었다고 지적했다. 이런 상황에 이르자, 선교의 개념은 자연스럽게 발전된 국가가 미개한 나라에 복음을 증거함으로써 이뤄지는 문명화가 포함되었다.

뉴비긴의 설명에 따르면, 이 시대의 선교 지지자들은 "내가 온 것은 양으로 생명을 얻게 하고 더 풍성히 얻게 하려는 것이라"는 요한복음 10장 10절의 말씀을 "현대적 교육, 치료와 농사가 세계의 소외된 사람들에게 제공하는 선한 것들의 풍성으로 해석했다." 결국 이렇게 왜곡된 의식은 자문화 우월주의로 연결되고, 이는 '명백한 운명(Manifest Destiny)' 의식, 즉 백인이야말로 특별한 사명을 위해 선택된 민족이라는 사상으로 발전되었다. 20세기에 이르자, 이러한 사상은 유럽에서 미국으로 흘러갔다. 유럽인들과 달리, 미국인들은 식민지 쟁탈전에 동참하지 않았지만, 미국인 특유의 자신감과 낙관주의가 결합하면서 해외선교가 '도덕적인 동등함'을 제공하는 기반으로 작용했다. 미국인들은 해외선교를 '민족적 이타주의'라는 용어를 빌려 표현하곤 했는데,

이는 유럽 백인들이 지녔던 '명백한 운명'에 대한 미국식 표현이라 할 수 있다.[406]

사실 미국 교회의 영향을 받아 성장한 한국 교회도 일종의 선민의식과 우월주의 요소가 잠재되어 있음을 우리는 부인할 수 없다. 그러한 인식은 해외선교의 현장에서뿐만 아니라, 교회 문화 자체에서도 발견된다. 결국, 크리스텐돔으로부터 유래된 기독교의 우월적 사상은 그것이 성과 속의 개념으로, 또 문화적 우월주의로 발전되었고, 이것이 세상에 대한 분리주의적 관점과 합쳐지게 될 때, 세상 문화는 배격과 거부의 대상으로 인식될 수밖에 없다.

4) 문화 수용의 범위와 한계의 모호성

무어(T. M. Moore)는 그의 책 "Culture Matters"에서 문화에 대한 기독교 공동체의 문제를 다음과 같이 평가했다. "오늘날의 기독교인들 사이에는 우리가 이 모든 것들을 하나님의 영광을 위해 행하도록 부름을 받았다는 사실에도 불구하고, 분명한 기독교적 방식 안에 있는 문화적 산물과 제도, 관습을 어떻게 접근하고 이용해야 하는지에 대한 교감이 존재하지 않는다."[407] 기독교 내부에 문화적 이슈에 대한 통일된 관점이 존재하지 않음을 그는 지적했던 것이다.

오늘날 기독교 공동체가 고민하는 문화의 논점 중 하나는 전통과 혁신이 만나는 지점에서 발견된다. 특히 전통과 제도를 중요시하는 보수적 진영과 새롭고 창조적인 실험을 통해, 시대와 소통하고자 하는 사람들 사이의 긴장은 어느 때보다 고조되어 있다. 보수적 입장에서는 현대적 문화 요소를 적극적으로 채용하는 것에 대한 우려와 걱정을 한다. 반면에 새롭고 혁신적인 사역을 추구하는 사람들은 과거와 전통에 묶여 시대를 읽지 못하고 진부한 과거를 답습하는 사람들을 향해 날카로운 대립각을 세우기도 한다. 최근의 대표적인 예가 이머징 교회와 전통교회의 갈등이었다.

짐 벨처(Jim Belcher)는 전통교회와 이머징 교회의 첨예한 대립과 갈등을 가리켜 "복음주의 교회에 깊은 금이 갔다"고 표현했다.[408] 실제로 전통교회의 수호자들은 이머징 교회를 세속화와 혼합주의의 결집체로 봤다. 반면에 이머전트 빌리지(Emergent Village)와 같은 강성기류에 속하는 지도자들은 전통교회가 편협한 신학과 신조에 매여 본질을 상실한 채, 과거의 녹을 먹고 사는 형편이 되었다고 비평했다. 벨처는 이머징 교회에 대한 전통교회의 반목과 불신이 얼마나 깊은지를 이해하기 위해 미국 보수적 기독교의 리더 격인 존 맥아더(John MacArthur)의 비판을 예로 들었다. 그의 비판은 매우 비장하고 심지어 극단적이기까지 했다.

"이머징 교회운동으로 전례 없는 음란과 세속의 물결이 기독교 서점에 밀려들었다. 외설은 이머징 형식의 주요 특징이다.", "이머징 교회 운동의 저자들은 대부분 추잡한 언어와 성적 풍자를 과도하게 사용하고, 포스트모던 문화의 가장 저질스러운 요소를 비판 없이 언급한다. 세속 문화의 불경한 부분을 부적절하게 인정하는 경우가 빈번하다.", "문화적으로 연계된 사역을 하기 위해 그들은 세상에 팔렸다. 그들은 세상과 짝하길 원하며, 스스로 세상에 순응하는 듯이 보인다."[409]

이러한 맥아더의 표현에 따르면, 이머징 교회는 결코 수용되거나 양립할 수 없는 존재로 느껴진다. 그들의 시각에서는 세속주의와 혼합주의에 물든 기독교의 표본, 그 이상도 그 이하도 아닌 것처럼 보이기 때문이다.

한국의 상황도 별반 다를 것이 없어 보인다. 보수적 복음주의를 표방하는 주류 교단과 교회들은 다른 문화적 접근이 시도될 때마다 본질에 대한 관찰과 평가보다는 우려와 비판을 우선적으로 제기해 왔다. 그러나 아이러니하게도 얼마의 시간이 지난 후엔 그렇게 비판의 대상이었던 일들이 버젓이 교회에 수용되는 경우가 많았다는 점이다. 오순절 운동이 그랬고, 경배와 찬양, 열린 예배가 그랬다. 변화에 대한 두려움과 성장에 대한 목마름 사이에서 실상은 실용적 선택을 하는 모습이 오늘날 한국 교회의 현실이다.

벨처의 고민처럼 과연 이러한 그룹들은 함께할 수 없는 것일까? 함께 힘을 모아 새로운 문화적 관점을 형성하는 것은 불가능한 것일까? 그러나 우리는 그들 사이에 분명히 공통적인 지점이 있다는 사실을 발견하게 된다. 전통주의자들이나 쇄신주의자들 모두 사실은 순전한 기독교를 추구한다. 단, 전통주의자들은 오랫동안 익숙하게 배어 있는 관습과 형식들을 순전한 것으로 이해하고 있고, 쇄신주의자들은 형식과 신조보다 정신과 가치에 본질이 깃들어 있다고 보는 차이점이 있을 뿐이다. 이러한 점에서 뉴비긴의 이야기는 오늘날 우리가 지닌 오해와 편협성을 잘 드러낸다.

> 우리는 한 문화 안에서 구체화되지 않은 것을 의미하는 '순전한 복음(Pure Gospel)' 같은 것은 존재하지 않는다는 기본적 사실로부터 시작해야만 한다.[410]

복음은 언제나 신실한 신앙 공동체의 삶의 양식과 고백 속에서 전달된다. 즉, 복음의 모든 해석은 문화 형식 안에서 구체화되기 때문에 선교사가 전하는 복음 역시도 자기 문화의 영향 아래 구성된 것임을 인식할 필요가 있다.

사실 우리에게는 애초부터 완벽한 매뉴얼이 주어지지 않았다. 예배, 설교, 찬양, 교육, 훈련, 건물, 의식, 신조 등 현재 우리가 가지고 있는 대부분의 양식은 원래 주어진 원형에 대한 복기나 답습이 아니다. 성령님은 교회가 시대에 맞게 대응을 하고, 복음을 끊임없이 재해석하게 함으로써 하나님 나라를 확장하는 선교 사역을 감당하게 하셨다. 그러므로 변하지 않는 복음을 변화하는 세상 가운데 증거하기 위해, '메시지는 변할 수 없지만, 방법은 변할 수 있다', 아니 '변해야 한다'는 유연한 태도와 관점은 오늘날 사역 형성에 있어 핵심적 원리임이 분명하다.

그렇다면 이제 어떻게 하면 될까? 시대적 흐름에 맞는 교회의 능동적 대응을 논함에 있어 가장 중요한 것은 바로 기준과 원리를 정하는 것이라 할 수 있다. 이러한 차원에서, 간단하게나마 문화의 속성과 그리스도인의 문화적 사명을 살펴보고 이후 문화 활용에 대한 부분을 생각해 보자.

3. 문화의 이해

문화란 무엇인가? 학자들은 문화를 한마디로 정의하는 것은 어려운 일이라고 말한다. 문화 자체가 시대에 따라 변하는 특성을 보이고 있기에 그것을 하나의 정적인 의미와 개념으로 설명하는 것은 불가능하다. 그런 맥락에서 레이몬드 윌리엄스(Raymond Williams)는 'Culture'라는 단어만큼 복잡한 의미가 있는 영어 표현도 없을 것이라고 말했다.[411]

과거 문화에 대한 가장 일반적인 접근은 문화를 어떤 특정 형식이나 삶의 양태로 규정하는 것이었다. 예를 들어 클래식 음악이나 유명 작가의 그림, 발레나 뮤지컬 같은 것을 고상한 문화로 생각하고, 이것을 영위하는 사람을 가리켜 문화화된 사람으로 생각했다.[412] 그러나 문화인류학의 발전과 함께 문화는 "비평가적이고(Nonevaluative), 통전적이며(Holistic), 그룹 간에 존재하는 다른 삶의 양식이며(A group-differentiating), 상황에 기초한 상대적 개념(Context-relative notion)"으로 이해되기 시작했다.[413]

이러한 관점에서 찰스 크래프트(Charles Kraft)는 문화를 다음과 같이 정의했다. "문화는 사람들의 총체적 삶의 방식, 개인들이 자신이 속한 사회로부터 유지할 것을 요구받는 사회적 유산, 그리고 사람들이 살아가는 데 필요한 밑그림이다."[414] 또한 히버트는 문화를 "그들이 생각하고, 느끼고, 행하는 것들을 조직하고 규정하는 한 그룹의 사람들에 의해 공유되는 아이디어, 느낌, 가치, 그리고 그들의 연합된 행동의 패턴들과 생산품들의 다소간의 통합된 시스템"[415]이라고 정의했다. 그렇다면 문화는 어떤 특성이 있을까? 크래프트는 문화의 특성을 다음과 같이 기술했다.

· 문화는 복잡하다.
· 문화는 세계관을 중심으로 견고한 통합을 이루려고 한다.
· 문화는 사람들에게 총체적 밑그림을 제공해 준다.
· 문화는 사회적이고 물리적인 조건들에 대한 적응 체계 혹은 대처를 위한 메커니즘이다.
· 생물학적 실재들과 환경에 완벽하게 적응하거나 답변할 수 있는 문화는 존재하지 않는다.

- (그럼에도 불구하고) 문화는 그것이 절대적이고 완전한 것인 것처럼 인식하도록 교육된다.
- 문화는 해당 문화에 속한 요소들에 의미를 부여한다.
- 문화 행위들은 다수들 혹은 다수인들(Multipersonal)의 합의를 기초로 이루어진다.
- 문화는 과거의 유산이다.
- 문화는 사람들에게 삶을 규정하는 방식을 제공한다.
- 문화는 혼잡한 도로들로 묘사될 수 있다.
- 문화에는 의식적인(또는 명백한) 문화와 무의식적인(또는 함축적인) 문화가 있다.
- 문화에는 이상적인 문화와 현실적인 문화가 있다.[416]

이처럼 문화는 사람의 삶에서 그 삶을 규정하는 동시에 존재의 방식과 의미를 제공하는 터전이다. 한 그룹의 사람들이 문화를 형성하고 소유한다는 의미는 그런 차원에서 역사와 철학, 의식과 삶의 양식들이 오랜 시간 동안 공유되고 합의되어 삶의 일부가 되었다는 것을 뜻한다. 그렇기 때문에 다른 문화권에 있는 사람들에게 복음을 증거 하고자 할 때 요구되는 가장 기본적인 태도는 타 문화에 대한 존중과 이해의 자세는 갖는 것이다.

이와 동시에 아무리 오랜 시간에 걸쳐 형성된 것이라 할지라도 문화는 언제나 변할 수 있는 가능성을 안고 있다는 점이다. 대다수 사람들은 관습에 따라 주어진 길을 살아가지만, 때로는 새로운 길이 개척되기도 하고, 발견되기도 한다는 사실을 기억할 필요가 있다.[417] 새로운 길이 새로운 문화적 도로가 되어 다음 세대의 유산으로 전수되는 문화

변화 혹은 문화변혁의 기회는 언제나 열려 있다. 중요한 것은 내 방식이 아닌, 그들의 방식과 그들 문화의 창을 통해 접근하는 것이 중요하다. 이것이 불분명할 때, 문화변혁을 위한 우리의 일은 선한 의도와 상관없이 어리석은 결과로 전락할 수도 있다.[418]

4. 문화와 기독교 공동체의 정체성

예일대학교 신학대학원의 교수인 캐트린 테너(Kathryn Tanner)는 그리스도인의 문화적 정체성을 이해하기 위해 다음의 두 가지 질문을 고려해야 한다고 말한다. 첫째, '그리스도인들의 사회적 실천들이 하나의 독립된 차원의 문화를 구성하는 것으로 이해될 수 있는가?' 둘째, '기독교를 다른 문화와 구별되게 하는 본질적 근거는 무엇인가? 즉, 무엇이 그리스도인들의 정체성을 구별되게 하는가?'

이러한 관점에서 볼 때, 기독교는 자신들만의 언어, 행동양식, 이해와 느낌 같은 독특한 문화 양식이 그들을 다른 문화와 구별되게끔 하는 주원인이 되었다는 게 일반적 이해였다. 그러나 테너에 따르면 이러한 관점은 더는 동의를 얻지 못한다. 왜냐하면, 기독교인들은 눈에 보이는 외적인 문화 양식에 의해서가 아니라 보이지 않는 독특한 가치관과 삶의 내용이 그들을 구별시켰다는 것이다.

먼저 초기 그리스도인들이 형성했던 사회 그룹을 살펴보면, 놀랍게도 그들은 자신만의 영역을 만들고, 의도적으로 그 안에 머물려고 시도하지 않았다는 사실을 발견하게 된다. 오히려 그들은 사회의 많은 부분에 의도적으로 참여하면서 사회 변화를 주도해 왔다. 자신들만의 분리된 사회를 설립하려는 활동 대신 적극적으로 주변 사회의 문화를 채용하고 사용하는 태도를 보인 것이다. 이러한 전통은 초기 중세 시대에도 이어졌다. 이때에도 그들은 자신들만의 구별된 그룹을 형성하기 위해 그리스도인들을 위한 특별 교육기관을 만들지 않았다. 오히려 적극적으로 세상에 존재하던 것들을 채용하고 수용하여 폭넓은 차원의 사회적 실천들을 펼쳐 나갔다.[419] 사회와의 상호작용 속에서 "그리스도인의 삶의 방식은 외부적 문화에 의해 영향을 받았고, 그들에 의해 혼합되고 수정"[420]되는 과정을 거쳤던 것을 보게 된다.

이러한 관점에서 볼 때, 기독교 공동체를 구별되게 만든 요소는 외적인 문화 형태가 아니라 할 수 있다. 오히려 그들을 구별된 공동체로 만든 것은 하나님 나라에 기초한 가치관과 그에 따른 삶의 내용이었다. 생각해보라. 그들은 당시 누구도 상상할 수 없었던 사회계급과 차별의 벽을 넘어 복음 안에서 평등과 친밀함을 추구하였다. 주인과 종, 남자와 여자, 유대인과 이방인의 범주를 넘어 하나님 나라의 가치를 삶 속에서 증거 하였다. 자신들만의 연합이나 클럽(교회) 형성에 안주하지 않고, 확장된 개념의 사회관계를 형성하고 세상 속에 스며들었다. 물론 그들의 파격적 행보는 여기에만 머문 것이 아니었다. 그들은 세상의 다른 기관들이 지닌 문화 요소를 수용하여 통합하고 사용함으로써 더 폭넓은 사회적 실천들을 확장해 나갔다.

우리는 이러한 사실에 따라 매우 중요한 원리 하나를 발견하게 된다. 그것은 바로 초기 기독교 공동체의 일차적 관심은 형태와 양식에 있지 않았다는 점이다. 그들의 최우선적 관심은 오직 자신의 공동체가 그리스도와 함께 있는지에 모였다. 주님께서 가르치신 하나님 나라의 가치와 기준을 붙잡고, 그분의 사랑과 은혜를 일상 속에서 증거 하는 삶을 살게 되었을 때, 그들은 비로소 세상과 구별되는 정체성을 부여

받았다.[421] 그리스도인이 만든 외적인 제도나 형식이 그들의 정체성을 형성한 것이 아니었던 것이다.

당시 기독교인들의 사회적 실천이 자기 자신을 사회로부터 분리하고 구별하려는 목적에 있지 않았음은 당연한 사실이다. 그들은 기존의 사회적 범주 안에 거하면서 자발적 연합을 형성하여 영향력을 발휘했다. 마치 새로운 땅에 이주하여 자신만의 게토화된 그룹을 만드는 것에 초점을 맞춘 것이 아니라, 그 사회의 일원으로서 거주하는 외국인(Resident Aliens)처럼 살았던 것이다.

오늘날 대다수 그리스도인은 교회가 외부 문화와 영향을 주고받는다는 것 자체에 대한 두려움을 가지고 있다. 그러나 당시의 기독교 공동체는 이러한 접촉을 망설이지 않았다. 왜냐하면, 외부적 요소들이 기독교 공동체 내부로 채용되는 순간, 그것은 이미 그전과 다른 새로운 어떤 것이 됨을 의미했기 때문이다.

이들에게는 외부의 문화적 요소들이 수용되고 채용되었다는 사실이 갖는 의미는 매우 긍정적이었다. 외부적 요소들이 기독교 공동체 내부로 채용되는 순간, 그것은 이미 기존의 것과 다른 새로운 어떤 것이 됨을 의미했기 때문이다.

우리는 여기서 문화적 경계선에 대한 새로운 관점을 형성하게 된다. 사실 이제까지 진행된 문화 논쟁들은 많은 경우 기독교적인 것과 세상적인 것을 구분하는 일에 집중되어왔다. 그러나 논쟁이 진행될수록 둘 사이의 경계선을 긋는 일이 얼마나 모호하고 어려운 일인지를 발견하게 된다. 특히 오늘날과 같이 과거와 현재, 전통과 혁신, 종교와 기술이 공존하는 사회 속에서 100% 순수 기독교 문화를 논하는 것은 사실상 불가능할 뿐 아니라 선교적으로도 무의미하다. 테너는 그런 측면에서 "문화적 차이는 무엇(What)에 대한 문제가 아니라 어떻게(How)와 더욱 밀접한 관계를 맺는다"[422]고 말했다. 즉, 그리스도인들이 그리스도인 되게 하는 경계선은 물리적이고 가시적인 그 무엇이 아닌, 비신자들과 함께 살고 존재하는 세상 한복판에서 어떻게 살고 있느냐에 의해 결정된다는 것이다. 그렇기에 기독교의 정체성은 특정 문화적 양식에 대한 고수와 보존에 의해 결정되지 않는다. 우리가 진정 그리스도와 함께(with Christ), 그리스도에 의해서(by Christ), 그리고 그리스도를 위해(for Christ) 존재하는 공동체인가 아닌가가 핵심이 될 뿐이다.

5. 그리스도인의 문화적 사명

그렇다면 문화와 관련된 그리스도인의 사명은 무엇일까? 그것은 바로 죄로 인해 타락한 세상 문화를 복음으로 회복하고 변혁시키는 일이라 할 수 있다. 문화변혁과 관련하여 가장 핵심적인 사항은 문화의 주창자가 하나님이라는 사실로부터 출발한다. 그렇다. 하나님은 세상과 인간을 만드셨고, 그들에게 문화를 만들고 조정할 수 있는 권리와 능력을 부여하셨다.[423] 인간은 죄와 타락으로 온전히 순전하고 아름다운 문화를 형성하는 것에 실패하였지만, 그런데도 복음은 문화 구조와 사회질서를 변화시킬 수 있는 능력을 소유하고 있기에 그리스도인에게 주어진 문화 변혁의 사명은 오늘날에도 여전히 유효하다.

그렇다면 우리는 어떻게 일그러진 문화를 변혁하고 변화시킬 수 있을까? 앤디 크라우치(Andy Crouch)는 문화를 인간의 행위를 통해 만들어진 산물로 해석하면서, 문화 산출의 가능성을 제기한다. 즉, 하나님의 형상대로 지어진 인간에게 부여된 일차적 사명은 문화를 만들고 조성하는 일과 깊은 연관이 있다. 그렇기에 문화 창출은 새로운 어떤 것을 만들고자 하는 하나님으로부터 온 열망, 즉 그분의 창조성에 기인한 행동이다. 인간은 하나님으로부터 부여된 본성에 기초해 새로운 것을 만들고 이렇게 축적된 것들이 문화라는 이름으로 삶의 일부가 되고, 나아가 한 공동체의 존재됨을 규정하기에 이른다. 결국, 문화는 인간 삶의 자유영역이 됨과 동시에 규제와 불가능성의 테두리를 제공한다.[424]

여기서 문화창출과 관련해 기억해야 할 중요한 포인트가 등장한다. 문화란 인간의 생산적인 활동을 통해서 형성되지만, 인간이 만든 모든 것이 문화화되지는 않는다는 점이다. 사실 인간의 산물이 문화가 되기 위해서는 그로부터 영향을 받는 대중들이 있어야 하고, 대중들로부터 공유되고 형성된 문화는 더 큰 범위의 문화에 둘러싸여 있다는 구조이론을 이해할 수 있어야 한다.[425]

그리스도인들도 마찬가지다. 앞서 논의했던 것처럼, 기독교인들이 세상을 탈피해 존재하려는 시도는 사실 발상 자체가 모순이다. 100% 순수한 기독교 문화는 존재할 수 없다. 또 이 세상에는 모든 문화를 대표할 수 있는 유일한 문화도 역시 존재하지 않는다. 그런 관점에서 볼 때, 서구 기독교가 근대시대를 거치면서 자신이 지닌 문화를 유일한 문화로 인식하고, 이를 다른 문화권에 이식하려고 했던 노력은 매우 잘못된 시도라 할 수 있다.

문화변혁은 문화를 알고, 자신을 알고, 세상을 알 때 가능하다. 문화 전체를 바꾸는 시도는 불가능하다. 크라우치의 표현에 따르면, 우리는 문화 개혁의 한계를 지닌 존재다. 그럼에도 불구하고 본 사역이 가치 있는 것은 우리가 새로운 문화를 만드는 존재(Culture Makers)이기 때문이다.

그러므로 진정한 문화산출은 하나의 특정 문화로부터 시작해야 한다. 그런 측면에서 성경이 말하는 '이민자(Immigrants)'로서의 정체성은 우리에게 매우 중요한 개념이 된다. 그리스도의 복음을 증거 하고 전파해야 하는 사명이 부여된 그리스도인들은 세상의 다른 문화 환경으로 보냄을 받은 자들이기 때문이다. 그런 관점에서 성도됨의 제1 정체성은, 우리가 바로 세상 구원을 위해 보냄받은 '선교사(Missionaries)'라는 사실이다. 문화적 이민자들로서 그리스도인들은 누구나 자신이 인식하는 것을 웃도는 차원의 선교사적 부르심을 받고 있다.[426] 문화창출은 바로 이러한 사실을 인식하고 받아들이는 것에서부터 시작됨을 기억해야 한다.

6. 그리스도와 문화유형

기독교 문화를 이야기할 때마다 빠짐없이 인용되는 내용이 바로 리차드 니버의 그리스도와 문화의 유형이다. 그의 책 "그리스도와 문화(Christ and Culture)"는 기독교와 문화의 관계를 이해하는 고전적 자료로 활용되고 있는데, 니버는 그리스도와 문화의 관계를 다음의 다섯 가지 유형으로 구분하여 설명하였다. 첫째, 문화에 대립하는 그리스도(Christ against culture), 둘째, 문화의 그리스도(Christ of culture), 셋째, 문화 위에 있는 그리스도(Christ above culture), 넷째, 역설적 관계를 가진 그리스도와 문화(Christ and culture in paradox), 다섯째, 문화의 변혁자로서 그리스도(Christ the transformer of culture)이다.[427]

이를 간단히 살펴보면, 그 의미는 다음과 같다. 첫째, '문화에 대립하는 그리스도'는 세상과의 분리를 추구하는 극단적 유형이다. 이들은 그리스도의 공동체와 세상을 서로 양립할 수 없는 대립적 관계로 이해하기 때문에 세상으로부터의 초월과 분리를 핵심적 가치로 삼는다.

둘째, '문화의 그리스도'는 문화와의 동일시를 추구하는 모델이다. 문화에 대립하는 그리스도의 정반대의 입장으로서, 둘 사이의 긴장을 제거하고 그리스도와 문화의 조화를 강조한 유형이라 할 수 있다.

셋째, '문화 위에 있는 그리스도'는 '문화의 그리스도'에 대한 온건한 입장이다. 기독교의 우월성 속에서 문화가 가진 선하고 긍정적인 측면을 받아들이고 가치를 인정한다. 그리스도는 문화가 추구하는 이상형의 자리에 위치하기에 기독교 중심적 사고 형태를 견지하는 특성을 가진다.

넷째, '역설적 관계를 가진 그리스도와 문화'는 '문화에 대립하는 그리스도' 유형보다는 완화된 입장이라 할 수 있다. 이들은 문화의 타락에 대한 분명한 인식 속에서 그 안에서 신실하게 살아야 하는 그리스도인의 삶을 논한다.

다섯째, '문화의 변혁자로서 그리스도'의 관점이다. 이는 문화의 타락을 심각하게 이해하면서 동시에 문화와 세상의 회심에 대한 가능성을 보며, 세상의 제도와 문화를 변혁하는 일에 우선권을 둔다.[428] 역사적으로 볼 때, 개신교 복음주의적 문화관에 가장 큰 영향을 끼친 것은 마지막 모델이다. 그리스도인들이 세상 문화에 대한 책임감을 갖고 창조적 부담을 지속해서 지니게 하는 원동력을 제공한다는 면에서 긍정적 측면이 있다.

학문적으로 니버의 분석과 통찰력은 기독교가 문화에 대해 어떠한 자세를 취해왔으며, 왜 그렇게 다양한 해석과 이견이 존재하게 되었는지를 이해하는 데 도움을 준다. 그렇지만 다른 한편으로 독자들은 그의 글을 통해 몇 가지 추가적인 질문을 갖게 된다. 그 시작은 첫째, 니버 자신의 입장이다. 그가 제시한 다섯 가지 유형 중 그는 어떤 유형이 가장 기독교 공동체에 어울리는 모델이라고 생각했을까? 그러나 아쉽게도 그는 개인의 견해를 밝히지 않았다.

둘째, 유형론 자체가 가지는 한계성과 관련된 문제이다. 니버가 제시한 각각의 유형은 나름대로 성경적 근거 위에서 자신의 고유한 특징과 내용을 제시하고 있지만, 과연 그 유형들의 경계선을 명확히 나누는 것이 가능할 것인지 의문이 든다. 사실상 그 안에는 서로 중복되고 공유되는 지점이 많으므로 유형의 적용에 있어 선명한 기준을 찾기란 결코 쉽지 않다. 또 다른 문제는 니버의 일차적 분석이 그리스도(Christ)와 문화의 관계이지, 그리스도인(Christians)과 문화의 관계가 아니었다는 점이다. 많은 사람들은 그리스도의 자리에 그리스도인을 대입함으로써 마치 우리가 문화의 변혁자가 될 수 있다는 착각을 유발한다. 문화의 변혁자는 그리스도 예수이시지 인간 자신이 아님을 기억해야 한다.

셋째, 문화에 대한 기독교적 입장을 하나의 특정 문화 유형에 고착시키고자 하는 유혹이다. 이에 따르면 자신의 신학적 노선과 입장에 따라 문화를 이해하고 그것을 절대화시키려는 시도가 있을 수 있다. 그러나 역사를 통해 배우게 되는 진실은 기독교 공동체가 특정 문화의 유형에 고착되어 반응하지 않았다는 점이다. 그들은 복음의 본질을 지키기 위해서 목숨을 걸었지만, 문화적으로는 매우 유연한 태도를 보임으로써 선교적 반응을 극대화할 수 있었다. 사실 한 유형에 지나치게 집중하게 되면 오히려 각 모델이 가지는 성경적 의미와 고유의 가치를 훼손하게 될 위험성이 커진다.

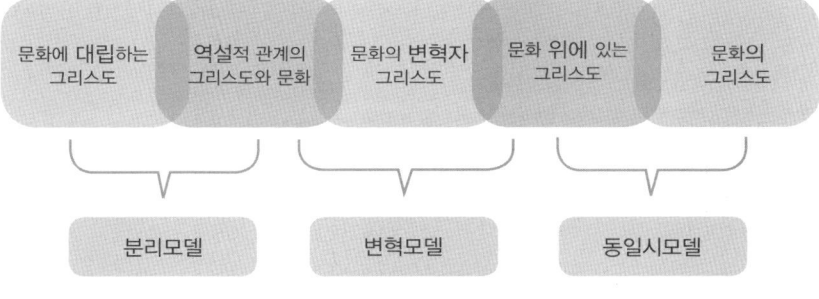

[그림 9-1] 니버와 웨버의 문화 유형

　로버트 웨버는 이를 설명하기 위해 문화유형을 세 가지 차원으로 단순화하여 설명하는데, 분리모델, 동일시모델, 변혁모델이 그것이다. 그러면서 각 유형이 극단으로 흐르게 될 때 나타나는 현상을 경계할 것을 말한다. 먼저 분리모델의 경우로서, 이때는 문화에 대한 부정적 관점이 지나치게 강조될 때 나타나는 문제다. 이분법적 관점에서 거룩한 영역과 세속적 영역에 대한 분리가 강조되면, 그리스도인들은 세상에 대한 도피주의적 성향을 표출하게 된다. 이로 인해 그리스도인들은 세상에 대한 책임성을 망각하고 내세와 피안적 삶에만 몰두하게 된다.

　반대로 문화에 대한 긍정과 동일시가 극단적으로 강조될 때이다. 이는 곧 문화에 대한 무비판적인 수용으로 이어지고 삶 속에 깊이 영향을 미치고 있는 악에 대한 영향력을 식별하지 못하는 원인이 된다. 결국, 십자가에 기초한 구속의 메시지마저 변질할 가능성이 열린다. 그 결과 기독교 공동체는 사회문화의 한 형태로 귀결되거나 세상 문화에 잠식될 수도 있는 위험에 처할 수도 있다.

　마지막으로 변혁모델이 가지는 위험으로서 변화에 대한 지나친 강조와 확신이 가져오는 역기능이다. 진정한 변화는 철저하게 현실에 바탕을 두고 추진되어야 한다. 만약 현실적 기반이 분명하지 않다면, 변혁에 대한 의지가 이상주의적 형태로 발전될 위험성이 매우 크다. 즉, 기독교 문화에 대한 과도한 확신은 변혁적 사고의 자신감으로 연결되게 되는데, 이는 곧 타락한 인간과 그것이 초래한 결과를 직시하지 못하게 하는 비판 없는 긍정주의가 될 확률이 높다.

이처럼, 기독교와 문화의 관계를 설정하기 위해 하나의 유형을 신봉하고 일반화시키는 것은 매우 위험하다. 사실 기독교 역사를 들여다보면 특정한 상황에서 어쩔 수 없이 하나의 유형을 강조해야 할 경우가 많이 있었음을 발견하게 된다. 콘스탄틴 이전 신앙의 순수성을 지키기 위해 거짓 신과 종교로 가득 차 있었던 세상과 분리적 입장을 취했던 것이 그랬고, 콘스탄틴 이후 국가의 공식 종교가 되었을 때 동일시적 관점에서 변혁을 추구했던 것이 그랬다.[429] 시대 상황에 맞게 교회는 능동적으로 반응했다. 중요한 것은 어느 유형이 유일한 정답인가가 아니라, 복음을 전하기 위해 시대에 맞는 대응과 실행방안을 찾을 수 있는가, 우리에게 그런 안목이 있는가가 핵심이 된다.

7. 문화의 선교적 활용

문화에 대한 능동적이고 유연한 관점은 시대를 읽는 능력과 귀결된다. 선교적 제자의 사명은 복음의 본질을 훼손시키지 않은 채 문화의 옷을 입혀 하나님 나라의 메시지를 효과적으로 전달하는 것과 깊은 연관성을 가진다. 그렇기 때문에 교회는 문화를 선교적 안목으로 이해해야 한다. 즉, 성경과 역사적 경험이 문화에 대해 때로는 부정적인 관계를 맺기도 하고, 반대로 적극적 수용을 하기도 했다는 사실과 더불어 그것이 하나님 나라와 복음 전파에 있어 능동적인 결과를 낳았다는 전제하에, 오늘날 우리는 시대 분석을 통해 좀 더 유연한 태도로 문화를 이해하고 접근할 수 있어야 한다. 이제 기독교 신앙은 대중들에게 유일하고 독보적인 종교가 아닐뿐더러, 합당한 설득과 동기부여 없이는 기독교의 진리를 논하는 것 자체가 불가능한 때가 되었기 때문이다. 그것이 문화에 대한 무비판적인 수용은 반대 하지만, 문화를 통해 적극적으로 소통하려는 노력이 필요한 이유이다.

뉴비긴은 그의 자서전 "아직 끝나지 않은 길"에서 현대의 선교 의미와 범위가 어떻게 변화되었고, 또 얼마나 급박한 상황인지를 다음과 같이 기록했다.

> 현대 세계에서 가장 어려운 선교의 최전선은 바로 교회들이 전반적으로 가장 의식하지 않고 있는 곳임을 인식하게 되었다. 그곳은 바로 성경적 신앙의 세계를, 텔레비전을 통해 각 가정으로 쉴 새 없이 입력되는 가치관과 신념의 세계와 갈라놓는 전선이다. ……어느 방이든 빈 상태로 오래 있을 수는 없는 법이다. 만일 하나님이 쫓겨나면 다른 신들이 우르르 몰려오기 마련이다.[430]

신앙의 자유가 보장되고 교회성장이 꽃피운 이후 나타난 교회의 모습은 과거 복음을 위해 치열하게 싸워 이루었던 선교적 삶과 거리가 먼 모습이었다. 세계에서 가장 큰 교회들이 도시마다 세워져 있고, 텔레비전과 위성방송을 통해 원하는 메시지를 어디든 보낼 수 있는 시스템 속에서 우리는 하나님의 통치 하심에 대한 긴박성을 잃어버렸다. 그러나 아무리 훌륭한 시스템과 장치가 되어 있다 할지라도 정작 들어야 할 사람이 듣지 않고 보아야 할 사람들이 보지 않는다면, 이 모든 것들은 누구를 위한 것이 될 것인가?

그러므로 오늘날 교회는 세상으로부터 멀찍이 떨어져 존재하는 피난처가 아닌, '세상 안에서', 그리고 '세상을 향한' 구조이자, 구속의 기관[431]이 되기를 요청받고 있음을 기억해야 한다. 교회는 멀리 떨어져 타락해 가는 세상을 관망하는 자가 되어서는 안 된다. 일방적인 메시지를 외치는 것이 아니라, 그들이 들을 수 있고 이해할 수 있는 언어와 방식을 통해 복음을 증거 하고 전하는 노력을 기울여야 한다. 시대와 문화를 이해하고 복음을 가장 효과적인 방식으로 제시할 방안을 찾아야 한다. 그런 관점에서 포스트모던 시대와 대중문화가 점령하고 있는 시대의 변화와 그 대응반응을 생각해 보자.

1) 포스트모던 문화의 부상

브라이언 맥클라렌(Brian D. McLaren)은 서구의 기독교가 세상의 좋은 소식이 되기는커녕, 무기력한 종교로 전락할 위기에 처했음을 밝히며 그 원인을 이렇게 말했다.

> (오늘의 시대에 기독교가 이렇게 무기력하게 된 것은) 기독교 자체가 결함이 있고 실패했으며 허위이거나, 서구 사회의 상업화되고 산업지향적이며 모던적인 형태의 기독교가 심각한 수준의 개정을 필요로 하기 때문이라는 사실이다.[432]

맥클라렌의 논리처럼 기독교의 진리 자체가 허구가 아니라면, 오늘날 기독교의 위기는 제도화되고 경직화된 교회 내부의 문제이며, 이는 곧 시대정신과 문화변화에 적실한 대응을 하지 못한 결과라고 할 수 있다. 그리고 이러한 변화의 중심에는 포스트모더니즘과 그 영향이 자리하고 있다. 앞서 이야기했듯이, 서구 사회는 계몽주의의 도래와 함께 근대의 굳건한 체제를 확립시켰다. 인간의 이성과 자율성, 과학과 기술, 미래에 대한 낙관론적 관점은 인간 스스로 유토피아를 만들 수 있다는 확신을 갖게 됐다. 그러나 20세기 들어 인류사회가 경험한 최악의 사건들은 이제까지 쌓아왔던 모든 확신과 믿음을 흔들기에 충분했다. 근대의 시스템은 이제 불신과 의심의 대상이 되었고, 근대적 체제를 극복하고자 하는 몸부림은 곧 포스트모던의 흐름으로 귀결되었다. 문화와 예술을 넘어 정치, 경계, 종교, 철학, 신념, 가치관, 구조, 권위 등 전 분야에 걸쳐 나타난 포스트모던의 영향은 리차드 미들턴과 브라이언 왈쉬가 표현한 것처럼 지난 300년 이상 서구 사회를 지탱해 왔던 근대의 프로젝트가 몰락하는 것을 의미하였다.[433]

사실 인간의 이성과 합리성에 기초해 지속적 혁신과 끝없는 진보를 약속했던 근대적 세계관은 인간의 탐욕과 죄성에 대한 최소한의 관심만 있었다 해도 세워질 수 없는 잘못된 전제였다. 기술과 과학의 발전에 고무되어 마치 신이 없어도 존재할 수 있을 것 같은 바벨의 희망은 한때 크리슈나 신상(Juggernaut)[434]처럼 거대한 영향력을 발휘해 왔지만, 이제는 오히려 스스로의 파멸을 제어할 수 없는 위험한 질주가 되어버렸다.[435]

포스트모던은 이렇듯 예측성과 확실성, 절대성과 중심성으로 대표되었던 시대에 대한 반성과 저항에 의해 조성된 문화를 의미한다. 사람들은 이제 불확실한 현실과 예측 불가능한 미래를 보며, 해체적이며 상대주의적인 세계관 속에서 탈중심적인 성향이 되었다. 아울러 문화적으로도 하나의 특정한 스타일을 기준으로 삼는 것을 거부하고, 삶의 모든 영역이 미적 대상이 되는 심미화(Aesthetization) 현상을 받아들이게 됐다.[436]

최근 50~60년간 서구 사회는 급속한 변화를 넘어 근본적 변화를 경험하고 있다 해도 과언이 아니다. 맥클라렌은 바로 이러한 변화를 교회가 직시해야 함을 주장한다. 근대의 가치관과 토대 위에서 세워진 교회의 틀이 포스트모던적 상황에서 그 영향력을 발휘할 수 없다고 그는 보았다. 그는 자신의 책 "저 건너편의 교회(The Church on the Other Side)"에서 이렇게 말했다.

> 우리에게 새로운 시대가 열리고 있다면 우리는 새로운 교회가 필요할 것이다. 새로운 종교 그 자체가 필요하다는 말이 아니라, 우리의 신학을 위한 새로운 틀이 필요한 것이다. 새로운 성령이 아니라, 새로운 영성이다. 새로운 그리스도가 아니라, 새로운 그리스도인이 필요한 것이다. 새로운 교단이 아니라, 모든 교단 안에 새로운 종류의 교회가 필요한 것이다.[437]

물론 기존의 전통적인 교회가 시대의 고민과 아픔을 외면하고, 혼자만의 왕국을 건설해 온 것은 아니다. 교회는 지속해서 시대의 변화를 주시했으며, 그 속에서 성경적 해답을 제시하고자 노력해 왔다. 문제는 교회에서 제기하는 실제적 삶의 질문들(Real-life questions)이 일반 사람들에게 더 이상의 흥미를 유발하거나, 그들이 필요로 하는 것들이 아니라는 데 있다. 그로 인해 오늘날 많은 미국인은 과거 "Come and See(우리를 만나기 위해서 오라)"라는 거룩한 초대에 "No thanks"라고 말하며(혹은 그마저도 없이) 거부하고 있는 현실이다. 이는 초대가 사람들이 겪고 있는 문화와 상황의 변화를 고려하지 않은 채 교회만의 방식으로 이루어지고 있기 때문이다.[438]

2) 대중문화의 부상

문화와 관련해 주목해서 보아야 할 또 다른 점은 '대중문화'의 부상이다. 사실 과거 전통적인 사회에서는 문화에 대한 이해가 오늘날처럼 포괄적이지 못했다. 그들에게 있어 문화란 소수의 상류 엘리트 계층이 누리는 일종의 예술 행위와 같은 것을 의미했다. 그들은 자신이 누리는 삶의 범주를 고급문화라는 테두리로 한정 짓고 대중들이 접근할 수 없도록 그 울타리를 강화했다. 당연히 엘리트 계층은 대중이 공유하는 삶과 문화를 저급한 것으로 취급했다. 그러한 흐름은 오늘날도 마찬가지다. 일부 엘리트주의자들은 대중문화를 대중의 저급한 취향에 맞춰 대량생산된 상품으로 취급하면서, 이를 '매스 컬처(Mass Culture)'로 부르기도 한다.[439]

[그림 9-2] 문화 주체의 변화[440]

그러나 근대화와 도시화가 일어나면서 문화의 생산과 소비의 흐름에 변화가 발생하였다. 이는 중산층의 부상과 기술의 발전에 힘입어 일어난 현상이라 할 수 있을 것이다. 특히 19세기 유럽과 미국에서 발생한 시민혁명은 대중들에게 더 많은 자유를 보장했고, 라디오와 텔레비전 같은 매스미디어의 발전은 문화 향유의 기회를 모든 사람에게 확대시켰다. 이러한 변화를 통해 대중은 마침내 새로운 문화의 실천적 가능성을 모색하는 주체가 되었다. 무엇보다도 시장경쟁이 가속화되고, 문화의 소비가 특정 국가와 계층에 한정되지 않고 일반 대중에 대한 의존도가 높아지면서, 문화의 흐름은 대중의 삶과 가치를 반영하는 데 열의를 보이게 되었다.[441]

'대중문화(Popular Culture)'는 말 그대로 '다수의 사람이 향유하는 문화'이기 때문에 대중의 삶 속에 존재하고, 민중에 의해 수용되고 행해지는 행위들로 인해 발생한다. 즉, 대중문화는 사람들의 일상 가운데 존재하는 자연스러운 행위이기 때문에 대중은 의식적으로든, 무의식적으로든 그 문화를 활용한다. 이러한 대중문화의 일상성은 정치, 경제, 문화 등 전 분야에 걸쳐 높은 사회적 효과와 영향력을 증대시키는 원인이 된다.[442] 우리는 사람들이 매일 먹고, 마시고, 활용하는 문화, 그리고 그 문화를 통해 소통하고, 대화하며, 느끼고, 자신을 나타내는 문화를 통해 존재한다.

8. 성육신과 선교적 문화 활용

이러한 관점에서 볼 때, 신앙 공동체의 선교적 사명은 대중들의 문화를 통해 이루어져야 한다는 전제가 성립된다. 그들의 문화를 존중하고 이해하고 활용하면서 세상 사람들과 관계를 형성하고 소통을 이루어야 한다. 마크 드리스콜은 이러한 부르심을 "첫째, 복음으로(주님을 사랑하라고), 둘째, 문화로(우리 이웃을 사랑하라고), 셋째, 교회로(형제자매를 사랑하라고) 부르셨다"고 정의했다.[443] 그러면서 오늘날 교회들이 선교 임무를 온전히 수행하지 못한 이유를 다음의 세 가지 도식으로 설명했다.

- 복음 + 문화 - 교회 = 선교단체
- 문화 + 교회 - 복음 = 자유주의
- 교회 + 복음 - 문화 = 근본주의

복음과 문화는 있지만 교회가 무시되면 선교단체가 되고, 문화와 교회는 있지만 복음이 빠지면 자유주의가 되고, 교회와 복음이 있지만 문화적 고려가 없으면 근본주의로 치우치게 된다는 것이다. 이는 탁월한 분석이다. 그는 이 시대에 선교적 사명을 이루기 위한 기본 전제를 "교회나 그리스도인이라는 긴장을 잃지 않고, 문화 속에서 자유를 누리지만, 신학적으로 보수주의를 유지하며, 복음의 능력으로 주님과 형제들과 이웃을 사랑하는 것이다"라고 선언했다.[444]

이처럼 문화에 대한 자유는 성도들의 기호와 시대에 맞는 편리한 신앙생활을 제공하기 위함이 아니다. 그것은 철저히 복음을 증거 하고 세상 사람들과 소통하기 위해 요구되는 문화적 유연성이다. 사람들이 매일 먹고, 마시고, 느끼고, 소통하는 문화에 대한 이해와 경험 없이 복음을 증거하는 것은 불가능하다. 교회에 대한 사랑만큼, 복음에 대한 헌신만큼, 하나님의 사랑과 계획이 집중된 세상의 회복과 잃어버린 영혼의 구원을 위해 우리는 더 적극적으로 세상과 마주해야 한다. 그것이 교회의 선교적 본질이며, 그리스도께서 보여 주신 모델이기 때문이다.

분명한 것은 이 모든 것에 앞서 예수그리스도의 성육신이 이러한 사역의 원형이라는 사실이다. 하나님이 역사에 개입하시는 방법, 세상과 관계하는 방법이 바로 성육신적 사건에 집약되어 있다. 그는 육신을 입으심으로 세상을 향한 자신의 사랑을 보여 주셨다. 죄인들과 함께 식탁을 나누시고, 함께 웃고, 울고, 거하시면서 전하신 것이 바로 하나님 나라였다. 웨버의 말처럼, "그는 자신을 이 세상과 동일시하셨으나, 이 세상을 지배하는 이데올로기들과는 분리하시고, 자신의 죽음과 부활, 그리고 재림으로써 이 세상의 변혁을 분명히 하시는 분"[445]이었다.

그러므로 그리스도인들은 문화에 대해 모든 것을 거부하거나 모든 것을 받아들이는 이분법적 태도 대신, 예수님의 성육신적 삶의 태도를 배우고 실현하는 자세를 가져야 한다. 즉, 기본 사회질서 속에 부여된 삶의 자리에 충실하되, 하나님의 뜻에 반하는 세상의 지배 이데올로기에는 맞설 수 있는 결단이 필요하다. 비록 세상은 악의 영향을 받은 인간들의 죄성으로 인해 그 구조와 형태가 왜곡되었지만, 동시에 그리스도의 죽음과 부활의 사건을 통해 악한 세력의 주도권을 파괴하셨음을 기억하고, 궁극적인 승리가 그리스도의 재림과 함께 주어질 것이라는 확신 가운데 담대히 나아가야 한다.

이러한 맥락에서 그리스도의 능력은 복음을 증거 하는데 필요한 문화사용의 폭과 깊이를 확장시켜 주는 원인이 된다. 예수님의 구속과 하나님 나라의 승리는 세상을 회복시키시고 거룩하게 하시는 근원이 된다. 그 확신 위에서 우리는 세상의 문화를 적극적으로 활용할 수 있다.

실제로 보편적이며 절대적 진리를 거부하면서 탈근대적, 탈제도적 성향을 지닌 북미의 포스트모던 세대들은 과거의 형식과 교리에 무장된 전통교회에 대해서는 강한 거부감을 보였다. 그렇지만 문화적으로 열려 있고, 대중문화를 적극적으로 활용하며 창조적 사역을 하는 교회들에게는 매우 긍정적인 태도를 보인다. 기존의 전통교회에서 증발해 버린 젊은이들이 자신의 문화를 존중하며 활용하는 신앙 공동체로 모여든다. 수백 명, 수천 명의 젊은이가 예배 속에서 환호하며, 새로운 교회를 꿈꾸는 일이 발생한다. 물론 이러한 변화가 단지 현대 문화를 적극적으로 활용했기 때문에 나타난 현상이라고 말할 수는 없다. 문화적 요소를 사용하되 어떻게 그 문화에 기독교적 영성을 입힐 것인가가 핵심이다. 따라서 참된 문화 활용은 복음에 대한 깊은 이해와 하나님과 세상을 향한 열정이 문화적 채널을 통해 소통되는 것을 의도한다. 그것이 사람을 변화시키고, 세상을 변화시키는 하나님의 역사로 이어질 수 있기를 소원하는 것이다.

나가는 말

이제까지 우리는 선교적 교회의 사역을 위해 문화를 어떻게 이해하고 접근해야 할 것인가를 살펴보았다. 선교적 교회는 문화를 적대적인 것으로 거부하거나 무조건적인 수용을 지향하지 않는다. 대신 우리는 그리스도의 구속을 믿고, 구속의 능력이 사람을 변화시키며, 변화된 사람에 의해 새롭고 아름다운 문화가 형성될 수 있음을 믿는다.

이러한 믿음은 선교적 공동체가 세상 사람들과 소통하기 위해 더 넓고 자유로운 차원에서 문화를 선용할 수 있다는 가능성으로 연결된다. 세상의 문화가 성령 안에서 그리스도의 영광을 위해 사용될 때, 그 의미와 가치는 세상에 머물지 않을 것이다. 성령은 모든 것을 구속하고, 승화시킬 수 있는 능력이 되기 때문이다.

    선교적 교회와 공동체는 세상 속에 참되고 거룩한 문화를 창출하기 위한 노력을 기울여야 한다. 거룩하게 변화된 문화야말로 세상을 향한 하나님의 마음이며 그의 백성을 부르신 이유이기 때문이다. 그 일을 위해 우리는 예수님의 십자가와 부활을 기억한다. 세상의 구속이 이루어진 기적의 장소, 그러나 그 구속은 자신의 능력이 아닌 하나님에 대한 철저한 의존과 순종에 의해 이루어졌음을 기억해야 한다. 결국, 예수님을 따르는 제자들의 삶 속에 그 십자가와 은총이 투영되고, 그분을 통해 참된 문화적 가치를 제시할 수 있을 때 비로소 새로운 문화는 창출될 수 있을 것이다.

| 에필로그 |

교회에 미래는 있는가? 다소 도발적인 이 질문은 본 저서를 위한 긴 여정을 시작하면서 가장 먼저 물었던 질문이었다. 연구를 진행하면서 필자는 이론적인 여정뿐 아니라 실제 선교적 교회의 가치를 추구하면서 새롭고 창조적인 모험을 실천하고 있는 여러 현장을 심층적으로 볼 수 있었다. 그 결과의 일부를 간추려 낸 책이 "Re_Form Church"이다. 사실, 본 저서에서 제시된 사역 메커니즘에 대한 도식은 그러한 관찰과 여정이 없었다면 나오지 못했을 것이다. 각기 다른 모습과 사역적 특성에도 불구하고 교회 공동체가 하나님의 선교에 동참하려 할 때 가지게 되는 역동성이 그 안에 공통적으로 포함되어 있다. 물론 이것을 적용하는 것은 독자들의 몫이다. 자신의 공동체가 지닌 특성과 소명을 식별한다면 훨씬 더 상황화된 방식으로 무리 없이 적용될 수 있을 것이다.

이론과 현장을 연구하면서 발견한 중요한 사실 중 하나는 하나님께서는 지금도 일하시고 계시다는 확신이었다. 그러므로 우리의 과제는 지금 이 시대에도 새롭고 창조적인 방법을 통해 시대를 주관하시고 세상의 회복을 위해 일하고 계시는 하나님의 사역을 식별하고 그분의 선교에 동참할 수 있는 용기를 지니는 일이다. 문제는 선교적 사명을 감당해야 할 주체들이 이렇게 빠르게 변화하는 시대 상황을 읽지 못하고 과거의 틀에 묶여 관습과 습관만을 답습하려 할 때 발생한다. 이러한 태도는 세속 문화에 편승해 무조건적이며 무비판적인 수용을 하려는 것만큼이나 위험하다. 필자는 글을 마치면서 다음의 몇 가지를 제언하고자 한다.

먼저, 교회 본질에 대한 분명한 인식과 사명을 회복하는 것이 절실하다. 오늘날 교회는 전통과 신학을 고수하면서 생명체로서 교회가 지닌 유기체적 특성을 잃어가는 아이러니한 상황에 직면해 있다. 역사적으로 교회에 대한 가장 전통적이며 권위 있는 정의는 다음의 네 가지 표지로 요약되어 왔다. '하나의 거룩하고 보편적이며 사도적(One, Holy, Universal, and Apostolic)인 교회!' 니케아 신조로부터 종교개혁을 거쳐 보편적으로 인정되고 계승되어 온 본 선언은 그리스도의 몸 된 교회로서의 온전하고 고결한 의미를 잘 간직하고 있다. 그러나 이것이 신조에 갇히게 될 때, 유기체로서 교회의 역동성은 약해지는 것을 본다. 그런 관점에서 하워드 스나이더(Howard A. Snyder)는 교회에 대한 좀 더 완전한 묘사가 필요함을 주장한다. 그는 신조가 아닌 성경으로 돌아갈 때 이 표지는 다음과 함께 더욱 완전해진다고 말했다.

하나일 뿐 아니라 다양한 교회
거룩할 뿐 아니라 은사적인 교회
보편적일 뿐 아니라 지역적인 교회
사도적일 뿐 아니라 예언자적인 교회[446]

스나이더가 주장하는 '다양하고 은사적이며 지역적이고 예언자적 교회'의 특성은 전통적 교회론을 거부하는 것이 아니다. 이는 제도적이고 조직적인 교회를 보완하고 완성하는 역할을 한다. 마치 우뇌와 좌뇌의 균형을 통해 온전한 기능이 이뤄지는 것처럼, 참된 교회는 성경적 진리에 성령의 역동성이 더해질 때 이루어진다는 것이다.[447] 이러한 관점에서, 선교적 교회는 세상으로부터 구별된 존재로서의 부르심과 다시 세상으로 보냄 받은 존재로서의 긴장감과 역동성을 늘 지니고 있어야 한다.

그렇다면 교회는 어떻게 하나의 우주적 교회로서 거룩하고 보편적이며 사도적일 뿐 아니라 다양하고 은사적이며 지역에 뿌리내린 예언자적 역할을 할 수 있을 것인가? 그것은 교회 공동체의 마디마디가 살아있는 기능과 역할을 수행할 때 가능하다. 교회는 사회적이며 영적인 유기체임을 잊어서는 안 된다.[448] 생명체로서 교회의 지체들이 제 기능을 감당하고 서로의 상호작용이 원활해질 수 있도록(고전 12:12) 이끄는 것이 무엇보다 중요하다. 선교적 교회의 사역 메커니즘은 생명이 잉태되고 자랄 수 있는 환경을 마련하고 성숙한 성도들이 선교적 꿈을 꾸고 그것을 실행할 수 있는 생태계를 조성하기 위해 요구되는 최소한의 필요조건이다. 건강한 환경이 조성될 때 선교적 교회는 역동적으로 부여된 사명을 감당할 수 있다. 부정과 불의, 악독과 죄악이 가득 찬 세상에 예수님의 복음을 증거 하고 영원한 생명력을 부여할 수 있는 능력을 발휘할 수 있다. 우리는 이제 그런 꿈을 꿔야 한다. 복음으로 세상이 치유되고 회복되는 꿈, 나의 힘이 아니라 앞서 일하시는 하나님의 섭리를 믿고 그 여정에 동참하는 꿈을 꾸어야 한다. 그런 꿈으로 인해 교회의 모든 구조와 조직, 역량과 힘이 선교적 생태계를 조성하는 데 집중되어야 한다. 선교적 상상력과 시도가 자유로운 교회가 되어야 한다. 그분의 꿈이 우리의 것이 되는 교회 공동체를 만들어 가야 한다.

나아가, 이 모든 것은 인간의 힘과 계획으로 이루어질 수 없는 것임을 우리는 고백해야 한다. 아무리 훌륭한 계획과 지도를 가지고 야심 찬 발걸음을 시작했다 해도 성령의 동행이 없다면 결국은 실패하고 말 것이다(요14:16-20). 성령은 교회를 깨우고 이끄시며 움직이게 하는 원동력이다. 그가 우리와 함께하시고 우리 안에 거하심으로 교회는 세상의 대안 공동체가 되며 시대적 증언을 하는 능력 있는 사역을 감당할 수 있다.

마지막으로, 새포도주는 새가죽 부대에 담아야 하는 원리를 기억하길 바란다(마 9:17). 선교적 교회의 긴장은 바로 이 지점에서 발생한다. 다시 말하지만, 선교적 교회는 세련되고 현대화된 교회를 추구하는 또 다른 시도가 아니다. 그럼에도 불구하고 교회는 현대 문화에 민감하고 그것을 담아 낼 수 있는 새로운 틀을 마련해야 한다. 그것이 바로 성경과 역사가 가르쳐 주는 교훈이다. 급격한 기술의 발전과 문화 변동에 의해 모든 것이 재조정 되고 있는 이 시대에 교회 공동체는 본질을 붙잡되 변화를 두려워하지 않는 유연한 태도를 가져야 한다.

한국 교회의 미래를 생각할 때 교회의 선교 환경은 지금보다 더 어려운 과정에 직면하게 될 것임이 분명하다. 그리고 그 시점은 우리의 예상보다 훨씬 더 가까이 와 있다. 그것은 젊은 세대일수록, 현대 문화에 직접적인 영향을 받는 세대일수록 더 강하게 나타날 것이다. 사실 그 도전이 너무도 거세 현실은 어두워 보인다. 출구가 보이지 않을 정도로 현실은 비관적이다. 그러나 하나님의 능력은 어제나 오늘이나 영원토록 동일하다. 그분은 창조의 하나님이시고 역사를 주관하는 분이시다. 이제 우리의 시선을 그분께 고정하자. 나와 현실과 지금이 아니라 우주를 만드시고 역사를 이끄시며 세상을 사랑하시는 그분, 그분의 손에 붙잡히게 될때 우리는 새로운 역사를 함께 만들어 가게 될 것이다.

| 미주 |

1. 19~20세기 중반까지 많은 사람이 받아들인 세속화 이론(Secularization Theory)은 근대주의의 영향으로 현대사회 속에서 종교가 분해되는 결과를 초래할 것이라는 전망을 견지해왔다.
2. Peter L. Berger, The Secularization of the World (Grand Rapids, MI: Wm. B. Eerdmans, 1999), pp. 2-3.
3. Pew Research에 따르면, 전체 교인 중 메인라인 교회에 출석하는 교인이 차지하던 비율이 1972년 30%에서 2014년에는 12.2%까지 줄어든 것으로 보고되었다. 정기적으로 출석하는 비율은 그 하락폭이 훨씬 커 1972년 8.6%에서 2014년 현재 3.6%로 나타났다. Pew Research Center, "America's Changing Religious Landscape," Pew Research Center Religion & Public Life, 2015. 5. 12. www.pewforum.org
4. Harvey Cox, The Future of Faith (New York: HarperOne, 2009, pp.1-3.
5. Aubrey Malphurs, A New Kind of Church (Grand Rapids, MI: Baker Books), 2007, pp.30-31.
6. 1950년대 이후 발생한 교회갱신 운동에 대해서는 필자가 목회와 신학에 연재한 다음의 글을 참조하라. 이상훈, "북미지역 갱신의 현장을 찾아서" 목회와 신학, 2015. 10-2016. 2.
7. Paul E. Pierson,『기독교선교운동사(The Dynamics of Christian Mission)』, 임윤택 역 (CLC, 2009), pp.425-426.
8. Richard Bauckham, "Mission as Hermeneutic for Scriptural Interpretation," Paper presented at Currents in World Christianity Project, at Cambridge(1999):1.
9. Wilbert R. Shenk, "Contemporary Mission Theologies of Missions," in MT 530 Lecture Note(Fuller Theological Seminary, 2013), p.83.
10. 박보경은 베르카일의 글을 인용하면서, 성경에서 선교와 관련된 특정 구절들을 가지고 자신의 관점을 주장하는 방식은 환원주의에 빠지는 잘못된 오류였음을 지적했다. 박보경, "선교적 해석학의 모색,"「선교신학」제18집 (2008):79.
11. Christopher Wright, The Mission of God's People (Grand Rapids, MI: Zondervan, 2010), p.39.
12. David Bosch, Transforming Mission (Maryknoll, N.Y.: Orbis Books, 1991), p.16.
13. Walter C. Kaiser,『구약성경과 선교 (Mission in the Old Testament)』, 임윤택 역 (CLC, 2006), 8.
14. Arthur F. Glasser, Announcing the Kingdom (Grand Rapids, MI: Baker Academic, 2003), pp.18-20.
15. J. Andrew Kirk, Waht is Missioin? (Minneapolis, MN: Fortress, 2000), p.11.
16. Christopher J. H. Wright,『하나님의 선교(The Mission of God)』, 정옥배, 한화룡 역 (IVP, 2010), 74; Andrew Kirk, What is Mission? pp.22-37.
17. Karl Barth, Doctrine of Reconciliation, Part 3, Second Half [Church Dogmatics Vol. IV] (Edinburgh, 1962), 681ff.
18. L. A. Hoedemaker, "The People of God and the End of the Earth," in Missiology: An Ecumenical Introduction (Grand Rapids, MI: Wm. B. Eerdmans, 1995), p.161.
19. David Bosch, Transforming Mission, p.390.

20　최형근, "하나님 선교(Missio Dei)에 대한 통전적 고찰," 「선교신학」 제10집 (2005):10.
21　Lesslie Newbigin 『다원주의 사회에서의 복음(The Gospel in a Pluralist Society)』 개정판, 홍병룡 역 (IVP, 2007), p.223.
22　Timothy C. Tennent, Invitation to World Missions: A Trinitarian Missiology for the Twenty-First Century (Grand Rapids, MI: Kregel Publications, 2010), pp.74-101.
23　Darell L. Guder, ed., Missional Church (Grand Rapids, MI: Wm. B. Eerdmans, 1998), p.4.
24　Lesslie Newbigin, The Open Secret: An Introduction to the Theology of Mission, Revised Edition (Grand Rapids, MI: Wm. B. Eerdmans, 1995), p.29.
25　Robert E. Coleman, The Master Plan of Evangelism (Grand Rapids, MI: Fleming H. Revell Co., 1972), p.11.
26　Michael Frost & Alan Hirsch, ReJesus (Peabody, MA: Hendrickson Publishers, 2009), p.6.
27　위의 책, p.42.
28　위의 책, p.5.
29　N. T. Wright, 『예수님과 하나님의 승리(Jesus and the Victory of God)』, 박문재 역 (크리스천다이제스트, 2004), p.995.
30　George E. Ladd, 『하나님 나라의 복음(Scriptural Studies in the Kingdom of God)』, 2판, 박미가 역 (서로사랑, 2010), p.23.
31　David Bosch, 『변화하고 있는 선교(Transforming Mission)』, 김병길, 장훈태 역(기독교문서선교회, 2000), pp.66-67.
32　N. T. Wright, 『마침내 드러난 하나님 나라(Surprised by Hope)』, 양혜원 역(IVP, 2009), p.305.
33　David J. Bosch, 『변화하고 있는 선교』, p.68.
34　위의 책, p.315.
35　Christopher J. H. Wright, 『하나님의 선교』, pp.393-397.
36　Michael W. Goheen, 『열방에 빛을(A Light to the Nations)』, 박성업 역(복 있는 사람, 2012), p.227.
37　Lesslie Newbigin, The Open Secret, p.36.
38　Michael W. Goheen, 『열방에 빛을』, pp.228-229.
39　Lesslie Newbigin, 『오픈 시크릿(The Open Secret)』, 홍병룡 역 (복있는 사람, 2012), p.111.
40　Donald Guthrie, 『신약신학(New Testement Theology)』, 이중수 역 (성서유니온, 1987), pp.25-26. 도널드 거쓰리(Donald Guthrie)는 누가복음 4장의 말씀을 기초로 예수그리스도의 공적 사역이 성령의 능력을 통한 설교(preaching), 교육(teaching), 치유(healing)로 이해된다고 해석했다.
41　Lesslie Newbigin, 『오픈 시크릿』, p.111.
42　Timothy C. Tennent, Invitation to World Missions, pp.411-414.
43　J. Herbert Kane, 『선교신학의 성서적 기초(Christian Missions in Biblical Perspective)』, 이재범 역 (나단, 1988), pp.206-209.
44　Peters, A Bibilical Theology of Missions (Chicago, IL: Moody Publishers, 1972) p.305.
45　D. T. Nile, Upon the Earth (New York: McGraw-Hill, 1962) p.67.
46　Lesslie Newbigin, 『오픈 시크릿』, p.118.
47　J. Gresham Machen, "The Responsibility of the Church in Our New Age.", In J. Gresham Machen: Selected Shorter Writings, 47. ed. D. G. Hart (Phillipsburg, NJ: P&R, 2004)

48 Chapter 2. Paul E. Pierson, The Dynamics of Christian Mission: History through a Missiological Perspective (Pasadena, CA: William Carey International University Press, 2009), p.5.
49 한완상, 『예수 없는 예수교회』 (김영사, 2008), pp.135-136.
50 Mark A. Noll, The New Shape of World Christianity: How American Experience Reflects Global Faith (Downers Grove, IL: InterVasity Press, 2009), pp.9-10.
51 Philip Jenkins, The Next Christendom: The Coming of Global Christianity (Oxford University Press, 2002), p.3.
52 David T. Olson, The American Church in Crisis (Grand Rapids, MI: Zondervan, 2008), pp.15-17.
53 Reggie McNeal, The Present Future: Six Tough Questions for the Church (San Francisco: Jossey-Bass, 2003), p.1.
54 Eddie Gibbs, Churchmorph: How Megatrends are Reshaping Christian Communities (Grand Rapids, MI: Baker Academic, 2009), pp.19-32.
55 위의 책, pp.19-21.
56 엘빈 토플러는 부를 창출하는 시스템이 시대별로 변화되어 왔음을 밝힌다. 제1의 물결은 키우는 것(growing), 제2의 물결은 만드는 것(making), 제3의 물결은 서비스(serving), 사고(thinking), 앎(knowing), 경험(experiencing)을 기반으로 한다. Alvin Toffler & Heidi Toffler, 『부의 미래(Revolutionary Wealth)』, 김중웅 역 (청림출판, 2006), pp.48-49.
57 유럽은 A.D. 313년 콘스탄틴(Constantine)이 기독교를 로마제국의 합법적 종교로 승인하고, 380년 데오도시우스 1세(Theodosius I)가 기독교를 국가 공식 종교로 선언하면서, 교회와 국가는 긴밀한 동맹 관계를 이루게 된다. 기독교는 이후, 종교, 문화, 정치, 경제 등, 모든 사회적 영역에서 특권을 누리고 영향력을 행사하는 지위를 보장받으며, 기독교가 서구문화의 핵심 종교로서 발전하는 발판이 되었다.
58 Eddie Gibbs, Churchmorph, pp.24-27.
59 Walter Hobhouse, The Church and the World (London: Macmillan, 1910), p.267.
60 Eddie Gibbs, Churchmorph, pp.27-28.
61 위의 책, pp.28-29.
62 적어도 북미의 경우에는 예수님과 복음 자체에 대한 거부감보다는 변화를 인정하지 않고, 받아들이지 않는 제도화된 교회의 무기력한 대응에 대한 반감과 실망이 교회를 떠나게 하는 주요 원인으로 간주되기 때문에, 이들의 몸부림은 복음과 문화에 주요 초점이 맞추어져 있는 형국이다.
63 Eddie Gibbs & Ryan K. Bolger, 『이머징 교회(Emerging Churches)』, 김도훈 역 (쿰란출판사, 2008), p.25.
64 Lesslie Newbigin, Unfinished Agenda: An Autobiography (Grand Rapids, MI: Wm. B. Eerdmans, 1985), p.249.
65 Darrell L. Guder, Missional Church, p.4.
66 David Bosch, Transforming Mission: Paradigm Shifts in Theology of Mission, (Maryknoll, NY: Orbis Books, 1991), 2002, pp.298-302. 보쉬는 19~20세기 선교의 패러다임을 논하면서, 당시 선교의 동기를 아홉 가지 관점에서 살펴보았다. 이는 하나님에 대한 영광, 예수그리스도 사랑에 대한 감사, 복음과 문화적 우월주의, 선교와 명백한 숙명, 식민주의, 임박한 종말을 향한 천년왕국, 자발적 헌신, 선교적 열정과 낙관적 실용주의, 성서적 모티브이다.
67 Craig Van Gelder, The Essence of the Church: A Community Created by the Spirit (Grand Rapids,

MI: Baker Books, 2000), p.30.
68 Alan Roxburgh, The Sky is Falling: Leaders Lost in Transition (Eagle, ID: ACI Publishing, 2005, pp.12-13.
69 전통적인 입장에서 주로 쓰여진 'Missionary'란 단어가 기능적 측면에서 선교를 교회의 행위로 규정하는 데 반해, 'Missional'은 교회의 존재론적 측면을 강조하기 위해 사용된다. 즉, 선교적(Missional) 교회는 하나님의 선교에 참여하는 것을 그 본질상 핵심으로 간주한다.
70 Lois Y. Barrett et al., Treasure in Clay Jars (Grand Rapids, MI: Wm. B. Eerdmans), 2004, p.x.
71 Tiina Ahonen, "Antedating Missional Church," Svensk Missionstidskrift, 2004, 92(4): 573-574.
72 Alan J. Roxburgh & M. Scott Boren, Introducing the Missional Church (Grand Rapids, MI: Baker Books, 2009), p.71.
73 Brad Harper & Paul Lois Metzger, "The Church as a Missional Community," In Exploring Ecclesiolgy: An Evangelical and Ecumenical Introduction (Grand Rapids, MI: Braxos Press, 2009), p.238.
74 Tiina Ahonen, "Antedating Missional Church," p.582.
75 Brad Harper & Paul Lois Metzger, "The Church as a Missional Community," p.252.
76 Eddie Gibbs, Churchmorph, pp.201-202.
77 쉥크가 제시한 선교적 교회의 특징들은 오늘날 북미와 유럽을 중심으로 하는 문화중심적, 지역공동체적(local community) 접근 대신, 역사와 세계선교라는 거시적 관점을 기반으로 교회의 선교적 본질을 다룬다.
78 Wilbert R. Shenk, "New Wineskins for New Wine: Toward a Post-Christendom Ecclesiology," International Bulletin of Missionary Research, 29(2), 2005, p.78.
79 Alan Roxburgh & M. Scott Boren, Introducing the Missional Church, pp.31-34.
80 Lois Y. Barrett et al., Treasure In Clay Jars. xii-xiv
81 본 패턴이 갖는 아쉬움은 여전히 이론적인 측면이 강하다는 측면이다. 어떻게 교회 사역의 패러다임이 바뀌어야 하며, 어떤 적용을 해야 할 지에 대한 부분이 미흡하다. 본 저서에 제시된 선교적 교회의 사역 메커니즘(2부)은 그런 측면에서 실천적 내용을 더 보강한 내용이라 할 수 있다.
82 Charles Van Engen, 『모이는 교회 흩어지는 교회(God's Missioinary People)』, 임윤택 역 (두란노, 1994), p.74.
83 Deitrich Bonhoeffer, Letters and Papers from Prison (London, Macmillan, 1953), p.203.
84 Michael Frost & Alan Hirsh, The Shaping of Things to Come (Peabody, MA: Hendrickson Publishers, 2003), pp.18-28.
85 Reggie McNeal, Missional Renaissance: Changing the Scorecard for the Church (San Francisco: Jossey-Bass, 2009). p.1.
86 Mark A. Noll, The New Shape of World Christianity, p.162.
87 Alan Hirsch, The Forgotten Ways: Reactivating the Missional Church (Grand Rapids, MI: Brazos Press, 2006), p.192.
88 Aubrey Malphurs, A New Kind of Church, pp.102-106. Malphurs는 오늘의 전통적인 교회음악이 과거의 현대적인 음악이었으며, 오늘의 현대음악이 내일의 전통음악임을 상기하면서, 문화에 대한 고립(isolation)이나 무조건적인 수용(accommodation) 대신 성육신적 상황화(contextualization) 모델을 통

한 소통을 주장한다.

89　Alan Roxburgh, The Sky is Falling, p.20.
90　Harvey Cox, The Future of Faith, pp.1-3.
91　레오나드 스윗(Leonard Sweet)이 주장한 것처럼 현대인들이 가지고 있는 영적 갈망, 즉 하나님과의 직접적인 만남에 대한 갈망과 교회가 그 터전을 제공해 주기를 바란다는 그의 분석과 이에 기초한 'EPIC'-경험(experience), 참여(participation), 상호작용(interaction), 그리고 공동체(community)의 가치들은 선교적 사역을 준비하는 데 매우 중요한 요소가 될 수 있다. Leonard Sweet, 『영성과 감성을 하나로 묶는 미래교회(Postmodern Pilgrims)』, 김영래 역 (좋은 씨앗, 2002)
92　맥닐(Reggie McNeal)은 선교적 전환을 분석하면서, 선교적 교회는 내부적 사역에서 외부적 사역으로 그 초점이 옮겨 간다고 했다(Reggie McNeal, Missional Renaissance, p.6). 그러나 필자는 여기에 두 사역이 균형이 필요하다고 본다. 데이비드 보쉬나 벤 엔겐과 같은 학자들도 Inward/Ourward 사역의 균형을 강조한다.
93　Reggie McNeal, Missional Renaissance, p.7.
94　Rick Rusaw & Eric Swanson, 『교회 밖으로 나온 교회』, 김용환 역 (국제제자훈련원, 2004), p.21.
95　Reggie McNeal, Missional Renaissance, p.10.
96　Charles Van Engen, 『모이는 교회 흩어지는 교회』, pp.135-136.
97　Michael W. Goheen, 『열방에 빛을』, p.24.
98　Emil Brunner, The Word and the World (London: SCM Press, 1931), p.108.
99　Wilbert R. Shenk, Write the Vision: The Church Renewed (Eugene, OR : Wipf & Stock Publishers, 2001), pp.86-99.
100　정기묵, "선교적 교회를 위한 평신도 은사 활용", 「복음과 선교」 제18집, 2012, p.201.
101　Gerhard Lohfink, 『예수님은 어떤 공동체를 원했나?(Wie hat Jesus Gemeinde gewollt?)』 신정판, 정한교 역 (분도출판사, 1996), pp.11-17.
102　Christopher J. H. Wright, The Mission of God's People, pp.41-42.
103　Christopher J. H. Wright, 『하나님의 선교』, p.251. 그는 12장 1-3절에 대해 "성경을 선교학적으로 해석할 때 가장 중요한 지점"에 서 있는 것과 같다고 표현했다.
104　N. T. Wright, Surprised by Hope (New York: HarperOne, 2008), p.80.
105　Micheal W. Goheen, "Jesus: A Public Figure Making a Public Announcement. Mission, Worldview, and the People of God", Paper presented at Scripture and Hermeneutics Seminar Meeting, 2011, p.4.
106　Christopher J. H. Wright, 『하나님의 선교』, p.251.
107　Walter C. Kaiser, 『구약성경과 선교』, pp.26-27.
108　Michael W. Goheen, 『열방에 빛을』, pp.79-88.
109　위의 책, pp. 94-105
110　Theodore Mascarenhas, The Missionary Function of Israel in Palms 67, 96, and 117 (Lanham, MD: University Press of America, 2005), 10.
111　Lesslie Newbigin, The Open Secret, p.32.
112　Michael W. Goheen, 『열방에 빛을』, p.158.
113　N. T. Wright, 『바울』, 순돈호 역 (조이선교회, 2012), p.74.

114　David Bosch, Transforming Mission, p.36.
115　Michael Horton, 『위대한 사명(The Gospel Commission)』, 김철규 역 (복있는사람, 2012), pp.45-55.
116　Scott W. Sunquist, Understanding Christian Mission: Participation in Suffering and Glory (Grand Rapids, MI: Baker Academic, 2013), pp.222-223.
117　Wilbert R. Shenk, "Contemporary Mission Theologies of Missions", p.93.
118　Jeremy S. Begbie, "장차 임할 일들의 모습", Nicholas Perrin & Richard B. Hays, 『예수, 바울, 하나님의 백성(Jesus, Paul, and the People of God)』, 최현만 역 (에클레시아북스, 2013), p.246.
119　George E. Ladd, The Presence of the Future (Grand Rapids, MI: Wm. B. Eerdmans, 19740), p.10.
120　David Bosch, "The Church as the Alternative Community", In Journal of Theology for Southern Africa, No 13, D, 1975. p.9.
121　빌립보서 3장 20절의 말씀처럼, "우리의 시민권은 하늘"에 있다는 믿음 가운데서 이 땅 자체를 목적으로 삼지 않고 나그네로 살아가는 하나님의 백성을 지칭한다.
122　Stanley Hauerwas & William H. Willimon, Resident Aliens (Nashville, TN: Abingdon Press, 1989), p.11.
123　위의 책, p.51.
124　위의 책, p.43.
125　Christopher J. H. Wright, 『하나님의 선교』, pp.450-453.
126　위의 책, p.468.
127　Wayne A. Meeks, The First Urban Christian: The Social World of the Apostle Paul (New haven, CT: Yale University, 1983), p.140.
128　Christopher J. H. Wright, 『하나님의 선교』, p.470.
129　1세기 정황은 계급의 구분과 사회 유동성이 혼합된 시대로서 계층과 빈부의 괴리는 엄청났다. Albert A. Bell Jr, 『신약시대의 사회와 문화(Exploring the New Testament World)』, 오광만 역 (생명의 말씀사, 2001), pp.333-351.
130　Larry Miller, "The Church as Messianic Society: Creation and Instrument of Transfigured Mission", In the Transfiguration of Mission edited by Wilbert R. Shenk (Scottdale, PA: Herald Press, 1993), pp.138-139.
131　Gerhard Lohfink, 『예수님은 어떤 공동체를 원했나』, p.119.
132　최형근, "선교적 교회론의 실천에 관한 연구", 「선교신학」 제26집, 2011, p.3.
133　위의 책, pp.263-264.
134　David Bosch, "The Church as the Alternative Community", Journal of Theology for Southern Africa, no. 13 D. 1975, p.8.
135　Christopher J. H. Wright, The Mission of God's People, p.128.
136　위의 책, pp.132-147.
137　강아람은 한국 교회의 위기는 방법론이 아닌 진정성을 통해서 극복될 수 있다고 말했다. 교회는 탁월한 삶을 통해 사회적 신뢰를 회복하고 소통을 이루어야 한다(강아람, "선교적 교회론의 성경적 근거", 「선교신학」 제34집, 2013, p.40.)
138　Charles Van Engen, 『모이는 교회, 흩어지는 교회』, p.163.

139　위의 책, pp.165-175.
140　Brad Harper & Paul Louis Metzger, Exploring Ecclesiology, pp.252-253.
141　David Bosch, "Evangelism", In Mission Focus, 1981, 9(4):69-73.
142　Charles Van Engen, 『모이는 교회, 흩어지는 교회』, pp.123-127.
143　위의 책, p.131.
144　Jürgen Moltmann, 『하나님 나라의 지평 안에 있는 사회선교(Diakonie im Horizont des Reiches Gottes. Schritte zum Diakonentum aller Gläubig)』, 정종훈 역 (대한기독교서회, 2000), p.26.
145　Wilbert R. Shenk, "New Wineskins for New Wine: Toward a Post-Christendom Ecclesiology," In International Bulletin of Missionary Research, 2005, 29(2):78.
146　최동규는 오늘날의 선교의 영역이 지리적인 개념에서 문화적인 관점으로 전이되었음을 밝혔다. 그는 "문화적으로 가장 이질적인 집단이야말로 교회가 가장 크게 관심을 가져야 할 대상이 된다"라고 주장했다. 최동규, "교회성장의 새로운 방향 설정을 위한 시론", 「선교신학」 제34집, 2013, p.259.
147　이상훈, "선교적 교회를 통한 목회 패러다임의 갱신", 「복음과 선교」 제20집, 2012, p.104.
148　Alan Hirsch and Lance Ford, Right Here Right Now (Grand Rapids, MI: Baker Books, 2011), p.42.
149　Michael Frost & Alan Hirsh, The Shaping of Things to Come (Peabody, MA: Hendrickson Publishers, 2003), p.19.
150　Michael Frost, The Road to Missional (Grand Rapids, MI: Baker Books, 2011), pp.123-126.
151　Lesslie Newbigin, 『다원주의 사회에서의 복음』, pp.431-432.
152　위의 책, p.437.
153　위의 책, p.439.
154　구약학자 월터 카이저는 구약에 나타난 보낸다는 히브리어 샬라흐가 800번 이상 기록되었고 그중 200번은 하나님이 주어로 사용되었다는 것을 근거로, 구약이 구심적 선교만을 나타내는 것이 아님을 주장했다. 저자 역시 신·구약성경은 구심적 선교와 원심적 선교를 모두 포함하고 있음을 지지한다. 다만 강조의 차이가 있을 뿐이다. 김윤희, "21세기 상황 속에서 선교 그리고 구약", 「성경과 신학」 제42권, 2007, pp.41-43.
155　Scott W. Sunquist, Understanding Christian Mission, p.193.
156　Michael W. Goheen, 『열방에 빛을』, pp.256-257.
157　안영권, "기독교 영성이란 무엇인가", 「목회와 신학」 1993, 52(10):41.
158　Roger Helland & Leonard Hjalmarson, Missional Spirituality: Embodying God's Love from the Inside Out (Downers Grove, IL: InterVarsity Press, 2011), p.27.
159　David L. Larsen, "탐욕의 복음 대 은혜의 복음(The Gospel of Greed versus the Gospel of the Grace of God)", 『탐욕의 복음을 버려라(The Disease of the Health and Wealth Gospels)』, Gordon D. Fee ed., 김형원 역 (새물결플러스, 2011).
160　위의 책, pp.143-161.
161　위의 책, p.160.
162　David T. Olson, The American Church in Crisis, p.19.
163　David Bosch, 『길 위의 영성(A Spirituality of the Road)』, 이길표 역 (올리브나무, 2011), p.18.
164　Lesslie Newbigin, The Good Shepherd: Meditation on Christian Ministry in Today's World (Grand Rapids, MI: Wm. B. Eerdmans, 1977).

165 David Bosch, 『길 위의 영성』, pp.19-20.
166 John Dewey, Reconstruction in Philosophy (New York: Henry Holt, 1992), pp.47-49.
167 J. Richard Middleton & Brian Walsh, 『포스트모던 시대의 기독교 세계관(Truth is Stranger Than It Used to Be: Biblical Faith in a Postmodern Age)』, 김기현, 신광은 역 (살림, 2007), p.26.
168 Roger Helland & Leonard Hjalmarson, Missional Spirituality, pp.39-40.
169 Eddie Gibbs & Ryan Bolger, 『이머징 교회』, p.114.
170 Roger Helland & Leonard Hjalmarson, Missional Spirituality, pp.40-43.
171 Wilbert R. Shenk, Transforming Contemporary Culture, Lecture Note, Fuller Theological Seminary, 2011, p.77.
172 Skye Jethani, 『하나님을 팝니다(The Divine Commodity)』, 이대은 역 (죠이선교회, 2011), p.89.
173 위의 책, p.98.
174 Paul E. Pierson,『기독교선교운동사』, p.13.
175 위의 책, p.29.
176 김진, 『그리스도교 영성』 (엔크리스토, 2003), p.45.
177 Lesslie Newbigin, The Good Shepherd, pp.96-97.
178 David Bosch, 『길 위의 영성』, p. 23.
179 위의 책, p. 24.
180 위의 책, p.25.
181 Lesslie Newbigin, The Good Shepherd, pp.97-98.
182 Stanley Haurwas & William Willimon, Resident Aliens, pp.51-52.
183 위의 책, p.61.
184 David Bosch, 『길 위의 영성』, p.32.
185 Henri J. M. Nouwen, 『모든 것을 새롭게(Making All Things New)』, 윤종석 역 (두란노, 2000), p.13.
186 Jürgen Moltmann, 『하나님 나라의 지평 안에 있는 사회선교』, p.14.
187 Charles Dickens, A Tale of Two Cities (New York: Dover Publications, 1999), p.1.
188 John Piper, 『열방을 향해 가라(Let the Nations Be Glad)』, 김대영 역 (좋은 씨앗, 2003), p.19.
189 Robert E. Webber, 『예배가 보인다 감동을 누린다(Blended Worship)』, 김세광 역 (예영, 2004), p.55.
190 Dan Kimball, 『하나님께서 영광 받으시는 고귀한 예배(Emerging Worship)』, 주승중 역 (이레서원, 2008), p.7.
191 James F. White, Introduction to Christian Worship (Nashville, TN: Abingdon Press, 1980), pp.22-23
192 Al Tizon, Missional Preaching (Valley Forge, PA: Judson Press, 2012), pp.25-27.
193 Cathy Townley, Missional Worship (St. Louis, MO: Chalice Press, 2011), p.65.
194 Robert E. Webber, 『예배학(Worship-Old and New)』, 김지찬 역 (생명의 말씀사, 1988), p.19.
195 Mark Labberton, The Dangerous Act of Worship (Downers Grove, IL: InterVarsity Press, 2007), pp.21-22.
196 위의 책, p.42.
197 래버튼이 제시한 여섯 가지 위험에 대한 내용은 같은 책 pp.46-60을 참조하라.

198 현대 예배가 품고 있는 진정한 위험에 대한 내용은 같은 책 pp.63-77 참조하라.
199 Robert E. Webber, 『예배가 보인다 감동을 누린다』, pp.116-117.
200 Cornelius Plantenga Jr. & Sue A. Rozebloom, 『진정한 예배를 향한 열망(Discerning the Spirit)』, 허철민 역 (그리심, 2006), p.47.
201 Lesslie Newbigin, p.58.
202 Clayton J. Schmit, Sent and Gathered (Grand Rapids: Baker:MI: Academic, 2009), p.191.
203 Lesslie Newbigin, 『교회란 무엇인가?(The Household of God)』홍병룡 역 (IVP, 2010), p.82.
204 위의 책, pp.80-94.
205 Darrell Guder, Missional Church, p.4.
206 Miroslav Volf, "Worship as Adoration and Action: Reflection of a Christian Way of Being-in-the-World.", In Worship, edited by D. A. Carson (Grand Rapids, MI: Baker Academic, 1993), pp.203-211.
207 Clayton J. Schmit, Sent and Gathered, pp.44-50.
208 William Dyrness, A Primer on Christian Worship (Grand Rapids, MI: Wm. B. Eerdmans, 2009), pp.1-2.
209 Constance M. Cherry, The Worship Architect: A Blueprint for Designing Culturally Relevant and Biblically Faithful Services (Grand Rapids, MI: Baker Academic, 2010), p.xv.
210 Ralph P. Martin, Worship in the Early Church (Grand Rapids, MI: Wm. B. Eerdmans), 1974, p.17.
211 Constance M. Cherry, The Worship Architect, p.8.
212 Cherry는 그리스도 중심적 예배를 드리기 위한 원리를 네 가지로 설명했다. 자세한 내용은 위의 책 pp.21-32 참조.
213 William Dyrness, A Primer on Christian Worship. p.5.
214 John Piper, 『하나님을 기뻐할 수 없을 때(When I Don't Desire God)』, 전의우 역 (IVP, 2005), p.15.
215 Jonathan R. Wilson, Why Church Matters: Worship, Ministry, and Mission in Practice (Grand Rapids, MI: Brazos Press, 2006), p.35.
216 Robert E. Webber, 『예배가 보인다 감동을 누린다』, p.31.
217 위의 책, p.31.
218 James F. White, 『개신교 예배(Protestant Worship: Traditions in Transition)』, 김석한 역 (기독교문서선교회, 2002), pp.360-361.
219 Robert E. Webber, 『예배가 보인다 감동을 누린다』, p.47.
220 Ray S. Anderson, An Emergent Theology for Emerging Churches (Downers Grove, IL: InterVarsity, 2006), p.40.
221 Aubrey Malphurs, A New Kind of Church, p.25.
222 Dan Kimball, Emerging Worship (Grand Rapids, MI: Zondervan, 2004), 4장 참조.
223 Marva Dawn, 『고귀한 시간낭비(A Royal Waste of Time)』, 김병국, 전의우 역 (이레서원, 2004).
224 N. T. Wright, 『예배를 말하다(For All God's Worth: True Worship and the Calling of the Church)』, 최현만 역 (에클레시아, 2010), pp.20-22
225 위의 책, p.22.
226 Alan Kreider, Worship and Mission After Christendom (Scottdale, PA: Herald Press, 2011),

pp.28-29.
227 위의 책, pp.138-139.
228 Don E. Saliers, "Liturgy and Ethics: Some New Beginnings", In Liturgy and the Moral Self: Essay in Honor of Don E. Saliers, eds., E. Byron Anderson & Bruce T. Morrill (Collegeville, MN: Liturgical Press, 1998), p.28.
229 Alan Kreider and Eleanor Kreider, Worship and Mission After Christendom (Harrisonburg, VA: Herald Press, 2011), p.141.
230 위의 책, p.142.
231 Robert E. Webber, 『예배가 보인다 감동을 누린다』, p.92. 웨버는 예배가 그리스도를 앞서 복음전도가 목적이 되어서는 안 된다고 말한다. 예배와 전도집회는 엄연히 구별과 차이를 두어야 한다. 예배는 회중을 향한 것이 아니라, 하나님을 향한 그분의 영광을 경축하고, 그리스도의 탄생과 죽으심, 부활 그리고 그 안에서 하나님께서 행하신 것들을 경축하는 것이다. 그러므로 예배는 회중에게(to) 하는 것도, 회중을 위한(for) 것도 아닌, 회중에 의해서(by) 그리스도를 경험하기 위해 행해지는 것임을 기억하고 그 의미와 목적을 혼동해서는 안 된다(같은 책, pp.111-112).
232 Robert E. Webber, 『젊은 복음주의자를 말하다(The Younger Evangelicals)』, 이윤복 역 (조이선교회, 2010), p.342.
233 Ralph P. Martin, 『초대교회 예배(Worship in the Early Church)』, 오창윤 역 (은성, 1989), p.220. 오늘날 우리에게 익숙한 개신교 예배 순서의 대부분은 중세 가톨릭 미사에 기원을 두면서, 종교개혁자들과 이후 감리교와 청도교, 미국의 대부흥운동과 오순절 운동의 영향을 받아 형성되었다고 볼 수 있다.
234 Dan Kimball, 『하나님께서 받으시는 고귀한 예배』, p.36.
235 Robert E. Webber, 『예배가 보인다 감동을 누린다』, p.56.
236 본 내용은 초대교회 가정예배 모임을 이해하기 위해 로버트 웨버와 톰 라이트의 글을 기초로 저자가 재구성하여 기술한 것이다. 위의 책, 58-59; N. T. Wright, 『성찬이란 무엇인가(The Meal Jesus Gave Us)』, 안정임 역 (IVP, 2011), pp.38-57 참조.
237 Frank Viola & George Barna, 『이교에 물든 기독교(Pagan Christianity?)』, 이남하 역 (대장간, 2011), pp.104-105.
238 Blake Leyerle, "Meal Customs in the Greco-Roman World", In Passover and Easter: Origin and History to Modem Times, ed., Paul F. Bradshaw and Lawrence A. Hoffman (Notre Dame, IN: University of Notre Dame Press, 1999), p.41.
239 N. T. Wright, 『성찬이란 무엇인가』, p.110.
240 Ralph P. Martin, 『초대교회 예배』, p.197.
241 Alan Kreider and Eleanor Kreider, Worship and Mission After Christendom, p.109.
242 Constance M. Cherry는 예배를 예전적 예배, 전통적 예배, 현대 예배, 블랜디드(blended) 예배, 이머징 예배의 다섯 가지 유형으로 (The Worship Architect, pp.230-239) 나누었고, 웨버는 예전적 형식, 전통적 개신교 형식, 독창적이며 현대적 형식, 경배와 찬양에 기초한 카리스마적 형식의 네 가지로 나누어 설명했다. 참조. 『예배가 보인다 감동을 누린다』, pp.68-85.
243 Constance M. Cherry, The Worship Architect, pp.231-232.
244 조기연, "포스트모던 시대의 예배", 기독교사상, 2012, 641(5), p.59.

245 Constance M. Cherry, The Worship Architect, pp.232-233.
246 위의 책, p.233.
247 위의 책, pp.234-235.
248 Dan Kimball, 『하나님께서 영광 받으시는 고귀한 예배(Emerging Worship)』, 보다 자세한 내용은 본 책의 7장 pp.106-137 참조.
249 Constance M. Cherry, The Worship Architect, pp.237-238.
250 2년 전 Vintage Faith Church에 방문했을 때, 담임 목회자인 댄 킴볼은 자신의 교회가 이머징 교회가 아닌 선교적 교회로서 교회 정체성을 확립하고, 사역해 나갈 것을 공개적으로 교회 리더들과 회중들에게 선포한 상태였다.
251 Ed Stetzer & Thom S. Rainer, Transformational Church (Nashville, TN: B&H Publishing Group, 2010), p.159.
252 Andrew F. Walls, The Missionary Movement in Christian History: Studies in the Transmission of Faith (New York: Orbis Books, 1996), pp.7-9.
253 Alan Kreider & Eleanor Kreider, Worship & Mission After Christendom, p.94.
254 Paul G. Hiebert, Anthropological Insights for Missionaries (Grand Rapids, MI: Baker Book House, 1985), pp.191-192.
255 Thomas G. Long, Beyond the Worship Wars: Building Vital and Faithful Worship (Herndon, VA: Alban, 2001), pp.108-109.
256 Kent Carlson & Mike Lueken, Renovation of the Church (Downers Grove, IL: InterVarsity Press, 2011), p.151.
257 Ed Stetzer & Thom S. Rainer, Transformational Church, p.152.
258 Robert E. Webber, 『젊은 복음주의자를 말하다』, p.369.
259 Mark Labberton, The Dangerous Act of Worship, p.188.
260 Mike Breen, "Why the Missional Movement will Fail", 2011. 9. 12.
    〈http://www.vergenetwork.org/2011/09/14/mike-breen-why-the-missional-movement-will-fail〉.
261 Dallas Willard, The Great Omission: Rediscovering Jesus' Essential Teachings on Discipleship (San Francisco, 2006).
262 Greg L. Hawkins & Cally Parkinson, 『발견: 당신은 지금 어디에 있는가?(Reveal: Where Are You?)』, 김창동 역 (국제제자훈련원, 2008). p.8.
263 "Willow Creek Repents?", In Christianity Today,
    〈www.Blog.christianitytoday.com/outofur/archives/2007/10/willow_creek_re.html〉
264 Greg L. Hawkins & Cally Parkinson, 『발견』, p.59.
265 Michael Horton, 『위대한 사명』, p.19.
266 북미지역은 현재 선교적 교회운동이 활발하게 진행되고 있다. 선교적 교회에 대한 이론적 토론에서 이를 현실화 하고자 하는 다양한 사역들이 시도되고 있으며, 이를 통해 긍정적이고 생산적인 활력이 만들어지고 있다. 본 운동의 특징 중 하나는 지역교회 중심이 아닌, 젊고 헌신적인 중산층 백인들을 중심으로 탈전통적 형식의 선교공동체가 활발하게 시도되고 있다는 점이다.
267 Mike Breen, "Why the Missional Movement will Fail."
268 성경의 세속화는 두 가지 의미를 가지고 있다. 일반적으로 종교가 세속적 영향을 받아 그 본질을 상

실하는 현대적 의미와 달리 구약시대의 선지자들은 종교로부터의 세속화를 주장했다. 즉, 우상들로 가득 차 있었던 세상을 향해 오직 창조주이신 하나님만을 경배하라는 말씀을 통해 종교의 세속화를 주장했던 것이다. 예수님의 선포 역시 이러한 예언자 전통의 관점에서 이해될 수 있다. Wilbert R. Shenk, "Transforming Contemporary Culture", MP520 Lecture Note, Fuller Theological Seminary, p.3.

269 David Putman, Breaking the Discipleship Code (Nashville, TN: B&H Publishing Group, 2008). p.10.
270 John R. W. Stott, 『제자도(Radical Discipleship)』, 김명희 역 (IVP, 2010) pp.15-17.
271 Louis K. Dupre, Kierkegaard as Theologian: The Dialectic of Christian Existence (Sheed & Ward), 1964, p.171.
272 R. J. Foster & J. B. Smith, Devotional Classics, rev. ed. (San Francisco: HarperOne, 2005). 14.
273 Dietrich Bonhoeffer, The Cost of Discipleship (New York: Touchstone, 1995), p.59.
274 Floyd McClung, 『제자도의 본질(Follow)』, 김진선 역 (토기장이, 2010), p.25.
275 Michael Frost & Alan Hirsch, ReJesus, p.52.
276 Dietrich Bonhoeffer, The Cost of Discipleship, p.91.
277 Michael Frost & Alan Hirsch, ReJesus, p.54.
278 Rod Dempsey, "What is God's Will for My Life?: Disciple!", In Innovate Church. Jonathan Falwell, ed. (Nashville, TN: B & H Publishing Group, 2008), pp.91-95. 존 스토트는 제자됨의 특성을 여덟 가지 덕목으로 보았는데, 첫째, 세상의 도전에 대한 불순응, 둘째, 그리스도를 닮음, 셋째, 성숙, 넷째, 창조 세계를 돌봄, 다섯째, 정의롭고 단순한 삶, 여섯째, 균형, 일곱째, 하나님에 대한 절대적 의존, 여덟째, 그리스도를 따름에 의한 죽음으로 보았다. 뎀시에 비해 스토트는 세상과 창조물에 대한 그리스도인의 돌봄과 사회정의를 중요한 요소로 보면서, 그 의미와 책임을 확장시켰다. John Stott, 『제자도: 변함없는 핵심 자질 8가지(The Radical Disciple)』 (IVP, 2010).
279 위의 책, pp.96-97.
280 Michael Horton, 『위대한 사명』, pp.260-261.
281 David Putman, Breaking the Discipleship Code, pp.11-43.
282 Rod Dempsey, "What is God's Will for My Church?: Disciple!", pp.104-110.
283 Michael Horton, 『위대한 사명』, p.275.
284 위의 책, pp.278-279.
285 위의 책, p.244.
286 David Platt, 『래디컬(Radical Discipleship)』, 최종훈 역 (두란노, 2011), p.129.
287 David Platt, 『래디컬 투게더(Radical Together)』, 최종훈 역 (두란노, 2012), p.120.
288 Mike Breen & Steve Cockram, Building a Discipling Culture, 2nd Edition (Pawleys Island, SC: 3DM, 2011), pp.23-41.
289 위의 책, p.22.
290 J. Richard Middleton & Brian Walsh, 『포스트모던 시대의 기독교 세계관』, pp.92-95.
291 Peter Block, Community: The Structure of Belonging (San Francisco: Bettett-Koehler Publishers, 2008), p.2.
292 Ulrich Beck, 『위험사회-새로운 근대성을 향하여(Risk Society: Towards a New Modernity)』, 홍성

태 역 (새물결, 2006), pp.6-10.
293 Zygmant Bauman, 『액체근대(Liquid Modernity)』, 이일수 역 (강, 2009), p.256.
294 David Riesman, The Lonely Crowd: A Study of the Changing American Character (New Haven, CT: Yale University Press, 1950).
295 Gilbert Bilezikian, 『공동체(Community 101)』, 두란노출판부 역 (두란노, 1998), p.56.
296 Harvey Cox, 『세속도시(The Secular City)』, 신판, 구덕관외 역 (대한기독교서회, 1993), pp.47-48.
297 위의 책, pp.71-72.
298 위의 책, pp.8-9.
299 위의 책, p.121.
300 M. Gottdiener & Leslie Budd, Key Concepts in Urban Studies (Thousands Oak, CA: Sage Publications Ltd., 2005), p.186.
301 Harvie M. Conn & Manuel Ortiz, Urban Ministry: The Kingdom, the City, & the People of God (Downers Grove, IL: InterVarsity Press, 2001), pp.15-33.
302 Clay Shirky, 『끌리고 쏠리고 들끓다(Here Comes Everybody)』, 송연석 역 (갤리온, 2008), p.322.
303 Eric Hobsbawm, The Age of Extremes (London: Michel Joseph, 1994), p. 428; Zygmant Bauman, 『액체근대』, p.273.
304 Zygmant Bauman, 『액체근대』, p.274.
305 Robert D. Putnam, Bowling Alone: The Collapse and Revival of American Community (New York: Simon & Schuster, 2000), pp.402-414.
306 Reggie McNeal, Missional Communities: The Rise of the Post-Congregational Church (San Francisco: Jossey-Bass, 2011), pp.4-5.
307 Scott Thumma & Dave Travis, Beyond Megachurch Myths (San Francisco: Jossey-Bass, 2007), p.xxv.
308 Eddi Gibbs, ChurchMorph, p.89.
309 Gilbert Bilezikian, 『공동체』, p.18.
310 위의 책, p.17.
311 Avery R. Dulles, Models of the Church: A Critical Assessment of the Church in All Its Aspects (New York: Doubleday, 1974), p.126.
312 Charles Van Engen, 『모이는 교회, 흩어지는 교회』, p.79.
313 에른스트 슈마허(E. F. Schumacher)는 '클수록 좋다(bigger is better)'는 근대적 신념에 대한 강한 도전을 하며, 그것을 "'작은 것이 아름답다(small is beautiful)'(p. 150)는 개념으로 대체한다. 큰 것은 비인간적이며 둔하며, 힘과 물질적 욕망에 사로 잡혀 살게 되는 원인이 되지만 작은 것은 더욱 자유롭고 효율적이며 창조적이고 인내와 참 기쁨을 주는 매개체가 된다고 그는 지적한다. E. F. Schumacher, Small is beautiful: Economics as if people mattered (New York: Harper & Row, 1973); Roli Varma, "E. F. Schumacher: Changing the Paradigm of Bigger Is Better", Bulletin of Science, Technology & Society, 2003, 23(X):1-11.
314 Gerhard Lohfink, 『예수님은 어떤 공동체를 원했나?』, p.58.
315 위의 책, p.59.
316 David Bosch, "The Church as the Alternative Community", pp. 3-11

317　Gerhard Lohfink, 『예수님은 어떤 공동체를 원했나?』, p.118.
318　John Driver, Images of the Church in Misison (Scottdale, PA: Herald Press, 1997), p.175.
319　Gerhard Lohfink, 『예수님은 어떤 공동체를 원했나?』, p.119.
320　John Driver, Images of the Church in Misison, p.175.
321　Darrell L. Guder ed., Missional Church, p.153.
322　위의 책, p.142.
323　Stanley Hauerwas, Against the Nations: War and Survival in a Liberal Society (Notre Dame, IN: University of Notre Dame Press, 1992), p.118.
324　Darrell L. Guder ed., Missional Church, p.153.
325　James Bryan Smith, The Good and Beautiful Community: Following the Spirit, Extending Grace, Demonstrating Love (Downers Grove, IL: InterVarsity Press, 2010).
326　David Platt , 『래디컬 투게더(Radical Community)』, p.19.
327　위의 책, pp.20-21.
328　Bob Hopkins & Mike Breen, Clusters: Creative Mid-Size Missional Communities (Pawleys Island, SC: 3DM Publications), 2007.
329　이들에 대한 명칭은 "clusters, house church, home church, mission-shaped community, mid-sized community(MSC), villages, call-out ministries, pastorates, neighborhood communities, Missional Community hubs, canbas groups" 등 다양한 형태로 불리며 각기 독특한 특성을 가지고 있다. Mike Breen & Alex Absalom, Launching Missional Communities, 3DM, Kindle Edition, 2010, Kindle Location 390.
330　독일 선교학자인 볼프강 심슨(Wolfgang Simson)은 그의 책 Houses That Change the World(Authentic, 2001)에서 미국 내에서만 최소 6백만에서 1천2백만 명의 사람들이 가정교회(house churches)에 다니고 있는 것으로 본다. Mike Breen & Alex Absalom, Launching Missional Communities, Kindle Location 566.
331　Reggie McNeal, Missional Communities, p.28.
332　Mike Breen & Alex Absalom, Launching Missional Communities, pp.339-344.
333　Reggie McNeal, Missional Communities, p.67.
334　소마 공동체의 특징과 사역에 대한 내용은 필자의 저서 『Re_Form Church』(교회성장연구소, 2015)를 참조하라.
335　Mike Breen & Alex Absalom, Launching Missional Communities, Kindle Location 354-360.
336　M. Scott Boren, Missional Small Group: Becoming a Community that Makes a Difference in the World (Grand Rapids, MI: Baker Books, 2010, p.63.
337　Reggie McNeal, Missional Communities, pp.28-29.
338　M. Scott Boren, Missional Small Group, pp.131-162.
339　Lesslie Newbigin, 『다원주의 사회에서의 복음』, p.431.
340　Stanley Hauerwas & William H. Willimon, 『하나님의 나그네 된 백성(Resident Alien)』 (서울: 복있는 사람, 2008), 18-23.
341　Richard H. Bliese, "Developing Evangelical Public Leadership for Apostolic Witness: A Missional Alternative to Traditional Pastoral Formation", In The Missional Church & Leadership Formation.

Craig Van Gelder, ed. (Grand Rapids, MI: Wm. B. Eerdmans, 2009), p.72.
342 Alan J. Roxburgh, The Sky is Falling, 2005, p.20.
343 Alan J. Roxburgh, Missional Leadership, pp.196-198.
344 Eddi Gibbs, LeadershipNext: Changing Leaders in a Changing Culture (Downers Grove, IL: InterVarsity Press, 2005), p.12.
345 George Ritzer, The McDonaldization of Society (Newbury Park, CA: Pine Forge Press, 1993); John Drane, The McDonaldization of the Church (London: Darton Longman and Todd, 2000).
346 Tony Campolo, Can Mainline Denominations Make a Comeback? (Valley Forge, PA: Judson Press, 1995), p.146.
347 Mark Lau Branson & Juan F. Martinez, Churches, Cultures & Leadership (Downers Grove, IL: InterVarsity Press, 2011), p.71.
348 J. Robert Clinton, The Making of a Leader (Colorado Springs, CO: Navpress, 1988), p.14.
349 James M. Kouzes & Barry Z. Posner, The Leadership Challenge. 3rd ed. (San Francisco: Jossey-Bass, 2002), p.xxiv.
350 Steven Covey, 『카리스마는 죽었다(Leader of the Future)』, 김경섭 역 (책누리, 1997).
351 Eddi Gibbs, LeadershipNext, pp.25-33.
352 위의 책, pp.37-46.
353 Lesslie Newbigin, The Finality of Christ (London: SCM Press, 1969), p.57.
354 Terri Martinson Elton, "Characteristics of Congregations That Empower Missional Leadership", In The Missional Church & Leadership Formation, Van Gelder, Craig ed., p.178.
355 Alan J. Roxburgh & Fred Romanuk, The Missional Leader (San Francisco: Jossey-Bass, 2006), pp.23-29.
356 Reggie McMeal, Missional Renaissance, p.131.
357 위의 책, pp.132-133.
358 Alan J. Roxburgh, "Missional Leadership: Equipping God's People for Mission", In Missional Church, Darrel L. Guder ed. (Grand Rapids, MI: Wm. B. Eerdmans, 1998), p.183.
359 Martin Atkins, Resourcing Renewal: Shaping Churches for the Emerging Future (London: Epworth Press, 2010), p.14.
360 Reggie McMeal, Missional Renaissance, pp.133-147.
361 Hans Küng, 『교회란 무엇인가?(Was ist Kirche?)』 (분도출판사, 2008), 이흥근 역, pp.202-203.
362 밥 와이트셀(Bob Whitesel)은 근대적 리더십과 현대의 리더십을 비교하면서 사람들의 충성대신 그들의 필요가 리더를 움직이게 하고, 타인은 더 이상 관리 대상이 아닌 양육의 대상이며, 비전에 의한 인도가 아닌 지도자의 온전함(integrity)에 의해 인도됨을 주장했다. Bob Whitesel, Organix: Signs of Leadership in a Changing Church (Nashville, TN: Abingdon Press, 2011), p.15.
363 그가 제시한 다섯 가지 항목은 다음과 같다: 첫째, 사역의 지평은 세상이다. 둘째, 그 사역은 반드시 예수님 위에 그 토대를 놓아야 한다. 셋째, 우리는 부름 받은 공동체이다. 넷째, 평신도의 참여가 핵심이다. 다섯째, 성령의 인도하심에 의지해야 한다. Dave Daubert, "Vision-Discerning vs. Vision-Casting: How Shared Vision Can Raise Up Communities of Leaders rather than Mere Leaders of Communities", In The Missional Church & Missional Leadership Formation, Craig Van Gelder ed.

(Grand Rapids, MI: William B. Eerdmans, 2009), p.156.
364　Alan Roxburgh, "Missional Leadership", In Missional Church, pp.214-215.
365　Jon R. Katzenbach & Douglas K. Smith, The Wisdom of Teams (New York: HarperBusiness, 2003), p.45. 여기에 나오는 팀의 정의를 수정한 이해임.
366　Robert C. Crosby, The Teaming Church: Ministry in the Age of Collaboration (Nashville, TN: Abingdon Press, 2012), p.27.
367　Rick Rouse & Craig Van Gelder, A Field Guide for the Missional Congregation: Embarking on a Journey of Transformation (Minneapolis, MN: Augsburg Fortress, 2008), p.72.
368　Everett M. Rogers, Diffusion of Innovation, 5th Edition (New York: Free Press, 1983)에서 수정. 위의 책, p.100 참조.
369　Rick Rouse & Craig Van Gelder, A Field Guide for the Missional Congregation, pp.72-73.
370　Alan J. Roxburgh & Fred Romanuk, The Missional Leader, pp.31-35.
371　Ori Brafman & Rod A. Beckstrom, The Starfish and the Spider: The Unstoppable Power of Leaderless Organizations (New York: Protfolio/Penguin Group, 2006).
372　Craig Van Gelder, The Ministry of the Missional Church (Grand Rapids, MI: Baker Books, 2007), p.126.
373　위의 책, p.136.
374　위의 책, pp.136-139.
375　교회 성장학자인 게리 매킨토시(Gary L. Mcintosh)는 지난 50년간 북미에서 일어난 교회운동을 교회갱신운동, 교회성장운동, 이머징 교회운동, 선교적 교회운동으로 나누어 설명하였다. "Church Movements of the Last Fifty Years in North America", In Church Grwoth Network. 〈www.churchgrowthnetwork.com/wp-content/files_mf/1282359433Movements2010.pdf〉.
376　벤 겔더는 교회효율성운동과 매킨토시가 교회성장운동의 일환으로 보았던 교회건강패러다임을 운동으로 구분하여 다섯 가지 운동으로 설명하였다. Craig Van Gelder & Dwight J. Zscheile, The Missional Church in Perspective (Grand Rapids, MI: Baker Aademic, 2011), pp.8-9.
377　Alan Roxburgh, "Missional Leadership", In Missional Church, p.214.
378　이들 조직에 대해 엘빈 토플러(Alvin Toffler)는 마치 시속 25마일에서 1마일에도 미치지 못하는 타성에 젖은 진부한 느림보 조직들이라 평했다. 『부의 미래』, pp.62-72.
379　C. Otto Scharmer, Theory U: Leading from the Future as It Emerges (San Francisco: Berrett-Koehler Publishers, Inc., 2009).
380　위의 책, p.38.
381　로버트 레드포드(Robert Redford)가 영화 〈베가 번스의 전설(The Legend of Bagger Vance)〉에서 한 표현이다. 위의 책, p.205 참조.
382　샬머는 이를 위해 다음의 세 가지 관계 형성이 있어야 한다고 말한다. 첫째, 상향적 관계로서 우리의 직관과 의도를 불러일으킬 수 있는 영감과 연결되어야 한다. 둘째, 수평적 관계로서 주어진 상황에서 나타나는 피드백을 들을 수 있는 구조가 형성되어야 한다. 셋째, 빠른 주기로 원형들이 자리 잡고 실험될 수 있도록 지역과 상황에 연결되고 배우는 시스템이 마련되어야 한다.
383　Alan Hirsch & Michael Frost, 『새로운 교회가 온다(The Shaping of Things to Come)』, 지성근 역 (IVP, 2009), pp.336-337.

384　Eddi Gibbs, 『넥스트처치(Next Church)』, 임신희 역 (교회성장연구소, 2003), p.55.
385　Alan Roxburgh & Fred Romanuk, The Missional Leader, p.86.
386　J. Andrew Kirk, 『선교란 무엇인가?(What is Mission?)』, 최동규 역 (CLC, 2009), p.73.
387　Michael Horton, 『위대한 사명』, p.332.
388　Ron Heifetz, "A Survival Guide for Leaders", In HBR, 2002. 6., p.68.
389　Alan Hirsch & Michael Frost, 『새로운 교회가 온다』, p.349.
390　Alan Roxburgh & Fred Romanuk, The Missional Leader, p.105.
391　행크 루빈(Hank Rubin)은 협업을 공동의 결과를 성취하기 위해 모두가 전략적으로 협력할 것을 선택하는 목적이 있는 관계라고 정의했다. Hank Rubin, Collaborative Leadership: Developing Effective Partnerships for Communities and Schools (Thousand Oaks, CA: Corwin Press, 2002). 데이비드 알처(David Archer)와 알렉스 카메론(Alex Cameron)은 협업적 리더의 직무의 심장에는 다른 것으로부터 가치를 얻는 것에 있다고 말한다. 따라서 비록 다른 관점과 다양성이 있다 할지라도, 서로를 신뢰하고 함께 공유하는 방법을 배우고 함께 일할 수 있는 환경과 구조를 만드는 것이 중요하다. David Archer & Alex Cameron, Collaborative Leadership-How to Succeed in an Interconnected World (London: Butterworth-Heinemann, 2009).
392　Dave Ferguson & Jon Ferguson. Exponential (Grand Rapids, MI: Zondervan, 2010), p.58.
393　Rick Rouse & Craig Van Gelder, A Field Guide for the Missional Congregation, p.72.
394　Donald A. McGavran, Understanding Church Growth, 3rd edition (Grand Rapids, MI: Wm. B. Eerdmans, 1990), pp.195-252.
395　Ryan Bolger, "Practice Movements in Global Information Culture: Looking Back to McGavran and Finding a Way Forward", In Missiology, 2007, 35(2), p.181-193.
396　Mark Driscoll, 『새롭게 복음 전하는 교회(The Radical Reformission)』, 정진환 역 (조이선교회, 2007), pp.129-130.
397　Soong-Chan Rah, The Next Evangelicalism (Downers Grove, IL: InterVarsity Press, 2009), pp.12-14.
398　H. Richard Niebuhr, 『그리스도와 문화(Christ and Culture)』, 홍병룡 역 (IVP, 2007), pp.132-133.
399　Sherwood Lingenfelter, Transforming Culture: A Challenge for Christian Mission, Baker Books, 1998, pp.15-16; Charles Kraft, 『기독교 문화인류학(Anthropology for Christian Witness)』, 안영권, 이대헌 역 (CLC, 2005), p.93. 재인용.
400　Sherwood Lingenfelter, Transforming Culture, p.17.
401　H. Richard Niebuhr, 『그리스도와 문화』, pp.156-166.
402　Wilbert R. Shenk, "The Culture of Modernity as a Missionary Challenge", In Church between Gospel & Culture: The Emerging Mission in North America, George R. Hunsberger & Craig Van Gelder Eds. (Grand Rapids, MI: Wm. B. Eerdmans, 1996), p.71.
403　Harvey Cox, 『세속도시』, p.27.
404　Frank Viola & Jeorge Barna, 『이교에 물든 기독교(Pagan Christianity)』, p.57.
405　Wilbert R. Shenk, "The Culture of Modernity as a Missionary Challenge", pp.71-72.
406　David Bosch, 『변화하고 있는 선교(Transforming Mission)』, pp.444-459.
407　T. M. Moore, Culture Matters: A Call for Consensus on Christian Cultural Engagement (Grand

Rapids, MI: Bzazos, 2007), p.12.
408 Jim Belcher, 『깊이 있는 교회(Deep Church)』, 전의우 역 (포이에마, 2011), p.15.
409 Doug Pagitt, "The Emerging Church and Embodied Theology", In Listening to the Beliefs of Emerging Churches, Robert Webber, ed. (Grand Rapids, MI: Zondervan, 2007), pp.126-127; Jim Belcher, 위의 책, pp.265-266.
410 Lesslie Newbigin, The Gospel in a Pluralist Society (Grand Rapids, MI: Wm. B. Eerdmans, 1998), p.144.
411 Kathryn Tanner, Theories of Culture: A New Agenda for Theology (Minneapolis, MN: Fortress Press, 1997), p.3.
412 Paul, G. Hiebert, Anthropological Insights for Missionaries, p.30.
413 Kathryn Tanner, Theories of Culture, p.24.
414 Charles H. Kraft, 『기독교문화인류학』, p.101.
415 Paul, G. Hiebert, Anthropological Insights for Missionaries, p.30.
416 Charles H. Kraft, 『기독교문화인류학』, pp.110-120.
417 Kathryn Tanner, Theories of Culture, p.117.
418 Charles H. Kraft, 『기독교문화인류학』, p.121.
419 Kathryn Tanner, Theories of Culture, pp.93-98.
420 위의 책, p.105.
421 위의 책, pp.101-102.
422 위의 책, p.112.
423 Charles H. Kraft, 『기독교와 문화(Christianity in Culture)』, pp.190-191.
424 Andy Crouch, Culture Making: Recovering Our Creative Calling (Downers Grove, IL: InterVarsity Press, 2008), pp.23-35.
425 위의 책, pp.37-38.
426 위의 책, pp.48-49.
427 H. Richard Niebuhr, 『그리스도와 문화』
428 Andy Crouch, Culture Making, p.79.
429 위의 책, pp.194-195.
430 Lesslie Newbigin, 『아직 끝나지 않은 길(Unfinished Agenda)』, 홍병룡 역 (복있는 사람, 2011), p.485.
431 Leonard Sweet, 『모던 시대의 교회는 가라(Aqua Church), 김영래 역 (좋은씨앗, 2004), p.110.
432 Brian D. McLaren, 『새로운 그리스도인이 온다(A New Kind of Christian)』, 김선일 역 (IVP, 2008), p.23.
433 Richard Middleton & Brian Walsh, 『포스트모던 시대의 기독교 세계관』, p.352.
434 인도의 신 크리슈나의 신상을 뜻하는 '자가나타'에서 유래된 표현으로, 인도인들은 크리슈나 신이 탄 차가 지나갈 때 몸을 던져 죽으면 영생을 얻을 수 있다고 믿는 사람도 있었다. 이는 멈출 수 없는 강력하고 거대한 영향을 뜻한다.
435 Anthony Giddens은 모더니티가 가진 엄청난 영향력과 힘을 주목하며 이를 억제하는 힘이 상실되면 근대주의 스스로가 붕괴될 수 있음을 지적했다. The Consequences of Modernity (Standford, CA:

Stanford University Press, 1990)와 Runaway World: How Globalization is Reshaping Our Lives (Routledge, 2003)를 참조하라.

436 Tom Beaudoin, Virtual faith: The Irreverent Spiritual Quest of Generation X (San Francisco: Jossey-Bass), 1988.

437 Brian D. McLaren, 『새로운 그리스도인이 온다(A New Kind of Christian)』, p. 25. 원문은 The Church on the Other Side(저 건너편의 교회) (Zondervan, 2000), 14, pp.37-38 참조.

438 Aubrey Malphurs, A New Kind of Church, p.31.

439 매스 컬처(Mass Culture)는 한 집단의 구성원과 개인의 선택과 기호에 대한 존중 대신 무차별적인 집합체를 의미한다. 이 표현에는 상업주의와 획일성, 저속성 등이 포함된 부정적 성격이 강하다. 강준만, 『대중문화의 겉과 속 I』, 2판 (인물과 사상사, 2000), p.21.

440 Wilbert R. Shenk, "Contemporary Culture in Missiological Perspective", MP 520, Lecture Note (Fuller Theological Seminary, 2011), p.61.

441 김시천, 『문화, 세상을 콜라주하다』 (웅진지식하우스, 2008), p.149.

442 김창남, 『대중문화의 이해』, 개정판 (한울아카데미, 2003), p.37.

443 Mark Driscoll, 『새롭게 복음전하는 교회』, p.23.

444 위의 책, pp.22-26.

445 Robert E. Webber, 기독교 문화관(The Secular Saint: The Role of the Christian in the Secular World). 이성구 역. (엠마오, 1984), p.195.

446 Howard Snyder, 『교회 DNA(Decoding the Church)』, 최형근 역 (IVP, 2006), p. 23.

447 위의 책 p.24

448 Howard Snyder, 『참으로 해방된 교회(Liberating the Church)』, 권영석 역 (IVP, 2005), p. 104.

*2장은 「복음과 선교」 20집, "선교적교회를 통한 목회 패러다임의 갱신"

3장은 「선교신학」 36집, "하나님 백성의 선교적 사명과 책무"라는 제목으로 게재 되었던 필자의 글을 수정 편집한 내용임

| 참고문헌 |

〈한글서적〉

강아람. "선교적 교회론의 성경적 근거." 「선교신학」 제34집, 2013.
강준만. 대중문화의 겉과 속 I. 2판. 서울: 인물과 사상사, 2000.
김시천. 문화, 세상을 콜라주하다. 서울: 웅진지식하우스, 2008.
김윤희. "21세기 상황속에서 선교 그리고 구약." 「성경과 신학」 제42권, 2007.
김진. 그리스도교 영성. 고양: 엔크리스토, 2003.
김창남. 대중문화의 이해. 개정판. 서울: 한울아카데미, 2003.
박보경. "선교적 해석학의 모색." 「선교신학」 제18집, 2008.
안영권. "기독교 영성이란 무엇인가." 「목회와 신학」 52(10), 1993.
이상훈. "선교적 교회를 통한 목회 패러다임의 갱신." 「복음과 선교」 제20집, 2012.
정기묵. "선교적 교회를 위한 평신도 은사활용." 「복음과 선교」 제18집, 2012.
조기연. "포스트모던 시대의 예배." 「기독교 사상」 641(5), 2012.
최동규. "교회성장의 새로운 방향 설정을 위한 시론." 「선교신학」 제34집, 2013.
최형근. "하나님 선교(Missio Dei)에 대한 통전적 고찰." 「선교신학」 제10집, 2005.
_____. "선교적 교회론의 실천에 관한 연구." 「선교신학」 제26집, 2011.
한완상. 예수 없는 예수교회. 파주: 김영사, 2008.

〈번역서적〉

Bauman, Zygmant. 액체근대(Liquid Modernity). 이일수 역. 서울: 도서출판 강, 2009.

Beck, Ulrich. 위험사회-새로운 근대성을 향하여(Risk Society: Towards a New Modernity). 홍성태 역. 서울: 새물결, 2006.

Begbie, Jeremy S. "장차 임할 일들의 모습". Perrin, Nicholas and Richard B. Hays편. 예수, 바울, 하나님의 백성(Jesus, Paul, and the People of God). 최현만 역. 서울: 에클레시아북스, 2013.

Belcher, Jim. 깊이 있는 교회(Deep Church). 전의우 역. 서울: 포이에마, 2011.

Bell, Albert A. 신약시대의 사회와 문화(Exploring the New Testament World). 오광만 역. 서울: 생명의 말씀사, 2001.

Bilezikian, Gilbert. 공동체(Community 101). 두란노출판부 역. 서울: 두란노, 1998.

Bosch, David. 변화하고 있는 선교(Transforming Mission). 김병길, 장훈태 역. 서울: 기독교문서선교회, 2000.

_____. 길 위의 영성(A Spirituality of the Road). 이길표 역. 서울: 올리브나무, 2011.

Cole, Neil. 오가닉 처치(Organic Church: The Rise of the Post-Congregational Church). 정성묵 역. 안산: 가나북스, 2010.

Covey, Steven. 카리스마는 죽었다(Leader of the Future). 김경섭 역. 서울: 책누리, 1997.

Cox, Harvey. 세속도시(The Secular City). 신판. 구덕관 외 역. 서울: 대한기독교서회, 1993.

Dawn, Marva. 고귀한 시간낭비(A Royal Waste of Time). 김병국, 전의우 역. 서울: 이레서원, 2004.

De Pree, Max. 리더십은 예술이다(Leadership is an Art). 윤종석 역. 서울: 한세, 1997.

Driscoll, Mark. 새롭게 복음 전하는 교회(The Radical Reformission). 정진환 역. 서울: 죠이선교회, 2007.

Fee, Gordon D. ed. 탐욕의 복음을 버려라: 부와 건강의 복음을 해부한다(The Disease of the Health and Wealth Gospels). 김형원 역. 서울: 새물결플러스, 2011.

Gibbs, Eddie and Ryan K. Bolger. 이머징교회(Emerging Churches). 김도훈 역. 서울: 쿰란출판사, 2008.

Gibbs, Eddie. 넥스트처치(Next Church). 임신희 역. 서울: 교회성장연구소, 2003.

Glasser, Arthur F. 성경에 나타난 하나님의 선교(Announcing the Kingdom). 임윤택 역. 서울: 생명의말씀사, 2006.

Goheen, Michael W. 열방에 빛을(A Light to the Nations). 박성업 역. 서울: 복있는 사람, 2012.

Guthrie, Donald. 신약신학(New Testament Theology). 이중수 역. 서울: 성서유니온, 1987.

Hauerwas, Stanley and William H. Willimon. 하나님의 나그네 된 백성(Resident Alien). 서울: 복있는사람, 2008.

Hawkins, Greg L. and Cally Parkinson. 발견: 당신은 지금 어디에 있는가?(Reveal: Where Are You?). 김창동 역. 서울: 국제제자훈련원, 2008.

Hirsch, Alan and Michael Frost. 새로운 교회가 온다(The Shaping of Thing to Come). 지성근 역. 서울: IVP, 2009.

Horton, Michael Scott. 위대한 사명(The Gospel Commission). 김철규 역. 서울: 복있는 사람, 2012.

Jethani, Skye. 하나님을 팝니다(The Divine Commodity). 이대은 역. 서울: 죠이선교회, 2011.

Kaiser, Walter C. 구약성경과 선교(Mission in the Old Testament). 임윤택 역. 서울: CLC, 2006.

Kane, J. Herbert. 선교신학의 성서적 기초(Christian Missions in Biblical Perspective). 이재범 역. 서울: 나단, 1988.

Kimball, Dan. 하나님께서 영광 받으시는 고귀한 예배(Emerging Worship). 주승중 역. 서울: 이레서원, 2008.

Kirk, J. Andrew. 선교란 무엇인가?(What is Mission?). 최동규 역. 서울: CLC, 2009.

Kraft, Charles H. 기독교문화인류학(Anthropology for Christian Witness). 안영권, 이대헌 역. 서울: CLC, 2005.

_____. 기독교와 문화(Christianity in Culture). 임윤택, 김석환 역. 서울: CLC, 2006.

Küng, Hans. 교회란 무엇인가?(Was ist Kirche?). 이홍근 역. 경북: 분도출판사, 2008.

Ladd, George E. 하나님 나라의 복음(Scriptural Studies in the Kingdom of God) 2판. 박미가 역. 서울: 서로사랑, 2010.

Lohfink, Gerhard. 예수는 어떤 공동체를 원했나?(Wie Hat Jesus Gemeinde Gewollt?). 신정판. 정한교 역. 경북: 분도출판사, 1996.

Martin, Ralph P. 초대교회 예배(Worship in the Early Church). 오창윤 역. 서울: 은성, 1989.

McClung, Floyd. 제자도의 본질(Follow). 김진선 역. 서울: 토기장이, 2010.

McLaren, Brian D. 새로운 그리스도인이 온다(A New Kind of Christian). 김선일 역. 서울: IVP, 2008.

Middleton, J. Richard and Brian Walsh. 포스트모던시대의 기독교 세계관(Truth is Stranger Than It Used to Be: Biblical Faith in a Postmodern Age). 김기현. 신광은 역. 파주: 살림, 2007.

Moltmann, Jürgen. 하나님 나라의 지평 안에 있는 사회선교(Diakonie im Horizont des Reiches Gottes. Schritte zum Diakonentum aller Gläubigen). 정종훈 역. 서울: 대한기독교서회, 2000.

Newbigin, Lesslie. 다원주의 사회에서의 복음(The Gospel in a Pluralist Society) 개정판. 홍병룡 역. 서울: IVP, 2007.

_____. 교회란 무엇인가?(The Household of God). 홍병룡 역. 서울: IVP, 2010.

_____. 아직 끝나지 않은 길(Lesslie Newbigin: Unfinished Agenda). 홍병룡 역. 서울: 복있는 사람, 2011.

_____. 오픈 시크릿(The Open Secret). 홍병룡 역. 서울: 복있는 사람, 2012.

Niebuhr, Helmut Richard. 그리스도와 문화(Christ and Culture). 홍병룡 역. 서울: IVP, 2007.

Nouwen, Henri J. M. 모든 것을 새롭게(Making All Things New). 윤종석 역. 서울: 두란노, 2000.

Pierson, Paul E. 기독교선교운동사(The Dynamics of Christian Mission: History through a Missiological Perspective). 임윤택 역. 서울: 기독교문서선교회, 2009.

Piper, John. 열방을 향해 가라(Let the Nations Be Glad). 김대영 역. 서울: 좋은씨앗, 2003.

_____. 하나님을 기뻐할 수 없을 때(What I Don't Desire God). 전의우 역. 서울: IVP, 2005.

Plantinga, Jr., Cornelius and Sue A. Rozenbloom. 진정한 예배를 향한 열망(Discerning the Spirits). 허철민 역. 서울: 그리심, 2006.

Platt, David. 래디컬(Radical Discipleship). 최종훈 역. 서울: 두란노, 2011.

_____. 래디컬 투게더(Radical Together). 최종훈 역. 서울: 두란노, 2012.

Rusaw, Rick and Eric Swanson. 교회 밖으로 나온 교회(The Externally Focused Church). 김용환 역. 서울: 국제제자훈련원, 2004.

Shirky, Clay. 끌리고 쏠리고 들끓다(Here Comes Everybody). 송연석 역. 서울: 갤리온, 2008.

Snyder, Howard A. 교회 DNA(Decoding the Church). 최형근 역. 서울: IVP. 2006,

_____. 참으로 해방된 교회(Liberating the Church). 권영석 역. 서울: IVP. 2005.

Stott, John R. W. 제자도(Radical Discipleship). 김명희 역. 서울: IVP, 2010.

Sweet, Leonard. - 이 사람은 영성과 감성을 하나로 묶는 미래교회(Postmodern Pilgrims). 김영래 역. 좋은씨앗, 2002.

_____. 모던 시대의 교회는 가라(Aqua Church). 김영래 역. 서울: 좋은씨앗, 2004.

Toffler, Alvin and Heidi Toffler. 부의 미래(Revolutionary Wealth). 김중웅 역. 파주: 청림출판, 2006.

Van Engen, Charles. 모이는 교회 흩어지는 교회(God's Missionary People). 임윤택 역. 서울: 두란노, 1994.

Viola, Frank and George Barna. 이교에 물든 기독교(Pagan Christianity?). 이남하 역. 대전: 대장간, 2011.

Webber, Robert E. 기독교 문화관(The Secular Saint: The Role of the Christian in the Secular World). 이성구 역. 서울: 엠마오, 1984.

_____, 예배학(Worship-Old and New). 김지찬 역. 서울: 생명의 말씀사, 1988.

_____, 예배가 보인다 감동을 누린다(Blended Worship). 김세광 역. 서울: 예영, 2004.

_____, 젊은 복음주의자를 말하다(The Younger Evangelicals). 이윤복 역. 서울: 죠이선교회, 2010.

White, James F. 개신교 예배(Protestant Worship: Traditions in Transition). 김석한 역. 서울: 기독교문서선교회, 2002.

Wright, Christopher J. H. 하나님의 선교(The Mission of God). 정옥배, 한화룡 역. 서울: IVP, 2010.

Wright, N. T. 예수와 하나님의 승리(Jesus and the Victory of God). 박문재 역. 고양: 크리스천다이제스트, 2004.

_____, 마침내 드러난 하나님 나라(Surprised by Hope). 양혜원 역. 서울: IVP, 2009.

_____, 예배를 말하다(For All God's Worth: True Worship and the Calling of the Church). 최현만 역. 평택: 에클레시아, 2010.

_____, 성찬이란 무엇인가(The Meal Jesus Gave Us). 안정임 역. 서울: IVP, 2011.

_____, 바울(Paul: Fresh Perspectives). 손돈호 역. 서울: 조이선교회, 2012.

〈영어서적〉

Ahonen, Tiina. "Antedating Missional Church." in Svensk Missionstidskrift. 92(4), 2004.

Anderson, Ray S. An Emergent Theology for Emerging Churches. Downers Grove, IL: InterVarsity, 2006.

Archer, David and Alex Cameron. Collaborative Leadership: How to Succeed in an Interconnected World. London: Butterworth-Heinemann, 2009.

Atkins, Martin. Resourcing Renewal: Shaping Churches for the Emerging Future. London: Epworth Press, 2010.

Barrett, Lois Y et al. Treasure In Clay Jars. Grand Rapids, MI: Pub. Co., 2004.

Barth, Karl. Doctrine of Reconciliation, Part 3, Second Half [Church Dogmatics Vol. IV]. Edinburgh: T&T Clark, 1962.

Bauckham, Richard. "Mission as Hermeneutic for Scriptural Interpretation." Paper presented at Currents in World Christianity incorporating North Atlantic Missiology Project. University of Cambridge, 1999.

Beaudoin, Tom. Virtual Faith: The Irreverent Spiritual Quest of Generation X. San Francisco: Jossey-Bass, 1988.

Berger, Peter L. The Secularization of the World. Grand Rapids, MI: Wm. B. Eerdmans, 1999.

Bliese, Richard H. "Developing Evangelical Public Leadership for Apostolic Witness: A Missional Alternative to Traditional Pastoral Formation." in The Missional Church & Leadership Formation. Van Gelder, Craig ed., Grand Rapids, MI: William B. Eerdmans Publishing Co., 2009.

Block, Peter. Community: The Structure of Belonging. San Francisco: Berrett-Koehler Publishers, 2008.

Bolger, Ryan. "Practice Movements in Global Information Culture: Looking Back to McGavran and Finding a Way Forward" in Missiology, 35(2) 2007.

Bonhoeffer, Dietrich. Letters and Papers from Prison. New York: Macmillan, 1953.

_____. The Cost of Discipleship. New York: Touchstone, 1995.

Boren, M. Scott. Missional Small Group: Becoming a Community that Makes a Difference in the World. Grand Rapids, MI: Baker Books, 2010.

Bosch, David J. "The Church as the Alternative Community." in Journal of Theology for Southern Africa. no 13 D, 1975.

_____. "Evangelism." in Mission Focus 9:4, 1981.

_____. Transforming Mission: Paradigm Shifts in Theology of Mission. Maryknoll, NY: Orbis Books, 1991.

_____. Transforming Mission: Paradigm Shifts in Theology of Mission. Maryknoll, New York: Orbis Books, 2002.

Brafman, Ori and Rod A Beckstrom. The Starfish and the Spider: The Unstoppable Power of Leaderless Organizations. New York: Portfolio/Penguin Group, 2006.

B. Hansen, Christian Spirituality and Christian Theology. Chicago: Dialogue 21. 1982.

Branson, Mark Lau and Juan F. Martinez. Churches, Cultures & Leadership. Downers Grove, IL: IVP Academic, 2011.

Breen, Mike "Why the Missional Movement will Fail," in Mike Breen Blog, 2011.9.12. 〈http://mikebreen.wordpress.com/2011/09/12/why-the-missional-movement-will-fail/〉

Breen, Mike & Alex Absalom. Launching Missional Communities. Pawleys Island, SC: 3DM. Kindle Edition, 2010.

Breen, Mike and Steve Cockram. Building a Discipling Culture. 2nd Edition. Pawleys Island, SC: 3DM, 2011.

Brunner, Emil. The Word and the World. London: SCM Press, 1931.

Campolo, Tony. Can Mainline Denominations Make a Comeback? Valley Forge, Penn: Judson Press, 1995.

Carlson, Kent and Mike Lueken. Renovation of the Church. Downers Grove, IL: IVP Books, 2011.

Cherry, Constance M. The Worship Architect: A Blueprint for Designing Culturally Relevant and Biblically Faithful Services. Grand Rapids, MI: Baker Academic, 2010.

Christianity Today . "Willow Creek Repents?" 2007.
〈Blog.christianitytoday.com/outofur/archives/2007/10/willow_creek_re.html〉.

Clinton, J. Robert. The Making of a Leader. Colorado Springs, CO: Navpress, 1988.

Coleman, Robert E. The Master Plan of Evangelism. Grand Rapids, MI: Fleming H. Revell Co., 1972.

Conn, Harvie M. and Manuel Ortiz. Urban Ministry: The Kingdom, the City, & the People of God. II, Downers Grove, IL: IVP Academic, 2001.

Cox, Harvey. The Future of Faith. New York: HarperOne, 2009.

Crosby, Robert C. The Teaming Church: Ministry in the Age of Collaboration. Nashville, TN: Abingdon Press, 2012.

Crouch, Andy. Culture Making: Recovering Our Creative Calling. Downers Grove, IL: InterVarsity Press, 2008.

Daubert, Dave. "Vision-Discerning vs. Vision-Casting: How Shared Vision Can Raise Up Communities of Leaders rather than Mere Leaders of Communities." in The Missional Church & Missional Leadership Formation. Van Gelder, Craig ed., Grand Rapids, MI: William B. Eerdmans Publishing Company, 2009.

Dempsey, Rod. "What is God's Will for My Life?: Disciple!" in Innovate Church, Jonathan Falwell, ed., Nashiville, TN: B & H Publishing Group, 2008.

Dewey, John. Reconstruction in Philosophy. New York: Henry Holt, 1992.

Dickens, Charles. A Tale of Two Cities. Mineola, New York: Dover Publications, 1999.

Drane, John. The McDonaldization of the Church. London: Darton Longman and Todd, 2000.

Driver, John. Images of the Church in Mission. Scottdale, PA: Herald Press, 1997.

Dulles, Avery R. Models of the Church: A Critical Assessment of the Church in All Its Aspects. New York: Doubleday, 1974.

Dupre, Louis K. Kierkegaard as Theologian: The Dialectic of Christian Existence. London: Sheed & Ward, 1964.

Dyrness, William. A Primer on Christian Worship. Grand Rapids, MI: Eerdmans, 2009.

Elton, Terri Martinson. "Characteristics of Congregations That Empower Missional Leadership." in The Missional Church & Leadership Formation, Van Gelder, Craig ed., Grand Rapids, MI: William B. Eerdmans Publishing Co., 2009.

Ferguson, Dave and Jon Ferguson. Exponential. Grand Rapids, MI: Zondervan, 2010.

Foster, R. J. and J. B. Smith. Devotional Classics, rev. ed. San Francisco: HarperOne, 2005.

Frost, Michael. The Road to Missional. Grand Rapids, MI: Baker Books, 2011.

Frost, Michael and Alan Hirsh. The Shaping of Things to Come. Peabody, MA: Hendrickson Publishers, 2003.

_____. ReJesus: A Wild Messiah for a Missional Church. Peabody, Mass: Hendrickson Publishers, 2009.

Garret, Robert. "The Gospels and Acts: Jesus the Missionary and His Missionary Followers." Missiology: An Introduction to the Foundations, History, and Strategies of World Missions, 1998.

Gibbs, Eddie. LeadershipNext: Changing Leaders in a Changing Culture. Downers Grove, IL: IVP Books, 2005.

_____. ChurchMorph: How Megatrends are Reshaping Christian Communities. Grand Rapids, MI: Baker Academic, 2009.

Giddens, Anthony. The Consequences of Modernity. Stanford, CA: Stanford University Press, 1990.

_____. Runaway World: How Globalization is Reshaping Our Lives. New York : Routledge, 2003.

Glasser, Arthur F. Announcing the Kingdom. Grand Rapids, MI: Baker Academic, 2003.

Goheen, Micheal W. "Jesus: A Public Figure Making a Public Announcement. Mission, Worldview, and the People of God." Paper presented at Scripture and Hermeneutics Seminar Meeting. San Francisco, 2011.

Gottdiener, M. and Leslie Budd. Key Concepts in Urban Studies. Thousands Oaks, CA: Sage Publications Ltd, 2005.

Guder, Darrell L. Missional Church. Grand Rapid, MI: Eerdmans Publishing Co., 1998.

Harper, Brad and Paul Louis Metzger. "The Church as a Missional Community." in Exploring Ecclesiolgy: An Evangelical and Ecumenical Introduction. Grand Michigan, MI: Brazos Press, 2009.

Hauerwas, Stanley. Against the Nations: War and Survival in a Liberal Society. Notre Dame, IN: University of Notre Dame Press, 1992.

Hauerwas, Stanley and William H. Willimon. Resident Aliens. Nashville, TN: Abingdon Press, 1989.

Heifetz, Ron "A Survival Guide for Leaders." in HBR, 2002.

Helland, Roger and Leonard Hjalmarson. Missional Spirituality: Embodying God's Love from the Inside Out. Downers Grove, IL: InterVarsity Press, 2011.

Hiebert, Paul G. Anthropological Insights for Missionaries. Grand Rapids, MI: Baker Book House, 1985.

Hirsch, Alan. The Forgotten Ways: Reactivating the Missional Church. Grand Rapids, MI: Brazos Press, 2006.

Hirsch, Alan and Lance Ford. Right Here Right Now. Grand Rapids, MI: Baker Books, 2011.

Hobhouse, Walter. The Church and the World. London: Macmillan, 1910.

Hobsbawm, Eric. The Age of Extremes. London: Michel Joseph, 1994.

Hoedemaker, L. A. "The People of God and the End of the Earth." in Missiology: An Ecumenical Introduction. Grand Rapids, MI: Eerdmans, 1995.

Hopkins, Bob and Mike Breen. Clusters: Creative Mid-size Missional Communities. Pawleys Island, SC: 3DM Publications, 2007.

Jenkins, Philip. The Next Christendom: The Coming of Global Christianity. New York: Oxford University Press, 2002.

Jongeneel, J.A.B and J.M. Van Engelen. "Contemporary Currents in Missiology." In Missiology: An Ecumenical Introduction. Edited by Verstraelen, F. J. Grand Rapids, MI: William B. Eerdmans Publishing Company, 1995.

Katzenbach, Jon R. and Douglas K Smith. The Wisdom of Teams. New York: HarperBusiness, 2003.

Kimball, Dan. Emerging Worship. Grand Rapids, MI: Zondervan, 2004.

Kirk, J. Andrew. What is Mission?: Theological Exploration. Minneapolis: Fortress Press, 2000.

Kouzes, James M. and Barry Z. Posner. The Leadership Challenge. 3rd ed., San Francisco: Jossey-Bass, 2002.

Kreider, Alan and Eleanor Kreider. Worship and Mission After Christendom. Harrisonburg, VA: Herald Press, 2011.

Labberton, Mark. The Dangerous Act of Worship. Downers Grove, IL: InterVarsity Press, 2007.

Ladd, George E. The Presence of the Future. Grand Rapids, MI: Wm. B. Eerdmans Publishing Co., 1974.

Leyerle, Blake. "Meal Customs in the Greco-Roman World," in Passover and Easter: Origin and History to Modem Times. ed., Bradshaw, Paul F. and Lawrence A. Hoffman. Notre Dame, IN: University of Notre Dame Press, 1999.

Lingenfelter, Sherwood. Transforming Culture: A Challenge for Christian Mission. Grand Rapids, MI: Baker Books, 1998.

Long, Thomas G. Beyond the Worship Wars: Building Vital and Faithful Worship. Herndon, VA: Alban, 2001.

Machen, J. Gresham. "The Responsibility of the Church in Our New Age." in J. Gresham Machen: Selected Shorter Writings. ed., D. G. Hart. Phillipsburg, NJ: P&R, 2004.

Malphurs, Aubrey. A New Kind of Church: Understanding Models of Ministry for the 21st Century. Grand Rapids, MI: Baker Books, 2007.

Martin, Ralph P. Worship in the Early Church. Grand Rapids, MI: Eerdmans, 1974.

Mascarenhas, Theodore. The Missionary Function of Israel in Palms 67, 96, and 117. Lanham, MD: University Press of America, 2005.

McIntosh, Gary L. "Church Movements of the Last Fifty Years in North America", In Church Growth Network. 〈www.churchgrowthnetwork.com/wp-content/files_mf/1282359433Movements2010.pdf〉.

McGavran, Donald A. Understanding Church Growth, 3rd edition. Grand Rapids, MI: William B. Eerdmans Publishing Company, 1990.

McNeal, Reggie. The Present Future: Six Tough Questions for the Church. San Francisco: Jossey-Bass, 2003.

_____. Missional Renaissance: Changing the Scorecard for the Church. San Francisco: Jossey-Bass, 2009.

_____. Missional Communities: The Rise of the Post-Congregational Church. San Francisco: Jossey-Bass, 2011.

Meeks, Wayne A. The First Urban Christian: The Social World of the Apostle Paul. New Haven, CT: Yale University, 1983.

Miller, Larry. "The Church as Messianic Society: Creation and Instrument of Transfigured Mission." in The Transfiguration of Mission edited by Wilbert R. Shenk. Scottdale, PA: Herald Press, 1993.

Moore, T. M. Culture Matters: A Call for Consensus on Christian Cultural Engagement. Grand Rapids, MI: Brazos Press, 2007.

Newbigin, Lesslie. The Finality of Christ. London: SCM Press, 1969.

_____. The Good Shepherd: Meditation on Christian Ministry in Today's World .Oxford: Mowbray, 1977.

_____. Unfinished Agenda: An Autobiography. Grand Rapids, MI: Wm. B. Eerdmans, 1985.

_____. The Open Secret. Revised Editon. Grand Rapids, MI: Wm. B. Eerdmans Publishing Co., 1995.

_____. The Gospel in a Pluralist Society. Grand Rapids, MI: William B. Eerdmans Publishing Co., 1998.

Neill, Stephen. Creative Tension: If everything is mission, then nothing is mission. London: Edinburgh House Press, 1959.

Niles, D. T. Upon the Earth. New York: McGraw-Hill, 1962.

Noll, Mark A. The New Shape of World Christianity: How American Experience Reflects Global Faith. Downers Grove: InterVasity Press, 2009.

Olson, David T. The American Church in Crisis. Grand Rapid, MI: Zondervan, 2008.

Peters, George. A Biblical Theology of Missions. Chicago: Moody Press, 1972.

Pagitt, Doug. "The Emerging Church and Embodied Theology." in Listening to the Beliefs of Emerging Churches. Webber, Robert. Ed., Grand Rapids, MI: Zondervan, 2007.

Pierson, Paul E. The Dynamics of Christian Mission: History through a Missiological Perspective. Pasadena, CA: William Carey International University Press, 2009.

Putman, David. Breaking the Discipleship Code. Nashville, TN: B&H Publishing Group, 2008.

Putnam, Robert D. Bowling Alone: The Collapse and Revival of American Community. New York: Simon & Schuster, 2000.

Rah, Soong-Chan. The Next Evangelicalism. Downers Grove, IL: IVP, 2009.

Riesman, David. The Lonely Crowd: A Study of the Changing American Character. New Haven, CT: Yale University Press, 1950.

Ritzer, George. The McDonaldization of Society. Newbury Park, CA: Pine Forge Press, 1993.

Rogers, Everett M. Diffusion of Innovation. 5th Edition, New York: Free Press, 1983.

Rouse, Rick and Craig Van Gelder. A Field Guide for the Missional Congregation: Embarking on a Journey of Transformation. Minneapolis, MN: Augsburg Fortress, 2008.

Roxburgh, Alan J. "Missional Leadership: Equipping God's People for Mission." in Missional Church. Guder, Darrel L. ed., Grand Rapids, MI: William B. Eerdmans Publishing Co., 1998.

_____. The Sky is Falling: Leaders Lost in Transition. Eagle, ID: ACI Publishing, 2005.

Roxburgh, Alan J. and Boren, M. Scott. Introducing the Missional Church. Grand Rapid, MI: Baker Books, 2009.

Roxburgh, Alan J. and Romanuk, Fred. The Missional Leader: Equipping Your Church to Reach a Changing World. San Francisco: Jossey-Bass, 2006.

Rubin, Hank. Collaborative Leadership: Developing Effective Partnerships for Communities and Schools. Thousand Oaks, CA: Corwin Press, 2002.

Saliers, Don E. "Liturgy and Ethics: Some New Beginnings," in Liturgy and the Moral Self: Essay in Honor of Don E. Saliers. eds., Anderson, E. Byron and Morrill, Bruce T. SJ. Collegeville, MN: Liturgical Press, 1998.

Scharmer, C. Otto. Theory U: Leading from the Future as It Emerges. San Francisco: Berrett-Koehler Publishers, Inc., 2009.

Schmit, Clayton J. Sent and Gathered: A Worship Manual for the Missional Church. Grand Rapids, MI: Baker Academic, 2009.

Schumacher, E. F. Small is Beautiful: Economics as if People Mattered. New York: Harper & Row, 1973. Varma, Roli. "E. F. Schumacher: Changing the Paradigm of Bigger Is Better." Bulletin of Science, Technology & Society, 2003.

Shenk, Wilbert R. "The Culture of Modernity as a Missionary Challenge" in Church between Gospel & Culture: The Emerging Mission in North America, Hunsberger, George R. and Van Gelder, Craig. Eds., Grand Rapids, MI: William B. Eerdmans Publishing Company, 1996.

_____. Write the Vision: The Church Renewed. Eugene, OR: Wipf and Stock Publishers, 2001.

_____. "New Wineskins for New Wine: Toward a Post-Christendom Ecclesiology." International Bulletin of Missionary Research. 29. no. 2, 2005.

_____. "Transforming Contemporary Culture." MP 520, Lecture Note. Fuller Theological Seminary, 2011.

_____. "Contemporary Theologies of Missions." in MT 530 Lecture Note. Fuller Theological Seminary, 2013.

Smith, James Bryan. The Good and Beautiful Community: Following the Spirit, Extending Grace, Demonstrating Love. Downers Grove, Ill.: IVP Books, 2010.

Stetzer, Ed and Thom S. Rainer. Transformational Church. Nashville, TN: B&H Publishing Group, 2010.

Sunquist, Scott W. Understanding Christian Mission: Participating in Suffering and Glory. Grand Rapids, MI: Baker Academic, 2013.

Tanner, Kathryn. Theories of Culture: A New Agenda for Theology. Minneapolis, MN: Fortress Press, 1997.

Tennent, Timothy C. Invitation to World Missions: A Trinitarian Missiology for the Twenty-First Century. Grand Rapids, MI: Kregel Publications, 2010.

Thumma, Scott and Dave Travis. Beyond Megachurch Myths. San Francisco: Jossey-Bass, 2007.

Tizon, Al. Missional Preaching. Valley Forge, PA: Judson Press, 2012.

Townley, Cathy. Missional Worship. Danvers Chalice Press, 2011.

Van Gelder, Craig. The Essence of the Church: A Community Created by the Spirit. Grand Rapid, MI: Baker Books, 2000.

_____. The Ministry of the Missional Church. Grand Rapids, MI: Baker Books, 2007.

Van Gelder, Craig and Dwight J. Zscheile. The Missional Church in Perspective. Grand Rapids, MI: Baker Academic, 2011.

Vicedom, G. F. The Mission of God; An Introduction to a Theology of Mission. St. Luise: Concordia Publishing House, 1965.

Volf, Miroslav. "Worship as Adoration and Action: Reflection of a Christian Way of Being-in-the-World." In Worship, edited by D. A. Carson. Grand Rapids, MI: Baker Academic, 1993.

Walls, Andrew F. The Missionary Movement in Christian History: Studies in the Transmission of Faith. Maryknoll, NY: Orbis Books, 1996.

Warren, Max. I Believe in the Great Commission. Grand Rapids, MI: Eerdmans, 1976.

White, James F. Introduction to Christian Worship, 3rd ed. Nashville, TN: Abingdon Press, 2001.

Whitesel, Bob. Organix: Signs of Leadership in a Changing Church. Nashville, TN: Abingdon Press, 2011.

Willard, Dallas. The Great Omission: Rediscovering Jesus' Essential Teachings on Discipleship. San Francisco: HarperOne, 2006.

Wilson, Jonathan R. Why Church Matters: Worship, Ministry, and Mission in Practice. Grand Rapids, MI: Brozos Press, 2006.

Wright, Christopher J. H. The Mission of God's People. Grand Rapids, MI: Zondervan, 2010.

Wright, N. T. Surprised by Hope. New York: HarperOne, 2008.